2023年

葉聖陶研究年刊

叶圣陶研究会主办

开明出版社

目 录 | Contents

■ 文学思想研究

■ 编辑出版思想研究

■ 教育思想研究

■ 教育思想实践研究

■ 怀念叶圣陶

■ 经典品读

■ 动态关注

弘扬老一辈优良作风
促进编辑出版事业高质量发展

今年是叶圣陶先生从事编辑出版工作 100 周年，为了缅怀他光辉的一生，纪念他为新中国编辑出版事业做出的卓越贡献，学习和宣传他的编辑出版思想，叶圣陶研究会与各方一道，成功举办了一系列纪念活动，包括在北京印刷学院举行了纪念活动的启动仪式，举办了“作为编辑出版家的叶圣陶”的学术报告会，发出了《致编辑工作者的倡议书》；人民教育出版社民进支部赴上海世纪出版集团开展专题交流；商务印书馆结合新员工培训举办了纪念座谈会；在民进中央主办的 2023 海峡两岸暨港澳地区基础教育交流活动和 2023 开明出版传媒论坛等活动中，邀请有关专家宣讲叶圣陶先生的编辑出版思想。这些纪念活动，对于促进民进事业、编辑出版事业、教育事业和文化事业都很有意义，对于每位参加者都是难得的学习机会。在此，我谨代表民进中央和叶圣陶研究会，向中国出版协会、中国编辑学会、商务印书馆、人民教育出版社、开明出版社、北京印刷学院等单位，向叶圣陶先生亲属、各位专家和叶圣陶研究会同仁们表示衷心的感谢。

我国出版事业的发展，扎根于党领导人民为实现中华民族伟大复兴而进行的奋斗实践，根植于中华优秀传统文化。在强国建设、民族复兴的新的征程上，推动文化繁荣、建设文化强国、建设中华民族现代文明，是民进和出版界共同担负的神圣使命和重大职责。

我们要深入学习贯彻习近平新时代中国特色社会主义思想，特别是要学习习近平文化思想和习近平总书记在文化传承发展座谈会上的重要讲话精神，深刻把握中华文明连续性、创新性、统一性、包容性、和平性的突出特性，全面领会“七个着力”“两个结合”，特别是“第二个结合”的深刻内涵，坚定文化自信，增强编辑出版工作服务新时代的责任感和自觉性。

我们要继承和弘扬叶圣陶先生等老一辈出版人的优良作风，坚持以编辑出版为阵地，传播真理，宣传科学，秉持叶圣陶先生毕生倡导的“敦本务实，正道直行”“质量第一”“绝不辜负读者”“编辑出版工作就是教育工作”等编辑出版思想和理念，牢牢把握社会效益和读者效应，集中力量，守正创新，以高质量的编辑出版工作，为社会奉献更多更优质的作品。

叶老是民进德高望重的领导人，是民进主界别的旗帜和代表。民进组织和会员要珍惜叶老等民进前辈创造的精神财富，践行他们的高尚风范，学习他们的著作、理念、思想、精神和作风，像他们那样忠诚于事业，像他们那样执着严谨，像他们那样严于律己，像他们那样虚怀若谷，在各自的工作和生活中展现民进人的素养，在民进事业中体现优良传统的时代价值。

叶圣陶研究会要进一步发挥好自身作用，加强与各方的联合，广泛汇集力量，更加系统、全面、深入地研究、宣传叶圣先生的编辑出版成就和思想，以更丰硕的成果告慰叶圣陶先生等前辈，为繁荣发展中华民族现代文明、建设文化强国贡献智慧和力量。明年是叶圣陶先生诞辰 130 周年，我们愿与大家一起，以纪念活动为契机，促进我们共同的事业。

蔡达峰

2023 年 10 月 17 日

纪念叶圣陶先生从事编辑出版工作100周年

叶圣陶研究年刊

像叶圣陶那样做编辑

——致编辑工作者的倡议书

叶圣陶先生是我国著名的教育家、文学家、编辑出版家、社会活动家。从 1923 年初正式进入商务印书馆算起，一生有近 70 年致力于编辑出版工作。曾先后创办或编辑过《诗》月刊、《公理日报》、《小说月报》、《妇女杂志》、《中学生》等数十种报刊；编纂过《开明国语课本》《初中国文教本》《开明国文讲义》等教科书，并在新中国成立前夕和新中国成立后长期主持全国中小学、中专和大学教科书的编审和出版工作，是新中国教材的奠基人和开拓者。经他编审、编辑的新文艺作品、学术著作、国外译著和工具书更是不胜枚举。在叶圣陶先生心目中，编辑工作就是教育工作，编辑和教师一样是人类灵魂的工程师。

叶圣陶先生是我国编辑出版界的一代宗师和楷模，为了弘扬他深邃丰厚的编辑思想和严谨扎实的编辑作风，推进出版事业持续繁荣和高质量发展，在纪念叶圣陶先生从事编辑出版工作 100 周年之际，我们向广大编辑出版工作者发出“像叶圣陶那样做编辑”的倡议：

一、要像叶圣陶先生那样热爱编辑工作

叶圣陶先生曾自豪地把编辑工作称作自己的“第一职业”，并指出，“出版产业中的编辑人员扮演的是文化人的角色，即文化成果的探寻者，文化产品的设计师，作者原稿的美容师，文化传播的守门人，作者与读者的桥梁和纽带”，“通过对原稿的编辑加工提升其价值”，“为社会创造财富”。编辑工作是默默无闻、甘为人梯的，编辑工作也是使命崇高、责任重大的。我们要像叶圣陶先生教导的那样全情投入、敬业奉献，自觉担负起“探寻者”“设计师”“美容师”“守门人”“桥梁和纽带”的使命职责，认认真真、扎扎实实、创造性地做好编辑工作。

二、要像叶圣陶先生那样竭诚为读者服务

叶圣陶先生讲，“编辑出版工作是为广大读者群服务的”，“不单叫要读书

的人有书读，还要叫不读书的人乐于读书……想尽种种办法让不读书的读书，少读书的多读书，读了书的善于读书”。叶圣陶先生这一教导指明了编辑工作的宗旨和追求，即“竭诚为读者服务”，无论是出版物的内容、形式，还是编辑的原则、方法，都要始终坚持人民至上，对读者、对作者、对社会高度负责，为满足人民日益增长的精神文化需求做出我们的贡献。

三、要像叶圣陶先生那样重视出版物质量

叶圣陶先生指出，“坚持图书质量第一，就是坚持国家和人民的利益第一”，也是“为人民服务，为社会服务的前提”。为此，他要求“对于出版的每一本书刊，对于书刊中的每一个辞句，每幅画片，每一个标点符号，都要采取极端负责的态度”。叶圣陶先生同时强调，编辑要不断“扩大学习范围，要做杂家”“要像老师那样以身作则”。我们要谨记叶圣陶先生的教导，筑牢质量意识，深耕细作，打造更多培根铸魂、启智增慧的出版精品奉献社会；提高职业素养，更新观念和知识，迎接出版业转型升级和全媒体传播体系构建带来的机遇和挑战。

叶圣陶先生的编辑思想、编辑精神、编辑实践是出版界的宝贵财富，具有跨越时空的强大生命力。我们衷心希望广大编辑和出版工作者，响应我们的倡议，研究、继承、践行、发扬叶圣陶先生在编辑出版方面的理念和主张，恪守职业道德，精进业务能力，驱初心之桨，扬使命之帆，为建设出版强国、文化强国，为物质文明与精神文明相协调的中国式现代化，为全面推进中华民族伟大复兴，奋力谱写我们这一代中国编辑人无愧无悔的新篇章。

叶圣陶研究会
中国出版协会
中国编辑学会
北京印刷学院
二〇二三年三月

推动叶圣陶编辑思想在新时代根深叶茂

■ 朱永新

大家下午好!

今天我们来到北京印刷学院，共同启动纪念叶圣陶先生从事编辑出版工作 100 周年系列活动，并举办学术报告会，发出“致编辑工作者的倡议书”，以简朴又隆重的方式，缅怀和致敬叶圣陶先生对我国编辑出版事业做出的卓越贡献。我谨代表民进中央向系列活动的启动表示热烈的祝贺！向中国出版协会、中国编辑学会、商务印书馆、人民教育出版社、开明出版社一直以来对民进工作、对叶圣陶研究会工作的大力支持表示衷心的感谢！向叶小沫女士、叶永和先生和多年致力于叶老思想研究的商金林教授表示衷心的感谢!同时，要特别感谢北京印刷学院参与主办，为此次活动做了大量具体工作，并借此机会，诚挚问候正在线上参会的叶研会全体会员和民进出版传媒界会员。

中国民主促进会成立于 1945 年，以教育、文化、出版传媒为主要界别，目前有 19.5 万会员。民进是八个民主党派中唯一重点联系出版界别的党派，始终与编辑出版业有着深厚的渊源和友谊。许多民进先辈都是我国出版界的重要人物，叶圣陶先生就是其中的杰出代表。从刚才的介绍短片中我们可以看到，叶老是集文学家、教育家、编辑出版家和社会活动家于一身的“大家”。他一生以“我是编辑”为荣，在他的编辑生涯中，主持创办多种报刊，主编出版众多教材，参与编辑的出版物更是难以计数，在出版活动中传播新思想新知识，同时发掘扶植了一批有志青年，业绩非凡、成就斐然。

叶圣陶研究会是由民进中央领导人为主的知名人士和叶老的生前好友，于 1989 年发起成立的。三十多年来始终致力于整理、研究、宣传和践行叶老的学术思想和道德风范，不断挖掘其时代价值，服务我国教育、文化、出版事业发展。这是一个宝贵的平台。今年的系列活动正当其时，我们要继续发挥好这一平台的独特作用，深入学习贯彻党的二十大精神，全面贯彻落实习近平总书记关于出版工作的重要论述，以纪念叶老从事编辑出版工作 100 周年为契机，组织起方方面面的力量，共同推动叶老等老一辈编辑出版家的编辑精神和编辑思想在新时代更加根深叶茂、焕发光彩。

今天让我感到高兴和感动的是，看到了这么多编辑出版专业的同学，大家朝气蓬勃、风华正茂，你们是中国出版事业的明天与未来。叶老曾说，编辑至少是个“先驱者”，编辑出版工作是“教育工作的一个组成部分”，“出书出刊物，一定要考虑如何有益于读者”。时代各有不同，但使命一脉相承，昌明教育、开启民智、服务大众、培育新人，是老一辈出版大家毕生的信念和情怀，也应当成为新时代出版工作者的理想和追求。当前，在推进社会主义文化强国的进程中，出版是重要的、基础性的行业，希望大家永葆“先驱者”的使命感，坚持“人民至上”的根本立场，把社会效益放在首要位置，努力推出更多既能满足人民文化需求，又能增强人民精神力量的精品力作，为发展社会主义先进文化、壮大社会主义意识形态、传播真理、传承文明、促进人的全面发展做出独有的贡献。

志合者，不以山海为远。是叶圣陶先生在编辑出版界的崇高威望和高尚的人格魅力，让我们相聚在此；是打造高素质编辑队伍、推动出版高质量发展的目标任务，让我们携手共进。期待我们今后的合作更加深入，交流更加频繁，成果更加丰硕！

作为编辑出版家的叶圣陶

■ 商金林

早在 1911 年，叶圣陶先生还在草桥中学读书时就创办了年级小报《课馀丽泽》(后改名《丽泽》)，中学毕业后主编过《放社丛刊》，1916 年在上海尚公学校执教时选编过尚公学校纪念文集《尚公记》，1921 年文学研究会成立后主编过文学研究会的会刊《文学周报》和《诗》月刊。不过，这些编辑工作都是业余的。1923 年 1 月，圣陶先生应邀进入商务印书馆国文部，成了职业编辑，他在《〈十三经索引〉自序》中说："十二年春，余始业编辑，编辑者，采录注释耳。""采录注释"说的是他在国文部的主要工作是编撰语文教科书和"学生国学丛书"。圣陶先生成为"职业编辑"是有背景的。

清朝末年，中学学制为五年。民国元年，蔡元培任教育总长，将中学学制由五年改为四年（1912 年至 1921 年实行)。1922 年 10 月北洋政府模仿美国，中学始分初、高中。初中学制三年，高中学制也是三年（即所谓的"六三三制")，并制定了《新学制课程标准》。学制变了，教科书就得跟着变。商务印书馆捷足先登，把圣陶先生调到商务印书馆国文部，和顾颉刚先生一起突击编纂《新学制初级中学用国语教科书》(以下简称《初级中学国语》)。顾颉刚 1923 年 1 月 26 日记"圣陶到馆"，2 月 27 日记"圣陶全家搬来"。圣陶先生 1923 年 2 月 27 日搬到上海，3 月正式投入编辑工作，距今刚好 100 周年。圣陶先生和顾颉刚先生编纂的《初级中学国语》，成了我国现代初中语文教科书的奠基之作。

圣陶先生在商务印书馆工作了八年，不仅编语文教材和"学生国学丛书"，还主编过《小说月报》和《妇女杂志》。1931 年 2 月进入开明书店当协理、主编《中学生》和《新少年》杂志，以及新文学丛书、外国文学丛书和《开明国语课本》。1937 年全面抗战爆发后，圣陶先生举家西迁，在重庆、成都等地主编《中学生战时半月刊》《中学生战时月刊》《开明少年》《国文月刊》和成都文协会刊《笔阵》。1942 年在成都创建开明书店成都编译所，出版新文学著作和学术专著。

抗战胜利后圣陶先生回到上海，主持开明书店的编辑工作，主编《中学生》杂志，和朱自清、吕叔湘、李广田合编《开明新编高级国文读本》《开明文言读本》，和郭绍虞一起主编《国文月刊》，与文协同仁一起主编《中国作家》。当年最具影响的《抗战八年木刻选集》《闻一多全集》和茅盾的《苏联见闻录》，也都经圣陶先生之手，由开明书店出版。

1949 年春，圣陶先生听从中国共产党的召唤，从上海来到北平（北京）后，担任华北政府教科书编审委员会主任，遵照党的指示突击编撰即将成立的新中国的大中小学教科书。为了迎接梦寐以求的新中国的诞生，圣陶先生提出了两个最响亮的口号：一是“不能让青少年再读青天白日满地红”（新中国的学生不能再用旧教材）；二是“解放军打到哪里教科书送到哪里”。就在庆祝新中国诞生的礼炮声中，新中国的第一代教材传遍大江南北，仅语文课本就有新编《高级小学国语课本》、新编《初级小学国语课本》、《高级中学语文课本》、《大一国文》等。

1949 年 11 月，圣陶先生任出版总署副署长兼编审局局长，主管教科书编审和出版工作。1950 年 12 月 1 日，人民教育出版社正式成立，成为全国研究编写出版中小学教材的专门机构。这是新中国建立的第一家出版社，圣陶先生任社长兼总编辑。1954 年 10 月，出版总署并入文化部，圣陶先生任教育部副部长，仍兼任人民教育出版社社长兼总编辑。在新中国成立到 1966 年的十七年间，圣陶先生为我国的出版事业呕心沥血，这里列举五项：

一是 1951 年 6 月 6 日，《人民日报》接受圣陶先生和胡乔木的建议，发表了题为“正确地使用祖国的语言，为语言的纯洁和健康而斗争”的社论。紧接着圣陶先生为《宪法草稿》、《汉语拼音方案草案》(稿)、《国务院关于开展扫盲工作的决定和扫盲协会章程初稿》、《一九五六年至一九六七年哲学社会科学规划草案（初稿)》、《高级农业生产合作社示范章程》(稿）等一些国家文件的文稿把“文字”关。为了“语言的纯洁和健康”，圣陶先生率先垂范，以促进全民族的文化水准提升、造成中国的好文风为己任。

二是 1951 年 9 月 26 日，圣陶先生撰写的《标点符号用法》以政务院出版总署的名义在《人民日报》发表，《光明日报》以及《语文学习》《语文教学》作了转载。《标点符号用法》的公布，是我国文化教育事业上的一件大事。标点符号使用的规范化，不仅纠正了当时标点符号使用的混乱现象，对于提醒人们如何注意语言与应用标点符号的关系等诸多方面也都有开拓性的贡献。

三是参与规划和筹建各种专业出版社，如人民文学出版社、人民出版社、人民教育出版社、人民美术出版社、科学出版社、财政金融出版社、民族出版社、青年出版社、工人出版社、农业出版社、通俗读物出版社，等等，到 1954 年国家出版总署撤销时，中央一级专业出版社已有三十多家。出版工作的专业化，是出版业的一场大革命，确保了我国出版业开始沿着有领导、有组织、有计划的机制运行。圣陶先生办事最讲“认真”，事必躬亲。在出版总署的五年，大到出版总署五年规划、字体的规范化、铅字的统一、铜模的铸造、印刷和装帧技术的改进，小到各出版社的分工、人员的配备、出书的范围、纸张的利用、印刷的版式，他都要细细过问，是出版界真正的大行家。

四是教材建设的恢宏业绩。从新中国成立到“文革”前夕的十七年间，人民教育出版社出版的教科书，除语文教科书以外，师范和中小学的历史、地理、生物、常识、政治、自然课本，大多是经过圣陶先生字斟句酌后才发排付印的。数、理、化等教科书，圣陶先生虽说没有字斟句酌，但也都事前与编辑人员谈指导思想，事后看初稿或样稿。朝朝暮暮，春去秋来，年复一年，圣陶先生为我国的教育事业，做着最具体、最切实、最细致、最辛苦的工作。圣陶先生的教育思想以及教材建设的思想与时俱进，他是当代最具影响力的教育家。

我是新中国的同龄人，小学和中学读的课本都是人民教育出版社出版的，可以说是读圣陶先生主编的人教社的书长大的。数理化课本大都忘了，印象最深的是语文，小学语文中的《孔融让梨》《司马光砸缸》《老公公拔萝卜》《乌鸦喝水》《猴子捞月亮》《朱德的扁担》《吃水不忘挖井人》，中学语文中的《金色的鱼钩》《老山界》《飞夺泸定桥》《母亲的回忆》《英雄的十月》《辱骂和恐吓决不是战斗》，有的至今还能背诵，这些课文给予我的不仅仅是“语文知识”，还有思想情感的熏陶和为人准则的启蒙与引导，用当下最流行的话说是“打了精神底子”。难怪有人会说编辑教材，用文化思想教育人是一种“胜业”。

五是关注辞书和古籍的编辑出版工作。圣陶先生先后审阅过《新华字典》《汉语词典》《现代汉语词典》《辞海》《辞源》等一批工具书书稿；为中华书局等出版单位修改过《〈永乐大典〉说明》《〈胡笳十八拍〉出版说明》《〈史记〉出版说明》《〈史记〉校点后记》《〈中国哲学史资料选辑丛刊〉序言》《〈笔记史料丛刊〉例言》《〈三国志〉出版说明》《〈文字蒙求〉影印说明》《〈后汉书〉出版说明》，以及复制本《〈永乐大典〉出版说明》等。1958 年 2 月，国务院科学规划委员会古籍整理出版规划小组成立，圣陶先生为小组成员。1982 年，新的全国古籍整理出版规划小组成立，圣陶先生为规划小组成员，从 20 世纪 60 年代至 80 年代，圣陶先生关心我国古籍整理出版工作，1960 年拟定的《三至八年（1960—1967 年）整理和出版古籍的重点规划(草案)》稿，就是圣陶先生参与打磨的。至于他为出版社审阅的书稿多得难以计算。

粉碎“四人帮”后，圣陶先生的精神面貌焕然一新，他一如既往地关心人民教育出版社的教材的编写和出版工作，为人民文学出版社审阅《〈红楼梦〉注释稿》、鲁迅的《呐喊》《且介亭杂文末编》《彷徨》《而已集》《集外集》

《故事新编》《坟》《华盖集》《野草》等单行本的注释稿。1984 年 10 月，圣陶先生审阅了最后一部书稿，是中央统战部研究室汇编的《周恩来统一战线文选》的注释稿。1985 年 1 月，圣陶先生对如何作注释写了几条原则性的意见，并填了一首词《六州歌头·读〈周恩来统一战线文选〉》，对《周恩来统一战线文选》作了切实的评价。

以上列举的这些史实，只是圣陶先生从事编辑出版工作的一个粗略的轮廓，重大的业绩还有很多。圣陶先生对编辑工作的定位，以及他的编辑思想和他对编辑的要求，同样值得我们永远铭记，传承弘扬。

先说圣陶先生对编辑工作的定位。圣陶先生 1923 年春进商务印书馆国文部当编辑，他在这之前写的《“先驱者”》一文中说：

> (编辑) 的事业真是重要且伟大！他们给人以精神的粮食，授人以心的锁匙，他们不是超乎庸众以上的群么？——至少也应是先驱者。

进而说到编辑面对的不仅仅是“幼稚”的“未成熟”学童，也面向“攻究科学的文学的乃至一切学问”的专家学者，面向“经商的做工的乃至营一切事业的”国民，这就要求“我们的编辑者都是富有经验的教育家和精通各种科学的学者”，“时代是刻刻趋新的，学问之海的容量是刻刻扩大的。要永久站在时代的前列，要探测深广的学海”，编纂出精美的书刊，奉献纯正的“精神食粮”，成为“追踪时代探测学海的引导者”。正是基于编辑是“先驱者”的这个“定位”，圣陶先生强调“编辑工作就是教育工作”，编辑和教师一样都是思想文化园地辛勤劳作的园丁，是人类灵魂的工程师。

遗憾的是现实生活中总有人小看编辑这个职业，觉得编辑是“编辑匠”，远不如当大学教授或当官名气大。“编辑”是为他人做嫁衣裳，成就了别人，委屈了自己。1949 年春，与圣陶先生同时进入华北人民政府教科书编审委员会，以及最早进入人民教育出版社的同事中，有一批人另谋高就，去当官或当大学教授。而圣陶先生始终坚守编辑岗位。虽说名义上是个大官，实际上并没有什么行政权力，只是一个编辑。圣陶先生和同时代的贤达都很看重“编辑”，例如蔡元培、张元济、胡适等人都认为“一个好的出版社”的作用和影响“比一个大学还要大”。一个好的“编辑”的影响比一个大学教授大。对于“编辑是给他人做嫁衣裳”的说法，圣陶先生十分反感。他说“说‘编辑是给他人做嫁衣裳’的人，好像认为当编辑吃了亏。生活中人人为我，我为人人。‘编辑给他人做嫁衣裳’，他人也给编辑‘做嫁衣裳’。工人做工，农民种田，医生看病，不也是在‘给他人做嫁衣裳’吗?”在圣陶先生看来，编辑工作值得做，是神圣的事业。

至于圣陶先生的编辑思想，可用简单的一句话来概括：“有取舍，有底线”。新中国成立前的上海滩，书店林立，竞争激烈。圣陶先生到开明书店后，与开明同人达成共识，始终坚持“六不出”：“专讲党派政治”的书不出，“思想倾向不好”的书不出，“趣味低级”的书不出，“武侠小说”不出，“教辅材料”不出，“描写词典”之类的工具书不出，以精美纯正而丰富的出版物与商务印书馆和中华书局形成了三足鼎立的格局，赢得社会普遍的赞誉，“开明人”与“开明风”成了对开明书店最好的礼赞。我曾请教过叶至善先生为什么“武侠小说”不出。至善先生说“武侠小说”大多讲哥儿们义气，这在当时的中国绝对不能提倡。

“有取舍，有底线”落实到编辑工作就是认真和严谨。圣陶先生的认真和严谨，让人叹为观止。就语文课本而言，对“选定的文章”，圣陶先生都会与编辑同人一起进行“加工”，使之真正做到“文质兼美”，“有裨于学生之诵习”，不仅像孙犁的《荷花淀》、赵树理的《地板》、老舍的《我们在世界上抬起了头》、茅盾的《记梯俾利司的地下印刷所》等名篇，编入语文课本时逐字逐句地作了推敲，就连鲁迅和郭沫若的作品也一一打磨。鲁迅的译作《煤的故事》，全文将近三千字，编入《初级中学国语》第一册时，删减了七百多字，题名改为《煤的对话》。郭沫若的《爱祖国爱人民的诗人屈原》，将近一千九百字，编入《初级中学国语》第二册时，删减了八百多字，题名改为《屈原》。对选用的近代小说和古文，大多采用变通的手法，据原文进行改写，使之成为纯粹的口语，或酌加注解和提示，使之容易理解后才编入课本。课文改好后，请当时语感最好的北大教授魏建功逐篇诵读，测听语言是否清新纯正，是否真能做到“上口”“入耳”。

1958 年，教育界有一场名为“拔白旗，插红旗”的运动，有人批判圣陶先生“语文挂帅”，从而使得 1960 年出版的高中《语文》质量锐减，高中《语文》第三册中七篇“新课文”的问题尤为突出。这七篇“新课文”是：

潘梓年：《谈学逻辑》，选自《新观察》1958 年第 9 期；

季米特洛夫：《在莱比锡审讯的最后发言》，选自中央马恩列斯著作编译局翻译的《季米特洛夫选集》；

高尔基：《在法庭上》，节录于夏衍翻译的高尔基长篇小说《母亲》；

聂荣臻：《工厂技术革命的新气象》，选自《红旗》1960 年第

8 期；

峻青：《火光》，选自《收获》1959 年第 5 期；

杨沫：《在狱中》，选自《青春之歌》；

茅盾：《怎样评价〈青春之歌〉》，选自《中国青年》1959 年第 4 期。

圣陶先生批评说“此七篇仅为粗坯，尚待加工，如其原样，实未具语文教材之资格。我人决不宜抱‘唯名主义’，以为如潘梓年茅盾二位之文，尚有何话说。我人亦不宜盲从市场情况，以为《季米特洛夫选集》《母亲》《青春之歌》行销至广，读者至众，何妨采录其一章一节为教材”。强调“所选为语文教材，务求其文质兼美，堪为模式，于学生阅读能力写作能力之增长确有助益”。针对当时所谓“内容”和“思想”必须放在“第一位”的偏向，圣陶先生郑重指出：

> 而此七篇者，姑谓其质皆属精英，若论其文，则至为芜杂。意不明确者，语违典则者，往往而有，流行之赘言，碍口之累句，时出其间。以是为教，宁非导学生于“言之无文”之境乎？是诸篇之作者译者弗顾及此，信笔挥洒，遽尔付与报刊，印成书本，贻不良影响于读者，固不获辞其责，然彼辈初未料将以其著译为语文教材也。而我人则采以为语文教材，意若曰如此之文堪为模式，实乃导学生于“言之无文”之境，我人之责岂可借“唯名主义”与市场情况而轻减分毫乎？以故我谓今后选文，绝不宜问其文出自何人，流行何若，而唯以文质兼美为准。小有疵类，必为加工，视力所及，期于尽善。不胜其加工者，弃之弗惜。据实言之，苟至于不胜其加工，其质亦必非精英矣。

在圣陶先生看来，作品的“内容”和“思想性”再好，要是语言不规范，“不胜其加工”，这样的作品就不能称作“精英”。进而指出《青春之歌》《林海雪原》和《红岩》“未臻于文质兼美”，“可供浏览而不宜为语文教材”，并重申他一贯的语文思想：“不要把语文、史地等课讲成政治课，也不要把语文课讲成文学课。”当年对《青春之歌》《林海雪原》和《红岩》的宣传可谓“排山倒海”，圣陶先生“力排众议”。在他的要求下，这七篇“新课文”从高中语文课本中撤了下来。

“文革”结束后，圣陶先生对教材的把关把得更严。1976 年 10 月，郭沫若写了一首《水调歌头·粉碎“四人帮”》，报纸纷纷刊载，电视台和广播电台广为传播，有关部门决定编入初中语文课本，圣陶先生审阅时坚决不同意，说《水调歌头·粉碎“四人帮”》不宜用。“一则此题目不宜为如此随意杂凑之语，二则不合词之格律，何能谓之词。”郭沫若是我们党在鲁迅先生逝世后树立的一面旗帜，在中国文坛的地位仅次于鲁迅，新中国成立后担任政务院副总理，后来历任全国人大常委会副委员长、中国科学院院长等许多重要的职务。可圣陶先生就是用“文质兼美”的标准来衡量，“决不宜抱‘唯名主义’”，“亦不宜盲从市场”，也就是不唯上、不唯众、不唯风、只唯实，“视力所及，期于尽善”，这是做好编辑工作的一条底线。

至于圣陶先生对编辑的要求，也可以用一句话来概括，就是编辑“要做杂家”，也就是说要有渊博的学识，能上知天文，下知地理，多识草木鱼虫，这和鲁迅主张的“多读”是一致的。鲁迅教导我们读书要“杂”，即便是“讲天王星，或海王星，虾蟆的神经细胞，或只咏梅花，叫妹妹”，只要有“关于社会的议论”的，都可以看，甚至主张要读明明知道是“有害”的书。他在《随便翻翻》一文中说：

> 扶乩的书，讲婊子的书，倘有机会遇见，不要皱起眉头，显示憎厌之状，也可以翻一翻；明知道和自己意见相反的书，已经过时的书，也用一样的办法。

鲁迅反复强调不要担心“有害”的书会有诱惑，只要“多翻，翻来翻去，一多翻，就有比较，比较是医治受骗的好方子”。而所谓的“多翻”，就是要“多读多看”。圣陶先生就是通过大量的阅读和精深的探求，成就了他的渊博。胡乔木曾经说过圣陶先生对于语言文字的见解对于他“有法律效应”。教育部副部长黄辛白曾经说过，经圣陶先生看过的稿子“一片红”。圣陶先生被誉为出版界的伯乐，以他独特的眼光，敏锐地发现新人，推出新作；敏捷地发现问题，指谬纠偏，就因为他是个杂家，学识渊博，因而总能发他人所未发，为出版界树立了光辉的典范。正面的事例不胜枚举，我在这里举一个“指谬纠偏”的事例：

1961 年初，中国科学院文学研究所遵照毛主席指示，从我国历代典籍中选出七十则不怕鬼的故事，汇编成书。这本《不怕鬼的故事》中的主人公对于普遍认为可怕的鬼，表示不敬，并且敢于骂鬼、驱鬼、打鬼、捉鬼，表现了古代人民的大无畏精神。这在当年对于提高觉悟，破除迷信，解放思想，摧垮“美帝苏修”的“反华大合唱”有着重大意义。书出版后，文学研究所送请圣陶先生审阅。圣陶先生在“书面意见”中有很认真的批评，指出“于原文作句读亦有未尽善处”，就连断句标点也有断错标错的地方。至于注释存在的问题有四点：（一）当注不注。注释的目的，就是要把难懂的地方注释出来，而有的注释却避难就易，难解之处却偏偏没有注，造成古籍注释中的缺陷。（二）注得含糊，不准确。注释者用串讲的方法来解释，把自己不够清楚或者根本就不明白的地方一带而过，只讲个大概意思，原文的深层含义好像是解释通了，其实并没有触及，甚至完全解释错了，就更谈不到“能使读者明晓原句之组织结构”了。（三）原文中不合“法度”及“简略朦胧”之处未加补充说明。古籍注释其实是古籍整理的一部分，不是简单地将原文翻译出来就行了。一个负责任的古籍注释者，还应在注释中对原文加以补充说明，以便让读者更好地吃透原文。（四）没有广博的知识，不熟悉古代的典章制度与地理沿革，实际上很难成为合格的古籍注释者。这种能力需要常年的学习和积累。

中国科学院文学研究所遵照毛主席指示选注的这本《不怕鬼的故事》，问题这么多，“于原文作句读亦有未尽善处”，就连断句标点也有断错标错的地方，这倒并不是文学研究所的编注工作做得不认真，而是圣陶先生的学识的确渊博，是大学问家，尤其是指出“有关典章制度与地理沿革之注释”存在的缺漏，说明圣陶先生通晓多种学问，文史地政知之甚广，是十分难得的大学问家。有关“典章制度与地理沿革”注释中的学问特别大。以北京为例，老舍写过著名的戏剧《龙须沟》，这“龙须沟”在哪儿，怎么注？老舍长篇代表作《四世同堂》写的是北平城“小羊圈胡同”十几户人家抗战八年中的血泪史，也就是他们的“惶惑”“偷生”和“饥荒”。这“小羊圈胡同”有没有，怎么注，是需要有极其渊博的知识和学问的。由此可见只有熟悉自然科学和社会科学各个领域的知识，这样才能胜任编辑工作，字斟句酌，添毫点睛，持之有故，言之成理。圣陶先生说的“唯愿文教敷，遑顾心力瘁”，就是他做编辑出版工作最真实的自述，仰不愧于天，俯不怍于人。

圣陶先生还常常说到编辑不仅要自觉地、诚心诚意地去寻找作者，还要善于结交朋友。圣陶先生的一生培育了很多作者，结交了很多朋友，他的朋友都是一辈子的朋友。如私塾、小学、中学的同学顾颉刚、章元善、王伯祥、吴宾若、吴湖帆；从小就相识的郭绍虞；一起创办《诗》月刊的朱自清、刘延陵、俞平伯；一起创建文学研究会的茅盾、郑振铎、孙伏园；在商务印书馆的同事胡愈之、周建人、杨贤江、徐调孚；学生冯雪峰、汪静之；给《小说月报》投稿的老舍、巴金、沈从文、丁玲、戴望舒、施蛰存；给《中学生》杂志投稿的胡绳、吴全衡、彭子冈；请他帮助出书的冰心、王力、吕叔湘、秦牧、端木蕻良、吴祖光；当教师时的同事朱光潜、朱东润、曹禺；开明书店的同事夏丏尊、章锡琛、钱君匋、宋云彬、贾祖璋、傅彬然、丁晓先，等等，都是一辈子再好不过的朋友。朋友中既有像瞿秋白这样的革命家，有称赞毛主席是“弥天大勇”的诗人柳亚子，也有颇具个性的徐玉诺和白采等。而无论是同学、同事或作者，成为朋友都与发表文章或出版著作有关，不是“文章一见报”就拉倒，“书一出茶就凉”，而是发表一篇文章认识一位作者，出版一本书交一个朋友。朋友多，信息就多，给编辑出版事业建言献策的途径也就有很多，这也是圣陶先生成为编辑出版大家的一个很重要的经验。我们纪念圣陶先生，就要学习他的这些好的思想、好的品格和好的作风，眼观世界风云，立足神州大地，深耕细作，精益求精，出版更多培根铸魂、启智增慧的精品，推进新时期出版事业的发展与繁荣，为中华文化和中华民族谱写更华美的乐章。

“拿笔杆”人的责任

■ 叶小沫

1923 年的春天，我的爷爷叶圣陶经朱经农先生介绍，进了当时的商务印书馆工作，正式开始了他的编辑生涯，那一年他 29 岁。

1982 年，爷爷为刚刚创刊的《出版史料》写了一篇文章，题为《我和商务印书馆》。爷爷说：“如果有人问起我的职业，我就告诉他：我当过教员，又当过编辑，当编辑的年月比当教员多得多。”这句话，就写在文章的开头。可见编辑是爷爷最认可最看重的职业，是他干了一辈子的工作。爸爸叶至善曾经说过，人们在介绍爷爷的时候，常常会说他是著名的文学家、教育家、社会活动家，可就是没有人说他是编辑家。看来爸爸觉得，爷爷这一生做了很多事情，可付出最多，贡献最大的，是他在编辑工作中的成就。人们对他做的其他一些事情，都给予了很高的赞誉，而在这件事情上，没有给予足够的认识。今天我说这些，不是想为人们给爷爷的那些称谓重新排排队，而是想借这个机会希望大家，尤其是编辑出版界的朋友们，更重视爷爷对编辑出版思想的研究和探讨，希望在这方面能有一些新的收获，使它能更好地发扬和传承。单从这个意义来说，咱们今天开会，专门纪念爷爷从事编辑工作一百周年，就是很正确、很必要的。为此我要感谢民进中央的领导和同志们，感谢印刷学院的同志们，感谢你们认真地准备了这样隆重的纪念活动，感谢来参加纪念活动的各位领导各位同志。

爷爷在《我和商务印书馆》的这篇文章中说，他的编辑工作是进了商务印书馆才开始学习的。在这里，他大部分时间是在国文部，编辑中学生的国文课本和国学丛书，曾经代替郑振铎先生编过一段《小说月报》，还和金仲华先生一起编过《妇女杂志》。爷爷在商务印书馆工作了八年。

1930 年，爷爷应外公夏丏尊先生的邀请，离开商务印书馆，转到开明书店做编辑。开明书店虽然不及商务有名气，可是志同道合的朋友多，他们充满了朝气，一起建设开明，发展开明，使这个最初靠两千多块钱起家的小书店在那个年代站住了脚。爷爷在开明书店工作的这二十年，无论是在编写语文课本、编辑《中学生》杂志、出版各类图书上，还是在建立作者队伍、培养年轻编辑上，都做得风生水起，成了开明书店的灵魂人物。

新中国成立后的 1950 年底，爷爷被任命为人民教育出版社社长兼总编辑，直到 1966 年“文化大革命”开始为止，他在人民教育出版社工作了十六年。在这十六年里，编辑全国中小学生的统一教材，不断修订不断提高教材的质量，是爷爷天天都在做的一件事。

说起爷爷的编辑工作，大多离不开商务印书馆、开明书店和人民教育出版社这三个单位。

郑振铎先生写过一篇《编辑是什么?》的文章，其中有一段话：“老实说，拿笔杆的人，实在并不曾忘却他们的力量与责任。他们相信，人类社会之需要智慧，也正和他们之需要粮食一样迫切；特别在今日文化落伍，知识未开的中国，拿笔杆的人们的责任，似乎比一切都更重要。……为了人类，为了中国，他们都是不能放弃了这些明显的摆放在他们面前的责任的。……在这个急骤变动的大时代里，我们的责任是不很轻的。”

我想，爷爷正是郑先生笔下的那种“拿笔杆”的人，他从事编辑工作的六十多年，所看重的，所依据的，正像郑先生说的那样，是他从不曾忘却的力量和责任。他把自己融入了国家和人民中，与国家的命运相关，与人们的利益相连。他把自己的责任、自己的热情、自己的爱与憎，自己要与国家和民族生死与共的精神，全都融入了他所热爱的编辑工作。

学习先辈大家风范　助力出版强国建设

■ 邬书林

叶圣陶先生是新中国编辑出版事业的奠基者之一，他的编辑生涯、编辑理念及对中国出版做出的重要贡献，是极为丰富和珍贵的精神财富，值得我们认真学习研究。今年以来，民进中央、叶圣陶研究会等单位先后举办了“纪念叶圣陶先生从事编辑出版工作 100 周年”系列活动，产生了积极影响。在此，我代表中国出版协会对“纪念叶圣陶先生从事编辑工作 100 周年座谈会”的召开表示热烈祝贺，向主办方和参加座谈会的各位领导专家表示由衷的感谢和敬意！

叶圣陶先生作为我国编辑出版界的先辈大家，他的高尚风范令人敬仰，他的编辑出版思想深邃丰厚，在当今时代仍然具有十分重要的现实作用和意义。就新时代如何继承和弘扬叶圣陶等老一辈出版人的优良传统，我谈几点体会与大家交流。

一是要始终保持对编辑出版工作的理想信念和执着追求。叶老自己曾说：“自从进了‘商务’，编辑就成了我的主要职业。”他本人一生以做编辑工作为荣。他从事编辑出版工作近 70 年，先后编辑过《诗》月刊、《文学周报》、《公理日报》、《小说月报》、《中学生》等数十种刊物，编撰有《开明国语课本》等数十种教科书及辅导读物，在教育界和青年学生中有着深远影响。新中国成立后，叶老曾担任出版总署副署长、人民教育出版社社长、教育部副部长等职务，为建立新中国的编辑出版体系付出了巨大心血，做出了很大贡献。为使出版工作专业化，他在字体的规范化、铅字的统一、铜模的铸造、标点符号的使用、印刷和装帧技术的改进等方面，做了大量的工作和努力。为规范和推动新中国人民出版文化事业的顺利发展，他和胡愈之、周建人等出版总署的领导一起，先后制定和颁布了《关于国营书刊出版、印刷、发行企业分工专业化与调整公私关系的决定》《关于改进和发展出版事业的指示》等等。这些法令法规对解放初期的出版业起到了很好的规范和推动作用，有些法令法规在不断修改完善的基础上，一直沿用至今。

我们纪念叶圣陶先生，就是要学习他秉承科学、真理，始终保持对出版事业的执着追求的精神。当前，全面建设社会主义现代化国家新征程已经开启，出版工作面临难得的发展机遇，也肩负更加重要的文化使命。出版工作者要牢记新时代编辑出版人的时代使命，继承和发扬老一辈光荣出版传统，坚持自信自强，以持之以恒、久久为功的恒心韧劲，担当起推动编辑出版事业繁荣发展的时代重任。

二是要始终保持出版工作严谨求实的作风。叶圣陶先生从事编辑工作几十年，对待编辑工作素以严谨著称。他对自己编写的东西，总是反复推敲修改，精益求精。“对于出版的每一本书刊，对于书刊中的每一个词句、每幅画片、每一个标点符号，都要采取极端负责的态度”。对审读稿件的各个环节，他都有严肃、认真、周密、细致的要求。叶老对工作极端负责的敬业精神和严谨态度，永远值得我们学习。

我们纪念叶圣陶先生，就是要学习叶圣陶等老一辈出版人的这种“工匠精神”。党的二十大提出，高质量发展是全面建设社会主义现代化国家的首要任务。在新时代环境下，编辑人员如何当得起“一丝不苟”四个字，叶圣陶等老一辈出版人为我们树立了光辉的榜样。我们要向他们学习，向他们看齐。

三是要始终秉承出版工作为“人”服务的精神。叶圣陶先生把编辑出版工作定位为教育工作，就是着眼于人，服务于人。他说：“(编辑的)事业真是重要且伟大！他们给人以精神的粮食，授人以心的锁匙，他们不是超乎庸众以上的群么？——至少也应是先驱者。”他一再强调，编辑眼中要有读者，作为一个编辑，在编书前要“为读者着想”；作为一个作者，在“写作之前为读者着想，写作之中为读者着想，写完之后还是为读者着想。心里老记着读者才能凭借写在纸上的文字，把自己的思想和感情传达给读者，与读者交心”。同时，叶圣陶先生重视社会效益、“为读者着想”，并不是一味追求市场效益和迎合读者的口味。相反地，他主张以严谨的编辑态度和严谨的写作态度来为读者服务。“有所为，有所不为”，是叶老为实现“一切为了读者”这个编辑出版思想制定的明确界限，也是叶圣陶先生从事编辑出版的根本原则。

我们纪念叶圣陶先生，就是要学习他“一切为了读者”的编辑思想，始终坚持“以人民为中心”的出版理念，坚持为人民服务、为社会主义服务根本方向，努力出版更多无愧于时代的精品力作，为满足人民群众的精神文化需求、丰富人民群众的精神生活做出积极贡献。

民进前辈与我国的出版文化事业有着很深的历史渊源。包括叶圣陶先生在内的出版界的民进前辈对中国出版文化事业的发展与进步做出了重要贡献。同时，民进前辈和历届民进中央的各位领导专家，对中国出版协会的创立发展曾给予热情的关心和大力的支持。希望今后继续加强合作、深化研究，以服务精神、精品意识、创新理念、高远境界来践行叶圣陶编辑出版思想，引导出版单位和编辑人员推出更多更好的有中国特色、中国风格、中国气派的出版文化产品，为建设文化强国、出版强国做出应有的贡献。

今天，我们如何来纪念叶圣陶？[①]

■ 郝振省

纪念叶圣陶从事编辑出版工作 100 年座谈会在民进中央的会议室进行，我结合中国编辑学会培养学者型、专家型编辑，培养名编辑、编辑家的工作，在会上追溯了叶圣老的编辑思想与伟大实践，学习先生的光辉榜样，力图从中寻找遵循和借鉴。

其一，我们纪念叶圣陶先生从事编辑出版工作百年历史，就要像先生那样深刻认识编辑职业的教育功能，忠诚于党和人民的编辑出版事业，把个人职业与社会进步、国民教育、文化建设紧密地联系在一起，做新时代的编辑人和编辑家。

为什么先生说“如果有人问我的职业，我会说我的第一职业是编辑，第二职业是老师”。我们分析先生这个回答有这么几层意思：一层是说他早期的职业兴趣更多地倾向于编辑，当老师是他不得已而为之的一种职业选择；另一层是说编辑和老师职业岗位是上下游关系，老师上课离不开教材、课本、课外书刊等出版物，而教材、课本、课外书刊等出版物，是在编辑这里前置性完成的，从源头和源流的关系讲，编辑是源头，教师是源流；再一层是说编辑对社会的教育功能，编辑工作是教育工作一个十分重要的组成部分。他说，“你出的书刊，无论深的浅的、通俗的、专门的，总之是影响人们的见识与思想。你不是在当人们的老师吗?”他认为“编辑至少也应该是先驱者”。早期，他力主通过办刊编书达到“救人之心”、“服务社会、唤起民众”、提高国民的素质、推动社会的变革。无论在商务时期，还是在开明书店时期，他都在教育救国、文化救国的道路上树起里程碑。新中国成立之后，他对建立和完善社会主义国家的编辑出版体系做出了重要的贡献，是新中国编辑出版事业的奠基者之一，同时他又是通过编辑出版事业服务我国教育事业的杰出代表。叶圣陶出于理性的认识和本质的把握，一旦选择了编辑职业，就义无反顾，奋斗终生，并且当作人生一种高尚的乐趣来奉献于它。这就启示我们充分地认识编辑出版事业与文化传播、文明传承、民族振兴、国家强盛的

① 本文是作者在“纪念叶圣陶从事编辑出版工作 100 周年座谈会”上的发言摘要。

内在关系，增强和增加编辑职业的荣誉感。

其二，我们纪念叶圣陶先生从事编辑出版工作百年历史，就要像先生那样在编辑业务领域坚守专业性和专注性方向，不轻易转换镜头，而是专注性投入专业性，向深度掘进，向广度拓展。

具体讲，不是一般讲为编辑事业奋斗终生，而是要在整个编辑事业里选择具体的专业方向，一直做下去，才能多有建树。有关叶圣陶的传记文字将先生的编辑生涯分为早年的准备时期、商务印书馆八年的成熟期、开明书店的发展期，以及新中国成立以后的辉煌期。特别是后三个时期，能发现他的编辑业务也是很专业，很专注的。在准备期，他的着重点是文艺副刊和诗刊编辑业务。在成熟期，先生的编辑工作主要包含两部分：一是编辑以《国语》为代表的教科书和课外读物，二是编辑以《小说月报》为代表的刊物等。在发展期，他的编辑业务集中在《中学生》和《中学生文艺》等刊物的品牌打造上和《开明国语课本》《开明新编国语课本》等国语教材及辅导读物的高品质出版上。在辉煌期，他在新中国的编辑出版建设事业中，有一个教材编写的三步曲。第一步，主持中央教科书编审委员会，选定并修订了一套“开国教科书”，其中包括四种小学国语、初中国文课本，以及一种高中版课本；第二步是主持中央人民政府出版总署编审局的工作，对“开国教科书”做了进一步的修订和完善，为 1950 年春季全体师生提供了一整套完整的国语教科书；第三步，主持人民教育出版社，统筹协调和归口管理教科书的编辑出版工作，特别是主持的第一次教材大会战，编出新中国第一套统编教材及教学大纲，保证了教科书的正常供应，形成了全国中小学课本教材由国家统一编、审、出、印、发的完整的格局。

叶圣老由编辑人到编辑家，再到新中国编辑出版业务的卓越领导者，再次表明专业性和专注性对于编辑人才的成长与编辑队伍的建设是多么重要和必要。有人说，一生中只做一件事情，整个世界围绕着你转；一生中不断地转换镜头，试图做好多事情，只会被社会和历史所否定。这对我们的成长和队伍的建设都有着真理性的启示和意义。

其三，我们纪念叶圣陶先生从事编辑出版工作百年历史，就要像先生那样通过不断学习，打造自己的丰厚底蕴和精深学养，为其专业性和专注性注入营养与提供保障。

叶圣陶的丰厚底蕴与精深学养，首先发端于父亲的博学与家教的启蒙，当然还有他的聪颖智商。在此基础上，还要归功于他的自学特点。他既注意系统性的自学，又注意工作性的自学。所谓系统性自学，是在不具备脱产上学条件下，他始终在向知识的深度和广度进军。譬如他一边工作，一边自学。

请朋友寄来北京大学的课表和讲义，按照大学的课程自学，每天早上学三小时，晚上学三小时，直到完成一门一门课程。所谓工作性自学，是说他向自己编发的稿件学习，向作者朋友学习。例如他在代郑振铎主编《小说月报》(共 24 期) 的时候，每期都有他自己撰写的相当于编后语的《最后一页》，来发表他对刊出作品的评价，指导和影响小说的创作和翻译，提升自己作为编辑的境界和格局。他关于编写教科书“要像蜜蜂那样吸取百花的精华，酿出蜜来”的深刻体验，实际上是对编辑关于作品的创造性和能动性加工能力的肯定和倡导。

叶圣陶老既是编辑名家，又是教育大家；既能编出书刊精品，又能写出书刊佳作。他的实践再一次启示我们，一位名编辑或曰编辑家的成长之路该怎样去走；告诉我们，今天应如何纪念叶圣陶，学习叶圣陶。让我们倡导并身体力行地向叶圣陶老学习，积极地促成高素质编辑人才的成长与高素质编辑队伍的打造，着力推进出版业的高质量发展，为建成出版强国、文化强国，为强国建设和民族复兴做出我们编辑出版人的切实贡献。这应该成为纪念叶圣老、学习他的要义所在，这也是我们今天学习贯彻习近平文化思想的题中应有之义。让我们大家一起努力。

回溯历史　不负使命

■ 李　平

首先，我代表商务印书馆衷心感谢民进中央、叶圣陶研究会举办纪念叶圣陶先生从事编辑出版工作 100 周年系列纪念活动，使我们在忙碌的生活和工作中，有时间好好缅怀追忆叶圣陶先生高尚的思想风范，激励我们更好地学习继承叶圣陶先生等老一辈出版家的编辑出版思想，以高度负责的精神做好新时代的出版工作，服务社会，服务读者。

为了响应叶圣陶研究会的号召，商务印书馆作为叶圣陶先生生前工作过的出版机构，9 月以培训新员工为契机，召开了纪念叶圣陶先生入馆工作 100 周年纪念座谈会，缅怀叶圣陶先生在商务印书馆的编辑出版经历，学习叶圣陶先生的编辑思想和一丝不苟的认真精神，激励广大年轻编辑继承发扬叶圣陶先生等老一辈出版家的精神思想和工作作风，做好新时代的编辑出版工作，不负职责、不负韶华、不负使命。叶圣陶先生不仅是著名的文学家、教育家，更是著名的出版家，对我国的教育出版事业影响甚深。迄今，叶圣陶先生的编辑思想和出版理念仍在影响滋养着开明出版社、人民教育出版社、商务印书馆等众多出版机构的出版人，使这些叶圣陶先生生前工作过的出版机构近水楼台，受益匪浅，叶圣陶先生的编辑出版思想成为上述出版社重要的精神资产。

今年是叶圣陶先生从事编辑出版工作 100 周年，也是叶圣陶先生正式加入商务印书馆从事编辑出版工作 100 周年。回溯历史，叶圣陶先生与商务印书馆的渊源始于 1915 年。1915 年，叶圣陶先生即在商务印书馆附设的尚公小学担任国文教员，从事国文教学。正如叶圣陶先生所言：“如果有人问起我的职业，我就告诉他：我当过教员，又当过编辑，当编辑的年月比当教员多得多。”1923 年，叶圣陶先生正式进入商务印书馆后，先是在商务印书馆编译所国文部做编辑，参与商务印书馆新编国文教科书的编辑工作，后又负责《小说月报》等杂志的编辑工作。在商务印书馆编译所国文部期间，叶圣陶先生与顾颉刚等先生编写了适应新学制的国文教科书，开启了现代教科书的编辑之路，为中国的教科书的编写奠定了重要基础。在负责《小说月报》编辑期间，发表了茅盾的《幻灭》、巴金的《灭亡》、丁玲的《梦珂》等众多新文学重要作家的重要作品，为中国的新文学发展做出了卓越的贡献。

虽然叶圣陶先生从进入商务印书馆从事编辑工作到离开商务印书馆进入开明书店，在商务印书馆工作只有八个年头，时间不长，却为商务印书馆和中国的编辑出版事业留下了浓墨重彩的篇章，做出了重要的卓越贡献。我们今天纪念缅怀叶圣陶先生从事编辑出版工作 100 周年，就是为了更好地学习继承叶圣陶先生博大精深的编辑出版思想和一丝不苟的认真精神，做好今天的出版工作，出版更多的优秀作品，服务社会，造福读者。

开卷有益，明道致用

——纪念叶圣陶从事编辑出版工作 100 周年

■ 陈滨滨

今天，我们在这里举行“纪念叶圣陶先生从事编辑出版工作 100 周年”座谈会。众位领导、学者、专家、出版人齐聚一堂，以简朴而热烈的方式，重温叶圣陶编辑思想的丰富内涵，缅怀叶圣陶先生在中国编辑出版领域的卓越贡献，感悟其“倾心文教”的责任与初心。我谨代表开明出版社向系列活动的顺利开展表示衷心的祝贺！

习近平总书记在文化传承发展座谈会上发表的重要讲话，深刻揭示了“两个结合”，尤其是“第二个结合”——与中国传统文化相结合的重大意义，深刻阐释了新时代新的文化使命。在“两个结合”重要思想的指导下，作为新时代出版工作者，我们应深刻学习叶圣陶先生“编辑工作就是教育工作”的编辑理念，以坚定文化自信、担当文化使命助推编辑出版事业高质量发展。

在叶老的一生当中，做编辑的时间接近 70 年。在开明书店成立 20 周年的时候，他曾赋诗一首，对“开明风”和“开明人”作了文字阐发。其“开明夙有风，思不出其位”“惟愿文教敷，遑顾心力瘁”的价值取向和情感寄托，时至今日，仍是开明出版社一贯遵循的出版原则和工作作风。

在纪念叶圣陶从事编辑出版工作 100 周年之际，开明出版社再次追忆叶老“能在胸中存读众，孜孜矻矻味弥甘”的一生，希望从中得到更多启迪和感悟。

一、“端正文风”，加深对文化传承发展事业的认识把握

叶圣陶先生深知，编辑的终极使命就是为人类的文化事业做出贡献。因此，他将编辑工作看得非常神圣。1978 年，在新华社国内记者业务训练班上，叶老曾提出“端正文风”的八点意见，指出“无论做什么工作，首先要明确的就是为谁服务”，“写文章，作报告，无非是拿一点儿我听到的，看到的，真懂得、真体会到的东西来告诉读者和听众，并不是舞文弄墨”。

这些编辑思想帮助我们进一步凝聚推动文化传承发展的共识，更好地担负起新的文化使命；帮助我们坚持打造彰显文化自信、展现时代气度的文化精品。

二、“编辑工作就是教育工作”，要更加坚定文化自信

叶圣陶先生强调“编辑工作就是教育工作”，一再要求编辑：“对书刊中的每一个词句，每一幅画片，每一个标点符号，都要采取极端负责的态度。”

图书作为中华文化传播与传承的重要载体，图书出版事业的发展不仅关系到我国文化事业的兴盛，更关系到国人的文化自信。出版工作者一定要有坚定的文化自觉和文化自信，才能肩负起时代赋予的历史重任。

三、“编辑出版工作是为广大读者服务的”，要更加坚定文化担当

叶圣陶一直坚持以高质量的书刊为读者服务，为读者提供营养丰富的精神食粮。“如果离开了读者，却别出心裁地去搞什么特色，就是跟为读者办刊物的宗旨背道而驰了。”

我们只有筑牢文化基石，做好文化的“坚守者”“把关者”和“传播者”，才能切实担当起中华优秀文化传播的重任，更好地建设社会主义文化事业。

四、开卷有益，明道致用

之所以说“开卷有益”，不光是为了读书，更在另一个层面上展现为文化创新。为读者提供优质、有益的文化产品，会进一步提升我们的精品意识和经典观念，激发出编辑出版整体的活力与创造力。

而“明道致用”对“质”的要求，也与我们“开来而继往，明道不计功”的开明精神不谋而合。

长期以来，开明出版社不断从老一辈的优良作风中汲取丰富营养，始终把社会效益放在首位，努力打造思想精深、艺术精湛、制作精良的精品力作。

编辑出版工作作为文化传播的重要一环，有着育人载物的使命与责任。我们作为出版工作的一员，要在时代的风浪中握紧船舵，成为时代浪潮的引领者；要在叶圣陶精神的引领下，加强文化认同，为传承民族文化血脉、构建人民精神家园奉献应有力量，为助推编辑出版事业高质量发展尽心竭力。

像叶圣陶那样做编辑，用心打造培根铸魂、启智增慧的精品教材和教育图书

■ 黄　强

叶圣陶先生是人教社第一任社长、总编辑，学习叶圣陶先生、弘扬圣陶精神是我们一贯的理念和追求。今年是叶圣陶先生从事编辑出版工作 100 周年，叶圣陶研究会、中国出版协会、中国编辑学会等单位联合发出倡议——“像叶圣陶那样做编辑”。叶圣陶先生爱岗敬业、实干细致、读者至上、合作友善的精神，对于今天我们用心打造培根铸魂、启智增慧的精品教材，精心编辑出版教育图书，促进教育出版事业健康持续发展，具有重要意义。

下面，我代表人教社谈几点体会。

第一，弘扬叶圣陶先生的爱岗敬业精神，深刻认识编辑工作的重要意义和崇高追求。叶圣陶先生把编辑事业看得很高、很重，认为“编辑工作就是教育工作”。叶圣陶先生 1923 年春进商务印书馆国文部当编辑，他说：编辑应该是“富有经验的教育家和精通各种科学的学者”，“要永久站在时代的前列，要探测深广的学海”，编纂出精美的书刊，奉献纯正的“精神食粮”，成为“追踪时代探测学海的引导者”。1952 年 3 月，叶圣陶先生给吕叔湘先生写信，希望吕叔湘先生离开清华大学到人教社任职。他在当天的日记中写道：“任教于清华，受其益者不过学生数十辈，来我社编书，受其益者为无量数之中小学教师及学生。”在圣陶先生看来，编辑和教师一样都是思想文化园地辛勤劳作的园丁，是人类灵魂的工程师，甚至编辑的作用还要更大一些。我们要像叶圣陶先生那样，深刻认识编辑工作尤其是教育编辑工作对于广大师生和人民群众的素质提升、对于民族复兴和国家现代化的重要意义，加强使命感和责任感。

第二，弘扬叶圣陶先生的实干细致精神，不断提高教育出版物质量。叶圣陶先生是实干家。他在商务印书馆和开明书店时，主编《中学生》《开明少年》等杂志，编写《开明国语课本》，合编《开明国文讲义》。在人教社时，

更是主持编写了多套中小学教材，影响了几代人。对于课本编辑，圣陶先生始终亲力亲为，除了语文，历史、地理、生物、常识、政治、自然课本，也大多是经过圣陶先生字斟句酌后才发排付印的。在圣陶先生六十多年的编辑生涯中，他始终做着最具体、最切实、最细致、最辛苦的工作。我们要像叶圣陶先生那样，认真对待编辑工作中的每一处文字、每一个标点，以时时放心不下的心态，如履薄冰，兢兢业业，精益求精，不断提高教材和教育图书的质量。

第三，弘扬叶圣陶先生的读者至上精神，赢得读者的信任和支持。在新中国第一届全国出版会议上，圣陶先生说：我们要“认定这么个方向，为的是为广大的读者服务”。他说：“在咱们的社会主义国家里，任何人任何事业，列为第一条的信念是为人民服务。出版事业当然也是如此。”“不单叫读书的人有书读，还要叫不读书的人乐意读书。想尽办法让不读书的人读书，少读书的人多读书，读了书的人善读书。”圣陶先生一再强调，写文章，编稿子，要设身处地为读者着想，要“跟读者交心”。我们要像叶圣陶先生那样，尊重读者、理解读者、把读者看作是朋友、一切为读者着想、全心全意为读者服务，以人民为中心、以师生为中心，不断提升教育出版服务教育的水平。

第四，弘扬叶圣陶先生的合作友善精神，加强与社会各界的交流与合作。圣陶先生学养深厚而又虚怀若谷，性情温和，待人诚恳。圣陶先生说过，编辑要善于交朋友。他总是谆谆善诱，热心扶持作者，帮助读者。他一生有很多朋友，大多与编辑出版有关，发表一篇文章认识一位作者，出版一本书交一个朋友。他与作者处得亲近，与社会各界人士真诚交往，使他们都能为编辑出版事业建言献策。这也是圣陶先生成为编辑出版大家的一个很重要的经验。我们要像叶圣陶先生那样，广交天下朋友，开门办出版，加强合作共赢，实现深度融合，共同开创教育出版事业更加美好的未来。

习近平总书记强调，“高质量发展是全面建设社会主义现代化国家的首要任务”。我们要贯彻落实这一理念，全面、持续提升教材和教育图书的质量，竭诚为亿万读者奉献优质的精神产品。我们要传承好叶圣陶先生的编辑出版思想，把“编辑出版作为值得永远干下去的事业”，把出好书作为一生的追求，为培养德智体美劳全面发展的社会主义建设者和接班人、建设教育强国做出新的更大贡献。这就是我们对圣陶先生最好的纪念。

编辑工作也是教育工作

■ 沈　伟

叶圣陶先生是中国现代编辑出版事业的先驱和杰出代表，在文学、教育、编辑等领域取得了卓著的成就。诗人臧克家评价："温良恭俭让，这五个大字是做人的一种美德，我觉得叶老先生身上兼而有之。"叶老用其一生践行了一代师表，也留下了许多鞭辟入里的名言和闪光思想。于文学寂寥处静待花开，于教育润泽中凝结智慧。从事编辑工作多年，叶老的很多话一直沉淀在我心中，比如他说"当编辑要做杂家"，要"有所为，有所不为""决不肯辜负读者"……叶老的这些编辑思想一直潜移默化地影响着包括我在内的新一代出版人。

开明自成立以来一直秉承老开明的教育传统和出书特色，出版了一些受读者喜爱的教育图书，所取得的成绩无一不与叶老和开明书店的文化传承相关联，我对此感触尤深。

1989 年我大学毕业，进入刚成立的开明出版社，而叶老是 1988 年过世的，所以无缘聆听叶老的教诲，不过出版社的创办人叶至善先生那时候经常来社里看望我们几个年轻编辑，常常听他娓娓转述叶圣老的话，所以我庆幸能从做编辑伊始，便近距离感受叶老朴实严谨的编辑思想和他端端正正的工作态度。

出版社创办之初条件比较艰苦，用老社长吴廷劢的话说是房无一间，地无一垄，钱无一文。只有七个人。初出茅庐的我对编辑这个职业谈不上热爱，更别提立志投身出版事业了。我原来的理想是做一名人民教师，之所以选择进入出版社，是遵从导师推荐。记得有一次叶至善先生来鼓楼看望大家，听说我们四个毕业生都学师范，为了鼓励我们安心做编辑，他特意引用叶圣老的一句话——编辑工作也是教育工作。这句滚烫的话当时深深地烙在了我的心里，回想起来，当初能够让我选择，并最终爱上编辑这个职业，而且一干就是 34 年，就是受这句话的影响——的确像叶老说的，一本书无论深浅雅俗，总会影响人们的思想和见识。从这个意义上说，编书不就是当老师吗？叶圣老一句话，让我明白了做编辑工作，可以更高效地传播文化知识，可以影响到更多的人，同时也明白自己肩上的担子责任重大，从而也坚定了我做编辑的决心，并坚持走下去。

2017年，我随叶研会赴台湾访问交流，在谈到叶圣陶·开明书店与台湾的话题时，从台湾同仁的口中也感受到了叶老的影响力。台湾光复后，叶圣陶先生受托，为刚刚结束50年日本殖民统治的台湾临时编写一套合用的国语教材。70年代初，以原开明书店的编辑为核心，又在原国语课本的基础上重新作了修编，而叶圣陶先生所创制的教材体例也一直沿用到现在。所以从这个意义来说，两岸同文同种，连语文教材体系也系出同门，叶圣陶先生为台湾、为两岸的教育事业都做出了贡献。

叶老的教育思想对于新中国的语文教学，更是影响深远，他所持的观点直到今天仍具有现实指导意义。比如叶老强调语文学习的全面性。他说所谓“语”就是听和说。所谓“文”就是读和写。语文学习就在于听、说、读、写，这四个方面在语文教学中同样重要，一个也不能丢。我们今天的语文教学受高考指挥棒影响，高考只考察读和写，平时语文教学也以读、写为主，缺乏对学生听、说能力的培养，一些学生听讲不专注、听课理解力差，语言表达能力欠缺等等，用叶老当年的主张来衡量，今天的语文教学仍然存在着不小的差距，一个人听和说的能力将来在工作生活中往往比读和写用到的更多。正是受叶老语文思想的启发，前些年我社开发的洪镇涛小学语文实验教材，特别增加了诵读与阅读、说话与写话等语文课程，专门训练学生读、写、听、说能力，在湖北等地推广实验，取得了很好的课堂教学效果，也积累了较丰富的教学实践经验。

叶圣陶先生在语文教学和教材编写中还有很多独创，他与夏丏尊先生合编的初中语文教材《国文百八课》，打破了历来课文选篇杂乱无系统的模式，按教学目的分成108个独立单元，这一独创的编辑体例把中学语文教学串成了一个完整知识体系，直到今天，仍然是国内语文教学和教材编写规范。我社与北京市教材编审部、北师大实验中学等单位共同开发的语文统编教材，就是依据叶老的教材编写规范，选篇精当，单元体例规整，颇受广大师生喜爱，曾一度成为北京市中学配套教材和全国八套半统编教材之一。

开明版图书的教育特色，和民进的党派界别始终是契合的，同时，也和叶老一生所倡导的教育理念和编辑思想分不开，开明自成立以来，始终秉持叶老和老开明书店的“思不出其位”的出书特色，“惟愿文教敷”的教育理念，“俯仰两无愧”的磊落胸怀。我们平时说学习、研究叶圣陶的编辑思想、教育思想、语文思想，最终是为了将叶老这些闪光的思想落在实处。叶老说过一句至理名言：教是为了达到不需要教。最近我们也在联合四中的老师，编写一套数学辅导书，其核心理念就是围绕叶老的这句话。所以，我深深地感觉到：叶老的编辑思想和教育思想，朴实而无华，但都是方法论。我们这些出版工作者、教育工作者，应该认真领会，时常温习一下叶老的这些经久耐受的观点，让自己的认识返璞归真，尤其是，如果能在工作中用心结合叶老的这些教育理念和编辑初心，一定能路不走偏，取得持久、长足的进步。

重温叶圣陶先生的编辑出版思想①

■ 刘立德

谈到叶圣陶先生，人们都称赞他是我国著名的教育家、文学家、编辑出版家、社会活动家，认为他是中国近现代教育和编辑出版的一代宗师、语文教育大师和文化巨匠。确实如此，作为我国编辑出版界的蔼蔼长者和编辑出版事业的杰出代表，叶圣陶先生获得了广泛的尊敬和爱戴，受到高度评价，如：巴金称叶圣陶先生为“我一生的责任编辑”；雷洁琼题词称叶圣陶先生为“现代中国知识分子的楷模”；赵朴初题词称叶圣陶先生为“一代师表”；许嘉璐题诗称叶圣陶先生为“爱民勤朴万人师”。在中国百年编辑出版史上，叶圣陶先生的编辑出版思想占有十分突出的地位。重温叶圣陶先生的编辑出版思想具有重要的现实意义。

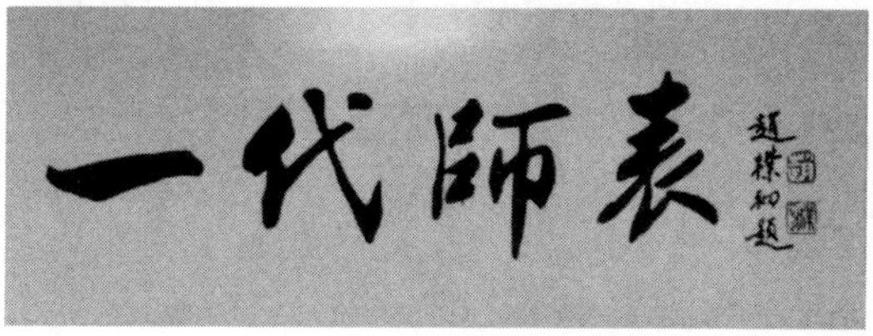

一、中国近现代编辑出版界一代宗师

1923 年 1 月，叶圣陶先生应邀进入商务印书馆国文部，成了职业编辑。今年是叶圣陶先生从事编辑出版工作 100 周年。上海是叶圣陶先生编辑出版工作起步的地方，是其编辑出版思想的发源地和主要发祥地之一。

叶圣陶先生是中国百年编辑出版史上既有丰富多彩的编辑出版实践，又有博大精深的编辑出版思想的少有的综合性文化巨匠之一。在叶圣陶先生从事编辑出版工作 100 周年这个重要的时间节点，来探讨叶圣陶先生的编辑出版思想及其现代价值，尤其有重要的和特殊的意义。作为我国编辑出版界的

① 本文系根据作者在 2023 年 8 月 17 日在民进中央主办的开明出版传媒论坛上专题报告的提纲整理而成。

一代宗师和光辉楷模，他深邃丰厚的编辑出版思想和严谨扎实的编辑出版作风，对推动当今编辑出版事业高质量发展具有重要的现实借鉴价值和指导意义。

新中国成立以前，叶圣陶先生在商务印书馆和开明书店从事编辑出版工作，为近代民主进步的编辑出版事业而奋斗，积累了丰富的学识和经验。新中国成立后，他长期以出版总署副署长和教育部副部长身份担任人民教育出版社社长、总编辑，特别是他在新中国成立前夕和新中国成立后长期主持全国大中小学教科书的编审和编辑出版工作，是新中国教材编辑出版事业的奠基人和开拓者。

叶圣陶先生的编辑实践丰富性无与伦比：编辑历史最悠久，既编辑图书，又编辑报刊，还编辑教材。编辑的报刊有政治、教育、文艺等类别；编辑的教材涉及各级各类、各种学科，纵向覆盖大中小学，横向覆盖家庭教育、社会教育和学校教育；编辑过学术著作、译著、普通读物和工具书，还编校过《宪法》等重要文献。其博大精深的编辑出版思想是建立在丰富多彩的编辑出版实践之上的。

习近平总书记在给人教社老同志的回信中特别提到，教育出版要“弘扬优良传统，推进改革创新”。大力弘扬和实践叶圣陶先生编辑出版思想和精神风范就是进一步贯彻落实习近平总书记回信精神的一个重要举措。在新时代推动出版高质量发展，我们要向叶圣陶先生学习，不仅要学习其学识、经验、思想以及工作的方法、技能和艺术，更重要的是发扬光大其精神、人格和风范。

二、对编辑出版工作的定位：编辑出版工作就是教育工作

叶圣陶先生一生做编辑出版工作的时间有 60 多年。他多次说：“作家不是我的职业。”他曾自豪地说：“如果有人问起我的职业，我就告诉他：第一是编

辑，第二是教员。”他认为编辑是其值得永远干下去的光荣职业。

叶圣陶先生在不同的场合说过“编辑工作就是教育工作”“出版工作就是教育工作”“编辑出版工作就是教育工作”等类似的话。尽管在不同场合表述有所不同，但其精神实质是一致的，就是要把编辑出版工作放在教育的高度来看待。尤其是中小学教材编辑人员，叶圣陶先生认为他们是直接为教育服务的，更要有强烈的使命感和责任意识，更要认真从事和对待每一项工作。他号召教材编辑人员必须忠于职守，不忘初心。这是他对编辑人员的要求，也是他在编辑出版事业上的一贯追求和自我写照。

在叶圣陶先生心目中，编辑工作就是教育工作，编辑和教师一样是人类灵魂的工程师。他认为：“编辑出版工作就是教育工作的一个组成部分，一个不可缺少的重要的组成部分。”他说，排版印刷装订是工业，发行售卖是商业，编写编辑是教育事业。所以，“出版事业的性质是工业、商业、教育事业三者兼之；三者之中，教育事业应居首要地位”。

叶圣陶先生在其撰写的《“先驱者”》一文中说：“(编辑)的事业真是重要且伟大！他们给人以精神的粮食，授人以心的锁匙，他们不是超乎庸众以上的群吗？——至少也应是先驱者。”正是基于编辑是“先驱者”的这个“定位”，叶圣陶先生一直反复强调，从广义上说，“编辑出版工作就是教育工作”，编辑和教师一样都是思想文化园地辛勤劳作的园丁，是人类灵魂的工程师。

叶圣陶先生强调，编辑人员在出版产业中扮演着文化人的角色，即这角色包括五个方面，即：文化成果的探寻者、文化产品的设计师、作者原稿的美容师、文化传播的守门人、作者与读者的桥梁和纽带。编辑人员通过对原稿的编辑加工提升其价值，从而为社会创造财富。编辑工作是默默无闻、甘为人梯的，编辑工作也是职业崇高、使命光荣、责任重大的。叶圣陶先生长期坚守编辑岗位写稿、编稿、审稿，下面这两张伏案工作照就是叶圣陶先生的工作常态。

鉴于对“编辑出版工作就是教育工作”这个定位，叶圣陶先生非常重视教材工作。作为配合建国大业的开国教科书的编写供应，他提出了两个最响

亮的口号：一是“不能让青少年再读青天白日满地红”（新中国的学生不能再用旧中国的教材）；二是“解放军打到哪里教科书就送到哪里”。

胡适有一句著名的话，“得着一个商务印书馆，比得着什么学校更重要”，以此说明出版单位的重要。叶圣陶先生也有类似的表述，与胡适的话有异曲同工之妙。他在邀请吕叔湘先生到人教社工作时对吕叔湘先生表示：“任教于清华，受其益者不过学生数十辈。来我社编书，受其益者为无量数之中小学教师及学生。”（见1952年3月叶圣陶先生日记）

叶圣陶先生把编辑出版工作与教育工作有机地融为一体，毕生坚守教育出版岗位。他说：“我的一生是人民给的，我应当把全部身心都交还给人民。”他从爱国爱民出发，爱人民教育事业，爱党的教材编辑出版事业，决心一辈子献身教育出版。他是这样说的，也是这样做的，也确实做到了。他毫无保留地践行了自己的诺言。

三、把读者装在心中，热诚为读者服务

叶圣陶先生一生不厌其烦地撰写了大量的回复读者的信。他几十年如一日，对待读者的态度始终不变。他长期坚持在心中存有读者，切实为读者服务，并以此为乐、乐在其中。这是叶圣陶先生的自我期许和编辑实践的缩影，也是他对编辑出版人员的谆谆嘱托和殷切希望。他主张要虚怀若谷，不要高高在上，目中无人。他倡导心中装着受众，编书要看对象。他心心念念的，就是要全心全意为读者服务。而最重要的就是体现编者心目中有他人，不是为自己编书，而是为他人编书。

叶圣陶先生认为，教材编辑人员必须密切联系中小学师生需求，编教材跟在课堂上教课一样，要设身处地为师生着想，要时时处处想到如何让师生实际获益。

叶圣陶先生指出：“编辑出版工作是为广大读者群服务的”，“不单叫要读书的人有书读，还要叫不读书的人乐于读书……想尽种种办法让不读书的读书，少读书的多读书，读了书的善于读书”。叶圣陶先生这段话高度浓缩了编辑出版工作应有的初心和使命，即“竭诚为读者服务”。照叶圣陶先生的教导，从编辑出版物的内容到编辑出版物的形式，从编辑出版工作的原则到编辑出版工作的方法，我们都要始终坚持人民至上、以人为本，以对读者和对社会、对时代高度负责的态度，为满足人民日益增长的精神文化需求做贡献。

叶圣陶先生反复申明，为满足读者需要，编辑出版物必须深入浅出、通俗易懂。他以课本为例强调说，我们的课文要口语化，要念起来上口，听起

来入耳，课文写好后要念上几遍，边念边听，把拗口不顺的地方改过来。他曾语重心长地说：我对于有些学科是外行，但是总达到了中学生所具备的知识水平吧，如果编出的教材叫我都看不懂，印出去不是难为教师、难为学生吗！

四、质量是编辑出版物的生命

叶圣陶先生认为编辑出版物是精神食粮，必须坚持质量第一。他为中国出版工作者协会（今中国出版协会）成立题诗，诗中云：“选题订稿校雠三，唯审唯精为指南。”叶圣陶先生指出，“坚持图书质量第一，就是坚持国家和人民的利益第一”，也是为人民服务和为社会服务的前提。

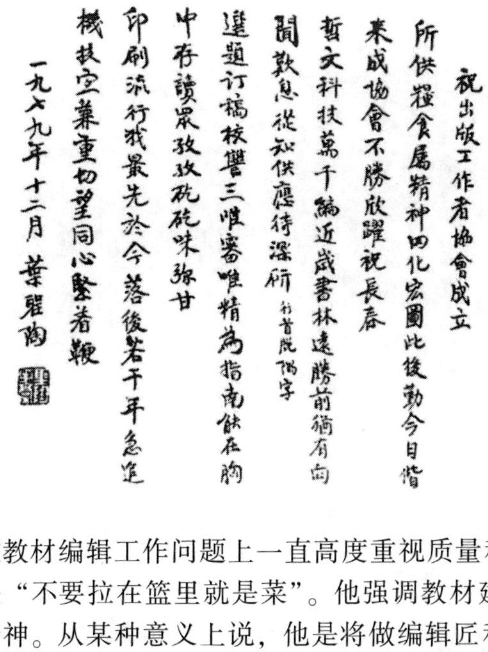

叶圣陶先生在教材编辑工作问题上一直高度重视质量和规范。他对教材编辑人员常说的是“不要拉在篮里就是菜”。他强调教材建设不要随意和任性，要体现工匠精神。从某种意义上说，他是将做编辑匠和当编辑家有机统一起来，不干则已，要干就要好上加好，不凑合，力争做到极致。

叶圣陶先生对教材编写和编审工作坚守严谨认真的态度。他要求：“对于出版的每一本书刊，对于书刊中的每一个词句，每幅画片，每一个标点符号，都要采取极端负责的态度。”

叶圣陶先生强调要像蜜蜂吸取百花精华酿出蜜来那样，吸取有关的各种教材的长处，融会贯通，不断地提升质量和水平。他主张，编教材必须对“原材料”进行“加工”，使之真正做到“文质兼美”，“有裨于学生之诵习”。

他反对在教材选文上的“唯名主义”和“盲从市场”。

我们要谨记叶圣陶先生的教导，铸牢质量意识，精耕细作，打造更多培根铸魂、启智增慧的编辑出版精品，以奉献社会。

五、编辑出版要有“开来而继往，明道不计功”的开明风格和气派

民进中央每年举行“开明出版传媒论坛”。用“开明”这两个字冠名论坛非常恰当。叶圣陶先生是“开明风”的提炼者、倡导者和切实践行者。1946在开明书店成立20周年的时候，时任开明书店编辑所所长的叶圣陶曾撰写纪念碑辞，第一次对“开明风”和“开明人”作了文字阐发。辞中有云：“开明夙有风，思不出其位；朴实而无华，求进弗欲锐；唯愿文教敷，遑顾心力瘁？”“堂堂开明人，俯仰两无愧。”

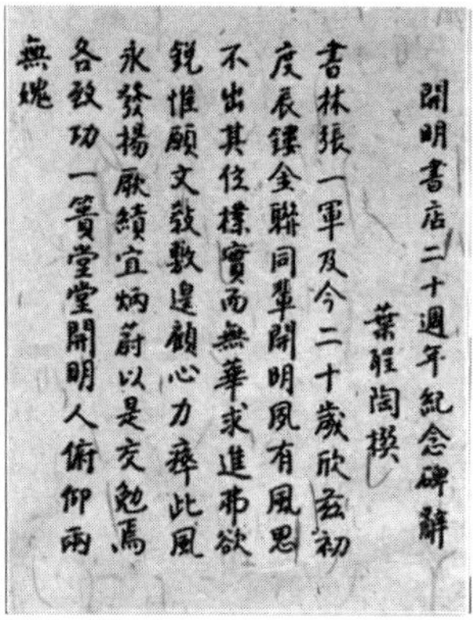
開明書店二十週年紀念碑辭
葉聖陶撰
書林張一軍及今二十歲欣茲初
度辰謀全聯同羣開明夙有風思
不出其位樸實而無華求進弗欲
銳惟願文教敷遑顧心力瘁此風
永發揚厥績宜炳蔚以是交勉厲
各效功一簣堂堂開明人俯仰兩
無愧

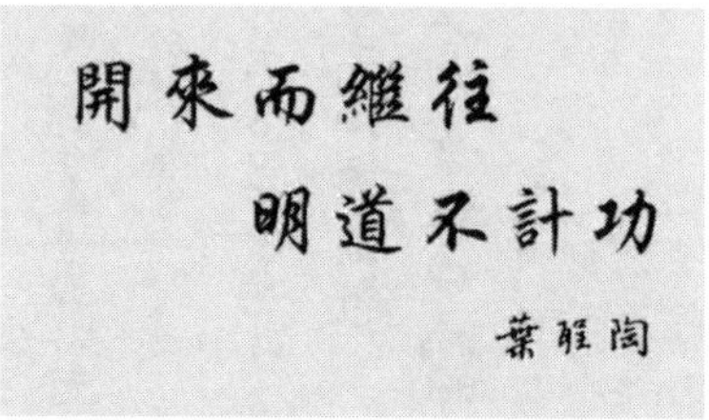

其中，“开明夙有风，思不出其位”，叶圣陶先生在这里是讲编辑出版的原则和准绳；“惟愿文教敷，遑顾心力瘁”，叶圣陶先生在这里是讲编辑出版的方向和作风；“堂堂开明人，俯仰两无愧”，叶圣陶先生在这里是讲编辑出版的胸怀和气度。叶圣陶先生说的“唯愿文教敷，遑顾心力瘁”，就是他做编辑出版工作最真实的自述。“俯仰两无愧”是说俯不怍于人，仰不愧于天。这句话也是叶圣陶先生一生的“自画像”。1986年，在开明书店成立60周年纪念会上，叶圣陶先生再一次阐发了开明书店的精神内涵，其中一条便是决不为追求经济效益而不顾社会效益。1989年，时任开明出版社社务委员会主任的叶至善先生把叶圣陶先生的上述思想总结为“一不亏心，二不亏本”。

创兴于上海的开明书店，其文化传统不断丰富发展，形成了“开来而继往，明道不计功”的开明精神。开明书店的这副对联“开来而继往，明道不计功”，联语嵌店名中“开明”二字。上联“开来而继往”，出自朱熹“所以继

往圣，开来学，而大有功于斯世也。”下联“明道不计功”，出自董仲舒“正其谊不谋其利，明其道不计其功。”这副开明书店门口的对联揭橥了开明书店的宗旨和抱负，立意高远，格局很大。这副对联体现了叶圣陶先生坚守底线、追求崇高的编辑出版境界。照他的原话说就是我们要“有所为有所不为”。

开明书店虽然从体量上无法与商务印书馆和中华书局相颉颃，但它却以精美纯正、丰富多彩、与时俱进的编辑出版物与商务印书馆和中华书局形成了近代三足鼎立的格局，赢得社会普遍的赞誉。这实与“开明”的定位不无关系。作为“开明人”与“开明风”的代表，叶圣陶先生把稳中求进、守正创新的“开明风”带进人教社，使之发扬光大。他长年累月耐住编辑出版工作进程中的琐碎、劳苦、寂寞和单调，终成中国近现代编辑出版领域的一代宗师和泰山北斗。

叶圣陶先生开来继往，推行大道，不计个人功利得失，全力以赴投入编辑出版事业，编辑出版了一套又一套既功在当代又惠及后世的精神食粮和精品力作，在中国百年编辑出版事业发展史上竖起了一座丰碑！

六、编辑人员要不断提高编辑出版素养

编辑人员的编辑出版素养直接决定着编辑出版物的质量。叶圣陶先生号召编辑人员要不断学习、加强研究、编研相长，不断提高编辑出版能力和水平。他自己就是反思型、研究型、专家型编辑的楷模。他非常反对“编辑是给他人做嫁衣裳”的说法，指出:“说‘编辑是给他人做嫁衣裳’的人，好像认为当编辑吃了亏。生活中人人为我，我为人人。‘编辑给他人做嫁衣裳’，他人也给编辑‘做嫁衣裳’。工人做工，农民种田，医生看病，不也是在‘给他人做嫁衣裳’吗?”在叶圣陶先生看来，编辑人员只有首先打破自卑自贱感，充分认识到编辑工作有意义、值得做，是神圣的事业，才会自觉自愿地去提高职业素养，不断更新观念和知识。

叶圣陶先生对编辑人员的总体要求是一专多能。首先，他呼吁编辑人员干一行、爱一行、专一行，要努力成为本专业的行家里手。他说，编辑人员面对的不仅仅是“幼稚”的“未成熟”学童，也面向“攻究科学的文学的乃至一切学问”的专家学者，面向“经商的做工的乃至营一切事业的”国民，这就要求“我们的编辑者都是富有经验的教育家和精通各种科学的学者”，“时代是刻刻趋新的，学问之海的容量是刻刻扩大的。要永久站在时代的前列，要探测深广的学海”，编纂出精美的编辑出版物，奉献纯正的“精神食粮”，成为“追踪时代探测学海的引导者”。叶圣陶先生认为，编辑人员要善

读善写、敢写勤写，不断总结经验，一方面体会作者的甘苦，不妄改擅改作者文稿；另一方面提高自己的读写能力和水平，以应对复杂多样的书稿内容。他自己身体力行，为后人树立了终身学习、精益求精、追求卓越的典范。其次，他要求编辑人员还要做“杂家”，在“多能”上下功夫，也就是说要有渊博的学识，能上知天文，下知地理，多识草木鱼虫。叶圣陶先生自己就是通过大量的阅读和深刻的探求，在编辑出版领域积累了丰富的学识和经验，具有了深厚渊博的知识底蕴。叶圣陶先生实际上只有中学毕业文凭，没有上过大学和接受高等教育，之所以从一个小学老师成长为一代宗师和大学问家，主要是自学成才的结果。

叶圣陶先生主张编辑人员要具备交往能力，要善于交朋友。他自己就是这样做的。他的朋友圈非常庞大，老中青、左中右皆有。叶圣陶先生的一生有很多朋友，他的朋友都是相伴一生的朋友，如巴金就说叶圣陶先生是他“一辈子的责任编辑”，而不是文章一发表就一拍两散，书一出“茶就凉”，要做到发一篇文章结识一位作者，出一本书结交一个朋友。不把编辑出版工作做成一锤子买卖。编辑人员与作者的关系要实现双向互动，共同为编辑出版事业尽力。这也是叶圣陶先生成为编辑出版大家的一个很重要的经验。此外，他还经常强调编辑出版工作集思广益、团结协作的重要性，注意发挥集体智慧。他十分强调编辑出版人员的“化合”，主张避免“混合”。

叶圣陶先生认为，编辑出版事业是为国为民奉献的高尚事业，要将编辑出版工作建立在科学研究的基础上，把各类出版物编好、印好、发行好。他反对只是“剪刀加糨糊”式地照搬照抄、剪剪贴贴，而是主张出版物必须有编辑含量，其中必须包括编辑人员自己的研究，融入自己的心得甚至心血，将编辑出版物打上自己的“烙印”。编辑人员要泛收广接，博采众长，努力吸取各种营养，不断提升研发素质，通过自己辛勤努力，落实编研相长，产出精品出版物。这是叶圣陶先生一贯的主张。

七、大力弘扬叶圣陶先生的精神和风范

1989 年，胡乔木同志在叶圣陶研究会成立大会上发表讲话时指出：“叶老在编辑方面所花的心血，恐怕很难用简单几句话估价。这方面的贡献可能不亚于他在文学上的贡献。”同时他又说：“叶老在编辑中的学问、甘苦，确实很值得研究，很值得推广，很值得实践。”对照胡乔木同志的上述要求和期望，深感我们编辑出版工作者使命重大、任重道远。

叶圣陶先生手书“牛马联”：“得失塞翁马，襟怀孺子牛。”这是他乐于奉

献的伟大情操的集中宣示，是他不计个人荣辱得失、为人民教育出版事业苦心孤诣、负重前行、不懈追求、勇敢探索的献身精神的重要体现。他紧跟时代、率先垂范、事必躬亲，在编辑出版工作中兢兢业业、认真负责、字斟句酌、反复推敲，树立了敬业、严谨、团结、创新的编辑大师风范。作为中国百年编辑出版史上宝贵的精神财富，叶圣陶先生的编辑出版思想是其编辑出版实战经验和智慧的结晶，也是他对中国特色编辑出版规律的深刻总结和反思。

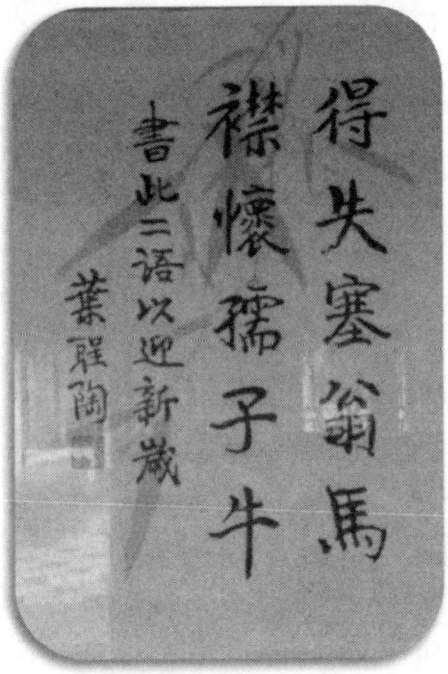

我国新闻界有“长江新闻奖”，出版界有“韬奋出版奖”，编辑界也应设立“圣陶编辑奖”，以鼓励引领叶圣陶式的优秀编辑脱颖而出。叶圣陶先生在编辑出版园地辛勤耕耘、无私奉献，堪称我国编辑出版事业的孺子牛、拓荒牛和老黄牛。我们要大力发扬叶圣陶先生身上体现的孺子牛、拓荒牛、老黄牛精神，为实现编辑出版事业高质量发展和中华民族伟大复兴埋头苦干、勇往直前。

叶圣陶先生为中国现代编辑出版体系的建立呕心沥血，是中国百年编辑出版史上立德、立功、立言的模范。他的编辑出版思想、编辑出版精神和编辑出版实践以及他的优良作风、伟大品性已经深深融入我国编辑出版事业薪火相传、接续奋斗历程之中。叶圣陶先生的精神遗产化为“敬业、严谨、团结、创新”的人教社社训得以传承，日益成为我国编辑出版改革发展事业中不可或缺的基因和血脉。传承这个基因，赓续这个血脉，我们义不容辞。让我们像叶圣陶先生那样当编辑，发扬光大叶圣陶先生的编辑出版思想和高尚精神风范，为建设中国特色编辑出版的学术体系、学科体系和话语体系，推动出版事业高质量发展，促进从出版大国向出版强国迈进而不懈努力！

传承叶老的精神和理论，推动中国出版事业健康蓬勃发展

■ 曹文军

叶圣陶先生在中国近现代史上功勋卓著，千古流芳。先生是我国近现代史上著名的教育家、出版家，在引领我国近现代编辑出版事业繁荣发展方面做出了巨大贡献。今天我们齐聚一堂纪念叶圣陶先生，就是要学习和传承他的精神和理念，弘扬他的思想和贡献，不断推动构建高质量教育体系，不断推动中国出版事业健康蓬勃发展，不断推动社会主义文化强国建设实现新的跨越。

站在叶圣陶先生等老一辈“巨人”的肩膀上，我国编辑出版事业取得了巨大成就，新时代更是赋予了编辑出版工作全新的社会责任和历史使命，使之成为融合历史积淀和不断创新发展的伟大事业。6 月 2 日，习近平总书记在文化传承发展座谈会上发表了重要讲话，从党和国家事业发展全局战略高度，对中华文化传承发展的一系列重大理论和实践问题作了深刻阐述，特别提出了“两个结合”，为建设中华民族现代文明和社会主义文化强国提供了行动指南。编辑出版工作应进一步承载起塑造国家形象、传承文化传统、推动社会进步、赓续民族文化血脉的伟大使命，以叶圣陶先生的理念和精神作为“传家宝”，为促进文化繁荣兴盛、建设社会主义文化强国提供坚实支撑。

北京印刷学院作为以“传承弘扬印刷文明，创新发展出版文化”为办学使命，以服务文化强国建设、服务首都文化建设为己任的高水平特色型院校，秉承“守正出新　笃志敏行”的校训，为国家培养了大批优秀的编辑出版专业人才。近年来，我们积极推进高水平特色大学建设，与中国出版协会展开深度合作，成为国家新闻出版署批准的出版智库和中宣部指导下的全国首批共建出版学院之一。今年 3 月以来，北京印刷学院也重点参与并举办了系列纪念叶圣陶先生从事编辑出版工作 100 周年活动。3 月 30 日，朱永新副主席到校参加了纪念叶圣陶先生从事编辑出版工作 100 周年启动仪式暨叶圣陶编辑出版思想学术报告会，强调要“共同推动叶圣陶等老一辈编辑出版家的编辑精神和编辑思想在新时代更加根深叶茂、焕发光彩”。全校上下掀起了研

究、宣传叶圣陶编辑出版思想的热潮，“叶圣陶与现代中国编辑出版事业展览”、红色出版主题宣讲会等系列活动精彩呈现。我们有信心和决心，继承叶圣陶先生的教育思想和编辑精神，为祖国培养更多合格建设者和可靠的接班人。

日前，习近平文化思想的正式提出和系统阐述，在党的宣传思想文化事业发展史上具有里程碑意义，我们将认真学习贯彻习近平文化思想和全国宣传思想文化工作会议精神，密切围绕党和国家工作大局，坚持马克思主义在出版工作中的指导地位，不断推进编辑出版理论与实践创新，充分发挥北京印刷学院在出版领域学科、科研及师资等方面的特色和优势，努力培养更多出版高层次人才，奋力为建设社会主义文化强国、建设中华民族现代文明做出更多更好的“北印贡献”。我想，这是本次座谈会召开的应有之意，更是对叶圣陶先生最好的纪念！

叶圣陶日记选刊

叶圣陶研究年刊

叶圣陶日记：一九五五年

一月一日，星期六。

九点到部中，缘约定团拜。既而人集，交互握手，围坐讲笑话。约四十分钟而散。

下午在家续作昨文，约得千言。

六点，偕至善往怀仁堂，国务院邀集各方面人物大团拜会餐。余在第一休息室，室九十桌，有人倡议每桌推年长之一人至大厅为毛主席敬酒，余为一桌之年长者，因与其他年长者共往。八点席散，观戏剧晚会。首出为邵阳花鼓戏，殊为幼稚，不足道。次为河南梆子《佳期》《拷红》，则甚佳。尚有《艾虎招亲》，未观，即归，时为十点。

天气寒甚，炉火不温。

一月二日，星期日。

晨偕至善浴于松竹园。回家后，何公敢来访，大谈其编撰词典。渠治词典，所收条目愈来愈多，修改愈来愈觉要改，谓今年总当定稿。又谈闽省受蒋匪空军骚扰，厦门常有警报。福州较好，唯前年曾被炸一回，南台毁一大片。

午后续作昨文，既而不作，转而誊写已成之稿。一窗晴日，四无人声，墨在旁看书，静趣可念。

一月三日，星期一。

晨往扎针。共扎八针，皆沿脊椎，计颈部两针，背部两针，腰部两针，股部两针。方扎罢退出，身上颇觉松爽，只惜其效不久耳。

到部中，看报纸书志。《光明日报》今年起改为横排，愈之有一文鼓吹其事，邀余共作，报社中人亦两度来电话催促。其事不可逃，因即动笔。迄于下午四点，成一短文，题曰《习惯可以改变》，即送去。意盖谓不赞成横排者，无非觉其不习惯，而习惯固可以改变者也。余之稿亦写成横行，俾排字工人得便。

一月四日，星期二。

上午开常备会议。张奚老见《小学生守则》，谓其语文不爽利干净，而此件须令全国小学生诵习，声入心通，形诸实践，主张再加修改。今日会议即修改此件。奚老、汉达与余三人以“上口”为标准，改易原文，确大有进。原文为小学司之手笔，由吴研翁主之，彼辈于此似无多观念。虽曾交余修改，而余不好意思多改，今既奚老主张要大改，自为余所乐从。会议计两点半钟，而仅修改其半，止得十条，且每条皆极简短之两三句耳。

午后，看材料准备作文。中学文学课本第一册拟收民间故事二篇，搜集无当意者，遂决定自己动手写。室中同志已写成《孟姜女》《牛郎织女》两篇，大家讨论，谓殊不能满意。余乃自告奋勇，由余试为改写。今日看他们之初稿，并看他们之讨论会记录，又看有关此二故事之书本，直至放工，尚未动笔。

一月五日，星期三。

上午白韬、安亭、伯箫三位来谈社事，约一时许。他们去，余乃开始写民间故事。先写《牛郎织女》，据中学语文室之稿，加多想象，语言求其朴素而流畅，合于故事之体式。及午刻回家吃饭。下午至夜间，皆伏案写稿。今日共得千八百言，成绩可谓较好，然入睡未得安稳。

一月六日，星期四。

早晨母亲召余去，又言王聋蟛照顾她，使她吃亏不小。告以无此人，则言亲眼见他忽出忽入。意识不正常，实无可解慰。日来天气寒冷，母卧床不起，饮食皆在床上。去冬固亦如是，然去冬尚不致思想错乱至此。

往扎针，告医生以星期一颇舒服，前昨两天则各处酸胀如前。医言此系身体之抵抗力弱，故扎针有效而不能巩固。余不甚晓其义，姑听之。今日扎颈背及右臂，亦不记其为几针。

到部中，即伏案续作昨稿，迄于下午五点，得千八百言，与昨日同。

金鳌玉蝀桥西堍之三座门，北海公园东侧之三座门，日内亦方动工拆除。桥东西之两座牌坊殆不必拆矣。

一月七日，星期五。

上午开部务会议，讨论部中考勤考绩办法。大家意见不多，开一点钟有馀即散。余遂续作昨文，得千字不足。全篇完毕。此篇《牛郎织女》一气呵成，仅两天有半而完篇，且亦有四千言以外，如此顺利，实为近年少有之事。

下午两点，社中开社务会议，讨论各部、处、室之职责草稿。迄于五点半，仅讨论三种而已，尚有数种，俟缓日再讨论。

回家后，夏宗禹及其同社另一人来，谈《新观察》之排版形式。

一月八日，星期六。

晨往扎针。除颈部、肩部、臂弯外，今日又扎臀部及小腿前方（右腿）。

九点，至文改会，常务委员会开扩大会议，少数非常务委员参加。通过本会组织条例。据组织条例，业务方面分为八部，推定各部主任之人选，余为语文教学部主任。此事昨日愈之与余通电话谈及，应如何作事，全未想过也。继之又讨论第一季工作要点，乃散。即在会中午饭。遂至古籍社。与彬然、乃夫、逸群一谈即一个下午。于社事多所谈及。

一月九日，星期日。

晨至松竹园浴。理发匠为余按摩，言余之筋硬，硬即胀，所以不舒服。不知何以致胀也。

回家时，王以中在相候，为余托人于北京图书馆抄得余未入集之童话四篇，殊可感。谈各地图书馆情形，兼及古籍之重印，坐一时许而去。芷芬来，馈大鲤鱼一条。蠖生、至美来，馈黄酒二十斤。遂共饮。饭后闲谈，亦复畅适。及三点半，皆去。

夜间改今日所得之旧作童话，毕《鸟言兽语》一篇。

一月十日，星期一。

晨间仍往扎针，所扎部位与前一次同。到部，写积存之复信，花去上午之时间。下午开始写第二篇民间故事《孟姜女》，得一千字。其间仲仁来谈，渠以胃溃疡入医院，今始复原回来工作，历时亦几二月矣。

夜七点，偕晓风至《大众电影》社，彼社嘱观新出之纪录片《六亿人民的意志》（记载全国人民代表大会者），意在嘱写介绍文章。同被邀者有谢觉哉老先生。在放映室观看，观者不过二十人，可谓舒服之极。观毕，加映新出之影片《三年》，系葛琴所撰，言五反运动。此片无甚意义，故事与人物皆平常。回家已十点。

今日凤祥携其妻女回乡，教部派一人名于斌，代凤祥为警卫员。

一月十一日，星期二。

上午开部务会议，再度讨论部之工作要点及上半年之工作计划，历时三点钟，原则上通过。下午两点，邀世英来，与安亭向渠细谈。世英生活困难，感于社中照顾不好，意气消沉，坚欲离去。一谈三小时，总算以减轻其工作，尽可能解决其困难结束。此君由余于四九年招来，工作亦尚积极，自不能轻易任其离去。

回家时往省母亲，今日态度甚好，与昨日动辄骂女佣，大不相同。颇冀其能保持此态，不复恼怒。余固知其乱说乱骂人系病态，然当其发作时，总觉心中不怿，即不当面接触，亦觉心中甚不快适也。

一月十二日，星期三。

晨往扎针，部位如前，加后面腰间脊梁旁两针。浑身酸胀依然，且有伤风感觉，因即回家。蒙被而卧，历一小时许。下午续作《孟姜女》，迄于傍晚，得千五百言，自以为尚满意。

严大椿来，言将调往上海少年儿童出版社工作，特来辞别。余之童话选集原由青年出版社出（已订约），今后将移归少年儿童社，大椿言愿当心设计校雠之事。留渠晚餐，坐少顷而后去。大椿已四十七岁，记其为小学生坐余课堂中，似为不久之事，思之盖为卅年前景象矣。

一月十三日，星期四。

今日身体大不舒，浑身酸胀，有无可奈何之感。

上午九点半后，与诸君继续讨论《小学生守则》，将后半之十条改定。尚有部中之指示一通，待缓日再商。下午开社务会议，继续讨论今年之计划。

余坐不住，先退，至松竹园浴，请理发匠按摩。回家饭罢即睡，服 APC 两颗。夜一点光景出汗，出得相当多，身体稍见松爽。

一月十四日，星期五。

上午九点，部中开全体大会，奚老传达周总理之报告，谈联合国秘书长哈马舍尔德来我国商谈营救美国间谍十一人之事。此十一人为美国空中间谍，在我国击落被捕，处以徒刑。美国则谓为在朝鲜境内之战俘。美国据此在联合［国］发动其操纵之表决机构，通过议案谴责我国，复派哈马舍尔德来晤周总理，希获释放。周明告以种种证据，证其非战俘而为间谍。并言如罪犯家属欲来探视，自可容许。哈今已回去。此一外交回合，为我国之又一胜利，且为美国自己送上门来者。奚老谈毕，复略谈今年工作计划之大要。散会已将十二点。

梅兰芳送来其《舞台生活四十年》之第二册，喜而览之，写一信致谢。续作《孟姜女》得一千字。全篇至此完毕。今日虽较松爽，然开会写稿，亦甚疲惫。

夜间郑缤来共饮。

一月十五日，星期六。

晨仍往扎针。到部中，校读《政治经济学》第三章毕。请社中女同志雷罗清为余读《牛郎织女》稿，校正其语言。雷长于北京话，指正甚多。

下午两点，偕白韬、伯箫等十馀人，至景山东街，与扫盲会并入我社之十馀同志座谈。此辈并入我社，以房屋不够，仍留原地工作，今日前往，表示欢迎。今此辈为我社之一室，曰工农教材编辑室。座谈两小时而散。又观其处房屋。此处原为北大三院，今文改会亦在其中，我社编辑部或亦可迁入。面积甚广，盖清代一公主府也。

四点后归，寒风大肆，特别严冷。夜间修改旧作童话《聪明的野牛》，未完。

一月十六日，星期日。

晨起整理客室，等候来客。十点半，白韬、伯箫、绍英、薰宇、文叔、芷芬应约而来，安亭往天津未归，故未能来。闲谈为快。其时傅东华之女儿来访，交余东华之稿本一份，系研究语原者，嘱余与叔湘阅看，是否值得写下去。余于此道实无所知，且俟叔湘看后再说。午刻聚饮，满子治馔甚不坏。餐毕复闲谈，诸君于三点去。

余改毕《聪明的野牛》。入夜早睡。至善以今日访木刻家黄永玉，请其为余之童话集作画，得其允可。唯谓此一项工作计划须定在下半年。

一月十七日，星期一。

晨往扎针。上午改部中文件，看报志，校读《政治经济学》译稿第四章毕。下午作介绍纪录电影片《六亿人民的意志》之短文，得一千字，未完。

回家，又闻母亲与封阿妹闹事。阿妹今日为洗床上被褥，结果母亲说少了两条铺在枕上之毛巾。阿妹无法与她辩，以自己两方新毛巾与之，母亲又谓渠取自我妹之箱中。神经错乱，无可理喻，实无办法，余总觉对不起阿妹。自另一方面想，母亲精神不好，使大家望而生畏，不敢与近，实亦可悲之甚。

一月十八日，星期二。

上午开部务会议，柳湜作视察华东、华中、南京、杭州四个师范学院之报告。大旨谓主要缺点在领导组织不明确，教学工作不注意。今后须加强领导，使系与教研组负责教学工作。苏联专家费拉托夫继之，谈协同柳湜出外视察之观感，其言甚深切可佩。会议十二点半散。

饭后续作昨日之文，至四点半毕，全篇二千馀言。中间戴、辛、吴三位来，谓拟再与中国青年出版社方面谈接办《语文学习》事。安亭则谈其去天津与中小学教员会谈教科书之情形。既而张毕来来谈中学语文编辑室之工作计划。

今日疲困稍减，但入夜饮酒时，复觉背部甚不舒，令三个孙儿轮流捶之。

一月十九日，星期三。

晨仍往扎针，背中心最不舒服处亦扎两针，腿股未扎。到部中，看报而外，看张中行为余修改之童话两篇。即作为校定稿。

饭后一点半离部，至隆福寺，买磁盆二，买橡皮树一，棕竹一，不知名之广东花一盆，又水仙头十馀枚。此为今冬第二次买水仙，第一批已开而将枯萎，余室中炉火甚暖也。

伏案重抄中行所改之《鸟言兽语》，俾清楚便于付排。至夜乃抄毕。

一月二十日，星期四。

九点半，部中开座谈会，请华东师院之苏联女专家谈其在上海之所见，及其有关提高教学质量之意见。女专家谈话要点凡二。一为师院之毛病在与中学脱节，师生均不知中学之实况。而一般中学之毛病，在教师徒知滔滔讲说，不让学生自己思考，不用有效方法考查学生之理解与接受如何。二为渠之改革意见，师院必须与中学密切配合，中学教授方法必须引起学生之积极性，必须随时考查学生之成绩。部中专家阿氏继起发言，强调改革教授方法之必要，并建议部中应有若干措施，乃可化愿望为现实。而改革必多困难与阻力，预作心理之准备，则可以不避艰难而为之。会至午后一点毕。二氏之言皆与余历年所想者符合。各科不能唯事讲说，余在抗战时期即言之。教学方法必须改革，余亦屡有写述。今经苏联专家一提倡，又值今年教部工作以提高质量为中心，或者可以有所改革欤。

下午两点起，开社务会议，通过今年之事业计划与财务计划。又通过书籍之排印装帧之规定。又略谈总结去年工作，安亭举出若干要点，他日再当讨论。会以五点五十分散。

今夕请少数友人小叙。彬然、逸群、浩飞、戈茅应约至，灿然、乃夫有事未来，因邀王城、杨赓二位补之。余与墨及至善与共饮。满子治馔甚好，大家称赏。均正来访，谈《语文学习》转移事。至九点，客皆去。

一月廿一日，星期五。

人代大会常务委员会送来三个文件，一为兵役法，一为解放军军官服役条例，一为关于勋章、奖章的文件，嘱为润色提意见。因告晓风今日不到部，在家看之，历两小时而毕。于是到常务委员会，与周鲠老、张苏、王君三人共同研讨此三文件。在彼吃午饭，至下午三点始毕。

于是往松竹园。以时届阴历年底，浴客甚众，转身即出。至隆福寺街，购小花卉五盆，《诗集传》一部。墨方为文学出版社句读此书，多得一本，便于校雠。回家，命满子为余剪发，盖日内理发店亦挤满了人，不易马上轮到也。

夜间校读《政治经济学》译稿第五章毕。

一月廿二日，星期六。

晨往扎针，背脊针数较多。至部，看报，写复信数封。安亭来谈田世英事，拟与特别补助，周其困乏。芷芬亦来谈事。午刻，部中全体人员及社中全体人员会餐于食堂，意为欢度春节，今日为小除夕也。虽设备较简，菜亦平常，而欢欣之情颇浓。张奚老致辞，举“春回大地”“一年之计在于春”为言。彼此敬酒亦甚有兴。席散，休坐有顷而归。

方拟小坐，而张苏复来电话，言昨日讨论之文件已于今日通过，尚有若干标点符号之问题，邀往共定之。遂往常务委员会，仍与昨日共谈之数人共商。毕事回家，已五点半。于家中洗澡，水少，殊不称意。

靠近大陈岛之一江山岛于前数日解放，歼灭蒋匪军千馀，是为解放台湾之前奏。

今日纯才与余谈起，俟天气稍暖，可往农村、工厂观小学毕业、初中毕业学生参加生产之情形，准备写小说。余谓久蓄此意，既所怀相同，可徐作计划也。

一月廿三日，星期日。

上午观墨所句读之《诗集传》，见有未当，即为改正。

十一点许，蠖生、至美来，遂停止。中午小饮，饭罢睡二小时。醒来闲谈为遣。傍晚吃年夜饭，小孩们闹着放花炮。余偕墨至北京剧场，观曹禺之新剧《明朗的天》，此剧不能算太好，唯语文究不错，又经焦菊隐导演，演员演来颇老到，故尚有吸引力。自七点半开幕，至十一点始毕，坐久觉疲矣。回家稍坐，然后就寝。

一月廿四日，星期一。

上午有十馀客来，皆闲谈无着落。午刻余家及蝼生、至美与我妹全家会餐。封阿妹治馔亦不恶，不输于满小姐。

饭后睡两小时。起来续观《诗集传》。入夜早睡，偿昨夕之困倦。

一月廿五日，星期二。

上午来客二十馀，皆少坐即去。唯留伯祥、调孚二位共午饭。与伯祥约明日出城访介泉。下午仅昌群与王泗原来。留泗原晚饭。

与墨至大众剧场，观评剧《走上新路》，此即至诚所撰之剧本，余观此剧，意甚平而浅，虽曾得奖，究非佳作也。十一点散。坐久，肩背又不甚舒适。

一月廿六日，星期三。

八点半伯祥来，即偕同驱车出城。晴光满空，树枝虽尚无萌芽，望之似已有春讯。入介泉之居，介泉夫妇出于意外，益觉欢喜。坐定即闲谈，自翻译开始，蔓延至于他题。介泉现已不教英语，改入文学研究所，曾事迻译易卜生。半年以来，已译易氏剧三种。前经译过者，今不据旧稿修改，亦另起炉灶重译。此作得此人，自可得较为满意之译本矣。午刻饮酒，酒系余所携，饮一瓶有馀。一饮历两小时。饮罢复谈，伯祥则坐睡有顷。四点乃为别，共言此乐难得。

余到家，知今日有元善、颉刚、平心、田世英夫妇来访。方欲小休，而志公来，遂与共谈。留小饮，饮罢再谈。志公以八点去。

一月廿七日，星期四。

晨往扎针，于两肩多扎数针。到部，看报志。写信数封。今日开始校读编译局送来之译稿《英国工人状况》(恩格斯作)，迄于下午五点，共看二十馀张。

芷芬来告，今日接电报，其母以二十四日病殁于苏州，年七十五岁，中风已久，神智不清。芷芬未能乘春节放假回苏一行，良为憾事。

一月廿八日，星期五。

上午开部务会议，讨论职工业馀教育会议报告之草稿，此会议将于二月中旬举行，由教部与工会召开。业馀教育包括扫盲，再进则为小学、初中、高中之程度。各业各行之职工干部甚不均衡，所需之文化程度亦不同。唯为促进国家工业化，工人阶级为国家领导阶级，自非力谋各个循次提高不可。会以十二点半散。

饭后续观《英国工人状况》译稿，至五点而归家。

夜间愈之来，谈拟设语文出版社事。

一月廿九日，星期六。

晨往扎针。旋至古籍社，与彬然、乃夫、逸群谈。既而灿然来，渠眼疾复发，入医院数日，昨方出院。亦谈及设立语文出版社事，谓愈之之意，拟请叔湘主之，志公亦隶此社。余戏谓今日各事业，大都即此若干人撑场面，犹如一副七巧板，如此如彼，可以排成种种花样。无如七巧板仅有一副，排此一花样不得不拆彼一花样也。午刻，彬然邀我人至其家午饭，后增卜明一人。小饮闲谈，两点散。

余往松竹园浴，请理发匠按摩。入夜，李庚与丁立曾来，留饮。谈《语文学习》转移我社事，约定后日再正式会谈。李庚方面甚广，识见通达，与谈颇有味。九点，二人乃去。

一月三十日，星期日。

竟日看墨所点之《诗集传》，看毕国风之部分。

中午，至善之友林杉夫妇来共小饮。林为电影编撰者，谓余盍试为教育电影稿。余闻之而心动。

一月卅一日，星期一。

晨往扎针，今日集中扎背之中部。到部，看报纸。续看《英国工人状况》译稿。下午开扩大社务会议，安亭谈总结去年工作之要点，伯箫谈评奖工作同志之办法，皆略有讨论。五点散。

晚饭后偕墨往元善家闲谈，坐约两小时而归。

二月一日，星期二。

上午九点半开常务会议（今后将改称办公会议，盖集体办公之意），继续讨论《小学生守则》之指示稿。张奚老言我部添一部长助理，为孙文淑（杨秀峰之夫人），已于昨日通过于国务会议云。

下午续看《英国工人状况》译稿。又看新到之书志。夜间看《诗集传》。

二月二日，星期三。

晨往扎针。到部后看报志。写信。嘱晓风为余编一我社工作之简要提纲，以备随时省览。午刻回家午饭。饭后重抄中行为余修改之旧作童话稿。

入夜，颉刚、叔湘、昌群三家夫妇来小叙，余与墨、至善陪饮，甚欢。

二月三日，星期四。

上午，中学语文室五位同志来余室，与余商量如何修改余所写故事《孟姜女》《牛郎织女》。他们所提意见不甚具体，还得由余决定如何修改也。回家午饭。

下午两点半，偕至善至怀仁堂，听周总理报告。今日听者六千人，分处于数会场，除怀仁堂外，他处皆面对播音机听之。周之报告甚长，历时四点钟有馀，今约记之。

首言台湾问题。谓我解放台湾，为内政问题。美侵占台湾，为国际问题。必分清此二者，而又综合观之，乃得正确见解。各国于此事之想法，可分三种类型。美企图于台湾海峡画一线以保台，一也。英则欲使台湾中立化，亦即两个中国并存，二也。印度承认台属于我，但以为我之收台宜稍缓，先经托管，次则投票决之，三也。我国则有坚定之立场。台湾属我，不容争辩。不解放台湾不已，为全国一致之意见。次谈世界形势。和平阵线维和平，帝国主义叫嚣战争，两方相斗争。故和平力量在扩大，战争局势亦加紧。前途有两种可能。一为对方不敢发动战争，一为也许狗急跳墙，竟来突然事变。我人于此宜随时警惕，庶几有备无患，而绝不应作姑息苟安之想。万一战作，估计作何情况。（一）原子战争为人类绝大多数所反对，未必打得起来。（二）打起来而不大，则损及帝国主义之实力，东方或西方必有更多人民得解放。（三）第一、第二两次大战之殷鉴不远，毁灭者将为帝国主义自己。——无论如何，彼若冒险，失败更快。我对台之方针，可以一语括之，“只要美军撤出，台湾可以和平解放”。我之策略，决不如某些国家之主张，以沿海岛屿与台湾分开。我决不无条件出席联合国安全理事会（最近此会开会，由新西兰提议讨论台湾地区之敌对形势，提案成立，联合国即邀我国派代表出席。意谓我乃两选之一选，其一选则蒋介石卖国集团也）。我必如苏联之提案，讨论美占台湾，又必驱逐台湾代表于联合国之外，乃可派代表团参加。

次谈五年计划问题。中有谓今入原子时代，建设不宜太集中，宜多发展中等城市。又谓节约至重要，人力物力财力均须用在主要方面。次谈社会主义改造问题，主要谓各类人皆须就其本行本业之岗位上改造，纳入国家计划轨道。次谈生活改善问题。举二要义，曰合理化第一，曰普及第一。末言反对内处敌人。必须更益加强人民民主统一战线。

会散到家已八点。余一坐五小时，大惫。

二月四日，星期五。

上午开办公会议。讨论高等师范教育十五年远景计划，又讨论与内政部、卫生部联合发布之有关托儿所、幼儿园之通知。

下午两点，李庚、均正、灿然来，与我社同人会谈《语文学习》转移问题。谈两小时，转移之事至此定局。然编辑人员缺乏（志公须编语法课本，泗原身体不好须休养），社中同志无可为替人，欲此刊维持原有水平，亦甚非易也。

二月五日，星期六。

晨往扎针。继之至平伯家。自《红楼梦》问题发生以来，余尚未与平伯见面。最近平伯寄来《初步检查》之文稿，嘱提意见。余以写信说不清，故访之。余大略谓批评平伯之文章，大体看过，其中有深表赞同者。唯欲余表出此类意见，或高明，或不太高明，均非所能。余于平伯之检讨文稿，觉其朦胧，不能使人有明白之印象。余又提两点，谓检讨文中宜畅言之。一点为平伯之涉想多及于玄，玄想为唯心论之尤。又一点为著书立言，皆发生社会影响，此一点平伯初未注意。平伯允于改作时考虑。坐一时许而归。

饭后两点，至国务院礼堂，听钱三强报告原子能用于和平建设方面之问题。苏联最近发表预公布其原子能发电厂之详况，又公布将助兄弟国家利用原子能。而美国则以台湾问题，时时声言如或战作，则将使用原子弹、氢弹。同一原子能，而双方以社会性质之不同，利用原子能趋于绝端相反之途，一则利用厚生，一则毁灭生命与文明，我国于此自当接受苏联之帮助，同时必须普及原子能之知识，因而将作若干次报告会，今日为其首次也。余尝观通人之书刊谈原子能者，故听钱之讲自谓颇能明晓。而钱之讲实畅达，故余较看书时了解为多。钱先从原子结构讲起，次及于打破原子核，合轻原子而为重原子。后讲原子堆发电之原理，放射性元素利用于科学研究之各方面。最后讲原子弹、氢弹。原子弹者，分裂原子核而产生极大之能量。氢弹者，轻原子合成重原子而产生极大之能量。氢弹之威力，等于扔下一个小太阳也。末谓此两种炸弹可怕而亦不太可怕云云。一讲历四点半钟，六点半散。

至萃华楼，与灿然、彬然等宴建功。盖建功由高教部来函索还，不复任辞书编辑室事，渠来任事三年有馀，今当分手，故有此宴。谈叙至九点而散。

二月六日，星期日。

晨至松竹园浴，理发，按摩，十一点乃归。平伯在相候，谈半时许而去。

午后，郑缤来。既而志公来，谈《语文学习》编辑方面事，谓我社既接收过来，宜加快筹划，人力、计划，皆当早作安排。志公谈一时许而去。

二月七日，星期一。

晨至部，即修改《牛郎织女》之文。迄于下午而未完。

江苏省人民代表大会将开会议，选举省人民委员会人员，余为江苏省选出之全国人民代表大会代表，例应列席其会议。今日接通知，函复之，答以不克列席。

开封河南师范学院教师李白凤君前与余相识，近尝通信，今日托人带来古物五件，谓开封市上古物充斥，价值颇贱，购数种供余赏玩云。计元仿宋对花盘一只，明彩釉马俑一具，战国（?）四龙镜一面，唐三彩小碗一只，宋水盂一只。此五物中，以盘与马为可玩。即作书谢之。

《学文化》杂志社同志来催作稿，其意甚坚，会当有以慰之。夜间整理童话选集全稿讫，计十篇，四万馀字。第俟黄永玉为作木刻插图，即可付排矣。

二月八日，星期二。

晨往扎针，先余到者已有三人，及扎毕到部，已九点。写信数封，将《牛郎织女》修改完篇。日内流行性感冒盛行，患者极众，余今日亦有传染之感觉，身体内部作冷，精神委顿。

下午三时，至怀仁堂听李富春之报告，盖省市计划会议开已一个月，今当会毕，李作总结也。会议得十六字，曰“全国平衡，统筹安排，增产节约，重点建设”。语虽简约，而其内容经纬万端。余听之固似了然，实际恐多隔膜，数字种种，则不能记忆矣。五点散。

入夜不复看什么，早睡。

二月九日，星期三。

昨夕虽未发烧，而今晨起来似有病后之感觉，遂不出门。

看完《诗集传》大雅之部分，又看颂之部分。尚馀小雅一部分而已。余自幼年读诗经，当年虽能背诵，实已全部遗忘。今日重读，如遇久别之友，面熟陌生。至于其意义，大多不甚了了。余想即在经学专家，亦未必能十分了了也。

二月十日，星期四。

晨往扎针，仍扎背部。扎罢医生为余就扎针之“穴”按摩，甚舒服。到部，芷芬来谈。言日来部中、社中患流行性感冒者极众，有若干办公室，缺席者多于出席者。伯箫来言拟于明日谈《语文学习》之事。安亭以所作谈小学语文阅读教材之一稿见示。俟其去，即看之。略提意见送回。

午刻回家进餐。下午看《政治经济学》译稿第六、七、八三章。又看小雅数十篇。

二月十一日，星期五。

晨至部中。史晓风患感冒已愈，形容憔悴。部中、社中病倒者二三百人，可谓大患。余思修改《孟姜女》稿，而下笔不顺利。

中午回家午饭。饭后浴于松竹园，冀出汗发散，免于染感冒之病。回家后续看小雅，至夜而毕。于是诗经全部温习一通，然未能有所进也。点句恐不免有误。缘释解之可此可彼，点句自亦可此可彼。究竟如何，谁则知之邪。夜间看《政治经济学》译稿第九章。

二月十二日，星期六。

晨往扎针。凤祥已于前夕回来，今日随余出。扎罢针，大夫又为余按其穴道，其手劲甚大，颇觉舒服。

至古籍社，与彬然、乃夫谈话。既而叔湘来访，谈语法课本事。此事已委志公，而叔湘与共商量。今叔湘之语言研究所将迁出城外，商量不便，只能随时约晤。叔湘又嘱志公宜专一事，既致力于语法课本，《语文学习》之编务宜减至最轻。余皆以为然，且俟徐徐谋之。

回家午饭，饭后至部。两点半，伯箫、毕来、王微、志公来余室共谈，讨论如何接办《语文学习》。说来说去，总是人力不够最成问题。诸人心目中有少数人可致，然远水不救近火，在转移过来之初，志公还将多费力于杂志。暂定由志公为主编，王微副之。具体办法，请二位于日内细商。共往看二龙路房子，将作杂志社编辑所者。

回家，往省母亲。仍言所见种种，窗棂上有老虎出入，又有人来往，见而生畏。告以此系眼花，实无其物其人，否则何以他人皆不见，则亦笑而颔之。自上月十七日与阿妹发怒以来，性情似转变，不复动怒发脾气。而其恐惧心理，实无法可以释之。

夜间看《政治经济学》译稿第十章。

二月十三日，星期日。

晨起稍晚。上午看《政治经济学》译稿第十一、十二两章。午后小睡。彬然来，闲谈两小时。俟其去，复睡一时许。

夜七点，偕至善到怀仁堂，盖庆祝中苏友好同盟互助条约签订五周年纪念也。七点半开会，宋庆龄讲话较长，苏联代办某君讲话简短。休息半小时，为简单之酒会。继之则为歌舞晚会，节目平常。十一点归。

二月十四日，星期一。

晨至部中，看报志而外，续改《孟姜女》稿。午刻回家。饭后复改《孟姜女》，至五点乃完毕。此篇将交张中行，请其修润，使成平易干净之口语。前《牛郎织女》一篇，亦尝经张修改也。

夜间看萧乾之译稿《伟人江奈生传》。前尝观其载于《译文》之后部若干章，为提修改意见。今全书将出单行本，余乐为看一遍。今晚看一万馀言。

二月十五日，星期二。

今晨仍往扎针。上午九点半，部中开全体干部大会，响应世界和平理事会之号召，签名反对原子武器。此是世界性之运动，我国希望有四亿人签名，各地均于今日始展开运动，至四月十五日止。张奚老与柳湜二人讲话。然后宣读世界和平理事会关于此事之宣言，全体举手赞成，即为签名之表示。此殊简便，若真签名于纸，其纸之量可观矣。午刻回家。

下午两点，至文联会所，参加全国大城市少年儿童音乐表演成绩之评选委员会。此事由教育部、青年团中央、广播事业局、音协四个部门发起，各大城市已举行表演竞赛，经过评选，以其优者送来北京（钢丝录音）余与韦老、研因皆为委员，其他部门推出之委员尚多，又有旁听者四五十人，多为学校音乐教师。今日听上海、延边之全部，天津、北京之一部分录音。悦耳怡神之歌唱亦有之，奏乐器而入妙者亦有之（或为十岁以下之儿童所奏），但亦颇有刺耳者。至五点半毕。其他城市之成绩，将由工作组先行排比淘汰，然后再开评委会。余于此他无所感，唯觉歌词极少，各地所唱之歌，颇有重复者，此为歌词缺乏之明证。既少矣，而又不好。如是，则唱之技能纵佳，亦于培养性情品德无大关涉矣。

夜间续看萧乾译稿，至十点半。

二月十六日，星期三。

上午在部中写积信之复信，亦不过五六通而已。午刻回家。

饭后至松竹园浴。回家后迄于晚饭，看《论英国工人阶级状况》译稿三十馀页。夜间续看萧乾译稿二十页。

二月十七日，星期四。

今晨应往扎针而未去。扎针以去年十二月九日始，至今两月有馀，未见成效，而其事麻烦。今日始如小孩之赖学，或者即此赖下去矣。

晨九时至出版管理局，观日本制造之照相排字机。此机旧在北京，解放后接收下来，现归军委某印厂。我人闻有此机已数年，最近出版局借来供众观看，余乃于今日见之。此机盖合打字机与照相机而为一，排成之字照在感光纸上，翻成底版，即可付胶印。字模殆有八九千，做在玻璃片上，阴文，故有笔画处感光。玻璃片下置电灯，玻璃片上与照相镜头帖着，某字当镜头，感光纸上即印上某字。镜头自小至大有十八个，故排出之字大小有十八级。又可加上镜头，使字形变长，变扁，左斜，右斜。若原稿清楚，排字人技术纯熟，心思细密，则较诸铅印省事，省费，便利甚多。是否我国印刷可向此途发展，大是可以考虑之问题。萨空了亦来看，共谈有顷，乃出。

至部中，白韬、芷芬来谈下午社中部务会议事。下午两点开编辑部部务会议。先讨论如何保证秋季供应及时（缘以编辑情形观之，颇有不能及时之危险），次讨论如何完成今年出版计划（缘人力多用在课本，一般书稿无加工与审读之时间）。虽然谈出些办法，还须大家努力，工会保证。今日提出，不过敲警钟耳。其次讨论代教育部草拟之审查教科书办法，处理投稿之办法。五点四十分散。

日来老母一味说看见种种人与物，辄言可怕。揣系眼神经组织有变化，而又益之以幻想所致。昨夕两次于床上起来，告阿妹谓欲逃走。我妹遂言既如此，迁至右边一间（即妹所居者）如何。母以为好，今日乃迁出。与我妹、阿妹、修官三人同一间。冬官迁至原来我母之一间。怡官则睡于中间沙发上。换个环境，老母恐惧之心似好些。唯冀其常能如是，不复有其他转变耳。

二月十八日，星期五。

上午在部中续看《英国工人阶级状况》译稿。仲仁来谈小学语文课本之编辑意图，约一时许。仲仁至明达，苟工作同人如彼者多数人，则事亦不难，惜其不多也。

下午三点，开会欢迎《语文学习》社转来我社之同志，顺便座谈此志今后之做法。至六点散。随即晚餐，凡三席，谈笑甚适。七点半归。

傅雷之巴尔扎克译本又由文学出版社出版，承渠送来精装本共五册，盛情可感。续看萧乾译稿。连看五夕，居然看了一百二十页。明日将先送还之，尚馀三分之一矣。

二月十九日，星期六。

上午九点，至国务院第二办公室开会，讨论教部即将举行之业馀教育会议之报告稿。自国务院成立以来，设八个办公室，分别佐总理治事。第二室掌文教工作，同于昔日之文委。其主任为林枫，系自东北调来。余初次观其主持会议，印象甚好，觉其识见通达，无一般陈套滥调。党员而为高级干部者，固多如是。林指明业馀教育应与工农速成中学同为提高工农干部之要道，一为在职学习，一为脱产学习。至其前途，皆有两端，或升学深造，或仍事工作，而其知能已因学习而提高。目前工农速成中学以有种种原因，不能发展甚速，而国家工业化需要工人提高甚急，故业馀教育必须郑重办理。此一看法，余固未尝明白也。十二点会散，回家午饭。

倦甚，一睡一小时许。起来重抄《孟姜女》一稿，此又经张中行为余改过，重抄之时，绝大部分依张之修改本。全篇不过四千馀言，抄至夜十点乃毕。

二月二十日，星期日。

晨起即至松竹园浴，理发，按摩。回家，蠖生、至美已来，他们不入城将一个月矣。饭后两点，与他们共至美术服务部，余选购四川出品竹筐一具，漆深红色，中放瓶罐，可供花朵。又至百货公司买绒线，旋即归。

芷芬夫妇来，闲谈。既而汉华去，邀伯祥来小饮。

我母迁居而后，至今日又甚不安宁，谓随处皆人物，可怕之甚，几乎有无处可躲之感。冬官为之施帏幔，窗上加纸张。所用皆画图针，我母则谓此是可怕之眼睛。于是于画图钉上加粘小纸片。

二月廿一日，星期一。

九点至国务院第二办公室，开工作会议，讨论如何克服教部五年计划不全、不确、不透之问题。林枫以出外缺席，由范长江主持。范谓今日仅谈教育方面私营之问题。所谓私营，指私立中小学，私立补习学校，以及乡村中之民办小学而言。以前搞计划，往往仅注目于国家所办之事业。而就全国范围言，私营之事业亦关国计民生，谈计划必须连带考虑及之。国家既不能将教育事业包下来，自当继续承认私人办学。国家第须予以领导，使主办者趋于正轨，受教者得其实益。今须了解此方面之情况，详加分析，然后定出分别对待之方针。谈将三小时，乃散。余径往教部。饭后，看报志。写信数封。

今日报载一要事，下月起人民币将改行新币，以一元代一万元。旧币于三月份内收回。此事自有许多方便，但恐不知者生疑，歹人造言生事，宜作充分之宣传。此事影响我社之算术课本，即令芷芬与数学编辑室商量。闻彼室于今晨听新闻广播，即已开始筹商矣。

二月廿二日，星期二。

今日部中召集之工农速成中学职工业馀教育会议开幕，张奚老致开幕词，提出此方面教育之政策方针。余既读其印发之开幕词稿，即不往会场听讲。此会将开十馀日，与余关涉不多，可不必参加也。

上午看报志较久。文叔来谈，为余提出《孟姜女》之修改意见。虽仅十馀处，且皆一二字之更动，而至为精当，大是可佩可感。

下午写一短文，题为《编辑施工计划》，刊于社中之内部刊物《编辑工作》中。一月份写稿较多，二月份迄未动笔，仅今日写此千馀字耳。

回家，知今日上午母亲又发脾气，要捉去所见大大小小之人。昨日已大声呼叱，今日更甚。余往省视，则言床上有人，不敢复睡。余睡其床，试使观之，则言人已潜去。唯其面容则不复含怒，且作笑容。入夜数次往观，亦无他态，第言有人，若辈不信耳。

二月廿三日，星期三。

上午看报。作书致叔湘，请任我社副总编辑，领导汉语部分之编辑工作。叔湘之离开大学教席，原为我社所要求，今彼虽偏重在语言研究所，关系仍当保持，故请其担此名义也。

午刻回家。饭后看萧乾译稿迄于夜，共看四十页，盖二万字也。

今日母亲尚安静。

二月廿四日，星期四。

晨间收到书刊颇多，略为翻看，亦复需时。饭后看《政治经济学》译稿，连看第十三、十四、十五三章。又改晓风所拟教科书稿审查办法之草稿，系代部中草拟者。将来将由部聘请专家，为书稿之最后审查，部长即据审查意见而批准之，乃为正式教科书。下午伏案几五小时，亦复甚劳。

夜间续看萧乾之译稿十馀页。至此全部看毕。两星期凡看九万字，余提意见逾二百条。

报载史东山于昨日去世，年五十二岁。史为电影导演，去年讨论宪法草案时同在一组，虽无深交，亦为相识。送一花圈至嘉兴寺殡所。

二月廿五日，星期五。

今日在部中除看报志而外，专看《政治经济学》译稿，连看第十六、十七、十八、十九四章。头脑与眼睛均有疲惫之感。

经过北海时，见冰冻渐解矣。

二月廿六日，星期六。

九点，至广播事业局，为各大城市少年儿童音乐表演评奖会第二次之会议。自上星期四开第一次会议之后，工作组连日听放录音，评定等第，今日则据工作组之评选再行听放录音。半天工夫，共听三十曲左右。歌唱技术余所弗晓，若论歌词，则满意者绝少。余欲试作歌词，然存此心未必即能践其事也。即在广播局午餐。下午将继续开会，而余以文改会开会，只能缺席。

至文改会，今日为第二次全体会议。愈之报告两月来之工作。叶籁士提出拼音方案委员会之工作计划草案，将于六月底提出初步方案。此委员会属于会之拼音方案部，委员十一人，吴老为之首。其实制定拼音字母不甚难，难在研究标准音与方言之差别，定出拼音之体系。次则定出方案而后，必研求如何推行，推行必求其有效，否则徒为纸上空谈。以故拼音方案之工作，与方言调查部、词汇研究部、语文教学部皆有密切之关连也。会至五点散。

六点半，偕墨、小沫至太平影院，观苏联片《邱克和盖克》。此本于儿童故事，甚平平。回家后看《政治经济学》译本第二十章，然后就寝。

二月廿七日，星期日。

晨浴于松竹园。至隆福寺花圃，购映山红一盆，有甜香之草花四盆。

午后两点，偕至善到嘉兴寺，参加公祭史东山。到者殆有二百多人。行礼毕，棺即葬西郊人民公墓。余径归，未送殡。

夜偕墨观马连良之《借东风》于民主剧场，票系部中所送，部中盖招待来京开会之代表。《借东风》之前尚有一出《白水滩》。戏固不错，然坐久甚疲，肩与臀俱酸。

二月廿八日，星期一。

上午看杂件外，看《英国工人阶级状况》译稿三十馀页。下午与文叔、仲仁谈小学语文本之编辑，颇久。

至诚来信，云将往工厂体验生活，今年尚须撰一剧本。姚澄则在南京演

《走上新路》将告一段落，继之则往镇江往苏州演此剧。

夜间看《政治经济学》译稿第二十一章。

三月一日，星期二。

上午九时开部务会议，讨论本年之教育工作计划。此与前所讨论者不同，前为部中之工作计划，此为全国教育事业之工作计划。亦以提高教育质量为重点，外则批判资产阶级唯心主义，从而学习辩证唯物主义，将私家之教育事业与公家教育事业统筹兼顾，纳入国家计划轨道云云。十二点过散会。

今日始变更办公时间，午后两点乃办公。余饭罢入睡约一时许。起来看毕《政治经济学》之《资本主义时期的经济学说》一篇。至此，《政治经济学》译稿全部看毕。余看此稿，历时三月有馀。自本年七月起，全国将学习此书，余获先睹，亦殊有便利。既须校读，不得不用心细看，较诸匆匆翻看，固自不同。又看历史编辑室送来之样稿约十馀页。

三月二日，星期三。

上午看报志。续看历史编辑室之草稿。一部分为高中世界史，一部分为初中本国史。有课本稿，又有教学参考书之稿，皆仅二三章耳。

午刻回家，饭后酣睡约两小时。起来拟作文，应《学文化》杂志之求索，但思索久之，迄未有得。

夜间看郑所南《心史》，系墨正在加句读者。此人之诗实平常，看之寡味。

三月三日，星期四。

上午看部中将送出之教育工作计划之修正稿。芷芬来告，明日将回苏，葬其母，大约去半个月。

北京市教师进修学院向锦江来，约余于六月间往作一次报告，题为《文学之教学》，听者为全市中学教师。余应之，然准备殊非易，且余亦无成系统之见可讲，当与同社诸君谋之。

午后，写短稿约千言，说明语文课本在语言教育方面之作用，示文叔、仲仁，苟二位以为可，将请小学语文编辑室诸君共观之。两点，至小学语文室开会，讨论新编之小学语文课本编成后，应以何种印刷方式出版，交少数学校试用。少甫主张印平凹版，用较大之开本，硬面布脊，俾形式亦面目一新。但计其价须九角光景（按新发行之币而言）。大家以为太贵，请少甫再研究，可否限于五角，而印刷装订亦复不同旧样。次讨论各种技术问题。五点乃散。此稿须于五月底付印，而今日尚未有一个字一幅画也。余自告奋勇，担任其中之诗歌云。

三月四日，星期五。

上午在部，杂观社中印成之书。午前至傍晚大雪，天气寒甚。

午后两点，至北京剧场。文联于此举办辩证唯物主义与历史唯物主义讲座，将连续八次，今日为第一次，其目的在批判胡适、胡风之主观唯心主义思想，使听众从而学习辩证唯物主义与历史唯物主义。今日之主讲者为马列学院副院长杨献珍，余久耳其名，未尝听其言论，故往一听。先由郭沫若致开幕词，说明学习此学之必要，杨乃开讲。所讲皆浅近之入门常识，联带指明二胡皆为主观唯心主义。历时四小时，实则以一小时讲之亦足矣。其讲未能使初学者透彻明晓，余殊不以为满意。胡适之浅薄，余向有此感，而未能切认其详。今经大家撰文一批判，乃知其无一是处。胡风之文，余向不看，因其同于梦呓，实不知所云。此人乃亦受一部分青年欢迎，以为必有大学问，亦一般文化水平低下有以致之也。

由于批评平伯之《红楼梦研究》，引起对胡适之批判，盖云平伯系受胡适之影响。讨论《红楼梦》问题时，胡风发言狂妄，又尝送长篇意见书于党中央，抒其对文艺之意见，亦丛集荒谬，遂引起对胡风之批判。党中央号召批判此二胡，即可藉以使知识分子学习辩证唯物主义与历史唯物主义也。

回家，至善之同事王业康共饮，谈出版界情形。灯下续看《心史》。

三月五日，星期六。

晨起较晏。九点至古籍社，看少量社中之出入文件。知王乃夫经文化部调动，将往社会文化事业管理局工作。并无他人来继其工作，由彬然、逸群分担其事云。

午刻归。饭后两点至作家协会，因接通知，将由日本无产作家德永直报告日本进步文学现状。但至则知此会延期，缘德永直以今晨摔了一跤之故。余问此君年龄如何，答谓将近六十矣。于是至松竹园浴，请理发匠按摩。

夜间看新收到之《译文》。续看《心史》。

日来母亲辄谓有人要她去，渠觉其可怕。竟谓无适当之处所可居。昨日尝包裹少数杂物，谓欲往风祥室中居住。又言拟往章师母（雪村夫人）所。墨告以无所可怕，为撤去纸窗，指点室中各处，示并无他物。如是历十分钟许，即复归其座。其语余之言则又异，谓要住在家里，不要他去。余告以本无人要渠他去。就体力而言，近来殊无衰惫之象。而生死之念萦心，至于神经错乱如是，度其恐惧程度必甚深，然无法解慰。

三月六日，星期日。

今日又微雪。萧乾以九时应约来，杂谈译事。渠幼年曾织毯子六年，谓余如欲参观织毯工作，写成文章，渠可陪同参观。渠又熟识北京郊外风景区，言之津津有味，余拟俟春暖花开时，请渠导游。十一点，介泉应约至。余三人遂共商萧乾之译稿。余所提修改意见，彼二人同意者占绝大部分，此皆不必讨论，讨论者他们二人不甚同意之少数条耳。

午刻小饮。饮罢复谈。覃必陶偕其姊来访。既而卢鸣谷来。皆坐未久即去。潘、萧二位以五点去。今日客谈八小时，意兴颇佳，然身体则困乏。

三月七日，星期一。

上午收到书志颇不少，略一翻之。仲仁来谈小学语文课本之编辑，坐一时许。

下午执笔为文，拟以应《学文化》之求。而下笔颇涩，迄于五点后，所得无多，身体却不舒。头脑昏晕，形塞，殆是所谓肝阳升。到家饮酒仅一杯，食饭仅小半碗，即就睡。并未发烧，但全身酸痛殊甚。

三月八日，星期二。

今日不到部。墨主张往看中医，电话托孔繁君，为向其族兄孔伯华处挂号。孔伯华盖京中四大名医之一也。至则候诊者有十馀人。孔年殆在七十外，白髯朱颜。拟方缮方，皆其门人与儿子四五人任之，老者仅按脉，略告彼辈数语而已。轮及余，按脉不到十分钟。嘱勿食羊肉、辣椒、海鱼、糯米食。方上谓“肝热脾湿并重，上犯则头作晕沉，湿困则精神疲惫，注于筋络，背部作痛。取脉左关盛，右脉滑大。亟宜清渗达络。”嘱可服四帖。

回家，元善在，留之小饮。余昨晚不欲饮酒，今午乃较可。饭后与元善闲谈，三点后彼始去。

服药一满碗，入睡一时许。夜间复服一碗。今日进食较少，夜间饮酒仅一杯。舌苔白而厚，殆消化系统有些问题。夜间所服药在肠中流注，咕噜作响，有饱胀之感。

三月九日，星期三。

今日仍不到部。精神依然不振。上下午各服药一碗。校读墨所点之《心史》，时作时辍，至夜而全书毕。郑所南造语生硬，有若干处不易点断，恐有错误。

至母亲所数次。老人家作欲出走状，问外出需添衣否。告以无外出之事，则谓不外出自然最好。午后劝其睡不肯睡，余陪之睡于侧边我妹之床，渠乃亦酣睡一时许。又语满子，苟往来的那条路上去，而实未死，将如何。又言年届九十，乃未知此事究竟如何。盖近日大家方明白，老人家惴惴于怀者，实为生死之事，因恐生疑，忧惧日深。余揣此种忧惧，几同于判处极刑而待执行之人，其深度殊为难受。然何以为之譬解，实无其方。更一思之，人自有生之初，即已受此判决，固非独老人家为然。不之思自无所觉，苟或思之，人人均将深感寂寞也。

三月十日，星期四。

今日仍不出门，仍服药两煎。头脑昏沉，眼睛酸涩。看傅雷新寄赠之服尔德小说《老实人》终卷。渠此译取简净之笔法，或者服尔德风格固如此。将星期一未完之文稿续完，全篇仅千二百馀言，题曰《用笔说话》，寄与《学文化》，聊酬彼社之望。

昨与我妹商量，母亲既心存恐惧，不妨画一符贴之，谓如此则百无禁忌。余乃取黄纸，用朱笔涂“灵符辟邪”四字，笔划连属，颇类道教之符。今夕妹以示母，谓此系活佛所画，极不易得，宜先置枕下一宵，明日则茹素一日，贴之床侧。母似颇有信意。若果能减轻其恐惧，诚为佳事。

三月十一日，星期五。

今日仍不出门，服药两煎。母亲颇见委顿，说话仍反复前之所云，床头贴符，未能影响其心理。余又略与争论，谓其所云皆自己恐吓自己。过后思之，甚以为悔。

傍晚写稿，拟继续交《学文化》，写五百馀字而止。晚饭时，文叔、安亭、白韬、绍英四位来访，盛意可感。他们去，晓风继至，坐约半小时。

三月十二日，星期六。

药已服四剂，遵医嘱再往诊脉。至则孔伯华老先生卧病，由其子嗣伯代之。仅于前次之方上加药三味，其中有一味为犀黄丸。余问中医于风湿痛有无办法，孔答云有，且谓此未必全是风湿，亦未详言其所以然。

下午往松竹园浴。回来后续作昨文，完篇，共千馀言，题为《照着话写》。

今日母亲极少说话，看见幻象，有人要令外出之类皆未说。中午进饭半碗，傍晚则仅两调羹而已。卧在床上，时时似入眠。夜间与墨与我妹共谈，共谓恐非佳征。

三月十三日，星期日。

晨间母亲复与我妹言前此所说之事。蠖生、至美来，往视老太太，亦深以为虑。共商须请医生看视，遂以车迎中医许少华。开方谓“盆血，阴亏，五液皆涸，虚热浮火上迫，口干少津，脉虚而空，二便皆秘，舌干起刺，口苦胸闷，头晕。此肾液不足，肝肠僭越上巅也。症危，脉无神，属险，严重，非轻渺之恙。治用滋液以驱虚，清肝以熄风之剂。”药有人参、石斛等。问母肯否服药，坚称不服。此系其素性，余猜强服必致呕吐，遂不往买药。请医一看，仅知其脉象如何而已。

上午，陈叔老来访，闲谈一时许。下午，伯祥来，坐约三小时。俟其去，就母之床侧入睡一小时。母又言恐惧殊甚，逃也无逃处去。

三月十四日，星期一。

晨至部中，白韬来谈社中杂事。余于社事皆不甚明晓，赖诸君相告，乃大略知之。既而文叔、仲仁与绘图科三人来，共商为小学语文课本绘制之图画稿六七幅。余仅能就形相之正确与否，构图之得当与否稍提意见。

下午观《英国工人阶级状况》之译稿。至此，全书完毕，余提修改意见甚少。此等译文，皆系中国文学写外国话，严格言之，宜大修改，而大修改非编译局所能接受。从宽言之，则需要修改者固不多也。

到家颇感疲累，头脑不清。筋骨酸麻。仍与昨日同，服孔医所开之药。母亲今日似较好，神色有清明之感。进面条量虽不多，似尚有味。意者过春分以后可以转健（本月廿一日春分）。余往看视而后，倦困，早睡。

三月十五日，星期二。

上午开部务会议，讨论关于苏联专家工作之问题。一为向国务院送达之专家工作检查报告，一为今年专家工作之计划。部中工作尚未大上轨道，工作能力与工作方法俱极平常，以故得专家之助不多。专家虽未尝明白言之，以余料想，或有扶不大动之感焉。

午刻回家。饭后往母亲处坐有顷，扶彼就睡。

两点半到北京饭店。政协全国委员会为文字改革事举行报告会，到者一千馀人。吴玉老报告汉字简化方案草案产生之经过情形，胡乔木报告文字改革之问题。胡之讲演分四层：（一）汉字简化有何好处，（二）汉字简化有何坏处，（三）汉字之前途如何，（四）于文字改革将作何种工作。其言皆平实近情，唯嫌其言之未畅。六点归。

墨今日往拔去两个门牙（上颚），归即休卧。渠上颚仅存四牙，馀皆假牙。今去其二，尚馀二枚，下星期亦将拔去。于是上颚将重装全面之假牙。

萧乾尚有《伟人江奈生传》译本之长序一篇，亦请余过目。今夕为看三页。所提修改意见，较之译本更多。

三月十六日，星期三。

晨至部中，无人来访，仅与晓风闲谈。续看萧乾之序文，约七八页。馀则写信数封。

午刻回家。母亲午刻食饺三枚，精神似略好，余稍与按摩，即入睡，亦不说怪诞语，为之心慰。三点后作短文，仍拟与《学文化》，写七百馀字而止。

余服药七剂，今日已停止。胃口似好转。尚有肝肠上升之感觉。筋骨酸痛亦未减轻。亦望过了春分，能得好转耳。

三月十七日，星期四。

到部后写复信二封。张毕来来谈初中文学课本大体编就，明日起少数人共为审读，邀余参加，余应之。余知此本选材尚嫌不精，所附参考资料多而寡要，如何提出有效办法，使编辑同志据以改进其工作，实无其道。此所以不适宜为领导人物也。毕来去后，续看萧乾之稿，至午后完毕。其文长一万五千言，余所提修改意见凡九纸，殆三百条。余自以为于萧乾必有所裨，不仅改此篇使较顺适而已也。

三点半起，向全社同志及教部一部分同志转述前日乔木所作关于文字改革之报告。文叔亦尝往听，笔记极详，余借用之，又加入已见，故说得较畅。限于时间，后段只能较简。六点散。身体则大疲，整个背部不舒服，头岑岑作胀，腹部肌肉酸痛。

到家，知今日母亲又颇不安静。午后坚称要出走，问以何往，则谓封阿妹知之，呼阿妹为导，声色颇厉。大家多方诱导，始卧休。余回家时，则坐于中间。七点半时促其就睡，坚决不肯，言睡则船呀车呀俱来，纷扰可怕，又言睡后恐不醒。实则精神颇倦，已打磕睡。但谓宁可坐它一夜。又经我妹多方诱导，始返床而睡。观此情况，似其精神错乱有稍好及大发之更替。若今日则为大发之期。在母亲本身当极痛苦，然无以解之。进食甚少，唯桔子与蜜饯山楂二物，所食较多。

余令风祥捶背一阵，即睡。但竟夜未获安眠。

三月十八日，星期五。

上午倦甚，未到部。入睡约一时许，醒亦偃卧。去年剪去枝条之月季两盆，早有新芽，前日察之已有花苞。自己留下之盆栽，得此弥足珍惜也。

下午到部，与伯箫、文叔、毕来、超尘、王微、刘国正六人同坐，开始审读文学课本之稿。原拟每半日审读三篇，包括课文、教学大纲、参考资料及作业题目。今日自两点迄六点一刻，仅能审读（包括修改）一篇，与估计者相差甚远。然如是加工，虽不见完善，总觉比较可以放心。今日审读者为歌谣四首，以分量言，盖至为轻松者也。

今日母亲尚安静。昨日气候甚坏，今日天气晴朗。或者其神经错乱之发不发，与天气亦有干系乎。

今日为三月十八，四九年以此日到北京，住北京满六周年矣。与墨闲谈，我二人结婚之后，迁徙频繁，一屋住满五年以上者，唯今北京东四八条之屋耳。今记历次迁徙于下，以备他日省览。父亲逝世而后，举家迁角直，与伯祥家同居。居三年复返苏，住大太平巷。嗣迁上海，住永兴路，后迁顺泰里，又迁仁馀里。北伐军到上海后，迁锦云里。“一·二八”后，暂居法租界多福里，后迁人安里，与雪村家同居。于是迁纷安坊，与丏翁、调孚家同居。嗣迁麦加里。苏州房屋造成，迁苏州。“八一三”后，全家暂住绍兴。后暂住汉口。于是于一九三八年初入川。先住重庆小梁子刘仰之家，后迁西三街，又迁观音岩下巴蜀学校。是年到乐山，住较场坝。翌年遭轰炸，住嘉乐门外雪地。于是迁成都，住新西门外罗家碾。后入城，住陕西街。准备东归时再到重庆，住螃蟹井。及回上海，住北四川路祥经里。我二人以四九年一月五日离祥经里，居香港月馀。到北京后先住东四二条，于四月间乃迁来八条。统计上所举居处之地名，其数盖逾二十矣。而其时间不满四十年，苟为平均，则每两年迁一次也。

三月十九日，星期六。

晨到部即与诸君续为昨日之工作，今日又加姚韵漪一人。今日讨论余所作《牛郎织女》一篇，又修改若干处，皆胜于前。参考材料未及终篇，即已到午。

饭后小睡未稳。两点到文改会，愈之约委员七八人随谈，并非开会。大旨为下星期二，政协全国委员会将分十组开座谈会，讨论汉字简化方案，我会委员分别编入此十组之中，宜取一致之态度，意在听取各方意见，不宜与人争辩云云。及大家既散，愈之与余谈语文教学部应如何工作。渠谓教部将成立一语文教学处，此语文教学处与文改会语文教学部系二而一者，由余领导。首先要做之事为推广标准音，使受教育之学生统一语音。于是如何准备教材，如何布置训练班等项，为事甚多。即此一方面，已须大费力气。余谓此事应如何着手，即请常委会决之。余当尽力而为，缘此固与编辑教本之事有密切关联也。五点半归。

今日老母尚好，然说话渐少，说即为“去”或“不去”之类。他人在旁说话动作，俱不措意。盖真成精神病人之状矣。

夜间改部中之文件一份，亦费两个钟头。

三月二十日，星期日。

晨往松竹园浴。回家时，蔡德沚在相候。余托云彬介绍渠入浙江文史馆，馆中已通过，渠准备即离社前往。渠又谈社中数学编辑室之情形，谓新编数种课本，质量皆不甚高。

饭后入睡一点钟有馀。萧乾来，与余商量其译本之序文，大部分皆照余之见修改，小部分另有意见。又长谈译事，甚畅。

夜间，看墨所句读之《烈女传》两卷，此亦文学出版社之工作也。

三月廿一日，星期一。

今日上下午俱与同志们同商文学课本，谈毕《牛郎织女》，又谈唐人绝句四首，复谈文学理论《民间故事与民歌》，未完。一天用心思，疲甚。

入夜，续看《烈女传》一卷。介泉以所译易卜生《海妲·高布乐》原稿寄来，嘱余过目，如看萧乾之译品。今夕看十数页。

三月廿二日，星期二。

上午续搞文学课本，进展不多。

午后两点半，至文化俱乐部，讨论汉字简化方案。余参加第七组，到者十馀人。大家发言颇多，于此皆表示拥护，且同意将来趋向拼音文字。六点散。彬然与余同组，余邀之归，留饭，闲谈至八点而去。

三月廿三日，星期三。

今日上下午俱讨论文学课本，《谚语》部分搞完，《寓言》部分未毕。余疲劳自不待言，然诸君皆有兴致，且共谓此法甚善，则亦乐于为之。六点半到家。

日来母亲又言惧怕飞机，喜坐低凳，喜坐于角落，此殆是以前躲警报之残馀印象之复现。早起甚早，日间不肯就睡。问以进食否，辄言不要，但饲之则亦进之。

今日取爬山虎二三十条，插种于卧室之前。

三月廿四日，星期四。

今日讨论文学课本半日，《寓言》部分仍未毕。下午开社务会议，讨论杂事甚多，六点散。

余仍疲惫不堪。夜看《烈女传》一卷。

三月廿五日，星期五。

上午仍讨论文学课本，研究《寓言》之参考材料，犹未完。下午作绝句四首之分析，缘同人所起稿不惬意，余自任为之重写。半天工夫，仅毕李白《观庐山瀑布》《朝发白帝》二首。

今日母亲自至中间坐，坐于交椅，又坐于沙发，三易其处。七点半请就睡，即安然返床。似其身体有转健之征，然神经则简单麻木，恐不可复矣。

三月廿六日，星期六。

上午续为讨论文学课本事。叔湘亦来参加，渠允任我社副总编辑，每周来半天。

午刻回家。饭罢即往松竹园浴，请理发匠按摩。日来周身酸痛，得此暂舒。回家续作唐人绝句之分析，毕杜甫之“两个黄鹂鸣翠柳”一首。

夜看《烈女传》一卷，又看《海妲·高布乐》至第二幕。

三月廿七日，星期日。

本拟一早游颐和园，看后山之梅花，而晨起见小雨，遂作罢。续作绝句分析，毕王之焕《登鹳鹊楼》一首。至美、蝼生来，共闲谈。

下午两点，偕墨、至善及两孙看电影于红星。片名《银灰色的粉末》，彩色极佳，意亦不错，颇满意。于花圃买令箭荷花一盆，余欲观其生态与开花之情形。墨购春兰一盆。于人民市场购顾亭林行书一小幅，字亦平常，然为二百七十馀年前之物矣。回家，晓先夫妇在，闲谈，留晚饭。

三月廿八日，星期一。

上午续搞文学课本稿半日。午后仲仁、文叔、安亭来谈小学语文之编辑事。仲仁抓紧此事，且所见极当，成书谅必不坏。安亭又谈我社将与三家私营印刷制版厂合营印刷厂，专为我社之印刷工作云。六点归。

看完《烈女传》。又看《海妲·高布乐》译稿之第三幕。

芷芬为余自上海购自来水笔一支，笔尖颇细，此即此笔所书也。

三月廿九日，星期二。

九点开部务会议，讨论减轻中小学生负担之指示一稿。自大学至小学，皆有学生课业负担过重之病，影响学生身体，青少年而有成人之病，失眠、血压高、消化不良……以此责备教育当局者甚众，卫生工作人员亦提出抗议。周总理特别提出，谓高教部与教育部非赶速解决不可。谓此事妨碍及于后一代，影响社会主义建设，意义至严重。以故我部亟须发出指示，令学校不得加多作业，加重考试，增多上课时间，加速教学进度。探其原因，则在教材之未尽善，教师之程度低，教育部门之领导之不强。不知由谁起稿，意义朦胧，条理不清。余以此为言。并言此盖误解提高教育质量之故。增其量而不求其消化，实为降低教育质量。他人发言者甚多，苏联专家安君亦发言。结果据大家之见，就原稿修改，再行讨论。散会已午后一点半矣。

饭罢，即与诸君继续讨论文学课本稿，又是连续四小时。回家时甚疲矣。

母亲今日又尝乘人走开时睡于地板上，问之，谓是躲避人家，遂扶起之。进食则渐多，气色亦见好转。

夜间看毕《海妲·高布乐》，全部中余所提意见大约有二百条。总的说来，介泉此译甚精严，但语言不够生动活泼，尚有“白话文”气味，拿到舞台上去，不是满意的剧本。即以此意写一短信，明日将托人带去交与之。

三月三十日，星期三。

上午仍讨论文学课本，毕余之《多收了三五斗》一篇之参考资料，又开始斟酌都德《最后一课》之译文。取法文原本、英文译本参阅之，甚为费时。

下午在部中作文，《小学教师》杂志要余作文谈《小学生守则》，不得不允之。下笔甚不顺利，半天工夫，仅得七百字，可谓难产。

今日母亲又屡次欲坐卧于地板上，不欲坐椅子。余知此是躲警报时印象之再现，为之劝说，老人家亦不明，诚为无可奈何。

三月卅一日，星期四。

上午仍讨论文学课本，修改《最后一课》之译文，甚为顺利，而且改得相当好。

午后两点半，我社同人与北京市党政机关五六人开座谈会，讨论我社与三家私营印刷制版厂公私合营之问题。听党政方面同志谈，公私合营之事，曲折甚多，要守政策，又要顾及资本家与工人之积极性。我社于此皆不甚了了，今日既承他们指教，尚须继续研究具体办法，然后进行也。谈至六点乃散。其实如此之会，不要余参加也可，除余外，安亭、伯箫皆在座，且余亦殊无所见。弃置他事，而陪坐至三点半钟，良觉无谓且无聊。

夜间续写昨日之文稿，至十点半，亦仅得八百字。身体惫甚，夜不得好睡。

四月一日，星期五。

上午开办公会议，皆讨论我社提请部中讨论之事。一为请专家审查教科书之办法，一为我社以现金奖工作人员之评奖办法。又杂谈社址迁移景山东街事。

下午仍讨论文学课本，至于六点，讨论《最后一课》之参考资料未毕。疲困，右腿作酸，晚饭后早睡。

四月二日，星期六。

上午九点，汉语编辑室初成立，志公为主任，由叔湘负责领导，开第一次室务会议。汉语课本编辑非易，推行出去又须作准备，问题甚多。大家计议半日，决定之办法无多，唯把问题提出而已。

余虽在春暖之气候，而身体内部作冷，饭后盖大衣而睡。两点起，仍讨论文学课本，搞完《最后一课》之参考资料、习题与大纲。又就余所作唐人四绝句之分析一稿讨论，修改意见绝少，照稿通过。余之分析说得浅明，无一套空架子，与同人之作放在一起，颇不协调也。

夜间本有匈牙利大使馆之电影招待会，拟一往，而回来后精神不振，身体作冷益甚，只得不去，饭罢即睡。

原置室内之花盆以今日搬出，置于庭中。计有荷花两缸，石榴两盆，夹竹桃四盆，梅花一盆，芍药两盆。

四月三日，星期日。

晨至松竹园浴。回来时知昌群来过，自书十馀年前在重庆赠余一诗，裱好惠赠。其书法刚劲而美，可爱之至。余尝言将裱其前此所赠之一纸，渠以为不满意，重书相贻，其情可深感。当即悬之客室，与凡来我室者共赏。

续作前未完之稿，得七八百字，完篇，全篇二千五百馀字，题为《实施小学生守则，教师必须以身作则》。

饭后偕墨与至善游中山公园，天气暖晴，游人颇众。桃已将作花，牡丹有嫩芽。巡行一周而出。至人民市场，杂购小器物。回家后思小睡，而未能酣。

芷芬来，谈苏州情形。谓生产无所发展，居民生活皆困顿。以前好吃之东西，今皆无有，盖消费者已不存矣。死后埋葬，颇盛火化，达百分之五十以上。则以经济情形与物质条件所限，唯火化为最省事之办法也。

夜七点，至国务院礼堂，参加匈牙利解放十周年庆祝大会。薄一波与匈大使二人讲话。继之则为音乐歌唱节目。十一点散，余以疲惫，竟夕未得好睡。

四月四日，星期一。

上午继续讨论文学课本，搞毕郭沫若之新体诗《天上的街市》一篇。

昨夕未好睡，今日午睡亦极短，醒来遂益昏昏，写些信件与公文之批注，屡屡写错字，手与脑不相应。于是早归，偃卧，未成眠。夜八点，偕墨至匈牙利大使馆，应其招宴。讲话干杯如仪。兀坐两小时以上，益见困顿。

四月五日，星期二。

上午讨论文学课本，搞毕朱总司令之《母亲的回忆》一篇。下午续完两星期前谈写作之未完稿，将以畀《学文化》者。

夜间服汤头，缘日来伤风颇剧。

四月六日，星期三。

上午仍讨论文学课本，通过余所写《孟姜女》之稿，其参考资料，仅讨论小部分而已。

午刻回家，小睡有顷。起来偕墨与小沫出城观第二届全国美术展览会，会址即在苏联展览馆原址。画件甚多，种类、内容皆繁杂，然佳者实不甚多。观一时许，入西郊公园茗憩。桃杏已有花，柳透绿意。天气暖甚，余居然亦微微出汗。坐约一小时，往观动物。见孔雀开屏，大可欣赏。长羽皆竖起，成扇形，其羽之色彩与花样，构成极整齐之图案。开屏约一刻钟，始放下。五点入城。今日出游一趟，精神一振，身体之困顿似将有转机。

四月七日，星期四。

上午讨论文学课本，毕《孟姜女》之参考资料。

下午两点半，开社务会议，讨论三事。（一）修改社中之评奖办法。（二）通过非生产费用之处理办法。（三）通过样书赠送办法。以准备不充分，甚费时间，至六点半乃毕，余深感其无聊。

上下午开会，困甚，夜眠至一点半，因背部不舒而醒。醒即不复得好睡。

四月八日，星期五。

上午仍讨论文学课本，通读杨朔之《平常的人》一篇。此篇久已用在课本中，但经我社改动，今核对其原作，乃觉改动颇有不妥当处。此次皆为恢复，唯少数处仍为改动耳。

下午看杂件，看小学语文室所编注音字母之教材。选材非易，所编颇见匠心。可考虑者，是否太使儿童不易接受耳（或恐进度快，负担重）。

四点后至松竹园浴，以舒困顿。

四月九日，星期六。

上午仍讨论文学课本，毕《平常的人》之参考资料，又通读陆定一之《老山界》，此亦久已用作课文者。

饭后睡一小时。两点半至文改会会所，语文工作者举行第二次茶话会，讨论标准语之语音问题。大家多主以北京音为基础，唯于此一语之解说，并不尽同。有人主悉照北京人之音，有人则以为宜可增损。余之想法，音不能脱离语汇，语汇表种种概念，北京人表某一概念用若何之音，则即采之。音不当与汉字牵混，既定某一语词为何音，今日以汉字表之，此汉字即为音符，他日则以拼音字母表之。余此意未在会中说出，仅于休息之顷为愈之谈之。六点散。

回家后，墨与至善等全体出外观电影，余独未外出。墨迩来兴致甚佳，为之心喜。

四月十日，星期日。

今日作春游，目的地为西山之鹫峰。系青年出版社李庚所发起，他们开一大汽车往，余与墨、三午、小沫乘一小车随之。八点一刻自青年出版社西总布胡同宿舍出发，至西直门，见春游者拥挤甚，公共汽车、大卡车满望皆是。至颐和园，车更多，人声如海。休假之日如是大规模出游，恐自来未有此盛也。

我们之车经过温泉，到达鹫峰下第四十七中学之门前而停，时十点已过。于是相将登山，余与墨各携昨日新购之手杖一支。此处多杏树，杂以桃李，方作花，花皆壮盛，望而心喜。我们大约行二三里即止，上坡殆不及其五分之一，而已觉吃力殊甚，遂不再进。而三午、小沫、至善及青年出版社诸君，固无不奋勇上登也。山顶有松树（或是柏树），左右分披，如鹫之展翅，故名鹫峰。我们席地而坐，出所携食物食之。余与李庚及其同人尽白兰地一瓶。四围皆方开之杏花。如是游观，亦复有佳致。是山属于北京林学院，故种植甚繁。

午后两点，开车至大觉寺，游人亦众，有如赶集。寺已古，建筑庄穆。花木繁多，有白玉兰两树，方怒发，特可爱。我们未上山，先归，四点二十分到家。今日之游固疲，但肩背之酸痛则不作。

奚今吾来访墨，谈一时许而去。渠谓朱孟实发已全白，似言其老。余亦斑白矣。

四月十一日，星期一。

九点至文改会，参加其常务会议。讨论余所主持之语文教学部之事。此部虽有其名，虽有余一人为主任，而机构尚未建立。愈之谓此部之事皆当由教部实行之，故建议于教部设一语文教学处，此处即办文改会语文教学部之事云云。今日愈之提出语文教学部目前当作之事凡二，一为设法于教育方面推行标准音，二为推行汉字简化方案。余谓推行简化方案甚易，第俟方案公布，教本即可全部采用。唯推行标准音，则头绪至多。大家发言甚多，要为宜总结以前推行国语之经验，推行北校之经验，以及祁建华速成识字之经验，乃可定今后推行标准音之切实办法。最后谓此事尚须于教部详加讨论，乃可有所决定云。谈至十一点，余先退，至部中。

白韬来谈。渠工作太重，致成强度之失眠，甚以为苦。余劝其休息几时。

下午两点，至天桥剧场，文化部、文联、剧协举行梅兰芳、周信芳舞台生活五十年纪念会。彼二人自幼习艺，五十年益求精进，且人品极高，表现爱国主义精神，诚可祝贺。先由杨翰笙致开会词，次之夏衍代表文化部致词，次之欧阳予倩报告关于梅氏之艺术与生平，田汉报告关于周氏之艺术与生平，程砚秋代表戏剧界讲话。于是雁冰给二人以文化部之奖状。最后梅、周二人致答词。今日之诸人所谈皆颇平实，无溢美，而勖勉之意，不唯对二人，亦且对戏剧界与文艺界全体，此一层良可称道。四点二十分散。明日起，将有数夕之纪念表演，为梅、周二人亲自演出，亦盛举也。

四月十二日，星期二。

今日上下午俱讨论文学课本，毕《老山界》之参考资料，又通读《儒林外史》之《王冕》一篇，并讨论其参考资料之大部分。连续讨论已二十馀日，仅及其三之二犹不足。余本言当于本月二十日完工，自今观之，盖办不到矣。

夜八点，至天桥剧场，观梅、周二氏合演《宝莲灯》中之《二堂放子》一出。是出之前，加演《雁荡山》。散场为十点二十分，时间不算长，然余亦疲惫矣。

今日为阴历三月二十日，是母亲生日，及今足九十龄矣。恐其引起种种想法，未与言明，仅吃面而已。老人家安静数日，今日又不甚安静，到夜始好些。

四月十三日，星期三。

上午开办公会议，讨论修改后之减轻学生负担之指示之草稿。以余观之，仍然模糊芜杂，因径言之。结论为且送往上级讨论，以后再作修润。次讨论余所提出之事（文改会建议我部成立语文教学之机构），言之未畅，结论仅谓以三人之名额专任此事，而余为领导，至于其人何在，此未之及也。散会已逾十二点，饭罢，修润已由国务院通过之指示一件，我部经国务院批准之报告一件，皆关于农民业余文化教育者。费时两点多钟，仅略为改动，仍觉其粗疏。即以此意书告董纯才。

至松竹园浴，五点半归。

今日报载一架印度飞机失事，系载我国及越南工作人员往印度尼西亚万隆者。亚洲、非洲二十九国之领导人物不日将在万隆开亚非会议，此事为西方国家所深忌。届时我国周总理将往出席。颇传有谋害周氏之阴谋。今竟有飞机失事，益见传于非虚。此必是谋杀阴谋，决非飞机自己失事。此机自香港起飞，我国曾预告香港，请审密防护，而仍然出事，我外交部已向英国抗议。

四月十四日，星期四。

上午仍讨论文学课本，毕《王冕》一篇，继通读刘白羽之一文。此文亦向来作教材者，而其语言异常别扭，将为之修润，征得白羽之同意，然后用之。

下午开社务会议，讨论安亭所起草之去年全社工作总结稿。迟至四月，始作全年总结，而总结又不能得甚有价值之意见，余感其事颇有形式主义之嫌。然亦未便说竟不需此也。五点散。

晚饭后偕墨至东四百货公司，试穿余所定制之单呢衣服。又定制派立司衣服一套。到京数年以来，余制制服为数不少矣。

四月十五日，星期五。

今日上下午俱讨论文学课本，改毕刘白羽之文，毕其参考资料，又通读《小英雄雨来》一篇，亦久已用为课文者。

我部民族教育司副司长马君凤舞骤以脑充血病故，部中人勉强凑成挽联两副，嘱余修改，余亦只得勉强改之。马君余所未识，回族，明日将在清真寺开追悼会。

四月十六日，星期六。

晨间伯箫、毕来、志公、王微四位来余室，谈《语文学习》之方针问题。大致谓此志旨在帮助中学语文教师，但亦不抛弃一般读者。今后就文学与语法方面多登有关基本知识之文章，教师固相需，一般读者亦复有用。外则酌登有关语文教学之文章。次复谈我社有关语文各编辑室之联系问题，谓此殊重要，须专门商谈一次。殊复谈增加人力，总之须设法物色适用之人才。

于会谈之顷，余外出一小时，赴马凤舞君之追悼会，地点在宣武门牛街清真寺。回教之俗，吊者不向死者行礼，恐往吊者不知，部中先行关照。礼甚简单，默哀一分钟，奚老与另一人致辞，家属致谢，即为礼毕。致谢者马之女与妻，女声哑不成辞，妻则几乎昏厥，殊觉惨恻。

午后三点，至语言研究所，参加语言规范化会议之筹备会第二次会议。此会议将于七、八月间召开，由语言所主持。今日讨论者为出席人之名单与报告题目之范围。即此两题，讨论已多，谈至六点半乃散。

四月十七日，星期日。

今日游周口店，周口店距北京五十四公里。系出版管理局同人相邀，彬然、灿然、王诚而外，尚有十数人，伯祥亦参加。七点二十多分，他们车至，余亦即登车，共往迎裴文中。裴系中国猿人发见者之一，局中先与约定，为我人之向导。出阜成门，南折至复兴门外大路，再南折达卢沟桥。下车步行过桥，桥下水尚不大。继之经过良乡，而达房山，至龙骨山下。京市为便利往周口店之游客，决定修很好之公路，本定五一节以前完工，今计划有所变更，大约本年七月可修成。细卵石已沿路堆集，修路机亦已调集在良乡。今之土路，汽车甚难行，自卢沟桥至龙骨山下，约需两小时。

考古研究所于山趺建屋，裴君邀我们小憩，饮茗。于是为我们略谈北京猿人及发掘经过，然后导观展览室。余于北京猿人已大略知之，今日观展览室，发生兴趣者有二事。一事为在此一处，所发现动物化石之种类至多，有今已绝种者，有今日生在不同地区者（如鸵鸟、虎、犀），何以在几十万年前，此等动物乃集于此一山。又一事为鱼化石。鱼化石发现于此山之第十四地点，采集共得千馀尾。保存甚完好，除鱼鳞保存不多外，其他部分均全，且作种种游动之状。展览室中以此类化石陈于一壁，鱼将百尾，意态各殊，皆成浮雕，大为可观。此种鱼略似我人所吃之黄鱼，与现代之四川鲃鱼为同类。参观毕，返客室进餐，食出版局携来之面包，余略饮葡萄酒。食毕登山，观发见各种化石之各个地点。山不甚大，南北二百廿公尺，东西一百九十公尺，系奥陶纪石灰岩所构成，为西山山脉之东南尽处。山上实无甚可观，不过听若者为北京猿人发见处，若者为山顶洞人发见处，涉想及数十万年以前，颇足以发动思古之幽情耳。裴君言此山如继续发掘，尚可有所获，今以各地田野工作大发展，人力不足，故暂予停顿云。登山约一小时许，复返客室休憩。吴晗、张友渔夫妇亦来，共谈有顷。两点后启程返京，五点到家。今日之游，不如上星期日之疲惫，而趣味亦不同。

母亲日来伤风甚重。今日进餐极少，傍晚即就睡。

昨夕写毕投《学文化》之第四篇稿，题为《写作必须有中心》。

四月十八日，星期一。

上午继续讨论文学课本，通读新选用之一篇《陕北杂记》。此系记叙勘探工作者，同人以其题材好选之，而文章异常别扭，为之修润，大费气力。

午睡醒来，应约至古籍出版社，不到此已一月馀矣。无非谈方针任务，选题出版计划。总之，此社尚未易上轨道，只得徐徐图之。

今日为亚非会议开幕之日，在世界史上，此是大可纪念之日，亚洲人、非洲人自己讨论自己的事，不由欧美人为之操纵，尚以此为开端也。

四月十九日，星期二。

晨早出，至北海公园小憩。不入园已久矣。今年节候迟，海棠吐萼，尚未开放。呈艳者唯郁李。芍药尚未落地。园中甚静，清气爽人。遇洪深，共步闲谈。

到部，继续讨论文学课本，毕《小英雄雨来》之参考资料，又研讨《陕北杂记》之参考资料及半。

下午两点始，与小学语文室诸君共同讨论新编小学语文课本第一册之课文。此册先教注音符号，次教若干词汇，认识汉字，然后出现短文。今日所谈者，为词汇之部分。看似容易，而条件至多，亦非可随便凑合。直至六点十分乃毕。上下午商谈八小时，亦复困惫。

庭中海棠两树，丁香一树，皆以日来天气大冷，尚含苞未放。芍药两盆，红芽已透叶。昨日满子购睡莲根一团，今日植于盆中。余之所希，盖在徐徐观其生态，固不在花之盛否。室中令箭荷花已开四朵花，红艳富丽，甚可玩。此花每朵有五六层，花瓣如剪绒。

四月二十日，星期三。

上午仍讨论文学课本，毕《陕北杂记》之参考资料，又通读《不能走那条路》全篇。此篇为近年来之佳作，写总路线在农村中之反映。唯余觉其不甚适于初中一年生阅读，缘阅读此篇，需要相当丰富之生活经验也。

中午回家吃饭。一点半，偕墨、满子、大奎、小沫至苏联展览馆，观捷克展览会，此会与去年苏联之展览相似，亦展出其各方面之产品与成绩。观者甚众，不能细观。重工业机器不明其用，玻璃器、织品等颇值欣赏。挤来挤去，亦将两小时。有售品部，余买李子白兰地一瓶，墨买玻璃杯二，糖罐一。进点心于莫斯科餐厅，余饮葡萄酒一杯，吃鱼子酱。此物甚鲜美，他人皆嫌其腥味。到家已六点过，亦复疲甚。

四月廿一日，星期四。

仍继续讨论文学课本，《不能走这条路》之参考资料未完。

下午三点后，彬然、晓先偕来，邀我社新来之陈乐苏君（陈君与余尚是初见）往访陈之尊人陈援庵先生。援庵先生著作极富，我古籍出版社拟请其将旧刊本与稿本交我社出版。先生极谦撝，谓旧日之作未必为学术界所需，稿本付印尤不敢，唯《二十史朔闰表》为工具书，于人有用。此次仅开始接洽，以后选印数种，将与乐苏商量之。四点半归。

休卧，未成眠。六点五十分，偕至善至怀仁堂，参加列宁诞生八十五周年纪念大会。到会之中外人士一千四百人。杨献珍作《列宁关于过渡时期的学说》之讲话，仅事敷叙，无甚新意。休息而后，有游艺节目。十点半到家。

四月廿二日，星期五。

上下午俱讨论文学课本，毕《不能走那条路》之参考资料，又讨论张天翼之《他们与我们》之各项材料，最后复通读鲁迅之《社戏》。

四月廿三日，星期六。

仍继续讨论文学课本，仅弄毕《社戏》一篇之注释。鲁迅文字，今日观之，颇多粗疏。当时并无上口入耳之观念，亦无规范化之想法，固宜如是。

饭后入睡一时许。醒来离部，至松竹园浴。五点归。

庭中海棠，今日已盛开，如美人浓妆，甚是可观，然不日即吹落满庭矣。令凤祥将麦冬分盆，一分为二。去冬结子甚繁，红鲜可爱，今尚未落尽。夹竹桃于去冬悉去枝条，唯留粗干，今日观之，已有极细之叶芽矣。

四月廿四日，星期日。

萧乾又以其译稿《好兵帅克》嘱观，今晨观二三十页。

九点，偕墨携永和出门，送墨至中山公园，余则至劳动人民文化宫，观文化部举办之解放台湾展览会之预展。此会多图表与照片，亦附有种种实物。说明员皆青年男女，指图表讲说，电钮随时开闭，使观者注意。此为近年来展览方法之一进步，余不大看展览会，觉其法甚新鲜。看一周，花费一点又一刻钟之时间。于是至中山公园会墨。永和观唐花坞之喷泉，大为欣喜。牡丹花苞皆尚裹紧，以日来天气不暖，迟迟未放。十一点半归。

至善参观捷克展览会回来，购捷克啤酒两瓶，午饭时分饮之，苦味颇清美。

饭后睡一时许，起来续看《好兵帅克》。萧乾来访，闲谈，谓将离去译文社，专事写作，下半年将游西藏。承渠赠姚茫父画两幅。一为山水，曰《中峰一径分》卷，系写林君复诗意。一为花卉，曰《双清图梅兰轴》。萧乾得之于其妻家，厚贶不能却，受之有愧。余客室固有丏翁旧藏姚氏山水一幅，今此一幅山水，似更胜。

四月廿五日，星期一。

仍讨论文学课本，修润翻译契诃夫之小说《凡卡》，请龙在田相助，参稽数种译本。上午讨论半日，下午赓为之，至于四点，始毕事。余以为此译当较各种译本为胜，译家固未尝费此大工夫也。

吉少甫自上海归来，谈新铸铜模之事。我人欲提高印刷之质量，首须求字形之整齐划一，必从改造铜模入手。少甫能注意于此，甚为可佩。

亚非会议已于昨日闭幕。周总理于开初即发言，此会议在求同存异。结果果能表现此精神。参加会议之二十九国发表联合公报，中分七项：甲、经济合作；乙、文化合作；丙、人权和自决；丁、附属国人民问题；戊、其他问题；己、促进世界和平和合作；庚、关于促进世界和平和合作的宣言。结局如是，当为美帝国主义所甚不欢迎也。

四月廿六日，星期二。

仍讨论文学课本，半日工夫，《凡卡》之参考资料尚未毕。

下午睡起，看杂件，与晓风、仲仁闲谈编辑方面之事。

晨间至北海步行半小时有馀，见一树海棠特盛，赏玩久之。藤花已透花串，逾数日即开。

四月廿七日，星期三。

竟日讨论文学课本，上下午两班，实足八小时。上午共同斟酌波列伏依《保价邮包》译文半篇，请龙在田据原文对勘。修润之处，余与文叔颇有觉其得意者。下午商定文学理论一篇有半。一篇为《文学作品是写人的》，一篇为《叙述和描写》。此两篇系张毕来所起草，张之思路颇清澈，其文略加改动，即可算数。

夜间续写与《学文化》杂志之第五篇稿，每夕写二三百字，今夕尚未完篇。

四月廿八日，星期四。

上午继续讨论文学课本，修改《保价邮包》一篇之参考资料，缘此篇下半篇译文，龙君尚须就原文研究，不能遽为润色也。

午后与小学语文室诸君共同讨论小学语文首册之课文，仅有五课，每课不过数十字，而亦费时四点钟。竟日兀坐，大觉疲累。

夜间酒罢，将萧乾所赠姚茫父画两幅悬诸客室，观玩有顷，甚为赏心。

四月廿九日，星期五。

继续讨论《保价邮包》之参考资料，毕，又讨论《社戏》参考资料之小部分。

下午两点半，开社中编辑部部务会议。先讨论我社所出书如何使用文改会提出之小部分简化汉字。次讨论各编辑室设置秘书，协助室主任办理编辑行政工作。复次座谈如何推行标准语，系代教部设想，教部将拟出方案，推动此事，而归余起草，故座谈之。大家意见颇有切实者，托晓风一一记之。六点散。

今日之疲惫甚于昨日。

四月三十日，星期六。

上午继续讨论文学课本，将《保价邮包》之后半篇修润完毕。此篇译本颇多，余以为将以我社此译为最胜。龙在田之体会原文，其他诸人之斟酌译语，工夫皆视一般译家有不同也。

下午，叔湘、志公、安亭、伯箫、文叔、毕来集余室。志公提出汉语课本稿本发出后，回来之意见已多，或言其深，或言其难教，须作讨论，然后定稿。正音部分尤其有问题，缘声音之事，一般人向不措意。语法则意见繁多，各不相谋，难在集中而使大家共以为可。谈了三小时，决定精简正音部分，语法部分多与在京语法家商量，期大家认识大体一致，然后写入。

回家已觉颓然，夜间早睡。

五月一日，星期日。

今日不拟参加天安门庆祝大会，缘站立四小时有馀甚觉吃力，以近日来之身体情形，殊觉不耐。自四九年以来，每逢“五一”与“十一”，余必往参加，今日为首次之缺席也。

十点，介泉来，与余讨论《海妲·高布乐》译稿中未尽解决之问题，对勘商量一时有馀。邀伯祥来共饮，闲谈及于老年之感想。介泉努力学习理论，伯祥则颇以为多事。至下午三点，二君皆去。

至美、蠖生、宁宁来，且将留至明日回去，共闲谈，至于夜间十点。天安门放焰火，仅闻爆发之声而已。

五月二日，星期一。

晨间偕墨、至善、至美、蠖生携小孩五人游中山公园。牡丹已有开者，尚不盛。买舟三艘，分别乘之，划行于护城河中。距离短，除柏树林而外，鲜眺望之趣，较之泛舟北海，趣味远逊。划行半小时即登岸。

余先归，趋松竹园拟洗澡，而先到者已众，不耐久候，遂归。今日为宁宁生日，中午吃面。

两点，偕墨与三午至前门外“迎秋书场”，听相声。系萧乾买票相邀。至则萧夫妇已先在。相声凡十馀节目，皆可发笑。发笑之中，有谈言微中者，有牵强附会者，而此道中人俱欲力求改进，则显然可见。五点半散。

今日虽事游散，亦复吃力。灯下改晓风为余草拟之推行标准语措施之草稿，至十点乃毕。

五月三日，星期二。

上午继续讨论文学课本，修改《社戏》之参考资料，未完。大约尚须一二次方可毕事。

下午两点，第三十四中学之初三年级一班学生四十馀人来访，款之于会议室。据他们所提问题随口作答，大致为升学就业，决定志愿之类，谈两小时而散。他们之情殊殷切，余仅能泛言之，未必能使他们解决问题也。

至荣宝斋，购镜框四个，将悬之室中壁间。

五月四日，星期三。

上午讨论小学语文课本首册之稿八课。除一课须废弃外，其七课皆修改通过。运用首都语，各人看法不尽一致。或主悉从北京口头说法，或则谓与各地说法不同，各地觉其生硬者，尽可通融，不必全照口语。余亦殊难下断语，将来大家赞同使用之语言，究竟若何，似未易悬揣也。

午间饭于文化俱乐部，系愈之招邀，为与望道谈叙。同座者均文改会中人。望道此次来京，为应高教部之招，开会商谈迁校问题。我国大学分布本不合理，集中于沿海地区，今日方事建设，尤不能适应。以故若干院校须内迁，一以配合建设，二以防备万一。复旦大学或迁西安，或迁重庆，尚未有所定。闲谈至三点乃散。余遂浴于松竹园。

五月五日，星期四。

上午集社中十馀人为会，并加部中中学司、小学司各一人，商谈有关今年秋季试教新课本之事。新课本之将试教者为中小学语文与历史，于全国各地区选择不同典型之学校一百个上下，令其试教，随时与之联络，冀取得各方面之经验，据以修改此新课本，然后在明年秋季普遍应用。会中谈定试教之宗旨为“学习苏联，钻研新教材，改革教学方法，提高教育质量”云。社中所提供者为新课本与教学参考书，尚有许多措施，须待部中决定，布发全国，俾贯彻执行。不日将据今日所谈，写一书面报告，请部中讨论决定之。

午后十二点半，至北京饭店，系文联、对外文化协会等六个团体所邀，宴请德国、波兰、丹麦三国之文学方面专家五六人。其中有三人将于今夕纪念四大文化名人会中作讲。和平大会决定今年纪念之文化名人凡四人，德之席勒，波兰之密茨凯维支，丹麦之安徒生，法之孟德斯鸠。凡设三席，谈宴至两点半散。

余倦甚，天气转暖，人如中酒，余固年年如是。因即回家，入睡一时许，醒来后亦复偃卧。

夜七点后至北京剧场，参加纪念会。雁冰作报告，平均介绍此四人之业绩与其进步性。然后德国、波兰、丹麦之专家各一人就席勒、密茨凯维支、安徒生讲话。会毕不到九点半，可谓甚早。

五月六日，星期五。

清晨入北海，观金鱼。遇陈调甫，银髯连鬓，体态甚健，同行一周，小坐栏边，然后为别。

上午继续讨论文学课本，就未了事项解决其大部分，此事至今日基本上作完有关第一册之工作。自三月十八日开始，到今日亦将五十日矣。

下午作杂事，年积存在抽斗中之件。所积颇不少，未能一扫而空也。

五月七日，星期六。

上午叔湘来，言拟请教部于各地抽调人员，来京受训，而后返各地作推行标准语之工作。其中有一事先须着手，为调查方言云。此事之主张者为乔木与苏联某一语言专家，彼二人不谋而合，推动语言所，故叔湘来商之。余谓下星期一文改会本将讨论余所拟之办法（将提出于部中者），叔湘所提，届时或可一并研究，加入此办法也。

与芷芬、晓风商量修改部中发出之关于试教新课本之通知，原稿几经修改，犹不清楚，一一究其实义而改之。

午后与小学语文室讨论小学语文课本稿，历三小时。复与晓风继续修改上午未完之通知稿，六点乃毕。竟日未得暂休，头脑昏昏矣。

六点半，余宴请讨论文学课本之诸君于部中饭堂，适叔湘、志公将自部中出，邀共饮。凡两桌。一月有馀之讨论，其事可念，事毕宴叙，亦增兴致。九点散。

五月八日，星期日。

八点半，偕墨出复兴门，到至美校中。观年来新栽树木，已有成荫者。午刻小饮，备菜太多，而味不佳。饮罢，余就睡一小时。然后共载至苏联展览馆前，于售品部购捷克货物。余购白兰地两瓶，啤酒十瓶，复制彩色画两幅。遂入动物园，随意观动物。到家方五点。

今日并未运思，亦未多走路，而疲困依然。

五月九日，星期一。

晨间结束前数日未完稿一篇，为投与《学文化》之第五篇，题为《用全国人通用的话写》，于此最通俗之文章中，略示提倡标准语之意。

九点，至文改会。今日为常务会议之扩大会议，议题为推行标准语问题，即据余将提出于部中之意见而讨论之。余之意见书曾交纯才阅看，纯才看后谓可先请文改会讨论，再提出于部中云。叶籁士同意余之意见，有补充数点，印于余书之后。发言甚多，皆同意余与籁士之想法，谈及之方面至广，最后愈之作结语，直至午后一点乃散。

全国人用同一种语言，此想法此运动已有数十年之历史。以往以政治社会情形不良，成绩至微。今大不同于往昔，此次运动开展而后，殆必获成功矣。然其事决非轻易，又必有思想上与学术上之领导。

回家午饭，思小睡未成眠。至部中，看杂件，与芷芬、晓风商谈有关新课本试教事。

小学课本中缺韵文，余担任试作之。昨夕得一首，自以为得意，录之。题为《小小的船》。

弯弯的月儿小小的船。
小小的船两头尖。
我在小小的船里坐，
只看见闪闪的星星蓝蓝的天。

多用叠字，多用ㄢ韵字，意极浅显，而情境不枯燥，适于儿童之幻想。二十年前在开明编小学课本，即涉想及此，直至今日乃始作成。

五月十日，星期二。

昨夕半夜醒来，思作《雪人》之诗歌。动脑筋即不能睡，至于晨四点，勉强凑成一首，情味殊平平。起来神思困倦，到部亦唯闲坐。

九点四十分，至中山公园中山堂，参加司徒美堂先生之追悼会。司徒先生年八十九，前日以脑溢血逝世，已于昨日入殓，柩停中山堂。到者甚众，殆将三百人。周总理主祭。廖承志致悼词，陈其瑗报告司徒先生生平，会即完毕。于是移柩出中山堂，到者于柩前执绋，徐步到公园门前。余觉执绋之意甚善。将葬于八宝山，往送者少数人。余仍返部。周总理自亚非会议归国后，余今日初见之。其容貌颇瘦损，想见其劳瘁。

午后写复信数通。仲仁来谈小学语文之编辑颇久。

五月十一日，星期三。

上午在部略看杂件，写复信数通，与晓风闲谈而已。

回家午饭，饭后酣睡一时许。醒来至松竹园浴。请理发匠按摩，甚觉舒适。但舒适不过一时。日来最不舒处在两腿，上及臀部。

五月十二日，星期四。

上午，绘图科诸人持小学语文之插图来，余与文叔、仲仁一一研究之，提出修改意见。诸图皆平平，无特别满意之作。复与文叔、仲仁研摩《雪人》一诗。余之稿不佳，仲仁据以改作，亦未惬意。今日共谈有顷，仍未有定。二君去后，志公来。明日将邀北大、北师大、语言所之人讨论各级学校关于汉语一科教学大纲之问题。缘大学、师大、中学不宜各不相谋，而事实上则不相谋，叔湘、志公因嘱余出面座谈，期有以沟通之。志公为余谈明日宜如何诱导大家讨论，使所谈渐趋于一途。

午睡醒来，有《文艺学习》与《中国青年报》之记者来。前者嘱作文。后者谓将发表上星期三十四中学来访余之消息。

三点，部中开扩大部务会议，讨论精简人员，调整机构，改进工作方法，提高工作效率之问题。中央近专设机构，主持精简人员一事，提出各部应裁去二分之一，必须坚决贯彻云云。此事提出之意甚善，目前人员太多，确足妨事。然精简而后，必伴之以改进工作方法，提高人员水平，乃克把事情办好。而此二点固甚不易做到也。教部于前年与高教部分家，当时教部有二百九十馀人。迄于今年，全部人员多至五百九十九人，增长可谓至速。欲谋裁减，自属可能。中央裁撤之人，将分配至地方，下及于乡，于农村之合作社。此可以加强基层，确为要图。然欲令往者愿往，则大须做一番工作也。明日，将由纯才作动员报告，预定此事须于本月内结束。

回家，满子以今晨自上海归来。谈上海近况。既而彬然来，谈古籍社近况。又言恽逸群于昨日被拘，事由为反革命。其详如何，不得而知。

今年月季两盆，芍药两盆，初发芽时，余以为开花有望。孰知月季之花苞不见放大，渐就枯萎，猜系受寒之故。初置于生炉子之室中，后炉子撤去，而天气转冷，遂阻其发育。芍药则生叶而后，主干不再长发，并小粒之花苞而无之。余猜殆是肥料不足之故。我家仅浇腐化之豆汁，或尚不足。花圃中则浇粪水。而往昔种花之书，则恒言须于芍药根下埋猪肠一副也。初存希望，终乃无花，未免失望，然亦不太萦怀也。

五月十三日，星期五。

晨接通知，下午周总理在怀仁堂报告亚非会议之成果，到部即嘱电话各方，将今日下午关于汉语教学大纲之座谈会改至明日下午，缘知邀请之诸人多半将往听报告。

八点半，开办公会议，讨论精简中学教材，盖系配合减轻学生负担之措施。余发言谓我人谓教材太“重”，此“重”字亦未可一概而论。宜认定非基本之知识，学生不必学之知识，而强令学生学之，乃可云“重”。若确为基本的，学生必需学的，而以其他原因致令学生不克负荷，则其故不在教材而在其他方面矣。此一想法似尚不为同人所注意，故特提出之。

十点散，纯才向全部人员作精简人员之动员报告，余未往听。在室中开始作一文，应《文艺报》之请，谈文字改革问题，得五百字。

下午两点后至怀仁堂，三点周总理开始报告。据其所讲，此会议能获协议，写定一共同公报，实为我之大胜利。我抓住亚非国家之共同点，同受殖民主义之损害，无论已未获得独立，至今经济上文化上均极落后，故亚非国家必求自力发展经济，发展其民族文化，彼此互助合作，争取和平，以臻于繁荣康乐之境。此一观点为各国所能接受，而在态度上又能表示自己无所求，务求帮助别人，因此能化除挑拨之意图，取得建设性之协议。综言之，我国之实绩与威望，外交政策之正确，周总理之从容忍耐，宽大为怀，使我国外交团为此一会议之主角，使此一会议获得历史性之成就。陈毅副总理谈参加会议之体会，盛言此一会议中周之表现优善，虽反对我国之国家，会罢亦改变其成见。七点半散。

五月十四日，星期六。

晨间出版部三位同人来，谓我社将自制楷体字之铜模，以供应用，已在上海接洽邓散木、马公愚、韩佑之数人，拟请彼等书写字样。商量结果，不妨徐徐谋之，即令着手，铸成一套铜模，亦须一二年之时间也。三君去后，余续作昨日之文，但下笔不顺利。

午后两点半，讨论汉语教学大纲之座谈会开始。到者有北大之了一、建功、周祖谟、高名凯四人，师大之黎劭西、俞敏二人，语文所叔湘、丁声树、李荣三人，高教部艾君，我部陈选善，我社伯箫、志公、文叔、芷芬、吕纪平五人。诸人发言皆谓各类学校之教学大纲诚宜共谋，共谋宜有所依据，即以我社之草稿为底子。先由志公提出语法方面之若干问题，今后开小会大会逐一决之，不能决者，更作广泛之讨论。六点半散。留诸君会餐。

俞敏谈有一种游戏。选字约二百，每字一牌。数人共打之，仿麻将之例，上家出牌，下家可收入。以一家凑成五言绝句一首为“和”。牌中有若干白牌，同于麻将牌中之“听用”，可以代替任何一字。此游戏甚有味，倘有机会与数友人借此消磨半日，亦一乐也。

五月十五日，星期日。

晨起较晏。夏宗禹来谈，言近为《新观察》开辟撰文之方面，拟注意于一般平凡的工作者之日常生活。此中大可挖掘，深广非凡，如能写成可观之文篇，于读者至有教育作用。渠近来研究北京市之警察，据渠所谈，警察生活绝不简单，皆为余所未闻，听之津津有味。谈一时许而去。

午后睡未成，缘有《文艺报》之记者沈君来，要余作文谈胡风。前日《人民日报》载胡风之检讨文章，皆敷衍门面语。同时披露舒芜之《关于胡风反党集团的一些材料》，系胡风致舒芜之一批信件，其中狂妄傲岸之气溢于言表，观之令人生气。《文艺报》欲汇集多人观此文篇之感想，刊于一期，以见公论。余允之。俟其去，即动笔为文，迄于夜完篇，仅千字而已。《人民日报》按语谓胡风欲“做个真正的人”，不能作“假检讨”。余文遂谓彼宜作“真检讨”，过去一贯反党到底存的什么想头，今后又作什么想头，能坦白说明，乃为“真检讨”也。

五月十六日，星期一。

晨间改晓风为《中国青年报》所写一则通讯稿。该报坚欲发表余会见三十四中学学生之消息，请晓风撰稿，谓此事于中学生很有影响。余雅不欲发表此消息，恐其他中学之学生见之，纷来要求会见，而报社言之不休，则亦从之。

下午续作《文艺报》嘱写之关于文学改革之文，亦不过得七百言耳。

五月十七日，星期二。

上午除看报而外，续作昨日之文，无人来打扰，得七八百字。

下午三点，我部与高教部请朝鲜教育考察团会于和乐堂，参加者部中部分同志而外，尚有各大学及市教育局之人。朝鲜考察团团长系教育省副长，报告朝鲜教育概况。翻译者语言不清楚，听之不甚了了。大致知其国教育至普及，停战而后，教育方面不唯恢复，且有发展，以短时期能如此，确可佩。张奚老继之发言，备极推崇，六点半散。

五月十八日，星期三。

上午中学语文室诸君来，讨论余之报告提纲。北京市教师进修学院来约，约余于六月间向全市语文教师作报告，谈文学与汉语分科教学之问题。余因此事非个人之事，故请语文室诸君先为商谈，摘下要点，今日则共同斟酌损益之。谈至十二点，大体轮廓已具，尚须整理。整理而后，余乃据以写讲稿。此事甚属劳累，然既属教育界有此需要，自当勉力为之。

饭后睡醒，即趋松竹园洗澡。回家续作昨文，迄于夜，复得六百字。

近来母亲伤风已愈，身体转佳，进食增多，且觉有味。已不复言看见种种幻象，亦不言“去”与“不欲去”，似前此种种，悉归遗忘。入室见之，则笑颜相向，无复愁苦之态。此大可慰事也。

墨之身体甚佳，体胖力健，操劳行路，不觉其累。共为分析其由，墨言心头宽畅，无甚烦闷，为其主因。余然之。此又一大可慰事也。

五月十九日，星期四。

上午接人代会常委会来信，谓人代会决于七月间开第二次会议，发动代表于六月廿日前往原籍或他地视察。余复信谓编辑事忙，不能出去，附带告以余个人之想头，将来拟往观小学与初中毕业生参加农村工作之实况，准备写小说云。

九点至国务院礼堂。今日全国文教会议开幕，此会将历十馀日之时间。国务院第二办公室林枫主任作报告，总旨为“今后各项文教工作都应以提高质量为重点，有计划有重点地稳步发展，同时贯彻合理部署和统筹安排的方针，使文教事业更有效地为经济建设、国防建设和提高人民文化生活水平服务”。分四部分。一为“关于提高质量问题”，着重在提高高等教育的质量。盖以高等教育为培养建设人才之关键也。具体办法为（一）修改招生计划，改善招生方法；（二）逐步改变高等学校的学制；（三）努力改进教学工作，提高教学质量；（四）大力举办业馀的高等和中等技术学校，包括函授学校和夜校，大力办好中等技术学校。二为“关于合理部署和统筹安排问题”。大意为今后应根据建设观点与国防观点，对全国文教事业作新的部署。原有文教计划不够全面，今后应将非公家举办的文教事业亦列入计划之内，统筹安排，积极领导。三为“积极地开展宣传唯物主义批判资产阶级唯心主义思想的工作”。学校教育方面，重在批判杜威之实用主义。卫生工作方面，重在批判某些领导人轻视中医之思想。四为“努力改进我们的领导工作”。此报告将为今后数年内文教工作之纲领，大须注意。明日将分组讨论，各自结合实际工作发言。余则不克参加矣。十二点半散会。

余回家进餐，小睡一时许。醒来到部中，出席座谈会，我社约小学教师十馀讨论小学语文六册之稿本。诸人发言皆颇中肯，多数处我辈所未见到者，一经提出，确感注意未周。大意为我社之意图甚善，而所撰教本尚未能充量实现其意图。然已面目一新，确表现改革教学之精神云。六点半散会。

余在部中晚餐，缘八点尚须开办公会议。会议讨论者为我部提高普通教育质量指示稿，将提出于文教会议中讨论者。稿为陈曾固所起，匆匆着笔，自多未周。最后谓先提出去讨论，俟大家提出意见后，并今夕诸人所提意见，再作修改。到家已十一点半。今日开会逾十小时，大疲。

五月二十日，星期五。

上午芷芬来谈事，甚久。为浙江人民出版社观其所编《人民的西湖》之图册说明，彼欲余作修改，余以其文殊不合式，劝其另起炉灶重作，谓出版物之质量必须顾及也。

下午与中学语文室诸君讨论文学课本教学参考书之说明文字。缘先前考虑未周，讨论殊不顺利，迄于六点，仅改定其小部分耳。

五月廿一日，星期六。

介泉翻译之《娜拉》一剧（渠依原名译为《玩偶的家》），间日看数页，于今晨看毕。此译比前观之一种为胜，语言极流利生动，大可欣赏。余提意见凡一百馀条，皆一两字之小推敲，重要者不甚多。即将托人带回北大交介泉。

到部后与历史编辑室诸君共同讨论小学历史课本首册之稿子。此稿写成又重写，几经修改。诸君要余看一过，余谓个人独看，不如多人共看，再作一次讨论，顺便作一番修润。诸人以为然，约定以今日为始。余本拟以三天工夫毕此一事，而今日实际试验，上下午讨论七小时，仅毕全册六分之一耳，估计殊未准确。然诸君皆云如此讨论一次极好，余闻之自觉心慰。

回家时惫甚，不思作他事矣。杜子劲以肝病逝世，闻之怅怅。杜君以四九年来京共事，后入辞书编辑室。卧病约两月，竟尔不起。

五月廿二日，星期日。

晨起仍疲惫，勉强执笔，写《学文化》之文章。嘱风祥购茉莉一大盆，供于室中，花甚繁，含苞者多，香气未浓。蠖生、至美来，尝草莓、樱桃。龙文、祖琦来，祖琦为余家插菊秧。中午共小饮，初尝鲥鱼。饭后与蠖生、至美闲谈，至四点，他们去。余续作文章，完篇，计千二百字，题目为《写作跟生活的关系》。此类稿子已作六篇，迄今可告一段落，拟少停再写，或竟不复写矣。

晓先夫妇偕来，留之晚饭，闲谈至八点而去。

五月廿三日，星期一。

今日上下午俱讨论小学历史稿本。大家注意，头绪务求其简单，叙说务求其明白，然犹恐分量太重，教学不易。

回家复疲甚。七点半，陈白尘来，云后日文联与作协将开联合会议，讨论胡风之问题，邀余必往参加，余应之。白尘言胡风实为阴谋家，不仅有思想问题，其政治立场有与托派类似处。文联与作协必须处理，盖群众之要求也。

五月廿四日，星期二。

晨入北海公园，观海中游鱼。

今日与昨日同，上下午俱讨论小学历史稿本。有数课尚多疙瘩，则搁置一边，于编辑室再加斟酌，乃据以修润。

回家后疲甚，一无所作。

今日《人民日报》又发表一批胡风致其集团分子之信件，于此一批信件中，可见胡风乃反党反人民之阴谋家，无所不骂，无所不否定，且发纵指示，窥伺刺探，实与特务组织无异。故其问题不限于思想问题，实属政治问题。晓风为余摘举要点，预备明日作简短之发言。回家后又嘱至善据以写成短文。二人略能代劳，稍为心慰。

五月廿五日，星期三。

上午九点至出版管理局，缘文联与作协借其礼堂开大会，讨论胡风问题。先与彬然、灿然略谈叙，然后入礼堂。到者甚众，殆有五六百人。郭沫若说明开会宗旨，陈白尘摘要宣读各方对胡风事件表示意见之来信，然后由各人发言，余第二个发言。大家均主张解除胡风一切职务，开除其作协之会籍，并建议于四川省，撤销其全代会代表之职。余听他人发言，至十二点而归，会犹未完。

饭后睡醒，即到部中，仍讨论小学历史课本之稿。四点钟亦仅毕三课而已。

回家后王城相告，今日之会至午后两点方毕，群情甚激怒，最后决议，除前所举之办法外，又提出将胡风提请检察署检察，有无犯罪行为云。

五月廿六日，星期四。

上午仍讨论小学历史稿。不甚顺利，半日仅毕两课而已。

午后两点半，参加评奖委员会之会。社中以前年完成计划，应于利润中抽出一部分奖励同人。去年事多，延至今年始动员全社，分组讨论，提出应奖励之人选。今日就各组提出之名单作讨论。计提出者七十馀人，此外尚有单位奖（给一个小单位以名誉奖）、集体奖（数人同作一件工作，给以一笔奖金）。讨论结果，七十馀人中四人得一等奖，二十馀人得二等奖，馀得三等奖。

余未及会毕先退，浴于松竹园，按摩一通，较觉松爽。

今日印度尼西亚之总理到此，欢迎甚盛，如去秋尼赫鲁来时。周总理于亚非会议之后曾访印度尼西亚，印总理此来系回访。据传渠愿为我国与美国之中介，拉拢双方坐下来谈台湾问题云。

五月廿七日，星期五。

上午大雨，晨间出门时街上排水不及，车行水中。今年春末雨水多，闻于麦地有利。

上下午俱讨论小学历史稿，计毕六课。尚馀一课有馀矣。此次之修润，往往减少史事之头绪，此便于小学生理解。然仍不免以简约之语言概括许多过程，所谓“浓缩”之病犹存。至于立场观点方面，则几经琢磨，大约已无多问题矣。

六点半至北京饭店。周总理设宴招待印度尼西亚总理（此人名阿里·沙斯特罗阿米佐约，很不易称说）。到者约五六百人。七点至八点酒会。八点开宴，周与阿里皆致辞。十点散。余又大疲。左臂不知以何缘故，肌肉牵强，甚不舒。

五月廿八日，星期六。

今日上下午俱讨论志公主编之初中汉语课本稿。参加者叔湘、文叔、伯箫、超尘、志公，尚有汉语编辑室之三位同志。初意此稿可以通过较快，孰知一为推敲，须修改者颇多，且不易遽改，必再三商讨而后下笔。一日工夫，仅改油印稿本三纸而已。

夜八点，至新建成之不久之人民剧场，在护国寺大街，观越剧，系招待印尼总理之晚会。印尼总理方在中山公园出席北京市之欢迎大会，九点过始来剧场。越剧演《梁山伯与祝英台》，范瑞娟饰梁，傅全香饰祝，皆为名角。余以前仅曾看此辈之半出《白蛇传》，未终场先归，今夕为第一次观全出之越剧。音乐颇不坏，布景堂皇富丽，画笔不俗，衣著特讲究。傅全香工于表演，能传出感情。然越剧有一根本之致命伤，则唱调之过于简单也。通体之唱，几乎尽是四句为一组，组组重复其节奏，而一组之中，四句之节奏亦无多差异。因之，听之非唯不觉其美，且将感其可厌。余听锡剧、评剧，似皆较胜于越剧也。到家已十二点，困倦之甚。

五月廿九日，星期日。

晨起稍晏，困倦未解。张贡三以九点来，余与闲谈盐务情形。既而伯祥来，谓其夫人日来作痛特甚，已无治好之望，且知终必不起，而未能早决，伤心无奈。既而转谈别事，如揭发胡风罪恶之类。中午留二君小饮，吃鲥鱼。

四点，至蟾宫，观日本片《混血儿》。美军占领日本之后，十年来已有混血儿二十万，此在日本为一问题。混血儿为他人轻视，黑人所生者尤苦。此辈往往为父母所弃，慈善机关亦不能尽收。影片提出孩子无罪，其母亦为战争下之牺牲者，旨在反对战争，意义表现俱不坏。余前在军阀混战时期，亦尝思以此意撰小说，思之未就。

回家时，芷芬在。留之小饮，与谈社中杂事。我妹日来又病作，浑身作痛，站立亦难。托芷芬约其亲戚徐应祥，明日往徐所主之医院就诊。

五月三十日，星期一。

上午继续讨论汉语课本稿，半日工夫，讨论者亦不多。午后醒来，又继续讨论小学历史课本稿，今日结束第一册之修润。历史课本讨论七天。但通体整理，斟酌插图及其说明文字，未了工作尚多。此只得俟编辑室为之，不复来我处讨论矣。

文叔相告，昨日虽为星期日，亦与董纯才、陈曾固二君及教部少数同志讨论小学语文第一册之稿。他们于我社之稿基本上同意。且谓必须郑重训练小学教师，使他们懂得语音之教学。又谓用此新课本，必须改革教学方法，不能墨守老一套。大家能有此了解，于推行标准语自多助力，为之心喜。

回家时过语言研究所，入访丁声树、李荣二君。语言所要我部从各地抽调数十人来京受训，受训一年而后，返各地专作推行标准语，调查方言，作比较研究工作。今日略谈此事，俟二君拟出简要计划，即与来京出席文教会议之各省市教育行政人员言之。推行标准语已成国家政策，自此将渐渐发动矣。

回家后知我妹往徐应祥处看过，徐向满小姐言，或恐是癌，须俟切片检验以后乃可断定。闻之忧闷。墨于今日取得牙医所制之上颚假牙，甚贴切，颇满意，特往照一相片。夜间渠偕至善往观契诃夫剧《万尼亚舅舅》。

满子告余，昨日永和随其父至北海，坐渡船。归来述其所见，言公园里地上下了雨，里面有很多小鱼大鱼。渠没有“湖”或“池”之概念，遂谓“地上下了雨”，大有意味。特记之。

五月卅一日，星期二。

上午仍讨论汉语课文稿，毕其《绪论》之部分。午睡醒来，从凤祥请，往观部中和乐堂前之白芍药。花瓣特繁密，精力充沛，观之心喜。三点，仍讨论汉语稿本，第三章为汉字，至六点停止。用心太久，神思有些异样。

回家后知我妹复往徐大夫之医院就诊，割去颈际之两个小块，以便检验，究竟何病，须俟下星期一方知之。

六月一日，星期三。

上午仍讨论汉语稿。谈汉字之略史，须说得浅显，甚不容易，因而商略时多，改定者少。

今日起午后以两点半上班，午睡时间较长。上班后与文叔、仲仁最后商量小学语文稿。此稿又经多方提意见，今日据各种意见斟酌之，复稍有改动处。总之，此一册小学语文本，较之以前所有课本，可谓最为精审，然不满意处尚多。最差者为注音字母之部分。次为词汇之部分。他则课文中新词之出现，未能本义必先出，转义必后出，最常用者先出，次常用者后出，亦为缺陷。至于语言，则经多人修改，可谓甚接近标准语矣。

夜间往省老母，与闲谈，知其前此所感种种幻觉实未遗忘，不过以笑颜谈之，不复如前之蕴怒矣。

六月二日，星期四。

今日中学语文室同志来讨论文学课本中调换之一篇教材。原选《陕北杂记》，以其内容单薄，语言拙劣，他们主张改用艾芜之《屋里的春天》。艾芜之作余已看过，亦殊平平，仅较胜于《陕北杂记》，然无他篇可选，则亦只得同意。上午讨论关于此篇之参考资料，文既不佳，参考资料亦只能勉强对付过去。下午润色艾芜之文，亦费两小时。其文甚草草。勉为改动，自难出色。且作家均有脾气，同意改动与否，尚不可知，须与商谈后乃定也。余谓以作品为学生之范本是一事，尊重作家之原稿又是一事，二者孰轻孰重，为我辈应考虑之点。张毕来主张以学生为重，余深然之。而察伯箫之语气，则以为不宜违逆作者也。

四点离部，至松竹园浴，令理发匠按摩。回家时颓然，不作他事。

六月三日，星期五。

上午仍讨论汉语课本稿，几乎等于几个人共同写稿，进行甚迟缓。半天工夫，所成无多。

午睡起来，开社务会议。讨论事项颇多，较重要者为拟成立一个副牌出版社，出一些不宜用人民教育出版社名义出版之书。此方式其他出版社往往有之，我社有此需要，自当仿效。究竟如何，还须请示于文化部与教育部。又通过评奖名单，不日即可给奖。名单中有二等三等奖，而无一等。二等每人奖八十元，三等每人奖五十元。

回家时高祖文在，留渠共饮闲谈。王泗原来，无甚事，渠越若干时必来问候，意殊可感。祖文去，余起草一文，应广播事业局之嘱。彼局将创刊《人民广播》，坚请作文，只得允之。令至善代写，而至善所写太简率，不得不重写。到十点，仅得三四百字耳。

六月四日，星期六。

上午仍讨论汉语课本稿，汉字之部分尚未毕。估计再加一个星期之工力，犹未能竟全册之讨论。而时已届六月，八月下旬须将印成本送达试教各中学，为之焦虑。

午睡起来，写一贴于墙报之文，谈评奖一事者。文系晓风代撰，余缮写于纸而已。安亭来，商量下星期一与蒙古人民共和国教育考察团座谈事。

四点回家，续作昨日之文，迄于晚餐，得六七百字。精神不佳，头脑昏昏，饭后不复续作。

六月五日，星期日。

晨起头脑昏沉，竟体乏力。墨谓出去散散当可好些，遂偕渠携永和同游北海。先观令箭荷花十数大盆，花作深红色，较之我家已开过之粉红色者为大，甚可观。唯此物之茎，形状与颜色俱难看，斯为美中不足。次观金鱼，永和深感兴趣。墨问一饲养金鱼之工人，治此事已几何年，答谓四五十年矣。问其年，云六十五岁。欲买舟，而舟已满湖，埠头无空船，租船之人排队候买票，殆将七八十人。永和不明所以，屡言欲坐船，只得告以他日再来。向东行，过桥，入儿童运动场，令永和坐转椅子，骑木转马。既而憩于林荫路旁，徘徊眺望，约半时许，乃归。

余续写昨日之文，及至美来，遂停笔。蠖生买来广东西瓜两枚，剖之，已熟，红瓤，尚甜，此为今年初尝也。午刻共饮，午后闲谈。三点过，他们去。余复续作文。迄五点完篇，全篇二千二百言，题为《广播工作和语言规范化》。宁宁于上月杪加入少年先锋队，今日来，系红巾，举手行队礼。此儿近颇进步，功课好，能与人相处，生活自能料理一部分，颇令人喜爱。余唯嫌其尚有娇贵之气。

六月六日，星期一。

缘有他事，讨论汉语稿停止一天。九点，蒙古人民共和国教育文化代表团团长马什拉伊来部与我人开座谈会，余与安亭及齐振祎同志款之。安亭谈我社编辑出版课本之事，齐同志谈我部为师范学校中学校供应教具仪器之事。马君与译员讲俄语，二人之谈话经译员转达，时间加倍。马君听罢，向我人表示其对我国教育工作者之希望。（一）普遍学俄语，直接看苏联书籍。（二）为进行直观教学，希望注意各种图表之编辑出版。（三）知中国各地教师多有自创教具者，希传布其经验，推进直观教学。（四）宜成立教育科学院。（五）希能自依靠苏联课本进而自编适用之课本。此五点皆得其要，殊为内行家言，余最后恳切谢之。十二点半马君去。

午睡醒来，至西郊宾馆，向来京参加文教会议之各省市教育行政同志说明我部举办标准语训练班之目的与办法。此事为中央所倡导，势在必办，各省市同志皆无异言，唯略提些技术问题。三点半散，余至语言所访李荣，告以顷已向各省市提出训练班事，与商量各地派出受训人员之地区与多寡。谈少顷即回家。修改关于训练班之通知与章程，看历史编辑室所草小学历史之作业题目（将插入课本），虽回家中，仍作公事，至六点乃毕。

六月七日，星期二。

上午继续讨论汉语稿，文字之部分讨论完毕，明日始将讨论语音之部分。

下午三点，董纯才在逸仙堂向文教会议之教育组人员作讨论小结，部中社中之同人均往听，余亦往。阐发与交代之事甚多，余嫌其言之不明白畅达。大部分时间谈全面发展之旨，多数人于全面发展四字之意义尚未深识，诚当阐发。六点散。

晓风记录昨日与蒙古马什拉伊之会谈，今日整理之，成稿六千言。余于灯下为之校读，至十点半乃毕。

今日墨往探视伯祥夫人，归言近日转变颇剧，生命已在旦夕间。其子女往看墓地矣。

六月八日，星期三。

今日上下午俱讨论汉语稿之语音部分。油印稿凡廿二页，今日看过十页，总算顺利，心头舒快。此第一册中，以语音部分较为难教难学。今日删去若干比较专门之节段，讲法又务求其浅显明确。以此拿出去试教，或者不至于碰钉子。

天气大热，已是夏天，回家后洗擦一回，仅穿单衣裤，颇觉畅快。

六月九日，星期四。

晨到部中，晓风转述芷芬语，知伯祥夫人已于今早去世。以明日下午入殓。八点后继续讨论汉语稿，至午未能完毕，下午志公有课，遂不能讨论。

余午睡醒来，看收到之杂志及文件。久未得此清闲矣，今日乃偶得之。

六月十日，星期五。

今日报载第三批关于胡风反革命集团之材料，皆胡风分子致胡风之信件，及彼等相互往来之信件。观此一批材料，知此辈与国民党中统有直接关系，其为混进革命阵营之集团无疑。其言论与设想之恶毒，令人恨恨。

九点至国务院礼堂，文教会议结束，林枫作结论。略谓此次会议，议定今后数年之文教方针，为有收获。前此文教工作，以整顿巩固，稳步发展为重点，但亦提提高质量。今后则以提高质量为重点，但亦不废整顿巩固。林于此点发挥甚多，馀则就开幕时渠之报告，再加说明。十二点三刻散。

回家午餐毕，即与墨及我妹、满子至金鱼胡同贤良寺，吊伯祥夫人之丧。到者多开明旧友。伯祥似尚能克制，余亦无言以慰之。坐有顷，先出，到部中。本当继续讨论汉语，而三点半须开发给奖金大会，遂作罢。

开会时全社同人出席。先由伯箫报告评奖工作经过。次由安亭报告作去年总结时各单位向领导提出之意见。择其要者，分别答复。次由余给奖。次由王铁代表得奖人发言。王铁近往南方参观师范学校，亦观若干中小学，渠谓我社之书颇有缺点，思想性不高，教育界并不太满意。因此，我社同人殊无可以自满之处云云。最后余致辞，即据晓风代余所撰之文说一遍。末则附加加强团结，提高警惕之语。并及胡风反革命集团之事，谓同人如有受其影响者，宜彻底自我批判，与彼划清界限。据知社中有二三人属于此类，自当注意发掘。所有各机关团体，日内无不在紧张讨论此事。缘胡风分子分布至广，不以文化部门为限也。

六月十一日，星期六。

上下午俱讨论汉语稿，所写为字之声调，句之重读、语气、强调等项。此为往日语文教学所不注意者，苟能在汉语课认真教学，于阅读为有大助。下午延至八点，乃将语音部分修改完毕，至此，第一册全本亦完毕。余邀凡参加此役者同往全聚德吃烤鸭，聊以自劳，共十人。闲谈小饮，甚适。九点半归。

今年讨论新编稿已得四种，初中文学、初中汉语、小学语文、小学历史。尚有初中历史一种，将以下星期开始。

六月十二日，星期日。

天气炎热，已成盛夏。晨浴于松竹园，理发捶背，为时较久。回家时元善在，即与闲谈，留渠午饮。渠在民主建国会负一部分责任，此会旨在团结资本家而改造之。据言资本家想法个个不同，不能以一道应多人，只能改造一人是一人。午后三点，元善去。余入睡一小时。

夜七点半，偕墨至人民剧场，印度艺术代表团今夕首次演出。先为双方讲话如仪。然后表演。印度之舞，前已曾看过，确甚出色。其声乐与器乐，则不能辨其好处。唯有《水杯》一节目，盛水于大小不同之碗中，碗共十馀只，演奏者两手各执小棒，疾徐击之，音调可听。据所发说明书，谓以杯碗为乐器，系自中国传去，今在印度甚流行也。观者感情甚热烈，每一节目终，掌声至洪至久。此亦见两国友谊之增长也。回家已十一点半，大倦。

六月十三日，星期一。

上午开部务会议，奚老、纯才传达所闻于国务会议者。事甚多，记其一项，即科学院成立四个学部之事。此四个学部大略将学科分类，每个学部有委员若干人，总数为二百馀人。周总理谓我国于科学家，方针为先行团结改造，然后从事研究。今团结改造初步做到，故成立学部。学部有委员，此制将逐渐改为院士制。

继之讨论余所提出之教部于语音规范化应有之措施，及举办标准语训练班之办法。大家讨论后，纯才作结语。谓余所提之措施，尚非有重点有步骤之计划，宜商定计划，写成指示，发布出去。训练班必办，如何办法，再与文改会、语言所商谈，然后决定。又谓我部关于语文教学之机构必当成立，原定编制有三人，今觉其不够，改为五人，由余领导云。余固愿任其事，然处事能力弱，精神又不佳，人手亦未必甚强，实有惧不胜任之感。十二点半散。

三点至怀仁堂听报告。此次又是大规模，怀仁堂以外，尚有数处会堂集众同听，据云总数将五六千人。先由李富春讲节约问题。分四节。首言艰苦奋斗，增产节约，为党之一贯方针。苏联建成社会主义，亦唯节约是赖。故节约为长期的政治任务。次言五年计划开始两年以来，基建上，生活上浪费之事甚多。非生产费用比重甚大。事事追求华奢，建筑各种大房屋之事最为突出，复古主义、形式主义支配着设计思想，浪费而不切实用。且互相竞胜，此风甚炽。次分析其根源，则为社会主义建设中，滋生着资产阶级之享乐思想，实为严重之错误。决不应生产方面距苏联尚远，而生活享乐遽欲向苏联看齐。次则言今后工业建设方面之机器装备务必现代化，以期迎头赶上，其他非生产方面之设备建筑，均须竭力降低标准，办公室宿舍应向当时延安之王家坪（并非当时之最好建筑）看齐。某种建筑每平方米之建筑费应为多少元，均作规定，不得超过，其数目余不悉记。李富春讲毕，陈毅继之作时事报告，就近来国内外之大事详为分析，一讲三点半钟。九点半散，余坐得浑身酸麻，疲惫之极。

六月十四日，星期二。

今日开始讨论初中历史之稿本，参加者巩绍英、汪篯、陈乐素、王永兴、王建英、邱汉生。此稿犹不逮小学历史，颇为粗糙。勉为修润，亦不过顺其文句而已。上下午均作此，所改亦不多。

六点后，叔湘、志公来谈，言今后汉语课本将及语法，而体系何取，至难决定。二位与安亭、伯箫讨论此事半日，又与汉语室同人讨论半日，迄无结果。余亦未能下断语。谈一时许而归。

六月十五日，星期三。

上下午均讨论初中历史，读此稿颇不爽利，因而余意兴亦不佳。迄于放工，至春秋诸侯争霸止。

今日叔湘送来一信，言领导我社编撰汉语课本，未能早观厥成，语法各家之说，莫衷一是，已复未能精意研究，得其至当。希望别请他人为之。余亦深体其情，然我社仍当赖彼，俟与安亭、伯箫共商之。

夜间续完久已搁置之一稿，为《文艺报》执笔者。全篇约四千五百言，题为《文字改革和语言规范化》。

上一照片为墨近日所摄，是日镶装上下颚牙齿方完工。

六月十六日，星期四。

今日仍上下午讨论初中历史。余意不甚欣快。缘数人匆匆修改，未经深思熟虑，未免有急就章之识。且诸君往往有一种想法，笔下交代一事一义，第顾其交代，而不甚计其如何交代。故读者观之，非揣摩其微言大义，不能得其要领。此为写作之大忌，下笔之际，非多方为读者设想不可。余时时为诸君言之，而诸君似不甚能体会也。

日来已入雨季，几乎每日有阵雨，空气潮湿，如江南黄梅时节。

六月十七日，星期五。

今日仍如前数日，上下午均讨论初中历史稿。

下午五点，至纯才寓所，与五六位同人谈论标准语推行事。纯才今日与吴玉老及胡乔木会面，谈及前此拟办之标准语训练班重在调查方言，为期一年，时间较长。而明年全国小学一年级须读新课本，小学教师亟须一年间学会注音字母与大体不错之标准语，宜及早训练。故二事宜分开。前所谈之标准语训练班，由语言研究所主之。我部则另外商定办法，训练小学教师。大家均以为然，先由小学教育司草拟办法，经过讨论而后，争取在本月内发出通知。

灯下看萧乾所译《好兵帅克》之稿十馀页。

六月十八日，星期六。

晨七点半，偕墨驱车出城，行四十分钟，抵八宝山公墓。今日为瞿秋白成仁二十周年纪念日，其遗骨已自福建运来，今日安葬。徐步上公墓，杨之华已先在。秋白墓穴，在任弼时墓之右边。遗骨盒陈于穴前，系江西瓷器，正面绘秋白肖相，旁书生卒年月。合墓之石已具，皆磨光之白石，工程颇不凡。既而来者渐多，都百数十人。九点行礼。周总理主祭。陆定一报告秋白之生平。然后舁骨盒入穴。乐奏《国际歌》，礼成，简单庄重。遇胡乔木，与谈编辑汉语课本在语法方面所遇之困难，拟略书情况，请渠考虑。渠允之。

驱车入城，余往松竹园浴。饭后睡一小时。起来续看萧乾译稿。

三点半，偕墨至故宫博物院。登神武门，参加沈士远之追悼会。沈先生于前数日以气喘旧病去世，墨曾往唁其夫人金耀明。今日见金，金即哀哭，闻之伤恻。继到者有沈衡老、马夷老、陈援老，外则博物院同人。四点一刻开会，院长及女客一人讲话。五点散。

至北海，买舟划行一小时。晚阳微热，四望皆浓绿，意颇舒快。又观赏园中盆栽，种种皆可玩。旋即归。

六月十九日，星期日。

早七点半往访叔湘，与谈数事。其一，我社关于汉语方面之编撰，仍当请其指导，勿复言另易他人。其二，今后汉语方面之语法部分，决定依志公所拟之提纲编撰，以社的名义出之。其三，调查方言与训练教师之事分别进行，请其告语言所诸君。复杂谈彼此之工作方面事，坐一小时有半而归。

至美、蠖生以十一点半始来。至美方拔牙，又胃部不舒，精神不甚佳。共午饮，饭后闲谈。至四点，彬然来。多谈近日所听之报告，及讨论胡风问题之事。既而伯祥、芷芬、士敭来，共谈。彬然不肯留，伯祥等则共饮。谈次多及颉刚。至八点三刻，他们乃去。

昨今两日，未多看稿子，亦未涉及事务，似觉精神身体俱松舒。

六月二十日，星期一。

晨间黄啸曾介绍部中同人陈蕴斋（后知陈名润斋，写作“蕴”系误听。）于余，谓令陈参加部中语文教学之机构。陈并非语文方面之行家，殆可任行政事务方面工作。余略语陈以此机构之大概，至其详则余亦不能预言也。往访安亭、伯箫，告以昨日与叔湘所谈事。往访文叔，文叔谈其所起小学语文教学大纲之大要。文叔事事认真，起一稿必欲倾其所知，余言其语不通俗，尚须化浅，乃可使小学教师领会。

下午，中学语文室诸君来讨论文学课本教学参考书之说明，系王微所草拟。缘想法不甚清澈明白，修改不易，半日工夫，仅改四分之一耳。初中历史稿之讨论，余不复参加，约定俟诸君改定而后，交余看一过，余如有意见，再为更动。

夜间续看萧乾译稿若干页。

六月廿一日，星期二。

今日开始作中学文学、汉语分开教学问题之报告稿。先请刘国正就前此谈过一次之记录搭成架子。刘昨日交来其小部分稿，余遂就其小部分稿而扩充润色之。半日工夫，未见顺利。

下午三点，开社中编辑部部务会议，谈事凡四题，六点半散。

六月廿二日，星期三。

今日不到部，在家续写昨日所草之稿。上午自七点至十二点。午睡起来，续作一小时。于是偕风祥至交道口影院，观苏联片《不能忘记这件事》。此片写暗害分子设法妨碍一有名作家著作之出版，结果恶徒尽被破获。早已映过，近缘胡风反革命集团事，特为重映。余见报上均推荐此片，故往一观。片实平常，其事恐非多数人所能领会。

夜间复执笔，至十一点而罢，刘国正交余之初稿，总算完毕。其文尚未完，须待续，有交来，乃可赓为之。

六月廿三日，星期四。

上午，陈润斋交来小学教育司所草令各省市举办正音训练班之通知稿。因邀仲仁共同修改之。迄于三点以后，方修改完毕。乃交陈付办公厅，提出于部中之办公会议。此通知令全国小学语文教师学习注音字母，学习以标准语音语调朗读语文课本。第须教育行政部门认真执行，实为语文教学之一大改革。

四点后浴于松竹园。

我妹近曾就医于协和医院，医院言仍是瘰疬为患，令照红外线灯若干日，以今日为始。我妹在革命博物馆已请长假，在家休养。

六月廿四日，星期五。

晨间刘国正交来代拟草稿之下半部，于是即据以敷衍成文。除看报看信件外，上下午均为此事，亦不过改刘之草稿三页耳。离部时觉头脑昏沉。

回家小饮，今日为端午，肴馔较丰，而饮不多。饭罢即休卧。两腿酸痛，令凤祥按摩之。

今日报载，今年全国人民代表大会之会议，定于下月五日召开。

六月廿五日，星期六。

上午到部，缘昨日下笔时多，头脑昏沉，今日不敢多时执笔。仅改好刘国正之稿一页有馀而已。

下午三点，部中开办公会议，讨论我部负责人将在民族工作座谈会上发言之稿子。民族教育归林砺儒主持，故发言当由林为之。余于此方面全不接头，听大家谈论，颇益新知。四点五十分散。

六月廿六日，星期日。

清早偕墨与小沫至北海。自后门入。于须弥春西边见大棵马缨花，小沫捡完整之落花数朵，嗅之有清香。雇一四桨划船，凤祥划双桨，余于左侧划一桨，随意泛舟。朝阳微热，身上稍稍出汗，有快感。观较大之鱼吞食积聚于水面之草。划船一小时。登岸观九龙壁。观公园中莳花之花圃。出园，于篱外观游泳场中游泳者。于是至隆福寺街，买大理菊三盆而归。

伯祥已在相候，共闲谈，电话邀颉刚来，共谈。余与伯祥劝颉刚撙节费用，免为经济烦心。颉刚恒向人言收入不敷支出，友人共以为时以此为言实不妥，谓余二人与颉刚最熟，宜可相劝，故以今日言之。饭后招摄影师来，我三人共照一相于竹丛下。颉刚言我二人于张子冲先生处同学时相识，迄今五十有五年矣，而余二人与伯祥相识亦且五十年。今日难得有闲，共叙话旧，固宜拍照为纪念。以有摄影师之便，余复与老母、我妹共照一相。伯祥、颉刚谈至六点始去，如此长谈，殊为难得。

墨今日应杨之华之邀到其家，与姚韵漪、沈兹九、毛芷芬共叙。复往访柳亚子夫人。傍晚回来，兴致甚好。

昨日越南主席胡志明率领代表团来北京，毛主席亲往迎之于机场。

六月廿七日，星期一。

晨间看历史室缮清之初中历史稿数章。又看中学语文室选定之文学课本第二册之材料，仅约略一翻，略提意见，总印象亦为其文无多精彩。愈之来电话，言文改会确定编制，旨取精简，方言调查、词汇研究、语文教学三部尚未成立，虚有其名，拟即不设，问余意见如何。余答以甚好。于是余在文改会可以少负一个责任。下午三点，与中学语文室继续讨论文学教学参考书之说明稿，迄于六点，仍未能竟全功。

夜间续作讲稿，今日仅得千馀言，至十点半停笔。

六月廿八日，星期二。

晨间看初中历史誊清稿数章。九点开部务会议，讨论余所改定之《关于举办小学语文教师标准语语音训练班之通知》。谈约两小时，略有改动，通过。尚须送国务院第二办公室审批，批准而后，此举即成事实矣。

返室，续写昨日之稿。天气炎热，骄阳逼人，流汗执笔，尚称顺利。迄于五点，文改会有两位同志来谈，既而仲仁来谈，遂未能完篇，总之明日必当完篇矣。

回家后未作甚事，坦腹靠藤榻，闲坐消暑。

六月廿九日，星期三。

晨往北京饭店，向人代大会第二次会议报到。领得五年计划一大本，此为重要文件，系此次会议之主要议题。余以他事，尚未及细看。杂事较多，上午未及续作昨日之文稿。

午睡起来，乃得续作，完篇。全篇逾一万字，打印而后，还须请同人讨论一次，再作修改。

四点半至松竹园浴。夜间看初中历史稿一章。吃西瓜。

六月三十日，星期四。

上午八点，听我社王铁、曹孚二位之报告，谈他们与部中师范教育司同志数人往南京、无锡、苏州、上海四地视察师校教学教育学、心理学两科之情形。社中须知教学大纲与课本在实际上效果如何，司中亦然，以专科教学为重点而为视察，此尚是首次也。他们又参观小学若干校，观小学各科之教学，从而知教师对各种课本之反映。他们与教育行政部门与学校教师学生开座谈会，提出参观意见，解决若干问题。王、曹二位识解颇不错，但发表意见皆先行商量，以共同之见出之。余连听四小时，觉颇有得益。

下午未作甚事。仅与晓风闲谈。渠言助余办事，不免妨碍总编辑办公室之工作。同人或有不谅，请余乘机代为说明。余应之。余之讲稿已油印出来，共印二十份，分发同人，请他们先仔细看过，缓日共同讨论。

回家后不久，彬然、伯祥、雪村、雪山、傅耕莘五位应邀来，即共宴谈，喝啤酒。满小姐治馔极精。耕莘系来参加青年出版社之董事会。雪山来京已多日，不久将回南。章育文上海事忙，此次未能来。谈至九点四十分，五君始去。

天气闷热，午夜大雷雨。

七月一日，星期五。

今晨至景山东街，我社迁此，与文改会为同居，编辑部已大致迁来，出版部少缓亦将迁来，局面又成一个样子。今日上下午俱在小学语文室，讨论诸君所撰语文第一册之参考书稿本。缘为时促迫，不及油印分发，逐字逐句讨论，只得请执笔者各自述其稿之内容与写法，大家酌提意见。听各人所述，大致均不错。余与安亭皆主力求浅易，凡小学教师不易明晓之理论宁从删汰。上下午居然讨论完毕，大家尚须修改，乃可发稿，为时甚促矣。编辑部居一楼房，原系北大之理学院（其整个院落为清朝之某公主府），较之教部内之小红楼高爽多多。迁此过暑期，大家均觉愉快。

回家饭罢，送墨与我妹及满子出前门观评剧《春香传》。遂入中山公园，赴北京市委招邀之园游会，题目为庆祝中共成立三十四周年，并欢迎胡志明。人极拥挤，各地来京之人大代表大多会面，唯未见云彬。八点，毛主席偕胡志明到，欢声雷动。彭真致辞，胡志明作简短演说。于是为杂技表演。余退于人圈之后，乃无所见。九点半归。

七月二日，星期六。

南风甚猛，天气转凉，人意不爽。上午治事不多，取油印讲稿校对之。

下午三点，继续前（五月十四日）所开之语法座谈会，此为第二次。自第一次会后，推出之四人小组曾开会三次，于语法术语之统一有所解决，体系方面则仅各谈所见，距解决尚远。今日之会，前半泛谈语法，后半则专谈我社之汉语课本之编辑。黎劭老愿参加四人小组，为五人小组。若大家不懈，此座谈会，亦大有利于语法研究也，六点半会毕，共饭而散。

下午四点，余抽身往北京饭店，出席人代大会之预备会。彭真报告有关此次会议之各点。此次会议，主要议题为五年计划，预算与决算，治理黄河。自五日开会，迄二十日闭幕。为期亦相当长矣。

七月三日，星期日。

体甚疲困，晨七点半始起。十时许，云彬来，为别半年有馀，欢然叙谈。既而徐铸成来。徐所主之《文汇报》将以明年改为《教师报》，归我部领导，每周出二次，以广大小学教师为主要读者对象。余告以我国办此种报，必须使教师增长其知识，补其所不足。语言须极端浅显，此事全体执笔者必努力以赴，乃可有成。既而晓先夫妇携其女士秋、其子士方来。士秋任军队中之医务人员已久，今来京省亲。士方今夏毕业于高中，将保送往军官学校肄业。既而至美、蠖生来。遂与诸人共饮，进啤酒，满小姐又出手治馔。下午与诸人共闲谈。云彬、铸成谈各地考察之见闻，又往往提及胡风事件。四点后诸人陆续去，云彬去最后，已六点过矣。竟日不看书，不执笔，自觉松散，但亦小惫。

茉莉一盆，前一番花皆未开即落，猜系浇水太多之故。近日又出一番花，繁茂少逊于前，而开足，花蕾无自落者。荷花两盆已有花蕾数个，越三四日可开。今年以小鲫鱼为肥料，或是叶盛花早之因。睡莲一盆，只见长叶，叶大而肥，但无花蕾。此时无花，殆如芍药一般，今年不得花矣。夹竹桃四盆，去冬删枝条，今夏长叶芽。近日一枝上已开花，特肥大。

七月四日，星期一。

晨间看完萧乾之译稿《好兵帅克》，即将送还之。萧自谓此译颇能上口，接近语言。其实不然，拗强处，不合我国语言习惯处，为数不少。

九点，至北京饭店，出席江苏省代表第一次之组会。讨论前日彭真提出之会议程序，众皆无意见。于是漫谈江苏省情况，请在江苏各地视察之代表谈视察所得。此次人代会常委会发动代表往各地视察，特别提出三事为重点，一为购粮与供粮，二为生活情形，三为地方治安。今日诸人所谈，皆不出此三者。今年春间，曾有供粮不足，人心惶惶之现象。听今日诸人所谈，行政方面于计划供应注意较少，少数地区致无粮可购，事诚有之。但多数地区之惶惶，盖出于人为。农民有私有心理，不了解计划供应之意义，虽尚略有存粮，亦复声言缺粮。而尤重要者则为打倒之地主，高农，尚有潜伏之各种反革命分子，他们乘机捣乱，想种种办法，使农民群起而嚷缺粮。此自政府明定《三定》政策（定产、定购、定销），并言明收购数量三年不变而后，人心即已安定。至于生产情形，大致为凡土地改革工作做得好，镇压反革命彻底之地区，生产均积极，收获因而丰裕，反之则较差。地方治安，则大需警惕。江苏省反革命案件年多一年。其事与解放台湾有关。潜伏之反革命分子，派遣进来之特务，其作恶本领甚有改进，往往选中当前之重大问题（如购粮供粮，如水灾，如征兵），结合农民之落后心理与迷信，使农民不自觉地趋于反抗政府。妖言惑众，揭帖反动标语，组织什么军什么团乃至自立为皇帝者，所在多有。所幸公安机关努力办事，多所破获。然公安机关亦应付不遑矣。——凡上所记，皆余所不知，听之甚觉有意义。散会已将一点钟。

回家午饭，睡一小时，赶往部中。本定下午开文字改革会议之筹备会，而文改会与我部之筹备员多数不能到，遂作罢。看报，至四点离部，浴于松竹园。

前星期日所拍两张照片取到。均不坏。即分赠伯祥、颉刚各一帧。

七月五日，星期二。

晨至社中，芷芬告余一事。并入古籍出版社之辞书编辑室之李克俊，于前日夜间自缢而死。缘近日讨论胡风问题，社中宣布渠为胡风分子，遂自杀。李君于四九年来教科书编委会，于整风运动中、三反运动中均吞吞吐吐，哭哭啼啼，除原为地主而外，亦不曾究明其所以。其精神似不健康，不能与人相处。近谓渠为胡风分子，余亦不知其详。然宣布而未预为防范，显为社中之失误，此当由王乃夫负责也。

与中学语文编辑室诸君，又加文叔、伯箫、志公三位，共同讨论余草拟之讲稿。一谈半天。大家主张此文说明语言与文学分科之旨，极关重要，宜郑重出之，不惮多作修改。本定发表于《语文学习》七月号，无妨延至八月号。俟本月内作讲以后，根据群众意见，可再作一次修改。至于今此初稿，余请文叔、毕来各改一部分，余自己亦改一部分。缘杂事繁多，一己修改，将不能从速完工也。

回家午饭，小睡未酣。两点半，到怀仁堂，今日为全代大会第二次会议开幕之期。三点准时开会，奏国歌而后，通过主席团名单与会议程序，计列大会与小组讨论，至二十九日方闭幕，为时二十馀日矣。于是暂时休会。余列主席团之中，因往开主席团会议，所议皆事务性之事。四点再开大会，由李富春作关于五年计划之报告。此报告已于昨夕看过一遍，说理极其明畅，使人心服，凡乍观计划觉有不明白之处，与此报告合观之则晓然。全文凡六万馀字，李据稿诵读，会众则听其声而默观之。凡休息两回，至七点半散，仅读全文十之七。

回家独饮，消停少顷，即就寝，今日亦颇惫矣。

七月六日，星期三。

晨至部中，与晓风谈杂事。与陈润斋（前记蕴斋，误）谈事。看初中历史稿四章。此皆为余未参加讨论之定稿，粗糙殊甚，余为修改，亦未能见佳。

饭后睡起，仍至怀仁堂。李富春继读其报告毕，李先念为关于去年决算与今年预算之报告。两报告精神一贯，皆阐明经济工作之重要性，增产节约之不可放松。七点一刻散。

于会场中遇愈之，言文字改革会议将于下月上旬召开，而筹备工作方始，未免匆遽。我部须于此会议中提出推行标准语之计划，须赶紧与部中人商之。

会场中有人来与余招呼，通姓名后方识面，系中学时代高余一班之同学王怀琛。王自言系由四川省举出为代表，现服务于某钢铁公司。不相见者殆三四十年矣。

七月七日，星期四。

九点至北京饭店，开小组会，仅报告如何阅读文件之办法。五年计划之报告虽已听过，而五年计划本身分量更多，所谈更涉专门，故将由计划委员会及财经部门派出专人，分别到各组讲解，帮助会众阅读云。谈毕即散。

余往部中，看初中历史稿十馀页。

下午三点，再至北京饭店，开始集体阅读五年计划。来我江苏小组任解释之组长为薛暮桥，薛为经济专家，亦江苏之代表也。三点钟工夫，阅读不到二十页，颇有提出问题者。薛一一答之。此小组会直如上课，使所有代表均必仔细看过想过，诚为切实之办法。如此之集体阅读，将延续十日以上也。

六点半回家。墨与我妹及满子往观越剧《红楼梦》，兴致不浅。

七月八日，星期五。

九点至北京饭店，十二点出，阅读五年计划草案至第五十页止。方式与昨日同。

回家午饭，睡起即驰往部中，与小学司、中学司、中师司、高师司司长座谈，商量如何制定我部关于推行标准语之计划。大家对此考虑不多，仅有零星意见，组不成整套之计划。谈两小时而散。余个人亦毫无把握，而计划必当制定，意颇怅怅。

浴于松竹园，天气闷热，浴罢较觉爽适。夜间开始草发言稿。观五年计划草案，颇有零星想头，忽萌向大会发言之意。既有此意，先将文稿写成再说。然下笔不爽利，至十一点，仅得数百字耳。

七月九日，星期六。

仍以九点到北京饭店，阅读五年计划二十页。十一点，晓风来电话，谓二办已将标准语语音训练班之通知发回，表示同意，要余到部批发。余遂先退，驰往部中。时正大雨，马路上积水成池之处不少。将发文仔细复阅批发，即便午饭。饭罢冒大雨回家。睡即起续作昨稿，迄于夜间完成，全篇仅一千五百字，殊觉发挥不畅。

近日发见睡莲盆中已有花苞四个，大者如白果大，小者如花生米，为之欣然。

七月十日，星期日。

晨起缮清昨稿，寄与彭真请观之，彭为大会之秘书长也。

九点，与墨偕出。墨至晓先家。余入中山公园，参加诸位老友每月一次之茶会，唯今日多一云彬。闲谈至十二点，文叔作东，邀大家至丰泽园宴饮。菜佳，绍酒亦佳。三点乃散。

余到家入睡一小时许。起来看张奚老准备在大会中发言之草稿。不知由谁执笔，殊无结构，口气亦不合，大多抄部中一些文件为之。余亦无能为力，只能略为删改其语句。即此亦花两小时有馀，令凤祥送还之。余思以张奚老之职务与地位，在会中发言，不宜用如此草率之稿子。如此稿子，不第文字不成样子，亦且政治性思想性太差。俟有机会，当为言之。

今晨庭中荷花开第一朵，极丰满。

七月十一日，星期一。

九点仍到北京饭店，阅读至十二点，读到农业一章终了。下午将继续开会，讨论读过之部分。余以需修改讲稿，只得请假。

午睡起来，改讲稿之第三部分。傍晚，晓风送来毕来代余修改之第一部分。

七点，往访徐世荣于其家。徐为语言语法方面之专家，现任教于北京师大。我部因需推行标准语，商之于师大，调徐来部，佐余为推行标准语之工作，大约师大方面可以允承。今日访徐，盖欲请其起一草稿，大体计划如何推行标准语。余与徐先曾识面，相见对谈甚快。徐闻余托，欣然答应，谓二十日前必当交卷。谈四十分钟而归。

归则复伏案，至十一点乃睡。头脑微作痛，疲倦过甚，竟夜未得好睡。

七月十二日，星期二。

今日北京饭店上下午俱为会，但余仍请假。上半日改毕来交来之部分，未完。

下午到部，三点半开文字改革会议之筹备会。此会议原拟八月上旬开，今日商谈，文改会与我部之准备工作均尚未充，与其草草开会，不获佳绩，不如延迟其期。遂决缓开，其期未定。至于准备工作，则仍当赶紧。六点散。

夜间仍伏案改讲稿，未敢太晚，至十点而止。

七月十三日，星期三。

今日代表组不开会。晨起后继续改讲稿，至九点，总算通体完毕。于是浴于松竹园。

下午两点半到社，再与同人为会，讨论修改后之讲稿。大家认为第一部分尚未妥适，即列叙语文教学情况之部分，则毕来为余修改者。毕来允再为修改，明后日交来。第二第四部分系文叔所改，第三部分余自己修改，大家认为大体可以。此讲稿讲过登出以后，将为中学语文教师之指导文件，固宜郑重，研摩不厌其详。六点半乃散。

七月十四日，星期四。

九点到北京饭店，知五年计划阅读已毕。今日之会，前半由薛暮桥解释，后半发言讨论。薛之解释足助理解，讨论则殊不得要领。

回家午饭，午睡。三点至广播事业局，我社同人十馀人同时到，徐世荣、吴晓铃二位亦应余之邀而至。缘广播电台受我社之托，由电台分别嘱托若干演员，朗诵文学课本第一册之一部分课文，已录音，今日为会审查，俟共以为可，将制成留声片，供学校教学时用。计读民间故事一篇（即余所写之《牛郎织女》，寓言二篇，诗歌、民歌三首，绝句四首，小说三篇。制成留声片，云可得十二片。试听而后，大家以为基本上可以，但细节颇可再商。大致为同一个词，两处发音不一致，儿化与否不一致。轻音、重音、变调有不合北京语规律处。创造角色，表达感情，有过分做作处。但此是初次尝试，不宜要求过严。演员尚未自觉地知道语音语调之重要，及其与推行标准语之关系，此宜逐渐开导。最后决定先请几位专家与演员会面，然后修改录音之必需修改之部分，不作过严之要求。回家将八点矣。

七月十五日，星期五。

九点至北京饭店，仍为小组讨论。发言者四五人，以水利部长钱正英之言为最有意义。渠谈今后先治黄河，次治长江，淮河修治仍将继续为之。其他地区亦不疏忽。总之，缘勘察设计之不能迅速进行，水文地质资料之多所缺失，故水利工作不能为之甚快。近期内增进农产，还恃农民自己举办小型水利。而农民为此举，又必有赖于合作化云云。十二点散。

下午三点至紫光阁，开主席团会议。讨论明日举行大会，由国防部部长彭德怀作关于兵役法之报告。缘十八日苏、英、法、美四国最高级人员将为会于日内瓦，会中将谈及裁减军备，缓和紧张局势，而彭之报告中将谈及我国对军备之态度，可影响彼四国会议，故变更会议日程。大家均同意明日为大会。又据彭真报告，报名欲于大会发言者，已有一百三十馀人。议定发言以十分钟为限，特别重要者自可逾此时限。不到四点，会即完毕。

余径回家，校读毕来为余修改之第一部分讲稿。

七月十六日，星期六。

上午在小组会请假，再至广播事业局。今日请专家与朗诵者会面，希望专家就录音为朗诵者提意见，并商定修改原则。今日多邀余敏一人。而余敏与吴晓铃建议，尚可请陆宗达、张建木二位来相助。此数位皆热心于推行标准语，故兴致皆极好。先试听一部分录音，然后座谈。最后决定由一位专家帮助一位朗诵者，于明日作审听校正等工作。十二点散。

下午三点到怀仁堂，出席大会。彭德怀作关于兵役法之报告，彭真作人代大会常委会之工作报告。彭真之报告中叙及潘汉年、胡风二人反革命有据，已由常委会决定，予以逮捕。潘为上海副市长，为党员，其反革命行动究如何严重，尚未详知。不到四点，会即散。

回家，看汉语室所撰汉语教学参考书之油印稿。今日至美来留宿，夜间与闲谈，为快。蠖生携宁宁，伴学生往东北参观去矣。

七月十七日，星期日。

八点，应教师进修学院之约，为中学语文教师讲前此预备之讲稿。听者约千人。讲三小时有馀，中间休息一刻钟，汗流浃背。默察听讲者之神色，似尚觉有心领神会之趣。请听众就今日所闻讨论一次，提出意见，供余修改此稿，然后付刊。

作讲之处，系国务院干部宿舍，高祖文居其中。祖文闻余在作讲，来邀余午饭，应之。渠令夫人赶作菜肴，并沽酒一瓶，遂与对酌闲谈。

两点归，倦甚，酣睡约两小时。起来偕墨至平伯家，平伯家作曲会，与郑亦秀共同作东，款待云彬。唱曲者平伯之夫人与亲戚，又有一位袁女士。袁唱生甚佳，声音充实有韵味。亦秀亦大有进步。既而餐于庭中。马缨花一树将谢，饮于其下。所饮为三十馀年陈绍。酒罢，即在庭中唱曲。至九点半，乃归。

七月十八日，星期一。

九点仍至北京饭店，为小组讨论，听六七人之发言。归家午饭，饭罢即浴于松竹园。然后至社中，与芷芬、晓风谈事。文叔来闲谈有顷。

四点半至怀仁堂，五点开大会，邓子恢作《关于根治黄河水害开发黄河水利的综合计划的报告》。此综合计划甚伟大，非有现代技术与人民政权，决难举办。六点半散。

今日天气又转热。

七月十九日，星期二。

晨至部中。九点开部务会议。讨论二题。一为艺术师范专科之教学计划。此专科分两段。先为预备科三年，学习一般高中之文理科目，以大约三分之一时间习美术或音乐专业。于是习正科两年，绝大部分习专业。毕业以后，充任小学方面之图画、音乐教师。又一议题为高等师范只留一附属中学，其他附中附小一概归地方教育部门管理领导。高师之附中专供研究教育试验方法之用，不以实习为重，盖师范之实习，一个附中决不敷用也。此两题均原则上通过。十一点半散。

余于是动笔作文，谈昨日所闻积极治黄之报告，应《北京日报》之预约。在部中午饭，饭罢即回家。酣睡一觉，起来复执笔。直至八点完稿，计二千馀言，随取一题目《河清可俟》，明日即付与《北京日报》。

七月二十日，星期三。

天气极热，夜眠不好。晨起即感疲倦。首先开之睡莲一朵已开三日，清晨开放，至下午而渐合，到晚则紧闭如花苞状。余念其所以名睡莲，殆即以此，谓其入夜则入睡也。然思荷花亦何尝不然。尚有苹花，亦复如是。殆是水生花之通性欤。然何以如是，不得其解。

九点仍至北京饭店，参加小组讨论会。前半谈潘汉年、胡风二人之逮捕，后半谈开发黄河。钱正英说明治黄之理，其长余之见识。

回家午饭，酣睡。起来至社中，复来信一封，外则杂看书报。思就治黄河作一诗，尚无具体轮廓。

七月廿一日，星期四。

晨九点，再至广播事业局。朗诵演员听专家之指点，自觉平日于语音方面研究尚疏，愿遵从专家所指点者，重行朗诵，重行录音。今日则共同审查重录之音。听至十一点而毕。据专家之见，尚有不尽惬意处。唯制片厂计划所限，不能再延，朗诵者未经苛求，太严亦难办，此次只得将就。以后充分准备，自可再求精进。谈毕已十二点半，于是与专家及广播局中人共至全聚德吃烤鸭。

餐毕已两点，到家一转，即至怀仁堂。自今日始，皆为大会发言。今日发言者十有三人，以陈云关于粮食问题之发言最为充实，使人全面了解此一问题之实际情形。大家关心此问题，诚宜有所说明。会散到家已将八点。

天气大热，夜吃西瓜两次，至十二点方得矇眬入睡。

七月廿二日，星期五。

八点后到部。今日始作关于利用黄河之诗，用旧诗古风体，长短句杂出。半日工夫，仅得十馀韵，尚可观。《中国青年报》记者来，嘱撰文告学生家长，解除其子弟不获升学之思想问题。姑允之。

午后睡起，复至怀仁堂。今日发言者十有七人，余为其第四人，依稿循诵一通，自觉尚清楚。人家发言皆联系实际工作，而余仅为空论，不自惬意。七点散。

天热更甚，汗出不止。

七月廿三日，星期六。

晨间高祖文来，渠佐大会秘书处之事，经提案审查委员会之审查报告稿嘱余过目润色。九点到部，杂看报纸与文件，续作黄河之诗。下午仍至怀仁堂，听发言，发言者十有四人。七点过散。

天气愈热，不敢就睡，仍作诗，今日共得十馀韵。十二点后勉强上床，亦未安眠。如是炎热，老北京亦谓少有。

七月廿四日，星期日。

晨至松竹园浴。回家时，至美已来。既而剑三携其第三子来。此次会中，昨日始与剑三晤面，因邀渠来小叙。渠瘦弱殊甚，呼吸系统之病久而不愈，颇见老态。其子在农村工作部任事，谈农业生产合作社情形，颇有可听。中午与小饮，饮啤酒。及其去，余入睡一小时，醒来觉室中热不可耐，则避往客室，挥扇擦汗，续作诗篇，亦得十馀韵。

入夜，往怀仁堂看戏。一为闽剧《睇灯》，二为赣剧《借女冲喜》，皆有特别风味。三为常香玉之《花木兰》，仅演前之数场。十一点半散。墨谓彬然来过，欲与余谈古籍社事。

今夕开北窗一扇，略有风入，居然得四五小时之眠。

七月廿五日，星期一。

九点以前，至北京饭店，观铁道部所陈设之丰沙铁路展览。此铁路改变詹天佑所创设之京张路之一段。詹之成绩，自非易致，而自今日观之，其路折曲处紧，斜度高，不宜于长列车，因而运输上价值不高。丰沙路则多取大拐弯，斜度甚低。然其路沿永定河穿行于丛山间，工程至巨。此路长百有五公里强，今已通车。今晨观各种模型，听讲解员讲说，粗明其意而已。

九点，江苏组开小组会，讨论兵役法草案。此法讨论已多，无甚可谈，十一点半散。到部中，改毕来所草之留声片说明书。稿凡三纸，改之亦花一小时。下午三点，仍至怀仁堂，今日发言者十九人。

余所作诗，今日于怀仁堂，完篇，夜间挥汗缮清，计五十六行。题作《观开发黄河规划，欣然有作》，既为旧体，题亦从旧式也。将寄与《人民日报》社邓拓，请其考虑可否刊载。就睡已过十一点，稍有风来，然仍流汗。

七月廿六日，星期二。

晨至部中，治杂事，看书报。报载今次之热，北方若干地区为向所未有。热河省、山东西部、河北中部有数处超出历年极端最高气温之纪录。承德以往最高纪录为摄氏三十九度，今则为四十二度。赤峰以往为四十二度，今则为四十五度。保定以往为四十一点七度，今则为四十三度。济南以往为四十二点四度，今则为四十三度。北京二十四日之最高温为三十九点六度，尚未超出以往之最高纪录四十点五度（一九四二年七月三日）。造成高温之原因为高温干燥空气自西方流入我国北部，形成风小无云之高气压，在此种高气压内，连日受较多之太阳辐射热，遂使温度益升高云。

饭后入睡约两小时，起来即赴怀仁堂，先在后边草坪拍全体照，其时云起，太阳匿影，尚不为苦。一千馀人拍照，坐者立者围成圆形，仅缺其四之一耳。余坐于西首前排，左为梅兰芳，右为邓宝珊，皆甲午同年生也。拍照毕开会。今日发言者二十五人。至七点半，尚有数人未讲，亦作为已经讲过，盖发言稿固早分发矣。

出怀仁堂，方下雨点，但未成大雨，然较之前昨日，则大觉凉快。到家，墨与满子不在，往吉祥院听相声去矣。至善则社中为胡风问题学习，晚饭毕又开会去矣。

苏、美、英、法四国首脑于上星期在日内瓦开一星期之会议，此为第二次大战后十年内第一次之四国首脑会议。会中各国首脑均表示愿和平共处，如有争端则以商谈方式而不以兵戎相见。所注重者为欧洲方面，未及远东与台湾问题。具体磋商，则交与各国外长以后继续集会讨论。世界舆论均谓于缓和国际紧张局势，此日内瓦会议有成效云。

七月廿七日，星期三。

晨至部中，治杂事，看稿数件，与晓风商定为《中国青年报》撰文之提纲。

下午三点仍至怀仁堂听发言。发言者二十馀人，未及登台口讲者十人。罗瑞卿镇压反革命之发言最动听。曹禺发言，就提高警惕之论，意思充实，语言精炼，亦受欢迎。平伯发言，谓已悟学习马列主义之必要，又谓去年大家批评其《红楼梦研究》，受益良多。会以七点十分散。明日休会。发言者尚有卅馀人，故会议延长一天，于卅日闭幕。大会秘书处发来通知，铁道部招待全体代表于会后参观丰沙铁路，余已报名。

到家酒次，高祖文来，复请余为斟酌提案审查委员会之报告草稿。

七月廿八日，星期四。

晨至社中，与叔湘、志公、伯箫三位谈初中汉语课本第二册之编撰。第二册可以谈语法，亦可以讲词汇。但语法究如何定其体系，比较难决，不如拖至第三册讲，可多得究讨之时间，第二册则先讲词汇。志公已拟有讲词汇之大节目，大家请渠再拟细目，分发传观，并先请编辑室同人共同会商，齐一其认识，然后执笔属草。其实此事已至仓卒，盖按照计划，十月中即须完稿付排矣。谈至十一点而毕。余略看报志，即回家。

午睡醒来，应乔木之约，访之于宣传部。盖余以关于文学语言分科问题之讲稿请渠过目，渠乃约余面谈。渠于余稿，提出意见不多，然皆重要，自当据以修改。

三点，至怀仁堂，出席主席团会议。所议皆行将提出于大会之决议草案，件甚多，直至六点半始散。

余于是浴于松竹园。到家时，墨携满子往观常香玉之《木兰从军》矣。墨今日自人民市场购得旧扇数柄，扇骨皆极精。又购樊樊山之小楷两函，傅儒行书联一副，夏令仪墨竹一幅。渠有此清兴，可为欣然。

夜九点后，有人打电话来，邀往文化俱乐部。至则晤廖承志、吴克坚、金仲华、王芸生、许德珩、罗隆基诸君。缘我国全代会代表，将组成团体，参加国际性质之《各国议会联盟》，今夕商量其章程与决议，凡此类事，他们以余可以斟酌字句，遂来相邀。谈将两小时而散，余提出若干意见，修改其原拟之草稿。团体之名称又长又笨重，但大家以为只得如是，其名曰《中华人民共和国全国人民代表大会代表参加各国议会联盟代表团》。

归时候墨与满子于东华门大街，俟她们自吉祥戏院散出，同载而归。入睡逾十二点矣，疲甚。

七月廿九日，星期五。

晨至部中，与纯才晤。纯才就余之讲稿亦提出少量意见，余遂并乔木之意见一同考虑，修改原稿。改仅数处，而文化俱乐部复来电话相招邀，即往。

至即与昨夕之诸君共谈，主要讨论名称问题。结果改为《中华人民共和国参加各国议会联盟的人民代表团》。他国皆用“议员团”之称，而我国之“人民代表”相当于“议员”，故作此称。此名较之昨夕所拟，自较轻便，然非解释不可也。十二点散，饭罢即午睡。

两点半仍至怀仁堂。今日发言者三十馀人，有十馀人未及登台。七点十五分散。

七月三十日，星期六。

晨到部甚早，即伏案改讲稿。至十点改毕，即付与《人民教育》，彼志将于八月号刊出，而八月号之《语文学习》，亦将刊登云。

十点半，至怀仁堂开会，此系《中华人民共和国参加各国议会联盟的人民代表团》成立大会，通过章程与决议，并选出主席、副主席、秘书长、执行委员如例。未到十二点即散。

回家午饭。睡起再至怀仁堂。今日发言者五人，仅周总理讲说，馀四人未讲。周针对近日之国际形势，表明我之外交态度。语甚朴质而有力。继之则通过各项决议，一一全体通过。于是奏国歌散会。会众鼓掌甚久。此次之会，毛主席未发一言，而五年计划实其所主持，会众之热诚，于拍手之情形中可见。其时为五点。

余至社中小憩，与芷芬谈事。六点归。此次之会，不复聚餐，亦节约之一端。酒后坐于小庭中乘凉。

七月卅一日，星期日。

晨六点过出门，至西直门车站。今日出游之代表分乘两班火车，余列入第二班，以七点开车。余与饶宗汉、沙千里坐在一起。车中殊宽适，座上不尽坐人。同车者皆相识，随意笑谈。先循詹天佑所筑之旧铁道行。在青龙桥停半小时，于是出长城。余生平未出长城，今日为第一次。至康庄又停若干时间，再开时进午餐，面包、水果、蛋与鸡，皆铁道部所供应。既至沙城，即昔日之土木堡，于是车入丰沙线。

将近下午两点，到官厅水库。全列车之代表分为四组，由专人领导，参观各处。先上拦河坝。是坝之横断面为一坡度甚缓之山形。两旁皆山峦，盖永定河较狭之处。尚有百数十工人在坝下夯土。坝之北边水色澄清，望之不甚宽广，似尚不及我苏之石湖。今涨水期尚未至，想涨水之际，水面必见宽广。次观控水之闸。河水既为坝所阻，下流必经闸，闸有数扇，放水大小，以开闸之多少控制之。自闸而下之水则纯为极混之泥浆，比昔年所见之黄河、渭河水更浊。次观另一放水处，其处经常保持定量之水流，以是激动电机发电。次观溢洪道。如上游流量过大，设闸处不及宣泄，或闸门发生故障，则由溢洪道泄之。次观水电站，方在建筑厂屋，工人麇集。于是回至车站。参观两小时有馀，汗流满身，腿亦稍疲，幸余携阳伞，可避烈日之威。

将近五点开车，于是经历此路之特有景物，即隧道之多。此路隧道计有六十五个，最长者将二千公尺，出隧入隧，为瞬息间事。永定河行于群山间，铁路则或在右岸，或在左岸，因而桥梁亦多，且皆高架建筑，亦为此路之特色。两旁之山皆绿被蒙茸，草与灌木为多，殊少高树。山形亦颇有可观者。夜八点许，狂风忽起，既而雷电交加，八点半遂下大雨。将九点，雨犹未止。幸余携雨衣皮鞋。离火车乘车驰归，雨亦渐止。

今日疲乏，雨后天气甚凉，一夜之眠颇酣适。

八月一日，星期一。

晨至部中，治杂事，看书报。雪峰托余看文学出版社所撰鲁迅著作之注释。今日上午看毕《呐喊》《彷徨》两本之注释。

下午三点，至国际俱乐部，文联与作协于此召开座谈会，谈论肃清胡风集团及一切暗藏反革命分子之问题。到者约百人。先由周扬讲话，极言此次运动之重要，大家必须投入斗争。次刘白羽谈作家协会作此运动之经验，谓发动群众而后，暗藏分子确有不少，足见文艺界中殊不纯洁。次老舍谈北京情形，谓王亚平亦为胡风分子。次巴金谈上海情形，剑三谈山东情形，任白戈谈四川情形，云彬谈浙江情形，所言皆不及周扬、刘白羽之切实有力。末郭沫若作结语。散会已八点半矣。

八月二日，星期二。

至部中治杂事。九点开部务会议。讨论高等师范学校培养研究生之办法与中等师范学校规程。后者未通过，尚须斟酌修改。

午刻回家吃饭。饭后一睡两小时，甚酣。既而浴于松竹园，竟体一爽。回来后亦未作甚事。近来双眼觉干涩，望时模糊，至下午尤然。不知是时当夏令之故，抑目力渐见衰退之征也。

八月三日，星期三。

晨至社中，开社务会议。讨论数事，其中有一事为接受舒新城现代教育史料之出版。其稿始自鸦片战争，终于五四运动，凡有关教育之史料，皆分别轻重，或录其全文，或提举其要点，或仅存其目。此于编撰近代教育史大有用处，现在各处高等师范学校教授教育史，亦有所取材。其稿将于后年编齐，估计字数，将达二百万言也。

中午回家。午睡起来，开始为《中国青年报》作文，告高小与初中毕业生之家长，解除其思想问题，主要为不升学亦复佳。迄于夜十点半，得二千言，俟明日赓为之。

八月四日，星期四。

上午到社中，文学课本第二册之讨论以今日开始，毕来谓每星期讨论二篇，徐徐为之，勿使挤在一起。今日讨论者为魏巍之《谁是最可爱的人》，先研摩其原文，然后讨论同人所作之注释及参考资料等项。此文余向以为平常，而甚为出名，大家称赏，又非选用不可。半日工夫，居然一一讨论完毕。

回家午饭。下午到古籍出版社，不到者已数月矣。彬然邀诸同人共为座谈，言社中近况。已在上海组织出版组，任数人作校对。调孚、静庐到上海将近两月，各方接头，布置出版事宜。座谈约两小时而散。又晤灿然，谈未久。

夜间续作昨文，但写无多即觉肝肠上升，于是停笔。

八月五日，星期五。

晨到部中，与晓风共改应发之公文，关于试教新课本者。一改即将三小时，殊觉乏味。回家午饭。

下午到社中，讨论文学课本所收杨朔之《石油城》一篇。杨朔较之魏巍，文质俱较胜。半日工夫，未将应讨论各件讨论完毕。

夜间续作昨文，迄于十点半，约得千字。

八月六日，星期六。

上午至社中，邀北京市十馀语文教师为座谈会，讨论文学教学大纲之草稿。此据苏联之大纲而变通之，陈说简要。诸教师皆至熟，肯提意见，补充纠正均有之。谈至十二点过乃散。

余回家午饭。睡起即续作昨文，迄于夜完篇。全篇五千馀言，将先交部中同志观之，然后付《中国青年报》。大约总须再作修改也。

八月七日，星期日。

晨浴于松竹园。回家时，伯祥、晓先、芷芬已先来，遂共闲谈。午刻共饮啤酒。至美新购照相机，为余与诸君摄二影，余与墨合摄一影。

昨夕接上海电报，夏师母以夜九点去世。满子近接秋云信，不言夏师母病，可见系猝然变化，殆是脑溢血或心脏突坏，电报未明言。去秋余与墨到上海，晤夏师母数次。临别之时，余尝动念，不知能否再晤，今乃知不得再晤矣。龙文以今日上午乘火车返上海。

八月八日，星期一。

晨至部中，以所为文交晓风看，又交部中同志看，略加数语，然后嘱《中国青年报》社派人来取。《人民教育》已将余之讲稿校过，且已付印。余恐其有误，细校一遍，费三小时。略有数字错误，句读错者十数处。已不及改正，只能令《语文学习》照改正本校对矣。

天气闷热，四点半回家，途中开始见雨点，后乃大雷雨。今日交立秋矣。

墨喉痛甚剧，至于不能咽水浆。痛时作时止，短或数分钟，长则或点钟。此次已历一周，今日下午加甚。上星期二曾往北京医院看过，医生言是神经性之痛，与五二年、五三年两次说法相同。今日本欲再往，而挂号较迟，须明日下午去看。墨近来至欣愉，一有病痛，兴即索然，余亦为之愁闷。傍晚勉强进小米粥一碗。

八月九日，星期二。

上午至部中。改应发公文一件，外则杂看书报。午刻归饭。睡起后续观鲁迅著作之注释。昨已看毕属于《热风》者，并开始观《坟》之注释。今日继观之，至夜而毕。交来之四种均已看过，自谓尚仔细，虽无重要之订正，小修改处亦不少，即作书致雪峰，以明日送与之。

今日墨往北京医院，医言此症打金针或可速愈，遂打三针而归，一右手虎口，一右耳下方，一右耳后颈际。后日须再打。今日痛作似较轻。查五二年、五三年日记，彼二次均历时月馀，然后痛自止也。

三午已考取市立第五中学。今日接校中通知信，全家以为慰。

余前作一旧体诗叙黄河之将来，今日《人民日报》退回，谓旧体恐不为一般人所了解，效果不大，希望余改为明白之散文。余以为旧体叙新事，无妨尝试，且旧体自有旧体之意味，改为口语散文，则为另一回事。因寄与饶宗汉，请渠考虑可以刊登于其所主持之《光明日报》否。如《光明日报》亦以为不必登，则余亦不复欲发表，唯录之诗稿中而已。

八月十日，星期三。

上午至部中。看报而外，看汉语室之撰稿提纲，中语室之文学教材，皆须于明日讨论者。

中午仍回家。睡起后浴于松竹园。墨今日仍作痛，但为时不太长。

昨接上海信，知夏师母确系中风。晚饭时尚安好，睡后起来小便，一蹶即不起，不半小时，便气绝矣。

贾祖璋馈昙花一小盆，系渠自己扦插者。此物开花，大约须历数年，不知何年始克见一现之昙花也。

庭中玉簪花已透数蕊，牵牛每晨放花，颇呈秋色矣。

八月十一日，星期四。

晨至社中，汉语室诸君谈汉语第二册之编撰提纲，叔湘、伯箫也来。此第二册决定讲词汇，诸君原定提纲有专门研究之意味，太深，且繁复琐屑，于初中学生少实用意义，经大家提意见，商定修改方案，俟写出后再谈。

中午回家。今日墨作痛又甚剧，因由满子陪同往北京医院挂急诊号。两点半回来，言医生仍断为神经痛，为打较强烈之麻醉针止痛。觉其痛确减轻云。

余再至社中，与中语室诸君讨论杨朔《石油城》一文之分析稿。迄于六点，未能终篇。

回家时墨又作痛，麻醉剂之力似已渐失。母亲微微发烧，未进晚食，殆是夜间受凉之故。小沫为开水所烫，前胸受伤，起泡数个。一时全家均不安宁，殊为烦乱。夜间芷芬来，渠受余之托，以墨之喉痛情况与其亲戚徐应祥大夫相商，徐为著名之喉科专家。徐言明日可到彼处由渠诊断云。

八月十二日，星期五。

晨至部中。九点开部务会议。先讨论新改之小学教育计划。此次之改变，主要意义有二。一为减少学生之上课时间，初级每周二十四节，高级每周二十六节。又一为加入“劳作”一科，初高级均每周一节。此科与旧时所谓“劳作”不同。旧时之“劳作”，或偏于纯技术观点，专使儿童做一些小玩意儿，或偏于经济观点，专求生产品之收益。今之“劳作”盖为实现综合技术教育之具体措施，须与自然科结合，一面掌握生产之基本知识，一面熟习一些主要工具，同时又须训练正确之劳动态度。——此科之增设，小学校无所依据，将无从着手，故亟须有教学大纲。教育大纲之草拟为我社之任务，现尚无甚把握也。次讨论教师赴苏参观团之计划。参观团以九月动身，凡二十馀人，皆小学中学之教师或校长，以陈曾固为团长。主要看苏联贯彻综合技术教育之措施，看校长、教导主任领导教学之实况，盖此二者我国尚无多办法也。次讨论视察江苏教育厅工作之报告。江苏教育厅工作有成绩，然其毛病在缺乏具体领导，好为一般性之领导，开会甚多，发公文甚多。此固一切机关之通病，而又为必须革除之通病也。十二点会散。

在部中午饭。睡起到社中，与文叔、毕来、韩书田三人修改初中文学教学大纲之说明部分，逐字逐句斟酌之。此为中学语文室所拟，室中屡经讨论，上星期六又邀若干教师讨论，尚颇粗糙，必须再加琢磨。迄于六点，仅改定说明部分之半。

今日上午墨痛不可耐，又往北京医院挂急诊号，得医生同意，即留住院中。医生为喷一种麻醉剂于喉际，则可暂时止痛。渠几乎每年入医院，实为苦事。然亦幸而有此便利条件，一般人欲入医院而不得，盖常事也。

夜至首都戏院，文化部为庆祝朝鲜解放十周年，举行电影晚会。文化部中人与朝鲜使馆中人均有简短讲话。所映电影片为朝鲜出品《美丽的歌》，皆朝鲜歌唱舞蹈节目，有若干皆前曾见过听过。余觉朝鲜之歌舞有它自己的东西，虽说不出所以然，觉其颇可欣赏。

回家已十点，天气闷热，满身汗腻。午夜大雨。

八月十三日，星期六。

上午至社中，继续修改文学教学大纲之稿，至午刻毕。此稿即将付排，印发出去，再普遍征求各方之意见。

回家午饭，又是大雨。睡起后偕满子往北京医院视墨。知昨日医院曾请徐应祥大夫来会诊，共谓大部分是神经痛，决非生什么东西。尚须用种种方法检查。痛仍时时发作，喷麻醉剂一次，则可历两小时无所觉。坐至四点半而出。此景宛如去年所历，而事隔一年有馀矣。

夜间与亦多甥女闲谈。渠入河北师范学院已一年，聆其辞气，似颇有专业思想云。

八月十四日，星期日。

九点至中山公园水榭。对外文化联络局为纪念朝鲜解放十周年，布置朝鲜图片展览会，今日邀朝鲜大使及使馆中人先来品评，视布置当否，因邀文教部门之人参加。先遍观所陈照片，继座谈，至十点三刻散。余于是至来今雨轩，伯祥、雪村、彬然、芷芬先在，因共若叙。坐半时许而归。

蠖生、至美已来。蠖生往东北参观月馀，携宁宁同往，小孩颇广眼界。

龙文往上海奔丧已归来，谓夏师母之柩将运白马湖，与丏翁合葬。馈余陈师曾屏条两幅，萧厔泉画石一幅，陈师曾画册一，张子祥花卉扇面册一。

此数件皆精品，赏玩可以不厌。

午刻与诸人共餐。下午，蠖生、至美往探墨，余遂不去。到晚，至美打电话来，谓其母情况如昨，医仍不明所以，明日将集各科之医生会诊云。余料此病吃苦而不太严重。院中诸医如富于研究精神，则当用力探讨，究明所以。

八月十五日，星期一。

晨至部中，看报，看教部顾问苏联专家费拉托夫在检查北京师大工作时之发言汇刊。部中调徐世荣，久未确定，今日陈润斋往师大接头，归言调任可成事实，唯仍须在师大兼课。

中午回家，饭后就睡，渐醒时听雨声满庭，一窗凉意，盛夏已过。满子往探墨，归来言墨作痛依然，牙科、脑髓科医生均看不出什么问题，喉科则前已谓神经痛，莫究其源。余尝致书王历耕，今日王亦来看，定于星期四检查云。据众医推测，似扎金针比较有效，今日又扎数针。苟外科检查无问题，扎金针可以按时而往，则本星期五六即可出院矣。

窗下无俚，看李健吾交来已久之莫利哀剧本《达尔杜弗》译本油印稿。莫利哀洞达世情，剧词深刻有味，读毕快然。健吾之译笔自不坏，然尚有欠爽利不甚自然处。

八月十六日，星期二。

晨至部中，看报志而外，写投书之复信。开始作一短文，将付与社中之《编辑工作》者，此一期《编辑工作》为书籍插图之讨论特辑，同人要余撰一文，因勉为之。迄于午刻，得七八百字。

饭后睡起，应邀至政协全国委员会，中国印尼友好协会于其处举办印尼工艺美术及图片展览会，藉祝印尼之独立十周年。三点后仪式开始，愈之以友好协会副会长名义先致辞，次之印尼大使致辞。于是入观展览室。陈品无多，仅此一室，工艺美术均平平。所陈绘画彩色皆浓重，显示其地理之特点。观约二十分钟，进茶点。继之看电影，一为周总理访印尼之纪录片，二为印尼总理访北京之纪录片，三为印尼独立经过之纪录片。六点散。大雨方过，街上到处积水，东四一带水深尺许。

今日我妹往视墨。墨喉痛渐减轻，精神尚佳。王历耕劝其割痔疮，谓既已住院，乐得趁便。墨意将从其言。

《中国青年报》送来余所作一文之校样。彼报以余作太长，字数逾五千，为删去约二千字。余观删改之文，则觉语言颇不畅，接句亦多勉强。勉为修润，乘便校对，亦费两小时有馀。

睡前看契诃夫短篇《醋栗》。

八月十七日，星期三。

晨至部中。看报罢续作昨文，复得六七百字。

下午三点，到医院视墨。墨谓喉痛减轻，大约是扎金针之效。脑髓科医生亦为注射，并给药片数种。检查肠部已于今日为之，灌肠，透视肠部之情况。割痔疮俟喉痛止时着手，度为期不甚远。住院相当舒适，亦不期遽出院也。坐一时而出，至松竹园浴。

八月十八日，星期四。

晨间偕至善、夏宗禹冒雨至苏联展览馆，观全国少年儿童科学技术和工艺作品展览会。此会之陈列品由各城市于多量作品中选出，凡一千馀件，分自然地理、物理、生物、工艺四大门类。大多于仿制之中能自出心裁，亦有富于创造性之品，于利用废物，节省费用，均能特别加意。此甚合综合技术教育之旨，大可称赏。其制作者以十五岁为限，则均初中程度也。有五十馀少年制作者被选来京，俾与北京之各科科学家见面，且得观玩北京景物，实为极好之鼓励办法。展览会中之讲解员皆为北京各中学之初中一、二年生，聆其讲说，颇有头头是道者，可见其确有领会，殊为心喜。观两小时而出。夏宗禹邀余往观，欲余为《新观察》作文，然彼志发稿期已迫，余恐未能匆匆写与也。

十点到社中，与中学语文室诸君讨论文学课本选材及参考资料。所讨论者为马烽之《一架弹花机》。下午继续为之，迄于散班，一篇居然讨论完毕。

今日王殿梅与阿珍往观墨，归来言墨安好，喉痛减轻如昨。

夜间续作昨文，所成不多。看契诃夫短篇二。

八月十九日，星期五。

晨至部中。接云彬信，邀余即往杭州，偕游黄山。此系上月所约。余即复信，谓当于下星期内动身。云彬言偕墨同去，墨在医院，不克偕矣。续作昨文，迄于午完篇。全篇三千馀字，题为《重视书籍的绘图工作》。

下午到社中，与小学语文室诸君讨论小学语文课本第二册之草稿。草稿已成两个单元（全册五个单元），凡十馀课，半日工夫，讨论七课。意义字句，大家毫不放松，余深觉其有意义，较中学文学课本之讨论为胜。余自知颇有兴趣主义之倾向，讨论有味，则觉半日生活较为充实。

今日满子往视墨，墨言喉际不复阵阵作痛，唯经常觉麻辣辣，如吃辣椒耳。

八月二十日，星期六。

晨至社中，与中语室诸君讨论文学教材。半日仅毕《水浒》鲁提辖拳打镇关西一节之句读与注释，未及其参考资料。下午仍在社中，与小语室诸君继续讨论小学课本之稿，已成之篇讨论毕。

今日三午往医院视其祖母。

夜八点后，偕满子、凤祥至交道口影院，观苏联片，一短一长，皆据契诃夫小说。短者曰《私生子》，长者曰《瑞典火柴》，皆能传出契诃夫之讽刺意味。且取景优美，色调柔和，影片而近乎绘画，摄影技术亦极高明。

八月廿一日，星期日。

晨八点，携大奎、小沫游北海，绕白塔下行一周。游船已无馀，未得划船。九点至景山公园。景山不开放者已数载，近又开放，定名为公园。昨与至美约，今晨会于此，至则渠与蠖生、宁宁已先到。于是自西边山路上，登最高一亭。前望故宫，复望西北山色。天气晴朗，天空作透明之蓝色，雨季已过矣。游人极多，拥挤殊甚。自东边山路下。至美拍照数帧，遂偕归。

午刻小饮，饭后闲谈。至美先往医院，余则以四点往，缘同时探望者限于二人之故。墨谓尚作轻痛，痛处已稍移，自喉际移至颔侧。谓脑系科医生拟作研究，希望为设法根治，劝墨多住些时，反正不做工作。墨亦以为然。则住院尚有时日也。治痔疮云不须割，只须打针，故墨毫不以为意。腹部检查结果，云绝无问题，可慰。墨劝余早日动身赴杭，恐天气转凉，游山非宜。坐一时许而出，若日内即动身，须俟回京时再晤矣。至东安市场购零物而归。

八月廿二日，星期一。

晨至部中，往告纯才，余将休假旅行，出不过半个月。嘱管理科往购到上海之车票，得明日之晚票，以八点零五分开。即驰书告云彬，预计星期四可到杭州相会。看报纸而外，看社中新出版书籍。一般说来，质量均尚可。

午刻回家吃饭。睡起后浴于松竹园。看契诃夫短篇而外，未作甚事。今日夏弘琰往医院视墨，归言墨今日已不复作痛，或者即此停止矣。

今日致一书于至诚、姚澄，告以归来时将在南京停留，与他们相会。

八月廿三日，星期二。

晨至部中。张奚老之秘书来言，《光明日报》以学校开学在即，要我部部长写文章鼓励教师，遂以请余。余允之，即执笔起草，不参加部务会议。半天工夫，仅得七百言。

回家午饭。睡起续为文，又得数百言。以下将以明日在车中赓为之，后日自上海寄回北京。傍晚，彭子冈来，意欲约余将记游黄山之文付《旅行家》。渠拉稿可谓无孔不入。

七点半，辞别老母与余家之人，偕风祥赴车站。卧车系沙发式，不分间，为较次之一种。热甚，汗出不已，屡屡挥扇。八点零五分开车，旋就睡，但震响又加闷热，未得安眠。

八月廿四日，星期三。

晨起洗漱毕，即续作昨文，不观两旁景物。以提箱搁于两只沙发之间，作为桌子，铺纸写稿。车行较慢时，尚可写得笔划清楚，较快则手受震力，作不得主，字竟不成字。以是只得候较慢时写。在旅行中作文，生平尚是第一次也。迄于下午四点过，全篇完毕，凡三千馀言，题为《新的学年》。附写一信，致吴畏（张奚老之秘书）与晓风，末书“书于符离集”，将以明早由上海航空寄回北京。约定成篇，居然成篇，亦一快也。

中午在餐车吃饭。晚间未往餐车，饮酒，吃符离集之烧鸡，与携带之蛋糕。在山东境买一大西瓜，值仅五毛，便宜之至。系红瓤，不太甜，但水份丰富。

今夜睡较好。看火车渡江，醒甚久。嗣又为臭虫所咬，腿臂起块十馀处，痒甚，妨睡。卧车中尚有臭虫，亦为缺憾。

八月廿五日，星期四。

晨醒时已过常州。苏锡一带田野绿稠，望而生爱。七点四十馀分到上海。市交际处接部中电报，派同志在站相候。驰车往上海大厦暂憩，登十四层楼，入其一室。上海大厦盖旧日之百老汇大厦也。洗一个澡，身上一爽。与仲华通电话，问可否如前此之约，同游黄山。仲华谓日内将招待外宾，不克往矣。高楼下望，所见为上海东北部，房屋之密，树木之少，均可惊叹。小睡约一时许。叫菜吃饭，先以小饮。

两点半，驱车至车站，乘到杭普通车，此车几乎每站都停，行须五点二十八分。但车极整洁，评为“全国卫生模范列车”，虽较拥挤，而尚舒适。车以三点开，南风强烈，几不可当。居北方数年，几忘夏季飓风之况味，今当此风，唤起旧日之感觉，遂拉窗使下，减低风力。一路观玩景物，支颐默憩，夜间准时到杭。

云彬在车站相候，尚有浙江人民委员会办公厅副主任闫康侯，教育厅副厅长刘奕夫，李微东二君。驱车至南山招待所，即去年来杭时之宿处，且居去年所住之房间。探听如何游黄山，谓明日尚未能动身，须先与黄山方面接洽。黄山距杭州三百公里，汽车须一日乃达，亦非轻易。同游者殆只云彬一人耳。客去就睡，已将十一点。

日来眼睛不舒，左眼有干涩之感，右眼不觉什么，而半个眼球红筋布满，殆是微血管肿胀。大便时稍稍出血，殆是肠中有破碎处，但无甚不适之感。

八月廿六日，星期五。

晨起甚早。湖上诸山在雾霭中。仍觉西湖之小。写一信寄至善。

九点云彬来。即与偕访包达三。包现在养病，即在此招待所之后院，独成院落。其病为心脏病，已颇危险，多方治疗，近已转佳。坐约半小时而出。于是驱车至大华饭店，于其后边登游船泛湖。

先至三潭印月。池水黄浊，树木多欠修整，周围新铺石板路，路旁种花草尚未动手。此处整理殊少艺术意味，仍如去年一样，令人有粗俗之感。次至湖心亭，周行一圈。然后至平湖秋月登岸。孤山路旁新种荷花，开得甚茂盛，望而心喜。于中山公园门前避小雨，望公园中树木，则整齐葱郁，颇足欣赏。至楼外楼，与云彬对饮绍酒一斤有半，闲谈为快，共谓此乐殊不易得也。俟雨稍止，驱车至灵隐，赏灵隐之高树。泉水并不大，壑雷亭下竟无水声。入灵隐寺，大殿已完工，构局、用料、色泽皆觉其俗气。大柱上有马一浮、张宗祥、江庸、沙文若诸君之对联，皆系柱上之突出部分，并非做成硬联而挂上，亦觉大为难看。佛像尚未塑，正中空空如也。今日要塑较好之佛像，恐亦非易，缘此道工艺家殆不可得矣。有一点值得称美者，为沙文若所书《大雄宝殿》四字，硬挺有致。沙为今省长沙文汉之兄。

驱车回招待所，已下午三点。打听交际处与黄山接洽结果，则谓明日可动身前往。于是云彬回去，余亦休眠一小时。傍晚写二信，一致史晓风，一致三官与姚澄，均以游程告之。

八月廿七日，星期六。

七点云彬来。七点一刻开车。车为旅行车，系吉普车之身子，行山路，跑长途，较之小轿车为胜。招待所携带肉与蔬菜，谓黄山买菜恐不便，其实我人亦不一定吃肉。招待所派警卫二人。连司机，一车共六人刚好。

车经馀杭、临安、于潜、昌化之境地而入皖省界，为歙县。一路阴晴不定，时遇小雨。于昌化打尖。入县委办公处，预嘱其处做饭，休憩吃饭。晤县委书记程君，谈昌化略况。其县合作社已发展至将近二百个。十一点半再走。

入皖境，山峦更见重叠。山上多茂树，亦多垦山种庄稼者。路皆傍山而筑，下必有溪，或在左，或在右。溪旁凡小块大地，无不种植，或为水稻，或为玉蜀黍。山上则材木竹林，偶见茶树。平地之上，多见柏树。行此重山叠翠之中，颇有应接不暇之感。于歙县城外一长桥处停车，休憩喝水。再行两小时，而至黄山下。时为四点三刻。招待所人迎至一旅馆小憩。浴于温泉。其水比临潼泉水为热，略无硫磺味，据云可治胃病。又云其泉入夏则温度降低，天寒则温度略升。方入浴时，忽下雨，顷刻即止。黄山晴雨无常如此。浴罢至宿所，系新建准备作高级干部疗养院者，其处四望均高峰，地点殊胜。饭时与云彬对饮。招待处处长沙君来谈。沙系一老干部，自言初来时殊无意兴，今则觉其事亦有可为，整理黄山，供人游览，亦为要事。

山风甚大，虎虎有声。出户登阳台，凉生衣袖，半规明月出于山头，顿忆太白“峨眉山月半轮秋”之句。明日准备上山。已雇肩舆两乘，每乘抬者三人。又有一人挑行车。所带毛线衣裤均带上去，夏季衣衫可不用，寄存于招待所。若登山而遇雨，不能各自游观，势须多留数日。否则在山上两宿亦可矣。

八月廿八日，星期日。

晨至七点半离旅舍。余与云彬而外，有风祥，有杭州随来之警卫二人，有黄山招待所之职员二人，警卫二人，服务员一人，计十人。外加肩舆夫七人，共十七人。十五人之劳力，皆为余二人服务，似有谢灵运游山之感矣。先以汽车驶至苦竹溪，然后登山。此处为登山东路之起点。山上咸有石磴，探知系一九三九——四〇年时所修，原有石级，早已破损，且不如今之宽阔。当时日寇未尝到此地，据云以工代赈，修此山道。国民党时期何以涉想及此，不能明。初上山时，沿途多油桐、茶树、竹林，外则多种包谷。观九龙瀑，泉作九折，第二折最长。唯水势不大。想水发时必大有可观。尝沿途之山里红三颗。再上即多松树。松涛时起。余始见松上有松瘤，枝上突然作瘤状，于其处复出枝条。不知此是松之常态否。松之生处又各殊。或一山满是松树。或则大片之石壁，凡有凹陷处，即长出松树，着土不多，而挺立甚高。松之形皆入画，横枝平出，翠叶齐平。

时时行于密林中，枝叶拂肩。泉声出于肘腋，时洪时细。黄山之泉，古来即为一胜。

行十里到云谷寺，时为十点。寺毁于太平军之时，今有一老僧居其地，建屋数间，不成寺院。台阶右侧有异萝松一株，叶有两种形状，一为尖形，一为长圆形。今日细观之，仅一枝上有长圆形叶。余观其树应名柏而不名松，其寿命当数百年矣。

在云谷寺休憩进餐。十二点再行。愈上山路愈陡，林木愈浓，忽而云翳如将下雨，忽而晴光下彻。望天都峰，高拱而庄严。其旁五指峰，如手掌直举，五指伸起。

舆夫喘息声粗，闻之颇感不安。然试走石级数十级，即气涌足软。余辈如不乘肩舆，固不克登黄山也。下午两点半到狮子林，其处有旅舍，即歇于此。坐未久，忽来大雨。门外全为雾所封，一无所见。雨不久即止，而雾不消，据云雾不消者已三日矣。不克出门，则与云彬闲谈，傍晚对饮。随来诸人则玩扑克为遣。气候已凉，携来毛线衣已穿上。

八月廿九日，星期一。

晨起即闻雨声，知出游受阻。而雨竟日不止，遂只能居旅舍之小楼中，或看书，或闲谈。观木壁上题句者甚多，皆不大佳，而遇雨志慨者不少，可见游黄山遇雨而未获畅游，盖恒事也。余固无所谓，此次来游，亦不过一变平日之刻板生活。游黄山畅与不畅，自谓无甚差别也。居小楼非特不能出游，亦且无可眺望，窗外一片混茫，全是雾气，楼前台阶下之松树十馀株，亦且时隐时现。此十馀株松树多系平顶，横枝皆平伸而稍稍下垂，每枝之松针平铺作片状。余猜此形殆即所谓黄山松之特征，当与环境有关。云彬猜测为雪压松枝，为时较长，乃使枝条皆弗克斜上，其说或合事实。

明日若仍下雨，则尚须困守小楼。若今夜起风，则明日可放晴，且有获睹云海之希望。不雨即当下山，流连忘返，我人无此兴致也。

今日温度为华氏六十二度。昨夜盖两被，亦未觉其太暖，夜醒有月光入窗，为之欣然。

八月三十日，星期二。

晨起虽仍有雾气，而旋即透日光。居然得遇晴天，大喜。旅舍北百馀级为清凉台，仅容数人立。登而下望，乃见云海。云海亦非易睹，而我辈无意遇之。大致与乘飞机时所见者相似，有平处，有作波浪汹涌处，因受光面之不同，明暗殊色。右手见始信峰，又见十八罗汉朝南海，盖峰顶石矗起有如人状也。其他峰岭，则皆没于云下。朝餐毕，登始信峰。未至峰时过迎仙桥，凡石板四条，下临绝壁。下瞰两壁之间，树木蓊翳。峰顶亦仅容数人立，复于其处观云海。始信峰高一千七百馀公尺。既而登光明顶，高一九四三公尺，黄山最高处也。其处方在建石屋，屋成将设气象台。东南望天都、莲花二峰，相距似甚近，皆稍低下。莲花之石理成大块状，形如花瓣，拱拥上聚，以莲花状之，颇肖。天都之石理为狭长之条状，与莲花异。以画家语论之，则皴法不同也。

此时忽觉高处之平顶松皆无松瘤，有松瘤者唯昨日于山之下半部见之，不知何故。又连理松时有所遇，殊不为异。于光明顶西望狮子峰，则较天都、莲花更低矣。绕莲花峰之趺西行，路益险益陡，越鳌鱼背，穿鳌鱼洞，又上百步云梯，皆弃肩舆而步行，凤祥与另一警卫扶持余。余唯觉疲累，而恐惧心则无之。

出莲花峰与莲蕊峰之介，而至文殊院。莲蕊峰者，石理较少，望之如整个莲蕊，故名。文殊院毁于一九五二年，其时有大刀会谋暴动，焚去全寺(会匪当即扑灭)。今就院址建旅舍，系石建筑，今年可完工。余辈坐于院前之文殊台，盖巨石较平坦者。此处所见皆大石壁，石隙略生矮松细草耳。观迎客松，此为摄影家所常拍，确可观玩。文殊院地在天都、莲花两峰之间，而雾气又弥漫，两峰悉不可见。借工人之灶做饭。饭罢，云都峰雾气俄顷而消，遂得细观。其上绝险，峰顶植石柱，拦以铁链，山路至陡，我人不欲登也。自文殊院下，路又难行，穿过仄径石洞，其险不下于鳌鱼背与百步云梯。且下山较上山更难走，唯觉膝弯酸不可耐。行约二十分钟，乃可复乘肩舆。以下则一路而下，无甚险处。

茗憩于半山亭。再行，径抵温泉，时为三点四十分。先浴于温泉，然后登前此寄宿之所。今日之游甚畅，非昨日所料。身体虽较疲，而与平日之疲于伏案者不同，浴罢休坐，亦复适然。与云彬对饮，山月正现于东方，今日为阴历七月十三日也。明日即驱车返杭州矣。

八月卅一日，星期三。

晨七点三刻离温泉。天晴日明，顾盼甚畅适。来时所见景物，一一覆看。大抵此一路之山皆茂生树木。唯垦地种苞谷于很陡之坡上，所见不少，恐于水土保持甚不相宜。想种茶即可无妨。阳光照茂木之叶，浓郁而有光彩，可爱之甚。此类树殆皆极佳之材木，如何合理采伐，想必在地方行政方面已有所考虑。

浙江安徽之交界处曰昱岭关，地势险要。到昌化，访县委会，本拟在其处吃饭，而长途电话缠误，未曾备饭，遂进食于小饭馆。昌化距杭州一百零六公里。

少休再行，下午四点三刻到。至云彬寓所，晤其夫人。接三信，墨林、三官、子冈所寄。墨已出院，云尚须间日到医院扎金针。三官望余于下月二日三日在南京勾留。子冈则促作游记也。坐约一小时，偕云彬夫妇同至市街，余购火腿。然后小饮于楼外楼，今日为阴历七月十四，月色甚好，但湖上无游船。或者玩月之事，一般人已不生兴趣矣。散出时径返南山招待所。于云彬家见近日报纸，知洪深以肺癌逝世，为之深怅。洪与余同岁也。

九月一日，星期四。

竟日在招待所未外出。子冈既要余写游记，则姑写游记。然身体究疲乏，下笔不顺利，上下午仅得一千数百字耳。饭后得酣睡一时许。招待所为余买直达北京之车票，省得在上海在南京再买票。到南京而后，只须买得卧票即可。车以今夜三点三十三分开，到上海可径接将近十点之北京车，下午即可到南京，甚为方便。今晨已打一电报致三官，告以明日可相会。又写一信致墨。

七点，云彬夫妇来叙别，谈一时许而去。越三四个月，云彬以民盟开代表大会又将到京，则此别亦不过百数日耳。睡至两点起来。既而招待处职员与闫康侯副主任来，相送至车站。即登车。此车系自南昌开上海者，软席车甚空，余与凤祥各据一座，间或打瞌睡。

九月二日，星期五。

晨九点过到上海，天气晴朗，心神舒爽。上海招待所之职员在站招呼，不出车站，即转上开北京之快车。将近十点开车，软席座亦空，殊为宽舒。余见沪杭线松江一带，宁沪线苏州一带，农田车水多用风车。此为以前所未见，不知始于何时。又，田中多有捕螟灯，此事在从前仅是书本与报纸上说说而已。

车以下午四点五十二分到南京站，姚澄与交际处职员来接，三官方在开会，不能来接。姚澄在常州演戏，今日特地赶回来。驱车至福昌饭店，系交际处领导之旅馆，不对外营业，设备颇讲究。与姚澄闲谈。三官于六点半始来。二人皆较去年为健壮。即共饮于旅馆之餐厅。三官谈肃反运动之学习与斗争，颇有劲头。八点过，二人去，三官尚须去开会。余入浴而后即睡，头一觉甚酣畅，连日车上驱驰，亦疲矣。

九月三日，星期六。

晨起写信与至善，告以归期。早餐后在旅舍理发，只须纳费一角，可谓价廉。

九点，三官、姚澄来，偕游玄武湖。其处比去年更见修整。荷叶弥望，红花尚未稀。步行有顷，茗憩于临湖之茶座。谈戏剧方面事，颇为有兴。余告三官，姚澄所唱之锡剧既为歌剧，宜多撰唱段，每一幕中，至少有两三节长一二十句之唱段，乃足以餍听众。唱句宜有诗味，尽可以力求通俗，但必须有意境，有情趣，仅是讲明道理与述说情节之话，不宜作唱词。余又谈服装与布景，三官皆以为然，姚澄亦领会。三人共摄一影，倚石栏，面湖。于是泛舟，雇一有布篷之大号游船，沿荷花而行，至于玄武门登岸。坐三轮至湖南菜馆曲园，点菜四色，饮啤酒三瓶，尝米粉条。食毕已下午两点半。各回去休睡。余一睡一点半钟，甚酣。

迄于五点，三官、姚澄复来。三官为余谈苏松一带抗日时期之战争小故事，又谈农村中合作社之情况，此次肃反运动之经验，皆可听。余深惜其不能常在余左右也。入夜复共饮于餐厅。至十点，二人始去。姚澄将以明早赶回常州，演明日之日场戏。

子冈又来信，促作游记，明日上午当执笔续为之。

九月四日，星期日。

上午续作游记，得千字。十一点三官来，又为闲谈。午刻与共饮。渠谓据云今年将召开全国青年文艺工作者代表大会，此会若开，渠当参加，可以到北京。但或者领导方面要渠于肃反运动始终其事，即不克参加。此会若不果开，则当然无由到北京。

午饭罢，余酣睡一点半钟。四点半三官复来，则余将动身往车站矣，握手而别。车厢颇空，但天气炎热，脱剩单衫裤，犹觉不耐。开车后细看火车摆渡。此在以前从未看清楚，此次始看得明白。如何将列车分成三截，如何逐截拖到渡轮上，到达浦江岸边，又如何逐截拖带上岸，重复连成一列，观之颇感兴趣。在不久的将来，此处终当如武汉一般建造大桥，以利运输。三官告我，铁路工人为提高运输效率，创造不少先进经验云。

天将黑时，饮南京带来之白兰地，吃鸡蛋二枚，鸭蛋一枚，炸鱼一条，未往餐车吃饭。九点许就睡，一夜颇酣，余已习惯于旅行矣。

九月五日，星期一。

上午续作游记毕，全篇共三千言，题为《黄州三天》，此文甚平平。

停于泰安站时望泰山。余屡过泰山下，迄未细看。此次观之，觉其形势甚平凡，似损于黄山者至多，不知何以人皆称之。

三官以小林多喜二之小说《党生活者》交余，供路上消遣。今日一气看完，觉较之《蟹工船》好得多。此作思想性颇强，而绝不公式化。写人物之性格，恰如其分。三官极称道此书，眼光不弱。于德州买西瓜三枚。尝其一枚，殊平常。今年吃西瓜从此收场矣。看我社新出之苏联阅读课本译本。写一信致三官，告以看过《党生活者》之想头。

傍晚饮白兰地。入夜只是枯坐。车以十点五十五分到北京站。满子与史晓风在站相候。到家时知全家皆好，唯冬官有些问题，与乃母闹别扭，迁居机关宿舍。墨喉痛渐见消减，仍间日一次往扎金针。杂谈种种，就睡已逾十二点矣。

九月六日，星期二。

上午往松竹园洗浴，习惯于托人擦背，旅行中虽屡次就浴，似乎未浴，今日乃有一洗尘垢之快。午后酣睡，出门十馀日，颇欠睡债，须多日清偿乃可。傍晚饮新开坛之绍酒。

冬官之问题简记于此。近数月来，渠与阿妹（封秀根）有婚媾之约，而人俱未知。阿妹原有一个对象，似已将入结婚阶段。其人姓铁，为一电器工人，彼此过从已有年馀，而近来阿妹疏之，铁调往山西工作，来信五封，阿妹竟不一复。一月以前，阿妹离开我妹之家，往他人家为女佣。余离家后数日，冬官忽来告墨以将与阿妹结婚。且言勿语其母。墨与满子谓此事不宜不告，以语我妹。我妹遂与冬官争论，终于决裂。冬官即搬往机关宿舍去住，出门之时，并谓将不复来此。我妹伤心甚，谓此事所受刺激，较之知红蕉有外遇时为甚，只能譬诸未有此儿耳。

今日余与我妹谈，谓婚姻不宜阻止，此婚姻虽非理想，亦只得认可，唯冬官拂袖而去，态度极不合，余当教训之云云。我妹谓渠从未说不许他们结婚，唯阿妹脾气不好，故渠不赞成（又谓并不存什么阶级观念），苟冬官坚欲与结婚，则不愿复见冬官矣。余劝其不要过分愁恨，余当召冬官来与一谈。

余于此事诚难下断。此事须顾及三方面。一方面为我妹。我妹性拘泥而不太通达，须能慰藉其意，而又合乎现社会之情理。一方面为冬官。此子近来意气消沉，不能表现积极态度，与阿妹结婚而外，似乎一切可捐，此种思想必加纠正。须促其于结婚之事再作审慎考虑，而又殊无把握可以说服之。又一方面为阿妹。无论与冬官结婚与否，我人总须就渠之立场善为考虑。渠文化程度低，识见当然浅狭，代为择一善道，亦我人之责也。余于此类具体事情每感无所措手，然亦只得勉为之。

九月七日，星期三。

晨至部中。晓风交余十数日内收到之书函与文件，一一看之，处理其一部分。知文字改革会议将以十月中旬召开，我部必须有所准备。而准备必须徐世荣来部工作。因嘱人事处催之。看《人民教育》所译载凯洛夫之教育方面之报告，意颇深至。中午回家午饭。睡起后未外出。《文艺学习》派人来嘱作文，姑允之。

今晨致一信与冬官，嘱渠来与余一谈。但到晚而未来。

昨日《人民日报》来电话，有一苏联人译余之《倪焕之》，要余写一简单履历与之。余遂简叙生平，得一千五百言，今日送与《人民日报》托转去。

九月八日，星期四。

上下午俱在社中，与中学语文室诸君讨论文学课本，所讨论者为安徒生之《卖火柴的女孩》。修改译文，斟酌参考资料，至放工而未能完毕。

夜间作文，《光明日报》嘱写，为祝贺即将召开之“全国青年社会主义建设积极分子大会”。迄于十点半，得五百言而已。

冬官今日仍不来。

九月九日，星期五。

上午在社中开编辑部部务会议，开始讨论明年之选题计划。芷芬提出选题计划中应注意之点，分列甚详，一谈八十分钟。诸人就其所提发言。至十二点散，并无结论，仅供以后讨论作参考耳。

下午两点半，至北京图书馆，文改会借其地陈列一个文字改革资料展览会，先请少数人研究，俟下月再作正式之展览会，供公众观览。搜集资料甚丰富，凡简字、拼音文字、文字流变各方面之手稿与书本、拓片，均搜罗之，此事以倪海曙之力为多。余观约一点半钟。出观览室坐树荫下，听康生与吴玉老谈话。既而萨空了来坐，渠谈我国各少数民族语言文字之情形。此中问题甚多，一时不易解决，须慢慢儿来。渠谓今日藏族所用文字，犹为经典上之语言，与藏民口语相差甚远。广播台即用此种文字广播。文字宜与口语一致，口语可以写成文字，此道理犹想不通。实则想不通者为当权之僧侣，其根源则阶级观念也。六点归。

夜间彬然夫妇来谈。因墨病愈出院，熟识之人都来探问，人情可谓甚好。

九月十日，星期六。

今日上下午俱在社中，与小学语文室诸君讨论小学语文课本之课文。全日共讨论十馀课，兴致甚好，共谓斟酌得相当圆满。

夜间冬官来。余与谈绝不宜与乃母闹意气，即住在外面，仍须时来省视。

渠允从余言。至于结婚问题，渠谓渠与阿妹均未能下最后断语。余以日来所思告之，亦未能说得透彻。

昨夕忽觉头部左边作痛，自头顶至于太阳部分。似被重击，时时作一抽一抽之感觉，抽痛时似有几条线路。余头皮作痛，本系常事，此次特别重。不知是否神经有毛病。不知即所谓偏头风否。

九月十一日，星期日。

晨起即续作关于青年社会主义建设积极分子大会之文，至午完篇，全篇不足三千言，题为《青年们》。此篇不自满意，初设想时，似当较佳于此。午睡起来，偕墨与至善往美术展览会会所观印度阿旃陀壁画一千五百年纪念展览。此处石窟，久已湮没，于一八一九年始行发见。其规模之大，壁画之富，石壁上雕刻之繁复，殆远胜于敦煌。展览者为精印之摄影片，或单色，或彩色，云系英国出品。所画均为佛故事，亦有民间风俗与种种装饰图案。看一点半钟而出。

回家，郑亦秀在相候，与闲谈。五点半，至全聚德，应愈之之邀。愈之宴振铎全家，缘振铎出使印尼三月，最近方回。尚有空了夫妇与赵平生。振铎谈印尼风物，水果丰富，花树繁茂，人喜整洁，社会复杂，少数地区尚有母系社会。仅余与振铎二人饮酒，绍酒甚不坏，各饮一斤有馀而散。

天气已凉，殆以出游困倦，日来只欲睡眠。

九月十二日，星期一。

晨至社中，写一信致科学院副院长张稼夫，告以叔湘原系我社与语言所合聘，理应各半担任工作，请容叔湘以半个星期来社工作。盖科学院不甚注意及此，以为叔湘系科学院之人，故叔湘嘱余去信说破也。

九点，教部少数同志听苏联专家安特洛索夫谈计划普及小学教育之问题。我国今尚谈不到普及小学教育，但今须入远景计划，准备实现此举，故请安特洛索夫谈苏联之经验。安氏谈此甚为切实详尽，步步着实，大可参考。十二点一刻散。

饭后小睡未妥。至社中，看《语文学习》稿一篇。与芷芬、晓风谈社事。四点后浴于松竹园。

今日买人民美术出版社所印印度阿旃陀石窟壁画，仅二十幅，复制甚不能满人意。

九月十三日，星期二。

今日上下午均在社中，讨论文学教材。计讨论完《卖火柴的女孩》，又全部讨论完选自《把一切献给党》中之一节。吴运铎之文实平平，不能谓为文学，而选之者，取其人也。

夜间汪静之来，以其所作辩正红楼梦校勘之文与余相商。渠前在人民文学出版社，负责红楼梦之校点，出版而后，群谓错误颇多，聂绀弩（其编辑室之主任）皆归咎于汪。另请人作勘误表，多至一百馀条。据汪言此勘误表不妥者甚多，今因聂绀弩亦为胡风分子，遂为文揭发其事。余亦难定可否，请其交平伯一看。

墨之喉痛已愈，医院谓尚须往扎针两三次，俾效果得以巩固。母亲一夏安然，似已忘其幻想。近日又复渐渐发作，我辈猜为与节令有关，盖秋分将近矣。余之头部左侧作痛，尚未消失，日来睡眠不自觉其酣畅，殆与此有关。

九月十四日，星期三。

上下午俱在社中，与辛、吴、朱、刘、巩、卢六位讨论今年下半年至一九五七年我社编撰教学大纲与教科用书之完成之计划。国务院第二办公室关心此事，第一个五年计划时期内必须完成新课本之编撰工作，故我社各编辑室仔细商量，将原定拖得较长之工作，亦缩至一九五七。今日所讨论，皆一一定其完成时期与如何完成。此后尚须在教部讨论，乃可算数。夜间作短文，应《文艺学习》之嘱，得七八百言。

墨与至善夫妇夜往祖璋家宴叙，祖璋夫人四十岁生日也。

九月十五日，星期四。

上午社中开社务会议，主要讨论我社之附设机构公私合营印厂之事。此厂不日即可成立，定名为启新，今日议定其领导关系、人事配备、资金多少等项。

下午复至社中，讨论初中文学教材，系翻译褚少孙之《河伯娶妇》一段，四点钟工夫，未及全部讨论完毕。

夜间续作昨文，完篇，计二千言，题为《就整体着想》，殊不自满意。

九月十六日，星期五。

上午在部中。九点开部务会议，讨论师范与幼稚师范之教育计划。皆就原有计划而为修改，但仍不惬意，犹是过渡办法。盖此两种师范皆须修高中学科，此外复须修师范方面之业务科，双方加起来，科目繁多，课时不足，学生程度不能甚好，而负担则綦重。今日师资所需其亟，亦不能要求过高，只能降格以求耳。

午饭后眠于办公室中，窗外雨声潺潺，而得眠甚酣，为近数日内所少有。

三点，至文化俱乐部，“汉字简化方案审订委员会”开首次会议。以董老为主任，并邀文改会一部分委员参加。此审订委员会是国务院所聘，为重视汉字简化，嘱此会审订文改会之方案云。结果同意文改会之“约定俗成，稳步前进”之方针，此后将逐一审订简化之字，决其可采与否。

到家已七点，吃蟹两只下酒。

九月十七日，星期六。

晨至部中，连日开会，得静坐闲观书报为适。开始作一短文，应徐铸成之嘱，刊于《文汇报》国庆日之报纸。内容为予教师以鼓励。得六百言而止。

回家午饭。睡起后到社中，与中语室诸君继续讨论《西门豹》一篇。及完毕，即将近散班矣。

回家时伯祥在相候，即与共饮。伯祥自谓身体精神渐见颓唐，于北大文学研究所作研究工作，有力不能胜之感。颇欲告退，恐不甚得体，须与振铎商之。告退而后尚须有比较松散之工作，以维生计，则似为古籍出版社整理古籍较宜。谈至八点半而去。

九月十八日，星期日。

晨往访徐世荣于其家。我部调徐来部主推行标准语之工作，师大方面已早同意，而双方人事部门办事迟缓且糊涂，电话屡通，缠不明白，迄未通知徐君来部。余以不耐，故径自访之，直接一谈，最为爽快。徐甚乐于任此务，余请其草一推行标准语之计划草稿，以一个星期为期。徐君允之。谈约半小时回家。

既而至美携宁宁来，与闲谈。午后，至美为余与墨摄一半身像。

两点半，偕墨、至善、满子观电影于大华。片为苏联产，名《没落之家》，系取高尔基剧本改编者。叙一资本家家庭，生活腐化，人生观唯在图利，而一子一媳则为革命者。演员均不恶，看之颇满意。

夜间续作昨文，得五百言。

今日颉刚来访，言工作甚吃力，身体不好，颇思退休。又告我蔡韵笙、唐铁林两位老先生皆老境颓唐，闻之怅怅。

九月十九日，星期一。

晨至部中，看书报，理杂事。续作昨文。

回家午饭。既而至社中，讨论中学语文课本。教材为鲁迅之《从百草园到三味书屋》，迄于散班，未能完毕。

晚饭后仍作文，至九点完篇。全篇二千馀言，题为《教师怎么样尽责任》，即寄与徐铸成。此篇针对教师之缺点，而宛委言之，恐读之者未必能有所领会，亦视为寻常话耳。

九月二十日，星期二。

晨至部中，开部务会议。先讨论我社迄于一九五七年之编辑计划，结论尚须修改。一则须将各项编辑工作提早完成，二则为实施基本生产技术教育，理科各书须加意修改，不然，教育即配不上实际之需要。继之讨论教育行政学院之问题。此学院今秋新设，旨在培养教育领导干部，使提高其理论与业务水平。会议至十二点半方散。

回家吃饭。旋即至社中，开关于试教课本之座谈会，部中同人，书店人员，我社编辑室主任参加。谈两点半钟而散。

至志公、叔湘之室，谈汉语课本之编辑。其事甚不易，叔湘愿常来指导，责任感可佩。

九月廿一日，星期三。

上下午俱在社中，讨论小学语文稿，第二册之稿总算大体完毕，尚馀少数几课，须再斟酌改动。此后之事为缮印分发，请社外提意见，邀集小型座谈会讨论。小学语文室诸君于语言极注意，一字之去取，有研摩至一小时者，大有兴味。

六点至欧美同学会，应元善之招小叙。尚有颉刚与潘锡侯（潘名承圻）。潘与余三人为小学时代同学，为大学教师及工厂工程师（纸厂），今已退休。此次来京伴其夫人就医，故元善邀余与相会。共怀忆小学当年，距今五十年矣，重逢话旧，良非易得。聚餐而散。

近日墨又觉喉际微微作痛，扎金针越二三日去一次，尚未停止。

九月廿二日，星期四。

上午至社中，讨论中学文学。先讨论完鲁迅《百草园》一篇，继之为某一青年作家之小说《小武》，其文殊平常。

午刻，至北海，应颉刚之约。颉刚在北海画舫斋校读《资治通鉴》，今日邀昨日之三友会于其处。至则他们已集，又多一周勖成，亦丙午年小学同学也。于是至漪澜堂聚餐，以苏州话谈幼年情景，共谓此殊难得。与潘锡侯谈纸张之制造，勖成、元善尝在轻工业部工作，余则搞出版，于纸张皆有兴趣。

既而合拍一照，于前面桥之东侧，乃散。

余再至社中，讨论完《小武》一篇。

夜间开始写一短文，介绍荣宝斋。此系萨空了所嘱，荣宝斋将以其出品开展览会，空了嘱为文张之。得五百馀言，倦甚，即停笔。

九月廿三日，星期五。

上午至社中，开编辑部部务会议，继续讨论明年之选题发稿计划。大家发言甚多，逾十二时乃毕。

回家午饭。下午不复欲为工作，则浴于松竹园。回家后续成昨日之文，全篇一千馀言，题为《荣宝斋的贡献》，即送致萨空了。

九月廿四日，星期六。

九点至文改会，汉字整理部讨论据审订委员会之意见，重行修订汉字简化方案。草案中有六百馀字，审订委员会或全体同意或仅有一二人表示异议。此六百馀字即将作为选定之字，正式行用。其外百馀字，则作为试用。又谈及简化偏旁部首，如馬、鳥、車、魚、言、金诸字，均从简化，凡从之者类推。如是则简化之字更多矣。书籍报志方面逐步推行，一因铸铜模不易，二因骤然大量推行，已识字者见文字面目全非，易起反感。至于小学及工农初学课本，则情形不同，宜尽量采用简化字，俾儿童与文盲不须认识两套文字。此皆我社之工作范围内事，实现之亦多技术上之困难，只得尽量努力，以符此旨耳。直谈至午后一点乃散。

回家吃饭，旋即至社中，与少数同人讨论昨日编辑部部务会议未了问题。至五点而散。

即回家。晚饭时吃蟹二枚，北方之蟹，此时已甚结实矣。

九月廿五日，星期日。

晨至前门外永安饭店，访袁叔畲老师。袁为余幼年在公立中学时之校长，辛亥年余等毕业时，即谓不升学可作小学教师，因介绍余等于吴讷士先生。今以参加国庆观礼，夫妇来京，托龙文来告，欲与余一面，因往谒之。余自离学校，未与相见，距今四十馀年矣。见是犹是当时之面貌，精神颇好，谈辞不绝，年八十矣。自述其不满蒋介石之情形，又言写有有关唯物辩证主义之稿子至二十馀万言。听其所领会，实皆出于空想。然此老固喜欢自然科学者。又谓欲因黄任老见毛主席，以所撰稿请毛主席观览云。坐两小时而归。

到家则伯祥在相候，因振铎约我二人至其家午饭。以十二点往。即共饮，座有振铎携往国外之舞蹈者三人，译员一人，皆青年，二男二女。饮罢共坐于庭中葡萄架下，闲谈甚适。两点半归。小睡有顷。

七点到怀仁堂，波兰军队歌舞团表演。余欣赏其合唱，九十人齐唱，颇有味，似非普通之造诣。十点半方毕，赠花，鼓掌，周总理登台与团中代表者握手，又鼓掌久之。到家已逾十一点矣。

今日新购六灯收音机一具。

九月廿六日，星期一。

徐世荣已将推行标准音之方案交来，与董纯才相商，先由余约有关人员讨论一次，然后再提出于部务会议。

看报志，办杂事。中午回家午饭。午后至社中，讨论鲁迅之《藤野先生》一篇之参考资料，未毕。

九月廿七日，星期二。

上午在部中治杂事。回家午睡起来，续作昨日刚起头之短文。文为《人民文学》所嘱，号召多为少年儿童写些作品。此系《人民日报》首先号召，殆是中宣部之意。余意号召不如动手，今后余自当写些。将以此意，写入短文。两日所作，不足千字。

四点后到怀仁堂，今日举行主席授予军官以军衔勋章之典礼。受之者皆高级军官。悉穿新制之军礼服。礼服深绿色，有肩章、袖饰、裤上一条相当宽之红带。典礼以五点开始。彭真读主席授予元帅军衔之命令，于是毛主席以命令状授予受衔者。受元帅军衔者为朱德、彭德怀、林彪、刘伯承、贺龙、陈毅、罗荣桓、徐向前、聂荣臻、叶剑英十人。次之彭真读主席授予勋章之命令，于是毛主席以勋章授予受勋者。勋章有八一勋章、独立自由勋章、解放勋章三种。有兼受三种者，有仅受一种者。人数甚多，余亦不知总数若干。总之，迄于授毕礼成，已六点半过矣。

群往怀仁堂后边草坪，应周总理之酒会。冷餐，有桌无椅。余与吴辰伯共饮绍兴，颇不少。草坪上之人殆有一千四五百。周总理以祝贺勉励之词劝大家举杯。餐毕，仍返怀仁堂，看晚会。先为解放军歌舞团之歌舞表演，历一时。继之为京剧《龙凤呈祥》。梅兰芳饰孙尚香，裘盛戎饰孙权，姜妙香饰周瑜，马连良饰乔玄，袁世海饰张飞，李多奎饰吴国太。其他角色亦不坏。如此戏目，可为他年掌故。余倦甚，支颐而瞌睡。散出已十二点矣。及入睡，殆已一点。

九月廿八日，星期三。

上午到部，治杂事。十一点到外交部。文化部与阿尔巴尼亚文化代表团团长签订中阿广播合作协定及中阿文化协定一九五六年执行计划。余代表教育部往参加。双方签字毕，各致词，最后饮香槟一杯。为时不过半小时耳。

午后三点，至文化俱乐部，汉字简化方案审订委员会开第二次会议。决定简化字表分甲乙两表，又列偏旁类推简化表及异体字统一表。五点即散。

夜间写毕昨所作文，全篇千五百字，题为《响应号召》，明日送与《人民文学》编辑部。余于文中言明年至少为少年儿童写两篇东西，能多些当然更好，体裁不出童话、诗歌、小说三类。一言既出，必须实践。

九月廿九日，星期四。

上午在部中开会讨论徐世荣所起之推广标准语方案。到者韦老、汉达，部中各司人员，社中语文室方面少数同人。大家以为徐所提要求太高，更提出其他意见。最后决定请徐据大家所提修订意见，为张部长起一报告稿，对参加文字改革会议的全体代表谈推广标准语。以为时促迫，稿须以下月二日草成，三日虽放假，我们少数人还须先加讨论。会以十二点半散。

饭后至社中，讨论鲁迅《藤野先生》一篇之参考资料。

六点半到北京饭店。今夕周总理为庆祝国庆，招待所有外国来之宾客，举行酒会。今年外宾特多，余亦不知其总数，总之北京饭店之新厅旧厅均设席，到者共计二千二百馀人，盛况空前。余之一桌，外宾为四个苏联军官，座无译员，仅能彼此示意而已。周总理以种种理由劝全场干杯，所提均表示我之外交方针与政治态度，得体之至。观外国人之表情，均欣慰兴奋。会以九点散。余不惯此类应酬场面，甚感疲困。

九月三十日，星期五。

上午在部中，写复信数封（复信常由晓风代写，署名亦由渠书之）。看书报而外，他无所为。

回家饭后，午睡较长。毕来电话来问审稿否，余应之，即至社中。与中语室数人共同商定所选余之《蚕和蚂蚁》一篇之文字及标点。以余疲累，工作至四点即中止。

余即往松竹园浴。明日国庆，犹如过年，浴者极挤。今日为阴历八月半，满子备菜颇丰。饮罢早睡，未有赏月之兴。

十月一日，星期六。

三午初为中学生，得参加游行队伍，清晨即外出。余与至善以八点后到部中，载孙文淑，同往天安门前登观礼台。今日天阴，有风，但太阳亦有显露之时。袁叔畬老师夫妇亦在西二台，余问袁能久立观览否，则自谓能之，意兴极好。

今年之阅兵与游行，大体同于往年，而整齐过之。高级军官既受军衔，皆穿新礼服，为往年所未有。而游行群众服装之多样多彩，亦复可观。放鸽子，放气球、放飞机模型为数甚多，各出心裁。最引人注目者为文艺大队与体育大队。舞蹈与杂耍，皆列队而表演。戏剧则扮演某剧之某一场面，并布景而饰之（载于大汽车上）。体育大队之男女青年体格皆壮健，且行且操练，见之者亦觉精神振作。流行队伍既过，在广场上之群众向天安门鼓掌欢呼，瞻仰毛主席，久之乃散。观礼者相谓，每年观礼，均有盛况空前之想，可见其组织与安排年有进步也。回家时为午后两点半。

饭罢睡一时许。夜间未往观天安门夜景，仅闻花炮之声。听广播梅兰芳、马连良等人之《龙凤呈祥》，即星期二怀仁堂演戏之录音。三午与两甥女皆往天安门狂欢，归来极晏。

十月二日，星期日。

晨起为鲁迅著作编刊社看《朝花夕拾》之注释，毕。彬然来，谈一时许。张贡三来，少坐即去。至美、蠖生来时已近午刻，即共饮。下午伯祥、芷芬来，闲谈及晚。至美买蟹来，共吃蟹小饮。

墨喉痛复作，今日往就孔伯华之子按脉。据云须清湿热，用药皆清凉之品，外加六神丸。医言此患不要紧。不要紧固也，而其痛牵涉心境，虽不剧，亦为难受。计今年自痛作迄今，为时两月矣。

十月三日，星期一。

八点到社中，与文叔、叔湘、志公、仲仁、世荣五位共同讨论世荣为张奚老草拟之报告稿。世荣每读一段，众皆提出修改意见，各无客气，均能尽言。至十一点半，全篇读毕。请世荣再加修改，然后分发与部中同人研究之。

回家时姚韵漪来访墨，即留共饮。下午墨先至元善家。缘其母夫人自津来京，今日将回津，故往候之。余以三点出门，至美术展览会，观荣宝斋出品之展览。有今年新刻之作，余选购蓝田叔山水三幅，恽南田花卉四幅。又往新开之百货公司，楼系新建，其大与上海之百货公司相仿。入之，游人甚众。货物分列于三层楼。余参观而已，不思购买一物。然后至元善家，见其母夫人，明年将八十，而清健如前八年拜见时。元善之二弟夫妇亦在。坐约半时许，偕墨归。

傍晚萧乾来，商其译稿之修改。渠思入工厂二三年，写创作云。

十月四日，星期二。

晨至部中，将昨晚取来之徐世荣修改稿看过一遍，发出打印，以便分送各方面观看。治杂事数件。

十一点半至北京饭店，应苏联青年萨洛金之邀，与之会晤。萨洛金习我国语文四年，尝居我国二年有馀，现为研究生，研究我国现代文学，此次为苏联来华青年代表团译员。渠译余之《倪焕之》已毕，有若干处意义不甚明白，当面就余询问。余一一答之。渠又要余作一短序，余允之。共进午餐，闲谈颇适。询其年，二十七岁耳。

到社中，两点开编辑部部务会议。白韬报告，国务院要我社检查现用教科书，一有无反革命分子之著作与言论，二有无政治性之错误，检查而后，于二十日前作报告回答。会以四点散。与叶籁士谈少顷，商量如何配合本月内文改会之会议与语言所之会议，约人作文章刊于报章杂志，为推行标准语作宣传。籁士言将商之于愈之与韦老。余以四点三刻归。

墨往北京医院未归。今日上午，渠再往孔伯华之子处就诊，略改前方，仍用六神丸。北京医院除扎金针而外，脑系科给药，则是麻醉剂也。至于喉痛，昨今颇见减轻，余料是六神丸之效。

十月五日，星期三。

上午在部中，看语言所准备在汉语规范化会议所作报告提纲。又看文叔所草小学语文教学大纲中之汉语部分。《人民日报》来电话，嘱作关于汉语规范化之文章，于本月下旬发刊，为两个会议之响应。余应之。

回家午饭。睡起后至青年宫，文联与作协请苏联文化代表团团长苏尔科夫作报告。此君极善讲说，谈去年苏联第二次作家大会之情形，扼要而精到。讲至五点而毕。

余径归。傍晚吃蟹两只。

十月六日，星期四。

上午在部中。徐世荣、陈润斋、王淑敏三位来谈推行标准语指导处之工作，系属草创，殊难具体言之，只能摸索一时再说。

中午在部吃面包，缘下午两点，印度来华之师生代表团团长将来高教部拜会杨部长，我部亦须有人作陪，余与柳湜往。团长来后，与杨谈约四十分钟而去。此代表团之师生包括印度十个大学之教师与学生。已与北京大学师生会面，非常融洽。

余至景山东街，与愈之、籁士谈。如何请报纸杂志作文宣传汉语规范化，如何确定我们对于共同语言之名称（“标准语”一名，有人不赞成用），皆有所谈及。既而至芷芬室中，与芷芬、晓风、文叔谈社中事。五点归。

看毕鲁迅《故事新篇》之注释稿，明日可送还雪峰。

七点至新侨饭店，高教部宴印度师生代表团，八席，宾主甚情殷，干杯屡屡。九点一刻散。

十月七日，星期五。

上午在社中，讨论初中文学选定之教材。

下午再至社中，开社务会议，谈地理课本附图漏去台湾一事，几达三小时。此是铸版厂之错误，有意无意尚未究明。而编辑室与校对科俱未看出，亦有不是。此为政治性之错误，其失非小。必须大家检讨，并明定制度，防以后再有同类事情。又讨论其他事项，六点散。

十月八日，星期六。

上午在部中，收集诸人对报告稿所提意见凡十几份，叔湘与社中同人所提为详密，部中同人较简略。即请世荣加以整理。午刻，偕世荣、晓风餐于饭馆。回部，与世荣商量如何据所提意见修改报告稿，历一时许而毕，由世荣携归修改。

三点离部，浴于松竹园。

今日墨再往孔医处就诊。据谓喉痛已基本上就痊，所开方服三四剂，不必再往。此次之神经性痛历两月有馀。西医但知为神经性痛，而不能究明所以痛之故，治法用麻醉与扎针，未甚见效。中医则以为其痛由于湿热，所服皆清凉之剂，果然见效。中医能探其本，能就整体着想，诚未可轻视。墨因其痛得痊，屡言毛主席之卓见，力主重视中医。

十月九日，星期日。

今日约袁先生夫妇来午餐小叙。十一时许，伯祥、颉刚先后至。龙文亦到，缘袁先生与丏翁家同住霞飞坊，袁太太与夏师母常相过从，夏师母临终之时，袁太太亦在旁。既而袁老先生二人到。老先生意兴极好，谈往见毛主席之情形，自称愿往台湾说服蒋介石，叫他来归顺云云。十二时会饮，招我妹同坐，缘我妹在南通女师范上学时，袁太太在其校任教师。满子治馔颇精，大家称许。餐罢，招照相馆中人来拍照。袁先生夫妇，余夫妇并永和，外则我妹、满子、伯祥、颉刚、龙文，凡十人。袁先生尚欲大谈物种原始，动植进化，为袁太太所劝止，谓宜返旅馆休息，遂于两点去。八十老翁，精神旺盛，可为赞叹。伯祥、颉刚坐至四点始去。既而元善来，晓先夫妇来。晓先夫妇留饭，八点去。

取回徐世荣再次修改之报告草稿，凡十二纸，当夜再加润色。迹其思路，揣其语气，始可下笔，进行殊不能快。迄于十二点过，仅修润五纸而已，惫甚，竟夜未得好睡。

十月十日，星期一。

上午在部中继续为修润之事，晓风在旁参赞，到十二点完毕。即付打印，嘱当日分发，明日上午在部中正式讨论一次。回家饭罢，酣睡一点钟有馀。不复外出，看适夷嘱看之傅雷译稿，嘱就译文提意见。余向爱读傅之翻译，今得先睹为快，自所乐愿。其稿名《于絮尔·弥罗埃》，亦巴尔札克之作。看三十馀纸而止。

十月十一日，星期二。

九点半开办公会议，先讨论昨日余修润完毕之报告稿。大家提意见颇多，尚须大修改。主要在改变论旨，余本拟谈教部对推行标准语作何种工作，现在须改为由张奚老作号召，希望全国人民学习标准语。因此，其中有两段须重行编排，增减内容，几如重写矣。至于标准语之名称，各方已商洽，决改用“以北京话为标准的普通话——民族共通语”，此系乔木所拟，改迁就各方之圆通办法也。又讨论招待即将来华之苏联教育代表团、日本教育代表团计划，两代表团皆于本月到来。

余开会时用心听大家发言，肝阳上升，身体内部作冷，归饭时颇不舒。饭后，勉强偕墨与满子至王府井百货公司，买呢料定制皮大衣。狐皮与獭皮领皆墨选购于人民市场，虽旧货而质量极好。往年所穿之一件，与至善改制皮大衣。

至景山东街，在文改会议室与报社杂志社派来之代表十馀人开座谈会，由籁士谈文字改革会议之大概，由吴晓铃谈汉语规范化会议之大概，请他们配合宣传。此事系余想起，而发动已迟，人家组织稿件未能遽致。然此固非一时凑热闹之事，只要大家经常注意，随时宣传，亦即可矣。五点散，即回家。

傍晚饮酒无味，七点即就寝。睡至一点醒来，想如何修改报告稿，遂不复得好睡。

十月十二日，星期三。

今日竟日在部中重改报告稿。十点，他们在开文字改革会议的筹备会议，余不去出席，后来纯才来告，张奚老之报告原定于十五日，今改至十九日。余乃觉松一口气，时间可以稍从容些。凑合大家之意见为文章，余向无此能耐，今为之颇觉其苦，因而益感疲乏。迄于下午六点离部，仅改毕全篇五节之两节而已。

夜间看愈之所拟吴玉老之报告，系讲文字改革之必要，甚觉其粗疏，略书意见告之。

就睡后中夜又醒，强令不动天君，亦延续约两小时而后复睡。

十月十三日，星期四。

上午在部，改报告稿之第三节。此节全部重行安排，等于另写。午刻回家，饭后未睡。迄于傍晚，第三节写毕，凡二千五百馀言。以下两节，只须略加改动，大约明日可以完工矣。

愈之又将其稿之今日改稿送来，渠稿之改动次数，殆不下于余稿也。叔湘起汉语规范问题会议之报告稿，情形当亦复如是。

十月十四日，星期五。

上午在部半天，将报告稿修改完毕，即付打印，待分发与各位，再谋修改写定。此稿此次修改，历时两日有半，伏案不起，思索不休，深觉疲乏矣。

回家午饭后谋小睡，而志公送来《语文学习》之稿谈汉语规范化者，亟须校定，遂起来看之，不复得睡。两点后浴于松竹园。回来后看历史室小学历史讨论过之稿十馀页。

张奚老之报告稿拟用《大力推行以北京话为标准的普通话——民族共同语》为题。

十月十五日，星期六。

晨至城外西苑大旅社，文字改革会议于此开会。外地来者均住于此，相识之人亦不少。参加此会者二百馀人。九点开会。吴玉老致开幕词。陈毅副总理作报告，分析国际形势甚详，末后表示党与政府对此会议之关怀与支持。继之为郭沫若与沈雁冰二位讲话。

会散，余邀文叔、志公、仲仁三位共餐于莫斯科餐厅，闲谈甚适，平日不易得此闲谈之机会也。既而游动物园，看大象较久。

仍回西苑大旅社，两点半再开会。吴玉老作报告，说明此次会议之两项议题，汉字简化方案而外，尚有推行普通话一题。叶誉虎报告汉字简化方案之经过情形。叶老久病初愈，讲一部分之后，托建功代讲。散会后开主席团会议，讨论如何分组讨论。余在常务主席七人之内，恐不免要多熬几个夜。

回家晚餐，即驱车到董纯才寓所，商量再行修改张奚老之报告稿。余与董而外，到者仅奚老、韦老二人。余本拟请大家逐段逐句共定之，而他们仅提些简略意见，仍须由余独自研摩。余甚惮之，而亦无可奈何。十点回家，疲甚。

十月十六日，星期日。

竟日伏案改报告稿，至夜九点半始毕，中间午饭晚饭起来各一次，纯才来，再商量些意思，起来一次。余本拟留纯才于此，共同通读一过，而彼事忙，坐约半小时即去。神思昏昏，竟日疲惫，殊感不胜。苟大家先作充分之考虑，有明确而有条理之想法，写此报告当无如是之难。

十月十七日，星期一。

晨至部中，以昨夕改成稿交纯才。今日报上发表毛主席之报告，题为《关于农业合作化问题》，批判一部分人对于推行农业合作化之不正确看法，认为合作化之高潮即将到来，必须全面规划，加强领导，此是今后之方针。

午后至西苑大旅社，参加小组会。全体会众共分八组，余在第八组。今日讨论吴玉老、叶遐老之报告。听大家发言，于汉字简化均表拥护，各以自己业务上之经验，平日之见闻，说明汉字简化之必要。讨论三小时而散。即在会内晚餐。愈之相告，于代表间个别探问，对“以北京话为标准”之提法，颇有不同意者。又言各省市办语音训练班，不甚抓紧，成绩不著，亦为可虑。乔木来电话，谓必须招办有成绩之地区，派人来会作发言，使大家起信心。于是决定当夜打长途电话，招四处（上海、河北、山西、湖北）之人来会。六点半开小组长汇报会。八组之组长各言其组之讨论情形，费时两点钟。又讨论其他事项。散会到家，已十点半矣。

十月十八日，星期二。

昨夜乔木将我部之报告稿加以改动，第一、二两段改动甚多，已付排版，送来校样。其改动政治性较强，但匆忙拼凑，逻辑与修辞，较前更差矣。

开始作一文，应《人民日报》之嘱，谈汉语规范化。午间回家，午后即在家作文，但精神不好，下笔大不顺利。

夜七点半，驱至莫斯科餐厅。吴老于其处开茶会，邀代表中之专家教授商讨推行普通话之问题。大家发言甚多，最后乔木发言，说明普通话之词汇与语法，当然不能全同北京话，而语音必须以一个地方之音为准，故拟改称“以北京语音为标准音的普通话”云。大家均表赞同。余于席间校对报告稿之校样，题目改为《大力推广以北京语音为标准音的普通话》。散会回家，已将十二点。竟夕未得好睡。

十月十九日，星期三。

九点到西苑大旅社，开常务主席会议，讨论会务甚多，十二点散。

回家午饭，午睡未成眠。再出城。两点半开大会，张奚老作报告。继之，科学院顾问雪尔久琴科教授报告，题为《关于文字的几个问题》，说明文字与语言不同，文字不能为群众服务时，即当改革，改革之道，宜趋拼音化云云。五点半散。

夜间伏案作文，勉强支撑，实甚困倦。得八百字。

十月二十日，星期四。

晨至部中，续作昨日之文，写亦甚少。午后两点到西苑大旅社，与愈之、乔木、纯才共谈，皆言推广普通话之具体办法。盖一般反映，推广普通话与北京语音，大家赞同，而办法不多，觉其困难，故须多想办法。谈至四点半散。余乃往小组，听组员对推广普通话之意见。

夜七点半为晚会，广播电台方面，军委政治部文工团方面大力协助，所为节目俱甚佳。相声家侯宝林登台两次，说两段，至为难得。文学课本朗读录音，放送《牛郎织女》一篇。其他歌舞杂技，亦均满人意。完毕已十一点半，余又大疲。

十月廿一日，星期五。

上午到西苑。九点，自代表中抽出若干专家及高等师范教师开座谈会，余说明语音通俗书之需要，各地宜各按语音对应关系编写，希望高等师范为推广北京语音之中心，就调查、研究、写稿、组织四方面下功夫云。大家发言颇多。专家往往要求过高，必十分精善始肯问世，强调调查之非易，错误之难免，力量之不足等项。余与志公就此诸点解说，但迄无答应担任写稿者。会以十二点半散。

饭后休息于文叔之房间，未成眠。两点半为大会，代表发言。余听之，皆表示拥护会议之号召。各有具体事例与切身经验，非空洞之辞。发言者十馀人，六点散。于是开常务主席会议，分别讨论闭幕以前应办各事。七点半散。

到家疲甚，九点即睡。

十月廿二日，星期六。

上午在部中。与韦老、纯才共谈，草拟会议对推广普通话之决议，以便提出明日之主席团全体会议。又商讨张奚老之闭幕词草稿，各提修改意见，稿系张之秘书所拟。

乔木来电话，要余如去年推敲宪法然，研摩近将发布之《农业生产合作社章程》，谓此系广大农民之行动之依据，重要性不下于宪法，毛主席嘱须特别注意其文字。又要余再约一人，缘叔湘将主持语言所之会议，不克与此役。余应之。

下午至西苑，听代表发言。山西、湖北、河北来人，谈举办训练班之经验，俱不弱，足以鼓励人心。其他发言亦俱言之有物。

余一边听发言，一边续写为《人民日报》写之文稿，居然完篇。七点回家。饭罢，誊写文稿，全篇七纸，四千馀言，明日即交与《人民日报》。

夜间彭真来电话，即谈乔木所言之事，邀于明晚至其寓所会晤。

十月廿三日，星期日。

晨往松竹园浴。十点，偕墨与小沫出城，游动物园。余游观有顷，先出，往西苑大旅社，开主席团会议。

先听八组小组长汇报，然后讨论决议案草稿。此草稿经大会秘书处重拟，将各项事情写在一个决议中，于文字改革与推广普通话，对各方面提出具体建议，甚为周至，颇有号召作用。大家讨论甚详。散会已为下午一点。

饭后至文叔室小休，未成睡。两点半开大会。先为吴老发言，提出“全面规划，加强领导，努力宣传，动员群众”十六个字勉励会众。继之乔木为总结性发言，于文字改革与推广普通话详尽阐发其意文，识解极透辟，听者心折。至六点，乔木之词尚未毕，余以昨夕彭真所约时间已到，即偕文叔先出，以下通过决议与闭幕词等项，不及听矣。

文叔系余所邀，渠亦乐于为此。至彭之寓所，则他人已集，周鲠生、钱端升、田家英俱在，皆去年研摩宪法之共事者，外有张苏、陶希晋等，尚有数人不相识，又有高名凯。彭言今此合作社章程关系五亿农民，其重要性不亚于宪法，故政协发动分组讨论三日，外则仍如去年一样，但组织法律、语文两个小组，为之研摩。语文一组大约仅为余与文叔、家英、名凯四人，其他之人皆为法律组。此事大约须一星期方了，为紧急任务，其他工作只得放下。此章程急需讨论，先以草案形式发布，盖由时届秋收，农民组社入社皆系于此时也。两小组讨论即以明日开始，语文小组即在我社余之室内集会。谈毕会餐，饮陈年绍酒。到家时为八点半。

接政协方面分组讨论之通知，余在第十一组，只得请假。语言研究所以后日始开现代汉语规范问题学术会议，余亦为代表，本拟往出席，今亦只得作罢矣。

十月廿四日，星期一。

晨间到社，九点，文叔与高、田二位俱到。就合作社章程大约谈定修润之原则，每人分担数章，先独自推敲，然后集会共商。此是家英所提办法，确属迅疾。谈至十一点散。余即回家，伏案逐条细看。

饭后，至善来商青年团交渠修润之决议稿，亦关于农业合作化问题者。《人民日报》社送来昨晨送去之文稿之校样，赶紧细校一过送还。于是再看章程，至夜间九点半看毕。语言文字无大不妥处，然小疵颇不少。彭真送来酒三瓶，即昨夕在渠家所饮之陈绍，与至善共饮大半瓶。缘用心看章程太久，夜间又未得安眠。

十月廿五日，星期二。

上午到社中，与文叔互对改动之文字。章程全册卅九面，半天工夫仅谈十馀面。

下午偕墨至百货公司，试穿前此所定皮大衣之粗坯。于是再至社中，与朱、高、田三位正式讨论，逐条研究，提出修改办法。迄于五点半，仅得七页半。商定明日改在市委会所讨论，其处房屋舒适，吃饭亦方便。

回家匆匆吃饭，偕凤祥至蟾宫影院，观印度电影《流浪者》。近日举行印度电影周，放映三部影片大得好评，人人称道。《流浪者》分上下集，连续观之，历时将四小时。演员表演甚好，摄影有独具匠心处，音乐亦好。至其中心思想，以今日之我人观之，殊无甚意义，然在印度当为进步作品矣。

自本月十五日始，部长一级之警卫员俱裁撤，或往学习，或分配其他工作。凤祥尚未分配到新工作，故尚留此。余本来觉此为多事，有时且嫌其累赘，撤去并无不方便，而自整体言之，则为节约人力财力之一道。唯凤祥相从已五载有馀，今将离去，亦有微怅。

十月廿六日，星期三。

晨至社中，缘新华社一同志相约来访。其人依时来，所询为写作儿童文学之事。近经中央号召，需多为儿童写东西，故各方极注意此事。余与随谈约半小时。

九点至市委，去年开始推敲宪法稿即在此处。上下午共讨论十八页。午饭晚饭俱在市委。七点到家，甚感疲累。

十月廿七日，星期四。

上午仍到市委。家英未到，即与朱、高二位继续讨论，迄中午，将全部章程留下未改之部分修改完毕。饭后在沙发上瞌睡片时。两点，家英来，共同讨论若干留而未决之问题。第一次修改到此完毕，待各方意见整理出来而后，将再作第二次之修改。总之，此章程将由我组负责到底，直至登报发表为止。何日再讨论，须俟实际情况决定矣。四点归。

语言研究所聘余为学术委员会委员，今夕开委员会之成立会。余以疲乏，未往。观委员之名单，凡十八人，皆熟识之友人。

市委挂有毛主席之彩色画像一帧。朱、高谓画得不坏，家英谓不甚肖似，猜缘此画未能抓住毛主席形相之特点，毛之特点在圆形。家英此言真是一语道破。余见诸画家所作毛主席画像，总觉与毛本人有距离，亦觉其未能注意脸相之圆形。

十月廿八日，星期五。

晨至部中，不到部已多日矣。晓风告余一事，余甚觉不安。前此社中嘱各编辑室检查各种课本，今检查已毕，错误当然不少。而最严重之错误为历史课本所附地图，皆将台湾画在国界线之外。且此种课本，或因赠送，或外国人来购买，有少量流传国外。苟外人执此以证台湾并非我国所有，将何辞以对。此可谓最严重之错误，而余为负责人，何能辞其咎。现总编辑室方在细查此项历史课本之版次，及其流传国外之国别与数量。俟查清之后，当与戴、辛诸君商量如何处理此事也。

午间回家。饭后看小学历史第二册之稿，略为修润。

三点，偕墨与我妹游陶然亭公园。此处经二年之经营，居然大有可观。湖水萦曲，土山嵌石，树已成林，花呈秋艳。新构云绘楼，系自中南海移来，尚未完工。壁上有振铎之题记刻石，谓移一建筑，此尚为初次尝试云。陶然亭有萧疏之趣，与中山公园、北海公园不同，殊可欣赏。循大路行一周，未遍及，历时一点半，乃归。墨回忆前次来陶然亭，尚是民国元年，距今四十馀年矣。

回来续看小学历史稿，至八点看毕。觉此第二册胜于第一册，每课头绪简单，叙述明白，语言亦干净。

《学文化》杂志社嘱写关于汉字简化之文稿，要得很急，却之不可，遂于九点开始执笔。至十一点停笔，得八百字。疲甚。

十月廿九日，星期六。

晨至部中，与晓风谈事而外，续写昨稿。

午刻回家吃饭。饭后续写，至两点半完篇，一千八百字，题为《汉字的简化和整理》。即送与《学文化》杂志社。看傅雷所译《于絮尔》三四十页，此稿搁置已久矣。

夜七点，偕墨与满子及三小孩至政协会场看苏联片《忠实的朋友》，系玩笑片，但不流于庸俗，彩色极鲜明柔和。每星期六由机关事务管理局与政协主办电影晚会，发票与机关工作人员及政协方面人员，且可全家往观。余家从未去看过，以今夕为第一次。十点归。

十月三十日，星期日。

晨至松竹园浴。至隆福寺街，购菊花七盆，山茶一盆。自家所种菊花尚含苞未放，而天气已寒，恐不能开好，故购而供之。到家时，伯祥来，共闲谈。既而蠖生、至美来。午间共小饮。蠖生购来哈密瓜，分切之，大家共尝。此系飞机运来，在北京吃新鲜哈密瓜，前所未有也。

三点后，伯祥、蠖生等皆去。余续看《于絮尔》十馀页。觉困倦，入睡一时许。

六点出城，至莫斯科餐厅。《中国语文》社与《语文学习》社于此请客，招待参加汉语规范问题学术会议之部分代表。此会议以二十五日开始，明日将闭幕，余以修润合作社示范章程，未能出席也。餐次兼为座谈，来客三十馀人，皆谓此二杂志于人有助，经此两个会议而后，当益求精进，发挥更大效力云。

散会已逾十点，到家入睡，已逾十一点。

十月卅一日，星期一。

晨九点，至西苑大旅社，准备出席汉语规范问题会议之闭幕式。至则知须延至下午，先参加总结报告草稿之讨论。讨论至十二点而散。

老舍相约，进西直门吃小馆子，尝北京风味，因邀季羡林同往，既而吴祖光碰巧亦来此馆，四人共餐。此馆之菜俱为小盘，烹调尚可，为西城有名者。共饮葡萄酒一瓶，余食饼约半张。旋至部中休坐，看书打瞌睡，看不进去。

四点再至西苑，参加大会。先通过决议。决议中叙述会议对汉语规范化之共同认识，次则叙今后应做之工作，对各有关机关之建议。继之，乔峰代表高教部讲话，末后望道作总结报告，即上午所讨论，再经修改者。五点半散。即在其处晚餐，又至志公室中闲坐，缘乔木将于夜间向全体代表谈话。

乔木之谈话以八点一刻开始，至十一点始毕。大意谓语言自有规律，而按其规律，以教育宣传之方法，使大家熟谙，以利工作，即为规范化之事。后段向会众大声疾呼，必与忽视语言之现象作斗争，乃克尽语言工作者之责任。乔木受人信仰，渠作此言，大有影响，余深喜之。

到家就睡，将十二点矣。

十一月一日，星期二。

晨至部中。九点开部务会议，讨论关于基本生产技术教育之指示。于中学将加强《农业生产知识》《工业生产知识》《实习》之科目，物理、化学、植物、动物、地理、制图六科与生产知识密切结合。因此改变，教学计划亦有所更动。讨论颇久，散会已将午后一点矣。

与晓风共午餐于景山东街之小馆子名“菜羹香”者。到社中，与芷芬、晓风谈社事，至文叔室中坐有顷，四点半归。

十一月二日，星期三。

上午在部中，写信数封，看合作社章程之又一次修改稿印本。午后到社中，与文叔就修改稿印本再作斟酌。半天工夫，仅看小半本而已。夜间彬然、乃夫来，留共小饮。乃夫述古籍出版社肃反运动情形。八点，二人去。

昨夕乔木来电话，连带提及初中文学课本分量少，皆为短篇，殊不能名副其实地达到文学教育之目的。渠谓中学少年自己阅读文学作品，分量多到不知多少倍，课堂教学宜予以有效之指导。指导不一定在指点主题思想，举出若干佳句美词云云。渠之后一语，盖指我社所编参考书而言。余亦觉参考书无多意义，分析流于公式化。当嘱中学语文室诸位研究之。

团城西侧金鳌玉蝀桥之两座牌坊，近日正在动工拆除，大约三五日之后即可全去。此等事必有一部分人不以为然，而牌坊与大都市之交通不相应，实无可辩难。余知本京所拆牌坊，往往移于他处，作为点缀品，料此两座牌坊亦然。如是，则笃旧者亦可以慰矣。

十一月三日，星期四。

晨至社中，开社务会议。（一）讨论第四季度工作。已届十一月初，而讨论第四季度工作，实觉可笑，但人忙事杂，往往如是。（二）讨论铸简化字铜模，用于各种课本。（三）讨论如何招待即将来我国之苏联教育代表团。此团中有一位教科书工作之专家，我社当特别与之联络，多得教益。尚有其他议程，余与文叔退席，共至文叔室中，继续讨论合作社章程之后段。不能详观，及午刻，总算看完。

下午两点至彭真家，再就修改本加以修改。参加者为彭真、乔木、周鲠生、钱端升、张苏、文叔与余，尚有两位治法律者，不识其姓名，廖鲁言则至晚即去。逐条细酌，逐条修改，至夜间三点方毕。其间仅晚餐占一小时许，计修改工作为十二小时。余大疲。若彭真、乔木辈，固以夜间工作为常事也。

十一月四日，星期五。

今晨以十点起床，从未如是晏起，然犹觉困倦。午饭后复睡一时许。

至社中，观仲仁所为一文，谈汉字简化与普通话，将付《小学教师》刊载者。白韬与徐司长来谈我社肃反运动概况，徐司长系教部派到社中助作此工作者。至芷芬、晓风处，谈社中杂事。散班时乃归。

十一月五日，星期六。

晨在部中，与徐世荣谈推广普通话之工作。我部将举办北京语音研究班，训练各省专管此事之干部，教学由语言研究所负责，因嘱徐往研究所商量。余又致书北京市教育局长翁独健，请于市之教师中选派适当人员，支援各省市举办小学语文教师语音训练班者。各省尚未普遍办训练班，其所以迟迟，不重视为一因，缺乏教师亦为一因。今经再度指示，必须举办，必将来部要教师，而教师之来源，唯有索之于京市耳。

午间回家。午睡起来，至松竹园浴。五点，偕墨至国际俱乐部，我部宴请我部系统内之苏联专家，预祝苏联之十月革命节。凡五席。酬酢陷于公式化，不觉热烈亲切。席散已将八点。共往师范大学，观其校之庆祝晚会。无非音乐舞蹈，有一男声独唱，颇佳。又有杨君弹琵琶，亦动听。最后为《三岔口》，则平平。回家已十一点。

十一月六日，星期日。

晨携三午至中山公园，观菊花展览，洋洋大观。品种繁多，色泽姿态皆可玩。余爱其悬崖菊，即成丛之小朵花，分披斜挂，姿致有味。至于各种名种，皆为独朵，自整株观之，殊无意趣也。最难看者为扎成平面之丛菊，全无花卉意趣，当为盆景之魔道。又观练武艺者，翻筋斗，使刀棒。又观民主德国之版画展览，颇满意。十点半归。

饭后小睡。起来后看傅雷所译《于絮尔》三四十页。

夜七点，至怀仁堂，中苏友协举行大会，庆祝苏联十月革命卅八周年纪念大会。七点半开会。沈衡老致开幕词，吴玉老与苏联大使尤金讲话，至九点乃毕。继之为庆祝晚会。先为苏联艺术团之表演。以男中音独唱与芭蕾舞为胜。次为苏联小白桦树舞蹈团之表演。舞者皆少女，乐队仅四个手风琴手。此团舞蹈有新鲜活泼之感，殊可喜爱。首一节曰《小白桦舞》，舞者长裙抹地，缓步徐移，似舞台在转运而舞者未移。所有举动，皆极自然，而殊整齐，据云系描写春天的感觉来到少女心中时之形象。其他两节，则活泼之至，表现新社会之生活形象。此小白桦树舞蹈团昨夕在新建成之首都剧院登台，此剧院在王府大街，据云建筑至讲究。第三组表演为我国之歌舞，皆尚可观，而殊无特佳者。散会已十二点。

十一月七日，星期一。

晨至部中。看小学教育司副司长卢正义所拟推广普通话之指示稿，将在明日讨论者。看两小时乃毕。与徐世荣谈约半小时，皆为教学北京语音方面之事。《光明日报》一记者来，询问关于取缔黄色书刊与繁荣创作之意见。

回家午饭，饭后睡一时许。三点至国务院，列席国务院全体会议。讨论合作社示范章程约两小时，原则上通过。其他议程有三四件，皆已成熟，均予通过。六点散。

十一月八日，星期二。

晨至部中，九点开部务会议。讨论推广普通话之指示，原则上通过，十点半散。

回家午饭后睡一时许，起来看初中历史稿数页，为之修润。又看《于絮尔》将二十页。

五点至老舍家，承邀观其所栽菊花，并叙饮。老舍夫妇栽菊将二百盆，皆名种，大可赏玩。工夫亦甚大，有数盆自日本得来种子，去年未作花，今年始有花。据云希望有新品种，必须以种子栽培。种子栽培者未必皆佳，得新品种者亦仅见耳。六点开饮，客皆熟识，不拘礼数，甚舒适。酒罢看老舍所藏画，多白石老人之作。八点半归，承老舍夫妇赠余张子祥扇面一帧，作秋色明艳，亦可玩。如此闲饮，殊为难得之事矣。

今日至善离家出外，至东城外某个农业生产合作社住数日，预备为已识字之农民编算术课本。青年出版社尚派出别的人员，同往其处，为编语文课本作准备。此事系出毛主席之指示。毛主席往各地视察农村，发觉我社所编农民课本不切实际，致识字运动收效不大，指示谓此类课本宜令各地按实际各自编撰，教育部只须就某一省区编一种示范课本，供各地依仿。因此，部中与社中将派出人员体验合作社生活，然后着手编撰此项示范课本。至于至善他们所编，则供已识若干字之农民使用，一方面巩固其初步文化知识，一方面便于合作社应用也。

十一月九日，星期三。

上午到部中。电影局派两位同志来，谓上海制片厂摄一卷黄山五彩影片，其解说词尚觉未安，因余方游黄山，希望余为之斟酌修润。余允之。十点至电影局，特为余放映此片两遍，每遍仅十分钟耳。彩色不太令人满意，取景与剪裁亦不见高明，此种工作方在开始，要求固不宜太高。余答应为就原拟之稿重写，总望说出来能使观众听清楚，且能有所感动。

中午回家。睡起即伏案重写说明词，直至夜十点乃毕。总计字数，殆不逾千。此显系额外工作，然思此亦中国人之事，于中国有益，则亦乐为之矣。

十一月十日，星期四。

晨至部中，以昨所作解说词与晓风观之，晓风念一遍，谓确然上口。遂送往电影局。十点，得对外文化协会之电话，邀往中山公园，参加芬兰版画展览之开幕式。遂往。先有双方之人讲话，继则观玩所陈画幅，皆不坏，甚感兴趣。表现芬兰地方色彩之画幅颇不少。

十一点归，开始为《中学生》作一文，谈学习普通话。写至午后一点半，到社中。与毕来、志公、伯箫、超尘、仲仁五位漫谈，讨论语文课本今后之编辑方针。谈两小时，无多结果。看发文与毕来所作文学常识稿四篇。四点半归。继续写顷所为文。至夜九点完篇，全篇一千七百言。以一天写成一文，此在余为难得之事也。

至善今日归来，缘将与出版社领导人商量，可否容渠暂缓编课本，先往外地观察。至善为政协全国委员，昨日接到通知，人大代表与政协全国委员均可以此时出外视察。余昨日接此通知，已答复人大常委会，谓可以出外视察，地点为江苏苏锡一带。前数日彬然相告，谓伯昕、振铎与渠均拟出外，可以结伴。余既有此数友同行，自然乐往。视察而外，兼可游散，亦难得之机缘也。

今夕老母睡初醒忽大声呼喊，意似受人迫害，身体不舒。与语则前后不甚贯穿，告以我家屋内决无他人可入，坚不肯信。如此情形，间数日辄一发，实为无可奈何之事。观其发言情状，身心必甚不安，然无法解慰也。

十一月十一日，星期五。

晨九点，至文改会开会，灿然、张榕、少甫诸人共谈铸造简化字铜模与今后全盘整理所有铜模，使出版界所用铅字完全划一等问题。简化字铜模，估计明年可以做完。整理全部铜模，大致要三四年工夫。会以十二点半散。

回家匆匆午饭，即至社中，与汉语室同人讨论汉语第二册之草稿，叔湘亦来参加。讨论者为词汇之部分，半日工夫，仅讨论原稿三纸有馀耳。

夜间看卢正义修改交来之推广普通话指示稿。

十一月十二日，星期六。

晨至部中，因卢正义已将指示稿修改完毕，余亦可以据以修改张部长在文字改革会议上之报告。修改之处不多。即送交纯才，请渠经过一定手续，付报社同时发表。

十点，至国务院礼堂，人大代表与政协委员之在京者于此集会。彭真作报告，极言出外视察工作之重要意义。次言欲往何地，欲视察何事，均由自定，分组即据自定者而组织之。十一点半散。

午后睡一小时许，两点半偕至善到政协礼堂听报告，盖为出外视察之准备。章乃器报告今年粮食工作之概况。今年全国普遍丰收，灾区不多，灾亦不重，为近年来所罕有。总收成数为三千六百亿斤（带壳），比去年多产二百二十三亿斤，增长百分之七弱。其外谈及粮食工作成绩与问题，出外视察应注意之点为何，等等。继之，许涤新报告私营工商业社会主义改造之概况。工商业改造各有三种方式，现已群趋于最高级方式，即公私合营。商业之改造，近趋于一行一业全面合营。此为北京之经验，将推广于各地。许君为广东人，其语言不甚能听清，于此颇感大家说准北京语音之必要。许君报告毕，报告出外视察者分组开会。余与至善在江苏组，人数最多，计二十三人。推定史良为组长，卢郁文为副组长。人代常委会与政协全委会派定秘书三人，随同出发。先到南京，然后再分往各县。商定我组以下星期四出发。五点半散。

回家少休，至余心清香饵胡同寓所，应其招饮。他客熟识者有老舍、曹禺、夏衍、徐彬诸位。心清托人弄到陈绍酒，观其坛中小纸帖书癸亥年份。查最近之癸亥为一九二三年，距今卅二年。酒味纯清，带酸，品之确佳甚。心清复招名厨煮熊掌。此在余为初尝，味极深厚。此外鱼肚及牛肉锅贴亦佳。余未免视平日进酒为多。十点散。甚畅适，然亦疲惫。

十一月十三日，星期日。

晨偕墨携小沫、永和驱车至至美所。至美之宿舍新迁移，原仅两间，今占三间，颇觉宽适。少休后，共至宁宁之育英小学接宁宁。此校地面宽大，设备讲究，小学生未免太舒服。此类干部子弟学校不久将取消，改为市立小学，使干部子弟不复享特别优待，此理甚当。在校中参观一周，驱车至虎坊桥果子巷广东合记家庭菜馆午餐。按阴历，今日为余之生日，故蠖生、至美请余与余妹两家共叙。此菜馆甚有名，治肴之人家姓谭，故特称“谭家菜”。房间甚窄，至多办两席，非早期预定不可。所治菜果不坏，各种之中多用蚝油，但亦未见特别出色。一席大小十四人，皆毫无客气，如在家聚餐一样，色色俱吃尽而止。此家壁间悬董其昌之画，林则徐、姚姬传、刘石庵等人之书法，真假余不能辨，想此家旧日必为宦家也。

至中山公园，菊花展览室已增至七室，观者排队而入，列队极长，满园拥挤，可谓倾城来观。如此盛况，想为向所未有。据《菊花展专刊》，今年有七百馀品，一万馀盆。观近日报纸，各大都市亦无不举行菊展也。四点回家。

龙文家中今夕为夏师母举行百日祭，墨与至善、满子携小沫、永和往拜。

十一月十四日，星期一。

九点，偕至善至政协礼堂，仍听报告。邓洁报告手工业改造之概况。廖鲁言报告农业生产与农业合作化之概况。

陈叔老昨日曾来看我，未值，今日授我以其诗稿，谓并不欲出版，第欲余观之，评其得失而已。承此老相知，谓余笔下有理法，深可感也。

十二点半归。饭后至社中，与同人讨论汉语课本之稿，亦仅四纸而已。夜间看初中历史稿十二纸。

十一月十五日，星期二。

晨到部中。九点开部务会议，讨论远景计划草案，即至第三个五年计划为止（一九六七年）之教育方面计划。计划中谓届时文盲将基本上扫除，小学普及教育遍于全国，大中城市则将普及初中教育。据财务计划司司长说明，小学普及教育问题在于经费，计算下来，国家可能发出之经费不足应付，相差尚远。中学方面，问题在师资。而师资之所以缺乏，在高等师范不能培养如许中学教师。高等师范何以不能足量培养？则由全国合格之教授人数极少，不过一百五十人。讨论不能遽作结论，尚须分别各个问题详为研究，乃可作大体之规定也。

十二点，至国际俱乐部，我部与高教部联合宴请日本教职员工会教育参观团。此团有二三十人，来我国参观不久，两部分别与开座谈会，明日将离京参观各地。曾昭抡与余均略至数语，宴叙至两点一刻散。

余至社中，继续讨论汉语课本稿，至五点半散。至芷芬寓所小坐，芷芬已搬来社中，余尚是第一次访其居处。我社之屋原为公主府，房屋之多，地面之宽，初所未料也。

七点，至振铎家饮酒。客为曹禺、徐彬、心清、乔冠华、陈家庭、夏衍、老舍夫人、廖承志诸人，谑笑盈室，颇得松快。菜为振铎母夫人所作闽菜，色色精绝。酒罢，闲坐至十点而后散。

十一月十六日，星期三。

晨至社中，徐世荣与叔湘、志公讨论语音挂图绘制之事。既而继续讨论汉语课本稿，至十二点止。明日余将离京，此一册之稿不克完全参与校改之役矣。

饭后为夏师母写墓碑，楷书“夏丏尊夫人之墓”七字。夏师母与丏翁并葬于白马湖，今冬入土。

至松竹园浴。回来，看工农速成中学司送来之工农速成中学之语文教学大纲。余仅看其说明部分，尚可。

十一月十七日，星期四。

上午至社中，与白韬、安亭、伯箫、薰宇诸位为会，讨论俟苏联教育代表团到时，与教科书专家座谈之报告词，说明我社之现况，及欲请帮助解决之问题。谈约两小时而毕。此代表团尚未有启行日期，据云本月内可以到达。

安亭亦将出京视察，至原选彼之省份山西，以明日出发。为时十日左右。

至汉语编辑室，叔湘、志公等仍在讨论汉语稿，余参加仅半小时耳。叔湘竭力主张此第二册全稿须一口气讨论完毕也。

饭后酣睡一时许，甚畅适。夜七时，偕至善辞别老母与家中诸人至车站，凤祥送往。此次同行者除到江苏视察之人而外，尚有往上海、往浙江、往安徽者，共四五十人，半皆熟友。我们与振铎及工作人员赵君共一间。车以八点零五分开。十点就睡，甚能安睡，余已习于旅行矣。

十一月十八日，星期五。

醒来时济南已过。天气晴朗，向南见暖，眺望甚适。或共闲谈，或看书籍，停车时则散步于站台。至善携显克微支小说集，余观四五篇，皆前所读过，重读之，其味益出。中午饮啤酒，夜餐与振铎、至善各饮白兰地一杯。

十时四十五分到浦口，下车。

省政府以游船一轮载我人渡江，为时约十分钟。登岸则省之负责人约十人相迎。至一新建之旅舍，名南京饭店，殆系为招待外宾者，余与至善共一室。就睡时已十二点半。

十一月十九日，星期六。

晨以六点半起身。与三官通电话，逾半时许而至。渠似较上次晤见时为消瘦。殆以参加肃反，工作紧张，又曾往西安、兰州调查材料跑了一趟之故。姚澄在沪宁线上巡回演出，须以下月中旬回宁，此次不获晤面矣。

十点，省长惠浴宇、副省长冷御秋、季方诸位来访。共商如何视察。大致下星期一、二先由省之负责人分题作报告，星期三或稍后一二日分头往各县视察。省之人民代表与协商委员亦须出外视察，将与我人联成若干小组同行。

午饭后睡一时许。起来偕振铎、伯昕六七人共往参观南京博物院。据振铎云，此院之收藏与布置均属上等，观之果甚佳。先观历代陈列室，凡八室。有殷代之司母戊鼎。有一木雕观音，工致秀美，大为赞叹。画幅陈列不多，而幅幅皆精，观之不厌。又观沂南墓室石刻陈列室。此墓甚大，近经发掘，他无所得，唯获大批之墓壁石刻。余前已见缩小之复制品，今则皆拓片，洋洋大观。同为汉石刻，而此墓石刻之画法与刻工，较诸武梁祠进步已多，几不能相提并论。观毕，已五点半，连观三小时，意兴犹旺。即返旅舍。振铎与余本欲在外小饮，而伯昕谓恐劳保卫人员担心，遂作罢。年来每次出外，辄有此一点稍觉怅怅也。

此次彬然本约同行，而渠往医院检查，医生谓心脏不甚佳健，不出门为便，遂来书告作罢。彬然身体如是，而心情又因此而紧张，殊为怅怅。

夜间，教育厅长吴贻芳来访，同来者为胡颜立，坐少顷即去。余入浴后早睡。

十一月二十日，星期日。

晨间三官来。八点后，乘汽车出发，游栖霞山。同游者为振铎、伯昕、王学文、王新庄诸君。南京城外坡地起伏，树木不多，唤起旧时印象，宛如在西安城外，而旷阔不逮。车行一小时到达。先入栖霞寺，观佛殿。寺僧导观楼上所藏书画，据振铎谓名家之作类皆赝品，以余观之，即系赝品，亦有颇可观者。继观楼旁之石塔及石刻佛像。此是六朝之作，颇有名。塔破损处已多，皆由盗窃者凿去，虽经修缮，难成完璧。留存之力士像浮雕确不坏。

佛像皆系凿山石而成，有一大佛。佛无论大小，皆经涂饰水泥，非复旧日之线条。大约原来石刻已风化不堪，故往日修理者作此补缀，然如是即不足观矣。旁侧有一石匠殿，刻一石工，左手运椎，右手执凿。石匠自留其形象于此，思之有味。栖霞秋色以红叶著名，今日所见者多黄叶，红叶颇稀，红者亦不鲜艳。既而休息于寺侧之餐馆，馆前有荷池，夏日当有致。进携来之面包与冷菜，馆中特摘篱边之菘菜，煮汤甚鲜美。午后一点过返旅舍。

高觉敷来访。

三点游玄武湖公园。观其菊展，号称万盆，洋洋大观。其品种似比北京为多，墨荷，细针，阔瓣者，皆为北京所无。菊枝又不若北京之高。至善谓此殆与日照有关。北京夏秋日照长，故多高枝。然南京之菊又有一特色，一盆辄有数朵，不尚单朵，故以全盆观之，较有姿致。反对菊之单朵，振铎与余有同感也。四点半归旅舍。三官即去，约明晚到其宿舍吃蟹。

十一月廿一日，星期一。

八点过至省政府，八点半始听报告。报告者为农林办公室副主任顾复生，题为农业生产与农业合作化之概况。苏省今年大丰收，天时好，由于人事之因素更多。合作社近几月发展更快，已是高潮到来之候。老社新社共有十四万七千馀个，入社农户为四十二万八千馀户，占全省农户之半矣。观合作社逐年发展之数目，甚有味。五一年五社，五二年五十社，五三年二百六十六社，五四年自三千馀至于三万馀社，今则将十五万社矣。

休息时往观省政府之花园，即在会议厅旁，假山亭榭，花木布置，与苏州之花园相似，亦有池塘。此省政府清时为两江总督府，太平天国时为天王府，国民党反动派统治时期为总统府。房屋营建颇觉空廓不适用，唯此花园为佳。返旅舍午膳，小睡片时。

两点半再到省政府，听省府某君报告商业工作与私营商业之改造。由于今年之丰收，农村购买力大增，商业甚繁荣，有若干产品有供不应求之势。消费品之脱销尚无大害，生产资料之供应不足，则影响发展农产矣。

将近六点散会，偕振铎、至善至三官之江苏话剧团宿舍。即饮酒吃蟹。同座者有剧团之同志四人，其中有二人为三官之旧友，尝来余家上海寓所者。与青年在一起，言谈随便，所谈较有意味，颇觉松快。蟹殊不佳，俱不甚结实。八人共饮小瓶白兰地三瓶，不为少矣。九点过返旅舍。

十一月廿二日，星期二。

八点半再到省府，听某君报告工业情况与私营工业之改造。又听某君报告肃反镇反之情况。此次镇反，逮捕约三万人，于各种事业之推进，各种人员思想之提高，均有帮助。回旅舍午饭，仍睡一时许。两点再往省府，惠省长讲话约一小时，大致谓一年来工作有成绩，但缺点尚多。继之，陈鹤琴报告江苏政治协商会之工作，甚有条理。四点半毕。于是按视察地区，合北京来者与原在南京者共为碰头会，互相认识。余等先往苏州，自北京来往苏州者六人，原在南京与苏州者凡十人，此组之人数殊不少。共定以后日离宁，明日往参观永利厂。旋即返旅舍。

方光焘来访，谈甚畅。渠为此间文化局长，与副局长二人，及朱契、曾昭燏（南京博物院长）共宴余与振铎，即在此南京饭店内。餐毕共谈，至九点二十分乃散。

十一月廿三日，星期三。

八点半出发，参观永利厂。厂在江北岸，下水轮船行四十分钟即达，轮系永利之专轮。登岸先至招待室中，听侯德榜讲此厂之历史。总之，民族工业家在解放以前辛苦万状，殊无成绩，解放以后，乃可有为。侯君系初期之厂长。继之，现任厂长报告现状，谓工人有三千馀人，连家属集居于此者二三万人。厂自公私合营而后，年年有进步。产品增多，今已比一九四八年增至五倍。成本降低，肥田粉前售三百元，今低至一百八十馀元。至于利润，估计今年可得一千二百万元。而在解放以前，此厂从未有利润，只有年年添本也。于是参观各个车间，按制造之顺序逐步参观，最后至肥田粉装袋。余当然不甚了了，虽听讲说，亦无稗益。侯君尝言，以我国农田计之，如此之厂苟有五十个，乃可普遍供应云。此厂又制硫酸、硝酸。至善告余若此规模之厂，可用之质料浪费者尚多，化学工业必须为一综合性之企业，乃可无甚耗费，物尽其用。巡行各车间中，至午后一点，承厂中招待午餐。餐后少休，则参观其文化福利事业。幼儿园、小学、医院、休养所、花园、礼堂、文化宫，规模皆不小。其小学共三十馀班，每年开支六万元，亦远胜于一般小学矣。四点半登轮船，五点半到旅舍。

夜间同来之诸人为会，约定明日分头出发视察，下月十二日以前回南京。吴贻芳来，约余回南京后作讲一次，允之。

洗澡而后睡。今日参观工厂，跑路较多，疲矣。

十一月廿四日，星期四。

九点半离旅舍往车站，往镇江、无锡、苏州者同行，五六十人，浩浩荡荡。乘加添之一节软席车。天气晴暖，眺望甚快适。闲谈有伴，大不寂寞。

在车中进餐，下午三点半到苏州。来迎者虽经介绍，不能一一记其名，仅知女市长姓惠，系惠省长之侄女。驱车入城，至西美巷裕社，为招待所。小洋房，而房间如旅馆形式。余独居一小间，至善与伯昕同一室。

少休而后，至北街忠王府旧址，即拙政园西侧之奉直会馆，观江苏省民间美术工艺品展览会。甚可玩，几乎有美不胜收之感。灯彩有刻纸灯、绢灯、夹纱灯。宜兴砂器、苏州玉器，旧制皆精极。今砂器尚有制造，玉器殆以不需要而莫能为继矣。丝织、刺绣，今颇发展。其中仅缂丝一种，老艺人已甚稀，亟需培养新生力量。泥塑亦颇发展，但佳作不多，往往庸俗。戏剧服装道具，为苏州之特产，今各种剧种均有前途，此业亦复有向荣之象。外则刻竹亦多佳作，唯新作殊平凡。此仅记其大概，未及记者种类固甚多也。

六点回招待所。进餐颇丰美。饭后谈此后行止，决定在苏留三天，然后分往各县视察，余与振铎、伯昕六七人则至震泽。九点半就寝。

十一月廿五日，星期五。

八点半听市之手工业局长谈苏市手工业情形。苏市手工业共有一百五十种以上之行业。主要之特种手工业有刺绣、檀香扇、绢扇、宝素珠、宋锦、缂丝、各种雕刻、漳缎漳绒、玉器、水晶眼镜片、红木小件各业。此类产品，五四年之产值为七百多万元。合作小组、供销合作社与生产合作社三项现在有一百零八个，组织在内者凡五千四百人，仅占手工业者之十分之一强，因此，今后合作化之工作，可为者正多。产品绝大多数为生活资料，一部分且为玩好品。生产资料仅占百分之五左右，则多为农具或与农具有关者。

九点半出胥门到阊门白莲桥浜，其地旧多制筷者，俗名筷子浜。今组成竹筷合作社，所有制筷子之户全部参加在内，今有社员二百九十四人。其社成立于五一年，为时颇早。原料为毛竹，采自孝丰。工作分截竹、劈竹、出方、出圆、打磨、染红、点金诸项。销路大部分在山东，估计今年产值为二十六万元有馀。其售价甚低，一把筷子（十双）不到一毛钱也。工资计件，最高者月可得五十馀元，最低者十馀元。此社亦办业馀教育，亦略有文娱福利。制品不但为筷子，不够制筷子之竹段则为纱厂纸厂用之夹板云。

入阊门，观檀香扇合作社，成立未久，做国营商业之定货。社员四五十人，月可制六千把，而定货只有四千把。原料檀香来自印度。工作分锯粗坯，磨光、雕花，细磨、绘扇面，装扇面各项。每把扇子取得工资七角有馀。社员如何分配，如何积累，尚未商定也。檀香来货不多，近试以黄杨为之。黄杨坚于檀香，而价值较低，所差者无香气耳。

回旅舍午饭，睡约一时许。两点半出发，至史家巷，观文联领导之刺绣小组。共有一百五十二人，妇女为多，妇女以中年、老年为多。以绣法分别，作苏州之传统绣法者最众，是因我幼时所常见，我母亦能作绣，唯造诣不高耳。今经合作，组织在一起，彼此观摩，各有进步。此外则有乱针绣与绒线绣。乱针绣在我国始于沈寿。绒线绣劈绒成细缕，可以数色之绒缕并绣，收调色之效果。又有缂丝，则为机织之工作。此道于抗战时期已停机不做工。近方招得老技工十馀人（中多男子，据云现在能为此者仅百许人耳），集中织机。机每人一架。于经线上织出花鸟。素地与花鸟同时织出，画稿上做何色，则以何色之丝织上，各色之丝各上于一梭，各梭轮换，事殊繁细。余久欲观此物之制作，今日始见之。

大凡绣屏与缂丝画幅，成一幅均须三个月。所成之品皆供出国展览。工资殊少。绣屏条者每天七角。绣靠垫、台毯者六角。绣花边者五角。缂丝一般为一元，特殊者以件计酬。何以不能多给一些，则以农村中以刺绣为副业者有四五万人，其工资更低，每天不过二三角耳。如何提高，尚待研究。我们谈论，此小组与其组成合作社，不如组成刺绣工厂，纯属社会主义性质，以参加者无所谓入股，已纯为工人之性质矣。

至拙政园，亦方有菊展，到处皆陈列盆菊。此园修整一新，黑柱粉墙，不落俗套。桌椅等物，皆细木之品，出自旧家者。余昔年固常游此园，而仅为此园之一部，今并西部之原属于张氏者为一。西部为初到，巡游一周。于一厅见陆廉夫花卉屏一堂，大佳。东部有空地数亩，亦将布置成花园，则大于往日三倍矣。

晚饭后谈明日节目，余决定往观学校半日。神州女学学生杨若彬来谈，渠在江苏师范学院女附中任教导主任，兼教语文。已是三十年之语文老教师矣。坐约四十分而去。

十一月廿六日，星期六。

八时，偕潘副市长与至善、章臣桓往江苏师院，晤其院长及教师共十馀人。此院近经调整，主要设自然方面之科系，此外则历史、政治、体育、俄语四科耳。询以辅助指导中学之情形，则谓现仅及于附属女中及附属工农速中，与一般中学虽非全无干涉，而尚不见关系甚密，以后将渐求进展。余仅提出希望注意中学课本与教学参考书，尽量提出意见。坐仅半小时而出，约一星期后或当再来。

又至省立苏州高级中学，即三元坊师范学校旧址，已扩展甚多，旧时房屋所存无多，皆新建之屋。学生一千四百馀，住宿生至众。余询校长及教导主任以学生对于课业是否消化，答谓近逐渐改期中考试为随时检查，觉学生对于课业之巩固颇有进展。承导观全校一周，面积至广，修洁犹差，图书馆布置颇大，藏书万馀册。

又至试验小学，新屋系去年落成，即在苏中与旧府学之南面。此校即往日之师范附小，明日将开五十周年纪念会，盖追溯至清末时期矣。巡行一周，于窗外听语文课，齐声朗读，总算说普通话，非复一字一拍。据校长云，语文课已用普通话教学，各科教师亦在自修北京语音矣。今日政令一出，各地皆重视，于此可见。

再回苏中，听化学课，讲甲烷。教师讲说与演示，有条有理，颇可满意。此校全系高中班。

十二点一刻回招待所，饭罢仍入睡。两点半至文化馆，即旧日之皇宫，观江苏全省肃反展览会。多图画与文字说明，及美蒋特务、盗匪、反动分子之赃物与武器。观一小时有馀而出。参观者至拥挤。

至沧浪亭，亦经修整，而不改旧观，全无粗俗之气，大可赞赏。又至顾氏怡园，修整亦如沧浪亭，唯少当时之竹园。已于其处建房屋。沧浪亭与怡园，固余少年时常到之地也。又至汪氏义庄，观其假山。登陟一周，群皆赏其小而有丘壑。假山上高树两枝已枯死，西侧廊榭已不存，南面一厅亦不存。近方从事修整。凡园林之修整，归苏州市之园林管理处主之，用心规划者为周瘦鹃，此君颇不俗，能保持苏州园林之特色也。

六点返招待所。余买酒五斤，与同来者共饮之。酒尚可。每斤价四角四分。既而范烟桥、周瘦鹃二君来访。烟桥近为市之文化处处长，周则园林管理处之副处长。

既而自学小组之学生四人与青年团、青联之负责人来，共谈自学小组情形。苏州市自学小组为较有成绩者，自学而外，多参加社会工作。据若辈云，同学与家长皆以为自学小组之办法，各方均有好处云。与青年谈话，颇觉畅适，一谈历两小时。其详由至善笔录之。

十一月廿七日，星期日。

八点半，郊区工作委员会副主席为我人谈郊区工作概况。我人欲往看虎丘一带之花农，渠亦略谈花农之情形。组合作社者大都不专营花业，亦兼种田地，唯此多彼少，互有差别。花谓之茶花，盖主要用以薰茶叶。花为代代、茉莉、白兰三种。珠兰以来源断绝，且栽培非易，虎丘已无复种植者矣。他则玫瑰、虎丘有某一区域种之。

九点半驱车出城，三元坊往南开一城缺口，至阊胥门之间登一小汽艇，直往寒山寺。此寺亦经修整，新筑一楼，窗明几净。于是至白洋村观大众农业生产合作社。社长慎根世谈社中情况，自谓识字仅三百馀，而了解政策甚透彻，发言有条理，此当然与识字无大关涉，还在实际上之领会。此社有田有茶花，组社以后，极大户数皆增加收入。至善与会计员谈会计情况，以别去匆匆，未及抄其细账。

复乘汽船，行未久，抵虎丘山前。上岸，饭于镇人民政府，菜肴与烧手皆自城中带来。饭罢，游虎丘，茗坐于冷香阁。虎丘之修洁，亦为前所未有。阁上眺望，平野开阔，殊畅胸襟，惜树木尚稀。惠市长谓今后将大量栽树。余意谓宜先栽河道两岸。

往观虎丘塔。全塔稍向北倾侧，殆为时已久。塔之东面与西面均有一道裂缝，自上彻下，极为危险。大规模整修今尚不可能，亟须以最简省之办法为之防护，俟将来再修。朱契告余，此塔建于九五七年，越两年即足千年。塔系砖砌，而仿木造建筑。余思此塔名气太大，自当设法保存。振铎掌文物方面之政，自应善为考虑，俾无损毁。

至虎丘下塘，观群力茶花生产合作社。社长钱荣生谈其社情形，语言有条理，亦不下于慎根世。观此辈状貌，固与往日之农民无殊，而自其口中能说出如许道理，可以见农民之进步着实可惊。此社茶花颇多。

储花之屋有两种。向南装玻璃顶、玻璃窗者曰花箱，瓦屋面设长窗门者曰花房。虎丘一带，花箱花房弥望皆是，白墙全新，玻璃反射亮光，洋洋大观。振铎至谓世界上殆未有如是之大花田。解放以前，花业已垂毙，解放后花有出路，抗美援朝时花农捐献一架飞机。花箱之高度，以前无若今日者，高则可以多储花盆。

茉莉、白兰入花箱，代代则入花房。春暖移出。各季储入时，视空气燥湿，酌量浇水。将作花之时，则浇水为极费力之工作。

白兰须接枝于玉兰，不接则不易生长，且开出花来不白不大。茉莉宜于春季翻土，其时加糠灰。施肥则均用粪水。茉莉花色转红，由花心有害虫之故。花农似尚未注意使用杀虫剂。

至西园，于放生池上一望，亦复可爱。未见池中之大鼋。自罗汉堂穿出。至留园。留园原已破败不堪，日寇军队于此养马，日寇投降后亦未经修复。自前年起，园林管理处始加修葺。门窗槅扇皆购旧货，陈设家具亦然，皆精致而又调和。迄于最近，始完工。余谓自幼游留园，从未见若今日之精美。据云有一看园之人，痛昔日之残败，今见修复，胜于旧观，不禁大哭，谓何意复有此日。

又一村之假山上细枫树成林，红色与叶之形至可爱。怡园中亦有若此之枫一树，特大。历观苏州诸园，皆精美，完全保持中国式园林之特色。因念杭州诸园，不脱粗俗二字。颇欲向杭州方面建议，整理园林应向苏州看齐也。

回招待所已六点，匆匆进餐，即至北局，听说书。书场极大，殆可容五六百人。说书者为评弹工作实验团，盖合大书小书而为一。所说为中篇《刘莲英》，盖一次把故事说完。分为三回，每一回皆四人登台，有男有女，逐回更换。唱片多用普通语句，不调平仄，不一定叶韵。此皆此道之新变革，余前所未见也。《刘莲英》系据新创作之剧本改变，写工厂中之思想斗争，尚不坏，唯嫌其教训意味太重。男女演唱者语言皆干净，无废话下流话，此亦进步之征。共说三小时，回招待所已十点半。

十一月廿八日，星期一。

晨间地委副书记韩君来，陪我们同至震泽。同行者振铎、伯昕、至善外，尚有南京同来之朱契、朱宝镛、邹树文（七十二岁）三位，又有北京同来之秘书吴君，南京同来之医务人员一人。驱车出城，直抵灵岩山下。余缓步登山，居然不太吃力。寺中之修洁，亦似胜于往日。和尚方在做功课，久不闻此梵呗声矣。

下山，至木渎。登小汽轮，出胥口，登较大之轮船。河道水浅，轮船不能开入内河故也。轮船系震泽县派来迎我人者。行太湖中两小时有馀，朱契嘱余看其所作古装历史剧《郑成功》一稿，看毕，略为谈余之意见。

午后两点半抵东山，住于疗养所。其处原名席家花园，席为买办商人，营此园未完成，因抗战而停止，观假山之布置，房屋之设计，皆庸俗不堪。今改疗养所，供区级干部来此疗养。

饭罢，小睡片刻。五点起，钱县长（后知县长姓咸，名同德，当初误以为姓钱。）为我人谈全县概况。此县受国民党反动派与土匪蹂躏极深，农民、渔民生活最苦，解放以后，反动势力与土匪肃清，人民觉悟颇高。要求组织合作社为普遍情况。咸县长一谈两小时，听者均满意。于是吃夜饭，共饮酒五斤。此间自己发电，九点半即停电，稍感不习惯。只好入睡。天气转冷，但用两被，犹觉其过暖。

十一月廿九日，星期二。

晨以八点半出。乘汽轮至龙头山。山下皆荷田，夏日来此，当为洋洋大观。入葑山禅院。此院塑佛像颇不坏。有供奉明末遗民路公之祠。既而观涧桥乡杨家弄迎庆农业生产合作社。此社人数不多，果树较田地为多，去年组社以来，极大多数户增产。分为三队，稻田、旱地、果树。劳力不足时，各队互相调剂。果树为枇杷、杨梅、白果、栗子。虽地靠太湖，而取水为一大问题，干旱之候，担水为极紧张之工作。果品均售于供销合作社。此社会计员为一高小毕业生，至善与之谈较详。副社长为一农妇，虽尚未识字，而颇能干。坐约一小时许离去。

至紫金庵。此庵中之罗汉像云系宋塑，罗汉像之上排有诸天，亦复佳妙。衣摺飘拂，面目生动，衣上饰色描金，亦复精美。与角直之罗汉相仿佛。诸天之一擎一手帕，殿后观音顶上张一红伞，皆系泥塑，而有飘动之感。其中有后来修补者，作风显然可别。今日之游，见此大为满意。大殿后面院子中有玉兰一棵，已只剩半片老树皮，自树皮生出枝条，其上已有明年之叶芽与花苞。又自根部透出枝条，亦有叶芽与花苞。据守者云，此树殆已千岁（恐为过甚之辞），玉兰开时，特别大而白，唯根部枝条上则为紫玉兰。其人为之解释，谓此老树当时盖白玉兰紫玉兰之接本也。观久之，殊感兴味。观碑石，记谓此寺初建于梁陈之际，固甚远矣。

即于寺中午饭，菜饭皆自招待所带来，借附近人家烹煮。饭罢，观兴福寺，破败，佛像平常。

复乘汽船至杨湾，观明代房屋。先至两家人家，殊平平。继至杨湾中心小学，则为一明代大宅。特别者大厅大柱下之基础用木制，据振铎谓此系前所未闻。厅之梁上有彩绘与雕榫。门窗雕镂极工。大厅对面之门上，砖刻亦工细之致。此为今日之又一大收获。太湖未经兵燹，故三百多年来能保存此类古屋也。

后乘汽船而归招待所，已六点过矣。晚饭仍饮酒，共谈半时许，各归其室。今日步行较多，觉腰际作酸，颇见疲劳。

今日为阴历十六，圆月当空，湖面银亮。入睡而后，月光满窗。

十一月三十日，星期三。

晨八点半出门，步行约里许，访渡席乡光明渔业合作社一社（以光明为名者有三社）。此社成立于去年下半年，有一百一十三人。渔业有所谓一改三结合。一改者，改进生产工具与方法。三结合者，捕捞与种植结合，捕捞与养殖结合，捕捞与运输结合也。有此三结合，则多馀之劳动力（原以船少人多，人力有馀，值捕鱼之淡季，亦有多馀）皆有所收益。改用山东簖，比本地簖大，且布置之方法不同，获鱼可增多甚大。渔民原无土地，今社中有地十馀亩，种稻麦，养鱼，则皆开荒而致之。结社以来，生活改善，衣服周全。渔舟或另置新者，或修整旧者。往日遭难最深。在湖中获鱼遇抢劫，工具被偷窃。反动军队与日寇军队常来拉用人工，勒索鱼虾。因此不敢夜泊于埠头，皆分散藏于芦苇深处。渔民自言往日头也抬不起来，今日不知明日。今则不唯生活渐好，且有文化娱乐。估料三年而后，全社社员均可在陆上筑屋而居，不复如往日之以舟为家。太湖渔民数万户，苟能全部陆居，诚一大改变也。

今后将规定禁渔区与禁渔期，以保护幼鱼。以明年开始实行。但此事须环湖各县联合为之，震泽县渔民已明晓此义，其他各县尚未也。禁渔区为浅水区与水草区。禁渔期为三月至五月。在太湖捕鱼者，不仅湖中渔民，尚有来自本省江北及山东、浙江者。

捕获者有鱼、虾、野鸭。捕鱼以簖（捕蟹为附带之事），以渔钩。捕虾以笼，又以松枝浮湖面，俟虾附其上，捞起而取之。捕野鸭张网于水中，以家鸭为媒，诱野鸭下集，合网而取之。今日与渔民谈较多，所知较详。又观彼辈表演如何捕野鸭。

午刻回招待所，饭后睡一时许。于是往访渡桥乡第一村晨光农业生产合作社。此社有百户，二百九十九人，为一较大之社。去年组社以来，适值大水患，收获仅三之一，社员动摇。但经合力营种种副业，居然度过，且不亚于往年，因而信心大高。今之收成，每亩平均至七百斤，共谓向所未有。至谓地犹是也，不料其产量能提高至此。实则皆由于合作之故也。

出晨光社，观震泽县之储谷仓库。新建仓房，堆谷几及屋顶。埠头泊船甚众，皆满船载谷，此系农民来交公粮者。运谷入仓之工人络绎来往。又观晨光之牛栏猪圈及其文娱所，有收音机一具，云是国务院所发。

缓步回招待所，观血红之月徐徐上升。饮酒吃蟹，蟹系光明社社员所获，仅得八只，不甚结实。

振铎得北京来电报，文化部将有会议，促早归。伯昕与余谈归期，余亦希望以下月十日左右回京。九点半睡。

十二月一日，星期四。

今日专事游览，不访合作社。八点半，乘汽轮往西山，行一时有馀而登岸。西山最高峰曰缥缈，望之殊无奇，且不高，不称其名。登岸处曰镇夏镇。其地山下有林屋洞，道书谓之第九洞天。入口处低，须俯身而入，稍入乃可站直，然复有低处，继复空阔，如是者屡，不可穷其底。我人皆未深入。据县长谓曾深入半日，其中有野猪，有蝙蝠，蝙蝠有白色者，皆甚大。在洞中时闻嘎嘎格格之声云。

行约二三里至显庆寺。一路皆梅树、银杏、杨梅树。梅花开时来此，当不下于邓尉。此寺即包山寺，附近高树参天，有樟树、榆树、长松。山门前有唐会昌时之经幢，皮日休、陆龟蒙二人之诗均提及此寺。入寺，憩于其方丈，曰大云堂。楼上有《嘉兴藏》，据振铎云，其《又续藏》中颇有明末遗老之作。振铎为此而来，翻阅久之。其楼已破损，火烧亦堪虞，当谋保护之道。在包山寺观玩一时许，回至镇上，进午餐于供销合作社，吃带来之肉包子，佐以榨菜肉丝汤。

返汽轮，指石公山。石公山为西山之南端，皆石灰石，石骨显露，为自然之大假山。宋时之花石纲，即采自此处，历来叠假山者，皆取给于此。有归云洞，中雕巨大之送子观音。有节烈寺，原来建筑颇好，今已颓败，合作社社员于此开会。见我人至，以碧螺春进，并请我人尝其自产桔子“洞庭红”。在石公山眺望太湖，最为宽广，渔帆群集，日映湖明，同人皆称快。至水边观石公石婆，系二石甚大，似一翁一妪之状。余至此恍忆二十年前偕剑三游太湖，似曾到此。然确否则莫能自决矣。石公之大树，村民言皆为日寇砍伐，大是可恨。我人共谓石公宜布置为休养所，所费不大，而休养者到此，真可赏心怡神。

四点半返汽轮，六点回招待所。晚饭罢，县长为我人汇报本县“三定到户”与“社会镇反”之工作。谈约两小时，工作甚切实，言之极有条理。此县长为一好县长，时时外出，与群众搞得极熟，其年岁三十才出头耳（三十二岁）。渠与我人偕出，居民见之，皆亲切如一家人，此非可强作者也。

十二月二日，星期五。

八点半上汽轮，至横泾区，咸县长、韩书记仍相陪。轮于内河中行，观两岸农田与乡村景色。余先与邹老闲谈，既而坐于舱顶，以所携之铺盖为倚垫，晴冬温暖，意殊畅适。午后一点泊岸，其地系横泾区浦庄乡，入其乡人民政府，今夕即留宿于此。午饭罢，小睡片时。

起来复往观附近木里村之宪生农业生产合作社，此社成立于去年十月，凡成立于去年以前之老社为第一代社，去年成立者为第二代社。宪生成立后有成效，今年增产，今秋附近之互助组争欲组社，共成立十社，皆以宪生名。此类为第三代社矣。

此社副社长为生产能手。社委领导，处事能做到公平互利，众皆悦服。所定各项作业之额数，结果皆有所超出。

此间务乡，于小麦向不重视，随便翻垅，撒种掩土，即不之顾。今改善方法，多方照顾，产量一般增长。此社今年每亩平均产一百四十四斤，往时不过四五十斤耳。水稻则为六百七十一斤半。

此社领导又一特点，能以方法使众知新法之好处。如施用杀螟之药粉，所有稻田全用，仅留半亩不施。结果此半亩受螟害而产量大减。众见此实例，皆信药粉之确然有效。

此社有青年突击队（他社亦有有此组织者），颇起作用。凡新行一事，以突击队试行之，取其经验，定其标准。

余与数青年男女谈，询以烧香拜神，今尚通告否，父母为儿女极早定婚，仍复然否。答称神佛已不信，信之于生产无裨，何复信之。男女婚配，皆由自主，婚姻法早明定之矣。于此可见精神方面之改变。

余此来得一总印象。以前农民只知承袭传统，向来如何，今亦当如何。现在则群知任何事可以变革，可以由变革而进于合理，进于康乐富裕。此当自土地改革启其端，今则合作化继之。农民今日要求甚跃进，询以希望为何，往往答称早日使用拖拉机矣。

回宿所已六点半。饭罢，诸人共坐闲谈见闻与感想，历时约一点半。一部分人睡楼上，余与邹老、二位朱君及随从数人睡于楼下三间厅堂中，数榻纵横排列，喜谓之统舱。

十二月三日，星期六。

上午观浦庄乡联盟农业生产合作社第五社。此社为第三代社，成立仅两月有馀，定额包工制尚未弄妥，账目亦未轧清。大凡办社，领导人才至关紧要，安排人力与组织工作，皆须有干才。能力较低者，则虽先经受训，又学于他社，往往不能安排停当。此须党政方面多为之助矣。农民自言文化低，所以致此。其所谓文化低，系指不识字或识字无多。余则以为识字不识字尚在其次，文化之高低，实即干才之高低也。此社虽尚未上轨道，而农民兴致甚高。往观庞山湖国营农场之机械耕作，皆欣然谓愿早用拖拉机。农民往他处参观，今颇盛行，此亦推动合作化，提高技术之好办法，大可记也。

吸血虫病为害甚烈，农民患者极多。乡区多设防治站。余初不之知，今知此病蔓延十馀省，卫生部以防治此病列为重要工作。韩书记谓其专区中规定于第二个五年计划期间根除此病云。

此社虽不算好社，而今年亦增产。每人留粮，平均在六百斤以上。一青年农民欣然谓如许留粮，吃到明年，尽够矣。

又往苏行村观联盟大社，此社系三个社一个互助组合成，农户百户，田千馀亩，为一较大之社。此社亦有青年突击队，唯不名突击而名生产队。几个女青年一边翻土，一边唱新学之合作运动小调，歌声中喜气洋溢，至为可感。有若干社员正在改筑一条道路，此路长二里，宽一丈，准备将来用车辆运输，减轻负担之劳。有一七十一岁老农民欣然谓“路快要修好了，我们走上社会主义的道路了。”远的计划已订至一九五七年，谓准可完成。按计划，一九五七年水稻每亩可产八百零五斤，小麦每亩可产三百五十斤。各家居草屋者改为瓦屋。田更加合并为大块，届时将有九十亩者一块，四十亩者两块，最小者亦为五亩。此社有高小毕业生廿三人，初中毕业生三人，均在社中。

回宿所午饭。饭罢，同人与韩书记、咸县长坐谈。各人提出其所见。余谈农民需要办小学，彼辈希望公家办，是否可以鼓励他们自己办，而公家助之。朱契谈太湖水利至关重要，不宜与湖争地。邹老谈垦荒于山地，宜顾及水土保持。振铎谈吸血虫病之严重，宜努力防治。最后韩书记谈，谓此类事均至要，皆宜全面规划，或已有所定，或正在研究云。

于是与咸县长别，登小汽轮离浦庄乡，时为下午三点半。行一时半许而过石湖，振铎谓石湖漂亮，胜于西湖。余觉石湖较余幼时小得多，污积处丛生芦苇，无复浩茫之感。行春桥九个环洞今剩其五，四个为日寇炸毁，大半条桥接于路面矣。

在横塘登岸，汽车候于路旁，即往招待所。留住所中者，仅方老、杨老二人，往嘉定、吴江者尚未回来。

接墨来信，言家中均安好，为慰。晚饭罢，振铎邀步行街市。在护龙街（人民路）观旧书肆。至观前街，振铎欲购糖食与熟食，而店已关门，其时亦不过八点刚过耳。

十二月四日，星期日。

上午往访周瘦鹃，观其庭园与盆栽。其室中或如菊展之陈列室，或如古玩之陈列室。色色均有可讲，但不适于休坐，亦复为缺陷。其盆栽往往配以石，以中国画之观点，布置成章，皆颇雅致。余题二语于其签名册上，曰，“胸中本自有丘壑，形诸盆盎皆精奇。”园中有假山，出其自己之手，小而幽雅。花卉树木颇繁，有名种，有出自旧家，年岁已久者。周君每日亲自治园圃，终年与花木为密友，亦可羡也。

辞出，于公园附近见江苏省苏州血吸虫病防治所，入而访之。此病不名“吸血”而名“血吸”，盖日本之语法则然，我国袭用日本之名。据其职员谈，苏州专区范围内患此病者有八十万人。派出之防治队不敷分配，当发动群众以为助力。治疗用打针之办法，检粪便数次，如无虫卵，即为痊愈。但痊愈以后仍可再行感染。此病厉害与否，视虫寄生于肝肠之多少而定。一般为慢性病，但寄生极多时，一二月即可致命。虫侵入体内由皮肤，故手足皮肤与有虫之水接触，即有得病之可能。虫卵由粪便排出，到了河水中，即孵化而成有毛之幼虫，谓之毛蚴。毛蚴遇一种极小之螺蛳曰钉螺蛳者，即钻入其肝脏。历时一月有馀，变成很多尾巴分叉之小虫，谓之尾蚴。尾蚴出至水中，遇人或牲畜之皮肤即钻入而寄生于其体内。此虫之变化，必由钉螺蛳，故防御以消灭钉螺蛳为要。他则须善为处理粪便。此二事皆普遍宣传，农民亦能接受。防治所中收集各地区之钉螺蛳甚多，检验其中有无毛蚴。余辈于显微镜中窥见毛蚴，状如鳄鱼，屈曲而行进。又见成虫之标本，红色，如棉线，长半寸许。中央指示以七年消灭此病，当可做到。此诚至要之事也。

午饭后与至善及南京随来之青年医生出外闲步。入玄妙观，摊贩甚多，杂乱依然，唯所售货品与食品，视往时颇有不同者。入三清殿，画张之摊子多售新式之年画。摊伙执笔描画者极少见，笔画之画幅亦甚少。于殿后见售旧留声片者，询以有无昆曲片，居然有之。捡得十数片，大喜。“一·二八”时损失之昆曲片，大致重得矣。于北局入观百货商场，颇拥挤，殆以今日星期之故。足力已疲，茗憩于怡园。虽为星期，而游人不多。坐一时许，于园中巡行一周，遂返招待所。

吴研翁自无锡到，亦住此间。

今夕振铎动身回京，余沽酒为之作践。酒罢，诸人共坐闲谈。直至十一点过，振铎行，乃就寝。今日亦复疲甚。

十二月五日，星期一。

晨间偕方、杨二老至南显子巷，观苏州市第一初级中学。其地即余幼时曾往游观之程公祠，中有水假山。女校长张君、教导主任刘君为谈其校之情况一小时。学生中队员占成数多。教师多能积极备课，希望改进教学。课外活动，能结合工农业之训练。

观全体学生为课间操。然后游假山。假山之顶为一楼，假山宛如此楼之基墙。唯湖石特佳，极“皱、瘦、透”之致。据朱契昨日归来言，吴中园林之湖石，以此处为第一。入石洞，则其中宽阔，有两个空处，上有钟乳石下垂，下则沿石壁作栈道。下傍溪水。出洞时须俯身钻出。洞中堆叠如出天然，无拼砌痕。

此假山确可称美，名曰“小林屋”，盖从太湖西山之林屋洞得名。我人方至林屋洞口一游，未入窥其奇，今日入此小林屋，则颇觉满意。以此假山在学校中，园林管理处未加整理修葺。若能与学校分开，则大善矣。然须略去校中之房屋，亦得非易。假山旁有老柴藤一棵，盘曲而依于高树。系康熙时韩慕庐（菼）手植。另一院落有荷池假山，旁屋旧为民居，破坏颇甚。学校接收后加以整治，但山之堆叠无由复旧，将石头放置一旁而已。

于各个教室外经过，其时为第三节课。教师讲解者多，提问者少。大多数说苏州话，闻之觉刺耳，苏州话作演讲，颇不相宜。此校教导主任告余，其校今年之毕业生有往新疆工作者，有数人成为采棉之“百斤能手”，彼辈大为兴奋。来信中谓对母校希望二事。一为注意同学之体格，务使强壮。二为务使同学学习普通话。彼辈之亲身体验如此，可知普通话之必当推广矣。

复至草桥，观苏州市第一中学（高初中兼有）。余意在重游幼时就学旧地。校长导我人全校游行一周。扩展已甚广，当时东边之元和县衙门，南边之第四高小，今全包入此校范围。学生多至三十二班。理科方面之设备足用。

十二点回招待所。饭后睡一时许。三点，教育局张局长与科长二人向吴研翁与余谈苏州市之教育情况。苏州全市，小学有 279 所，学生 61081 人。中等学校（各种中学程度者）20 所，普通中学学生 19939 人。苏州市于教部之指示与通知，均能重视。如全面发展教育，综合技术教育，减轻学生过重负担，提高教学质量，皆能通过学习与检查工作，以领会其精神，改革其实际教学工作。于此余觉中央一命令一指示影响所及者深广，诚宜再四审慎，然后出之。谈至五点半而毕。

王却老、郑辟老、费达生自吴江回来，杨卫老自嘉定回来，上星期一自此分头出发之诸人，今日又集于此矣。

晚饭后浴于宫巷之某浴室，未记其名。浴室内热气蒸腾，初入之，有异感。

十二月六日，星期二。

晨间金子敦来访。渠已为苏州寓公，赁颉刚之屋而居，为市人民代表，近方与北京、南京之代表同往无锡视察。子敦谈半时许而去。今日全体同人不出门，在招待所中座谈视察之感观，将以集体之意见告之于苏州市与苏州专区。上午、下午各谈三小时有半，大家发言甚充畅，共谓谈得极好。托伯昕与吴运和（秘书）整理之。

晚餐时余买酒与能饮者共酌。饭后共往北局听书。凡四挡：《白蛇传》《西厢记》《祝家庄》《十三妹》。说唱者全无无谓之穿插，起不说苏州话而说北方话之角色，发音落调大体准确，当为近来之进步。十点散。

今日朱契（字伯商）谈起，苏州不特有宋元明清之园林，且有宋元明清之建筑，渠主加意保存。玄妙观、三清殿为宋，虎丘二山门为元，府学大成殿为明，北街忠王府为清。余向未之知，今记之。

十二月七日，星期三。

上午九点过，偕伯昕、朱伯商至苏州市人民委员会，其处在道前街，为从前之道台衙门。潘市长、杨专员与我人接谈，在座尚有市与专区之干部五六人。余代表来苏之视察组述说对市对专区之意见。对市提出市政建设方面之问题。主要者疏浚城内河道，保持府学之大成殿，加强对自觉小组之辅助。又提出刺绣小组前途之问题。我人以为此小组工资太低。又以为刺绣为特种手工艺，使之合作化，欲培养为手工业合作化之旗帜，不甚相宜。又以为合作社之前，尚须多所酝酿，多做准备工作，组社而后，尤须加强领导，加强全社之团结。对专区提出之主要意见如下。农业生产合作社垦荒开塘，自是至当，但垦荒须不妨害水土保持，开塘须不妨害永远之水利。又，合作社各自修路，须顾及整个农村之交通系统。他则栽桑宜特别注意，以提高蚕丝之产量。果木、粮食作物、牲畜之接枝、选种等项，亦宜统筹。种种技术，均宜加意提高。又有血吸虫病，必须大力防治，能早于七年根绝此病尤佳。总而言之，亦无非谓各项工作，均宜全面规划，加强领导也。杨专员与潘市长皆表示当郑重考虑，尽量采纳。又闲谈有顷而后辞出。

至善则随杨卫老、朱宝镛等往娄门参观私营三吴香料工厂。

下午两点，偕伯昕、伯商至师范学院。杨院长与各系主要教师谈其面向中学，领导中学教学之情形。谈者六人。大致此事近来始有眉目。大家觉得此工作如能作好，则于师院于中学均有益。但师院教师与中学教师不重视此工作者，亦复有之。至于缺点，则计划性不够，有些工作不能持之以恒。科学研究，尚作得不深，有待探索。谈至五点半辞出。

明日早上，我人将离开苏州往南京矣。

十二月八日，星期四。

晨八点离招待所趋火车站，同返南京者十二人。杨专员、韩主任、潘市长送于车次。车中与伯昕谈余之经常工作情况，在京时虽偶相见，未能有此闲暇也。下午两点到南京，仍住南京饭店。方入门而三官迎于门首，谓母亲来信三通，祖母后颈左侧生一大疮，来势颇猛。坐定，展墨之来信，则知已请北京医院之大夫来诊，用药有效，且不发热，似不致发生危险。信中希望我父子二人速归。与伯昕商量，决定余先归。至善则留在南京数日，整理材料，与伯昕、朱伯商共同起一报告之草稿，专叙往苏州一组之事。于是托交际处买车票，居然一问即成。省政府张秘书来谈，余略述此行之见闻与感想。五点三刻又到车站，至善、三官与招待处之二职员相送。

车中遇斯行健君，与余闲谈。斯君亦江苏选出之全国人民代表，系古生物学专家。此次询知渠专研古植物，上溯之时代，往往在几百万几千万年以前。渠自言解放而后，所作论文多于解放以前，甚感人民政府重视科学，科学能与生产结合。谈约两小时，火车已渡江而开行矣。

十二月九日，星期五。

一夜眠尚酣。七点起身。进早点后看《小母亲狄蒂》，除进餐、餐后午睡而外，专看此书，至傍晚而毕。此书作者为丹麦无产阶级作家马丁·安得逊·尼克索，此老去世未久，写成此作，尚在十月革命之时。狄蒂为被压迫阶级之代表女性，已有无产阶级之意识与感情，而尚未融合在集体之中。三官言此书甚好，余因看之，看罢果满意。

夜十一点到北京，满子、晓风、老田三人相迎。知老母颈际之疮势已杀，医生用金霉素治之，颇见效。主治者为北京医院之医生，而教育部、人教社之医生亦来看视。闻此为慰。到家，老母睡而醒，往省之。其容貌颇憔悴，唯言痛楚，浑身不舒。医生主住医院，而老人家不肯。墨与我妹欲余劝说，余知此实甚难。生活习惯不同，一也，语言不通，二也，无自己人在旁，三也。故余以为不必劝说，只得麻烦医生耳。

满子为送其母之下葬，将以明晨离京，往白马湖。

十二月十日，星期六。

上午未作甚事，看离京期间之少数来信。

午后，均正夫人来，伯祥来，皆来探望老母。晓风迎北京医院之范（名翼熊）大夫至，揭去纱布，颈肉肿起，一深孔如指头大，已无白脓。大夫谓此名为痈，今日已好转，当可逐渐结疤。据我妹云，老母之精神委顿亦渐愈。晓风又随大夫返院，取药品送来。渠告余近以合作化发展极快，各项工作须与配合，均得提高其速度。我社之编辑出版计划，今亦重行拟议云。

十二月十一日，星期日。

晨浴于松竹园。浴罢，往访彬然，未值。渠往近郊视察国营农场去矣。其夫人言彬然心脏有病，气瘪，将以下月住医院治疗。坐一小时而归。蠖生、至美已来。芷芬与王氏姊妹浚华、汉华等俱在，亦来探访老母。既而文叔亦来。留文叔、芷芬共饮，杂谈社中事。下午，云彬之子剑行来。至于四点光景，来者始尽去。

十二月十二日，星期一。

到部中，晓风交余看积存之来件。张毕来来访，谈中学文学课本之编辑事。缘拟从早行用新编之文学课本，淘汰旧编之语文课本，社中已拟定办法，加快编辑速度，组织外面力量，定出过渡时期之用书顺序。总之，明年秋季即可不用旧编之语文课本。毕来又语余乔木近作过一次报告，强调文学教育在使学生认识生活，文学教育之目的在培养人。乔木前曾于电话中语余以其略，今之报告则畅言之，将于语文教育起作用。既而徐世荣来，谈语音研究班之筹备，又谈如何准备广播稿，供北京广播台语音讲座之用。晓风告余毛主席近日所作十七点具体指示，大半有关农业合作化，极关重要，录之。（一）农业合作化不必有很多高潮，估计入社之农户，今年已有百分之四十至五十，明年可达百分之七十五至八十五。（二）老社可以吸收地主、富农入社，但应分别对待，老实者为社员，较次者为预备社员，反动者则管制而改造之。(三)社中领导成分，贫农与新老中农之下中农应占三分之二。(四)增产措施须据各地具体情况，总结优良经验。(五）事事须全面规划。(六）关于牲口：1. 政府管理市场价格；2. 入社作价应稍高于市价；3. 交流饲养经验；4. 保护小牲口。牲口是当前农村的主要动力。（七）兴修小型水利。小型水利必须与小型流域规划结合。要在七年内消灭旱灾、涝灾。(八）消灭虫灾，七年内基本上消灭大虫害（蝗虫、红蜘蛛等)。(九)十二年内绿化全国。村旁、宅旁、路旁、水旁、荒山都要栽树。（十）产肥与积肥。（十一）增产。十二年内，黄河以北每亩平均产量达四百斤，淮河以北黄河以南达到五百斤，淮河以南达到八百斤。（十二）消灭为害甚大的疾病（如血吸虫病)。（十三）除四害（鼠、麻雀、苍蝇、蚊虫)。（十四）扫除文盲。七年内基本上完成，一般为识两千字。(十五）修路。县、区、乡路面之广狭，质量之好坏，均按一定规格。（十六）建立有线广播网。七年内每个社都有收音机。（十七）七年内每个乡都有电话。

回家午饭。饭后再往部中，原计划工作座谈会以今日开始，与会者为各省市之厅局长，讨论者为今后十二年（至第三个五年计划终止时）之远景计划与明年之具体计划。以前方针有“稳步前进”之语，而理解不透者，每致稳步而不进。今因工业化发展迅速，农业合作化高潮已到来，毛主席提出极简要之三语，“速度要快，规模要大，质量要好”，后来又补上一语，曰“费力要省”。所谓力盖包人力财力而言。于是以前所拟之计划均须加速与放大。座谈会以下午两点开始，张奚老致辞后，由纯才报告部中所拟之远景计划。本定开会一星期，而来会者皆以为宁多开些日子，此次必须大家认识一致，节节合拍，乃可搞好今后之工作云。散会后余不回家，因七点又须开部中之办公会议。讨论者为明年之方针任务，将提交座谈会讨论者。迄于十点，会尚未毕，余先退。

今日范大夫来。老母颈际之创口颇见收小，其处肉色已转正常。范大夫谓痊愈如此之快，盖由体质较强之故。

十二月十三日，星期二。

上午在部中，主要看徐世荣之一篇稿子。其稿为修改以前注音字母留声片之底本，将由王淑敏重行发音，以备录音制片者。又加朗读新编小学语文课本第一册之课本，凡两片，此为旧片所无。

回家午饭。下午到社中，与芷芬、晓风谈一时许，与文叔、仲仁谈一时许，即到散班时间。所谈虽不集中，而皆涉社事。余尝谈及为改进语文教学，可以组织五六人到各地参观研究。事先作好准备工作。拟定几篇必要之报告稿。复预料教师将有何种疑问，何种困难，一一详加研究，写好比较完善之答案。此外则欲知何事，重要者若干点，亦当事先商定。出发则往有师范学院之地区，以师范学院为东道主，请其指定参观对象，若者最优，若者最差，若者中等，分三类观之。听课而后则开座谈会，与师院教授、中学任课教师与他校教师共同研究改进教学之道。每一地停留一周或十日。如是必然彼此有所获，推动改进之热潮。闻余言者皆以为善。唯明年编辑工作极紧张，主要之同人抽不出身，若以较弱之人充此数，又恐于实际无多裨益。或者姑就较近之地，以较短之时间试为之耳。

夜间，缮录晓风代余草拟之一文，略作改动。此稿系中国新闻社所约，谈新中国之面貌，将发与国外华侨所办之报纸刊载。缮录至九点半，未完。

十二月十四日，星期三。

上午在部中，主要看通俗出版社所修订之《标点符号用法》一稿。此稿原由余起草，由人民出版社出版。今以专业分工关系，改由通俗出版社出版。通俗易去若干例句，灿然遂送来交余过目。余提少数意见送还。

午刻回家，即不复出门。三点光景，范大夫来。老母颈际之创口固见缩小，而创口之周围尚作软，皮色特赤。范大夫谓其处尚有水分，当以敷上之药油膏吸收之。

今日下午日食，但以天空有云，未能看见。开收音机，觉声音特低，且模糊。未知是日食之故，抑是天气转变，将发风晕之故。

继续缮录并修改晓风为余草拟之稿，傍晚完毕，全篇四千馀字。明日即可送与中国新闻社。

七点，彬然来访，闲谈甚畅。渠将于日内住医院，注射针药，治其疾病。

彬然去后，听苏州买来之昆曲留声片。所惜俞振飞之片购到不多。袁萝盦之《游园》、高砚耘之《刀会》《训子》，王摩诘之《三醉》，俞振飞之《拆书》，重听一遍，神为之王。

十二月十五日，星期四。

上午在部中看杂件，与徐世荣谈制留声片事。写复信数封。

午后到社中，叔湘来谈少顷。渠与汉语室正在讨论语法部分之提纲，预备编入初中汉语课本。

自图书室借来上海美术出版社近出之《画苑掇英》，精印我国古画，系出徐森玉先生之选辑。此集至可赏玩，因托图书室代余买一辑。

白韬来谈社中近况。任务增加，而调任干部至不易，殊为可虑。肃反工作尚不能结束，而此事至费人力，亦是矛盾。正事谈毕，白韬告余渠从人习气功一月，身体健康颇有增进。所谓气功，只须自由直立，呼吸吞吐，练习时间不拘，唯须每日为之，不间断。渠劝余亦试为之。余则恐无此恒心也。

酒次与四个孙儿说笑，颇有兴致。

开收音机，正在播送文学课本第二册之朗读录音。此一部分朗读，余未曾往听，今夕听之，甚有意味。据闻外间反映，于第一册之朗读唱片，甚感满意。中学校非第以是教学生，教师亦以是学习普通话。

十二月十六日，星期五。

上午在部中，写复信数封。陈润斋来谈筹备北京语言研究班事。外则看报志与文件。归饭后小睡有顷。至社中，写一短稿，为余所作《倪焕之》之俄译本序文。此文系十月初答应苏联同志者，预约于十月杪交与，今已逾期甚多矣。全篇仅千字，随即缮抄，抄毕刚好散班。

饮酒之顷，郑缤来访，谈笑甚欢。

今日范大夫复来为老母换药，约星期日再来。

十二月十七日，星期六。

上午在部中仍是写信，看文件。午饭后睡起，浴于松竹园。冬至节近，余背脊与腿臂又复不舒颇剧，昨夕且因此而不得安睡。今日于浴室请理发者按摩一阵，稍觉松爽。

至善以昨夜偕杨卫老、吴研老二人回京。我们到苏州一组之视察报告草稿由伯昕与渠属笔，在南京曾大略讨论一次，须再加修正，然后送人大常委会。

十二月十八日，星期日。

上午偕墨携永和访昌群与颉刚之干面胡同寓所。余尚是第一回去。昌群壁间悬余在乐山时赠与之词，又出前在上海时余所书之篆字联。又检示渠为余所摄之相片，其时昌群尚未结婚，渠居余景云里寓所之三楼，距今将三十年矣。今日自观，亦复惊喜，青年时代之余固亦状貌不恶也。颉刚之屋甚宽大，藏书数万册，陈列如书库。儿女四人，戏于室中，热闹异常。而颉刚多忙，苦于失眠，殊有不宁帖之感。既而王以中来，共谈。谈至十一点半，余辈乃辞出。

下午，晓先、芷芬来谈。晓先交代历史问题尚未完毕，余转述王乃夫托余语渠之言，渠谓俱已说尽，无复其他。芷芬则谈社事为多。渠于头绪繁纷之诸事俱清澈明晓，良为可喜。

四点半，范大夫又来。揭开纱布看时，见老母颈际之肿处，范围益见缩小，创口亦渐见收拢。范谓今后须注意用热罨，使肿处早消。此可自己为之，不需再烦医生矣。

晚饭后复听昆曲唱片。

十二月十九日，星期一。

上午在部中，亦复如前数日。高教部与我部与工会方开职工业馀教育会议，杨秀峰在逸仙堂作报告。余未往听，仅观其送来之文稿。今日为提高职工之知识水平，适应建设需要，业馀教育自当重视。唯职工与农民同，俱感学习时间不足。如何善为安排，使得专心向学，诚为重要问题也。

午后到社中，余之室中方有人在开会，余因坐于安亭之室中。属笔草一提纲，准备为上海之《文艺月报》作文，为文艺作者谈汉语规范化问题。此志屡属作文，久未有以应，今约定于下月十三日以前，必作成一文寄去。写约两小时，所得尚不少。

毕来邀往其室漫谈。所谈为高中文学课本之编辑问题。乔木送来其意见，谓高中一、二年级宜依文学史顺序选材，我人因考虑是否可行。考虑而后，觉编辑方面尚不太难，唯须充分为教师帮助，使能教好。教师能教好，学生自能接受，当无困难。至六点散，约明日再谈。

昨夜下微雪，为今年之初雪。街上旋即扫去，又经太阳一晒，即了无痕迹矣。

新购《画苑掇英》已送来，灯下玩之。

十二月二十日，星期二。

上午仍在部中，一切如常例。下午到社中，与中语室诸同人续谈高中文学课本选材事。他们已写定一些篇目，自诗经至陶渊明，各篇当否，一一讨论之。此册须特别用心作注释，注得好，即于教师帮助甚大。谈至五点过乃散。

对外发行之英文刊物《中国建设》派人来接洽，要余作关于中国酒之散文。姑允之。余固常饮酒，而谈酒则知识不多也。

十二月廿一日，星期三。

上午部中开办公会议。先讨论明年之会议。其数多至二十馀。其中有全国语文教学会议一目，将合各级学校而共同商讨之，此会当由余掌握，而筹备者则为各司，出版社亦须出力。此外又讨论我国与外国互派参观团、代表团之事，尚有其他事项。

午后至社中，与同人七八人共谈。缘毛主席指示今后识字注音用拉丁字母，此事牵涉我社与部中普通话教学指导处者颇多，必当有所筹商。谈约两小时，商定明秋出版之课本俱改用拉丁字母。今冬训练小学语文教师，仍用注音字母。赶编小册子，俾已习注音字母者过渡到拉丁字母。拉丁字母之方案尚待文改会拟定，据云今年之内必当定稿。先为发表，试用一个时期，再加修订，然后正式确定，以之为拼音字母。拼音文字即用此种字母来拼。近日一切工作变动甚大，因整个形势发展之快，不得不急起直追。有人谓迩来颇有“山中方七日，世上已千年”之感，诚不为虚言。

十二月廿二日，星期四。

语音研究班决于明年二月开办，嘱各省市选派学员来京学习，通知之稿于今日签发。此举与语言研究所合办，研究所即将就各地派来之人记其语音，为方言调查之工作。

午刻归家饭后，睡一时许。近日夜眠亦不坏，而白天仍觉困倦，时作呵欠。三点，始作准备寄上海《文艺月报》之文。与文艺作者谈汉语规范化问题。后脑本不舒适，用心则加甚，以是未敢多写，写六百字而止。每日写数百字，连续不断，十日亦可以成一篇矣。

十二月廿三日，星期五。

上午到部，亦无非看书报文件，与晓风闲谈。下午两点到社中，续写昨日之文，得七百馀字。中间伯箫来谈社事。

回家时，郑缤在，留渠晚饭。饭后听昆曲留音片。

十二月廿四日，星期六。

晨至部中。徐世荣来谈事。晓风谈起，芷芬处事有一长处，遇一问题，首先想有关此问题者有若干方面，作鸟瞰的考察。另外一种人，遇一问题，即先想到一角，入之颇深，一时钻不出来，遂致忘了其他有关方面。余谓晓风之说颇是，芷芬之长处确可效学。

午后两点，在社中为全社同人谈此次视察之观感。整理材料非易，讲辞不能好好组织，谈两点二十分钟，不自满意。

安亭亦谈其视察观感。渠到太原，观数个重工业厂。叙生产能力之加速提高，产品质量之好，苏联专家相助之深切，工人之精进不懈，大可兴奋。其中有一热电厂，设备皆苏联最新成就，事事均自动化，需人力至少，且人力亦无非看视各种机表，不需甚费气力。会以五点五十分散。余久未与全社同人见面对谈矣。

夜间忽感胃痛，不甚剧，而久久不已。记以前胃痛，似为久远以前之事，近一二十年未尝有之。今日进食如常，夜饮亦甚少，不知何故作痛也。

十二月廿五日，星期日。

清早浴于松竹园，十点半归。按摩一回，身体较为松爽。既而高祖文来，无甚事，闲谈而已。又托余写一字幅，饰其新迁复兴门外之寓所。留之午饮。至美与宁宁亦来。两点后入睡，一睡历二小时许。起来看中语室所选古典作品之教材。高中按文学史讲授，诗经、论语、世说、南北朝民间乐府俱入选矣。

七点，偕墨至北京饭店，德国大使举行招待会，为以格罗提渥总理为首的德意志民主共和国政府代表团来华访问之故。此代表团来已一月，明日将回国。听双方之讲话，彼此订有重要协定，且送来一百五十位专家，助我建设。讲话者热情洋溢，全场千馀人俱兴高采烈。散席已十点过矣。

十二月廿六日，星期一。

今日报载中德友好互助协定，又载两国总理之联合声明。此为国际之一大事件。

晨九点，至语言研究所。余被聘为此所之学术委员，前两次开委员会余俱未出席，今日为第三次会议。今日讨论者，推荐语言学方面之著作于科学院奖金评议会，以备评选。明年科学院将奖励各种科学方面之著作二三十种，以鼓励学术研究之空气。已提出之语言方面著作有八九种，我社之《新华字典》在内。余主不要提出，因此作造意虽好，而实绩不足以副之，质量实不甚高，如为提出，适见学术委员会眼光之低浅。于是决定删去。其他提出书目，有黎劭西之语法著作，有了一之《广东人怎样学普通话》，有叔湘之《语法修辞讲话》，有张相之《诗词曲语辞汇释》等。与会者于张著一致推崇，谓为确是有价值之著作。此数种著作尚须分人担任重行详阅，写成书面评语，然后送往科学院，亦见郑重严肃之意。会散已十二点半。

回家午饭后即往社中，开社务会议。今日新的副社长李之乾君首次来社，参加会议。李本为部中办公厅副主任，最近决定调来社中专主行政工作云。今日讨论者为社中各单位如何总结今年之工作，计划明年之工作。又讨论今后七年间之远景计划大要。又讨论工作人员业馀工作如何奖励与限制之条例。明年秋季教科书有不能及时之危险，余提出必须想一切办法，安排切实可行之计划，务使其不致脱期。会散已将六点。

夜间续作前日之文，下笔不顺，连续三小时，仅得六百言耳。

十二月廿七日，星期二。

晨至部中，看报而外，看毕新编高小历史第二册之全份校样。此册原稿前曾看过一遍，今编辑室以校样送来，意在请余多看一遍。

午后到社中，续作昨文，所得不足千字。遇文叔、仲仁、志公诸位，据告文改会拼音方案草稿于上星期六拟定，有数个字母未决，俟国务院决之。

今日闻知青年团与作家协会将举办之青年作者大会，已定于明年二月间召开。三官早经地方拟定，可以出席此大会。是则不久渠即可来京一行，自是可喜。

今晨室中所供山茶一盆开第一朵花，娇艳可爱。此一盆购入时有十馀个花蕾，而逐渐脱落，仅馀七个，尚有两个似亦不能开出来。至善谓所以脱落，或由于有一次浇水太多。未知然否。渠之此言系据所闻而为推想。洞庭东山有人云，木樨开时，浇水于树根，其花自落，不须采撷矣。夜间，水仙亦开第一朵花，且是单瓣，娟娟有致。

十二月廿八日，星期三。

上午在部中看初中历史之校样，此稿之一部分余尚未寓目，今故看其校样。此稿取材与叙述俱佳，当为提高一步之作，语言尚多生硬处。看部中计划座谈会上讨论之文件印稿，为之修润，亦费一时有馀。

饭后到社中，续看历史校样。文叔、仲仁来谈。拼音字母既将改用拉丁字母，小学语文课本自当从学此字母入手。仲仁已起一草稿，俟再加修改。

夜间仍看历史校样。计今日共看五十馀面，亦不算慢。

十二月廿九日，星期四。

晨到部。今日邀八九位长于北京语及音韵学者为会，缘徐世荣拟一提纲，将撰广播稿于北京电台广播。大家谈甚畅，于徐之意见有修正补充。又约到会之诸人撰书稿三种，就将要发表之拉丁字母拼音方案讲其学习方法，供一般人与教师应用。谈两小时而散。

午后一点半到社中，与各编辑室主任为会，谈工农业馀教育方面之教学大纲与教科书问题。今后工农业馀教育须大力展开，而教育计划尚未明确规定。须俟确定而后，乃可知应编撰者为何，其分量如何。今日所谈，仅是彼此交换意见而已。

三点半，继续开星期一未完之社务会议，至五点半毕。

夜间续看初中历史校样四十馀面，全册看完。费时三小时有馀。

十二月三十日，星期五。

晨到部中，九点开部务会议。讨论计划座谈会中之十二年教育工作规划。继之，董纯才述其将于今日下午座谈会闭会式上讲说之总结讲话内容。此座谈会原定开一个星期，结果开了两星期又五天，准备不足可知矣。所谓十二年规划，今后还须多次修改，固非一谈即算数也。

午饭后困甚，睡一小时有馀。起来不复到社中，浴于松竹园。

十二月卅一日，星期六。

上午在部中。九点，新来我部之苏联顾问纳乌莫夫来访，诸位同人接待之，奚老以小病未与，韦老亦未到。纳乌莫夫系接替安特洛索夫者，安已调往苏联大使馆工作。虽初次见面，谈话不多，已见其直爽亲切，重视其工作与责任。

下午两点至社中，与中学语文室诸君共谈，系谈初中、高中文学课本之选材问题。此方面问题尚多，余与同人均未能想得透彻。五点散。

六点半，再至社中。我社与文改会举办联欢晚会迎岁。先由余致祝贺之辞，次为说唱节目。然后分散游戏，有种种玩乐，并举行舞会。余放汽枪三枪，居然有一枪中的。看灯谜，余一个也打不出。既而看蔡超尘与人下围棋两局，乃归。

三午于今日入少先队，此于其生活上或当是一重要关键。渠本无他病，唯吊儿郎当，不能自顾其生活。近来渐见整饬。入队而后，若集体之熏陶有效，当更有进也。

文学思想研究

从茅盾和叶圣陶的早期文学实践看“为人生”文学思潮的多重面向①

■ 凤 媛

“为人生”文学思潮可以说是“五四”时期最有代表性和最具覆盖性的文学潮流之一。学界在讨论这一思潮时常常将其视为一个不言自明的概念，但细究之下，我们会发现其中很多问题并不明晰。比如，“为人生”的内涵究竟指向的是一种理想的创作目标，还是具体的创作手法？是一种集团性的创作导向，还是个人化的创作思维，甚或是激辩中的意气之争？它所依赖的思想资源是新浪漫主义、自然主义、批判现实主义，还是“新写实主义”？它又是如何去界定“现实主义”和“现实”的？“为人生”文学思潮在“五四”时期以文学研究会的“为人生”宣言为肇始，但“为人生”宣言凸显的是文学和社会现实之间的一种功利性关联，而非西方现实主义者追求的等同性的关系②，是把“为人生”作为一种文学目标，而如何让文学“为人生”的具体路径并不明晰。发展到1920年代中后期，“为人生”文学思潮逐渐分化，并逐渐为革命文学的声浪所淹没。在这期间，曾经倡导“为人生”文学的作家们经历了各自不同的思想历程。特别是当他们并非视“为人生”文学的理念为大一统的号令，并对“为人生”文学有着各自的理解和实践路径时，这种思想动向就尤显复杂。本文选取茅盾和叶圣陶两位文学研究会的代表作家为观察对象。他们私交甚笃，且均被视为“为人生”文学理念的重要推动者和实践者。但两人对文学如何“为人生”、怎样的“现实”才是“为人生”的理解和取径却既有区别，又互为影响。同时，20世纪20年代的茅盾和叶圣陶还经历了新文学批评家和创作者双重身份的戏剧性互换，这更加有助于我们理解他们“为人生”文学理念的生成、实践、嬗变和互动，并以此来管窥1920年代“为人生”文学思潮及其所依托的现实主义的复杂面向。

---

① 本文系教育部人文社会科学项目“晚清来华新教传教士的汉语观之变迁及影响研究”的阶段性成果（项目编号：21YJA751007）。

② [美] 安敏成著，姜涛译：《现实主义的限制：革命时代的中国小说》，江苏人民出版社2001年版，第40页。

一、呼唤"个性"与人类视野："为人生"文学理想的初步建构

1921年4月上旬的一天，尚在担任小学教员的叶圣陶从苏州甪直应邀来到上海鸿兴坊的茅盾居所，和郑振铎、沈泽民等人共商文学研究会的事宜。这虽是两人第一次见面，但此前茅盾已经通过阅读《新潮》杂志及《小说月报》的来稿，和热衷新文学的叶圣陶神交已久。此时，茅盾已经彻底接手《小说月报》，正大刀阔斧地着手改革。在《小说月报》"改革宣言"中，他提出设立"论评""研究""译丛""创作""特载"等栏目，并"力倡批评主义"，提出"必先有批评家，而后有真文学家"，强调两者"互相激荡而至于至善"。关于对批评家的批评准绳，他认为虽然杂志着力于译介西洋文学理论，但不要做西洋之"批评主义"的奴隶，抹杀自由创造的精神。由此可见，茅盾在踏入文坛之初就已具备了明确的批评家意识，并将文学批评作为创造新文艺的重要路径。

此时的叶圣陶已在好友顾颉刚的介绍下加入了"新潮社"，并在《新潮》《晨报副刊》《时事新报》上发表了多篇白话文学作品。在几年前迫于生计写文言小说的时期，叶圣陶已意识到"礼拜六"派小说的陈陈相因和面壁虚构的痛处，因此力倡创作"必要有其本事"，"宗旨在写实，不在虚构"①。同时，他也有感于《新青年》对"民主""科学"等理念的高扬，尤其是陈独秀倡导的新文学，认为其是"探本之论"，进而提出"有美之真价，摄人间之真影"的文学才是新文学。② 他在《新潮》上发表的第一篇小说《这也是一个人?》，描写的是一个无知无识的农家女子饱受夫家和母家摧残的凄惨悲凉的一生。相比较其文言小说，该作摆脱了作者在新旧之间的思想迷茫，将目光瞄准了社会底层女性的生存境遇。顾颉刚说，这篇小说所叙主人公之事就是取自他家女佣，并认为叶圣陶"以写实法为之，不加论断，起读者评判之趣味。不作极端语，故弥觉情境之真，而无刺戟过度之弊"③，即可看出叶圣陶白话小说创作之初就注重写实的特点。茅盾也注意到了这篇稚拙的作品，但评价并不高，认为它只是《新潮》前期的文艺创作，尚不足以代表新文学

---

① 顾颉刚：《隔膜·序》，刘增人、冯光廉编：《叶圣陶研究资料》(上)，知识产权出版社2010年版，第100页。

②《叶圣陶日记》1916年1月2日，商金林：《叶圣陶全传》(第1卷)，人民教育出版社2014年版，第296页。

③《顾颉刚日记》1919年1月16日，《顾颉刚日记》(第1卷)，中华书局2011年版，第69页。

的实绩。他进而提出创作文艺要具备“观察”“艺术”和“哲理”三种功夫，首先要“用科学的眼光去体察人生”，“用科学方法去整理、布局和描写”，这种以科学为基础的写实观，既有陈独秀的文学进化论的影响，也和茅盾当时对法国自然主义文学的译介和研究密切相关。茅盾还提出，三者中最难的是“艺术”，“观察”和“哲理”都做得很好，唯“艺术”不佳，则这篇创作也是大为减色的。① 这篇评论虽然只是轻描淡写地点到了叶圣陶早期的白话小说，却可以视为作为批评家的茅盾和作为小说家的叶圣陶的首次“对话”。茅盾见微知著地借对叶圣陶等小说创作的批评，强调了“为人生”文学中由科学观察所造就的写实品格和艺术特质的重要性。

1921 年 1 月，茅盾主编的《小说月报》的首期发表了叶圣陶的小说《母》。茅盾为其作品写下《附注》加以推介。他强调了这篇小说是“何等地动人”，并且推荐读者阅读叶圣陶发表在《新潮》上的另一篇小说《伊和他》，认为在这两篇作品中足可以看见作者的个性。对作者创作个性的强调，正是茅盾这一时期对文学创作的艺术性追求的具体表现之一，也是他当时评价理想新文学的重要标尺。茅盾曾针对当时报刊上的“无聊创作”指出，它们最显见的毛病之一就在于“描写缺少个性，甲篇内的描写可以移用到乙篇”“人物的举动和情绪都不是表现的，而是抄袭的”②，缺乏实际的生活经验，导致作品千篇一律，千人一面③。以这样的标准反观叶圣陶的这两篇小说，它们都选择了相近的题材，即表现年轻女性对待孩子的诸种母爱情态，这也是叶圣陶写自己熟悉的生活、注重写实的写作惯性使然。《母》写的是一位小学教员梅君，为了工作不得不将一双幼子寄养在别人家，她却无时无刻不牵挂着他们。假期里回乡探亲发现孩子们瘦了很多，自责、哀伤、矛盾的情绪在她的心头搅扰。《伊和他》的情节则更为简单，写的是一位年轻母亲怀抱着两岁的孩子玩耍的情形，但作家的笔触却异常细腻，尤其是写到小儿在玩玻璃球时，小球反弹砸到母亲的面部，小儿看到她痛苦的表情，那种“恐惧、懊悔、乞恕”的情态表现得栩栩如生。这些都突出反映了叶圣陶善于观察、精于描写的特点。更重要的是，叶圣陶还能深入到小说中那个尚在牙牙学语的小儿的内心中，试探他的所思所想。可以说，熟悉的生活、精密的观察和丰富的想象共同造就了叶圣陶小说栩栩如生的人物和艺术的真实。

值得注意的是，叶圣陶的这种善于观察和茅盾彼时向国内宣传自然主义

---

① 沈雁冰：《对于系统的经济的介绍西洋文学底意见》，《时事新报·学灯》1920 年 2 月 4 日。

② 雁冰：《文艺丛谈三》，《小说月报》1921 年第 12 卷第 1 号。

③ 郎损（茅盾）：《评四五六月的创作》，《小说月报》1921 年第 12 卷第 8 号。

时强调的科学主义的客观观察显然是两种路数。茅盾认为当时文坛包括新派在内都存在着“不能客观地描写”的问题，而“自然派作者对于一桩人生，完全用客观的冷静头脑去看，丝毫不掺入主观的心理”。这种手法的重要性在茅盾看来，正在于它“是经过近代科学的洗礼的，他的描写法，题材，以及思想，都和近代科学有关系”①。显然，茅盾不仅延续了陈独秀的科学进化论思路，还进一步将自然主义的两大法宝——“客观描写和实地观察”作为实现“为人生”文学目标的一种重要手段。

相较于强调科学和客观地观察的茅盾，同样呼吁文学要表现人生的叶圣陶，似乎更加重视的是创作者和现实人生之间敏感丰富的交互关系。就在这一时期，叶圣陶连续发表了40则《文艺谈》短评，全面系统地阐发了他的“为人生”文学观。他认为“文艺的目的在表现人生，所以凡是对于人生有所触着而且深切地触着的，都可以为创作文艺品的材料。触着不触着不在知识的高下，而在情感的浓淡”，所以“文艺作品无论如何总含有主观的性质”，“浓厚的感情”是真的文艺作品的特质。② 同时，他强调创作者主体情感的投入，而且必须和现实世界产生一种深切的交互感，这就使得叶圣陶的看取现实，不仅是一种外在的观察，而且是一种“内在的生命的观察”。它“异于外面的分析的冷酷的观察，这个须以心，以灵感来观察”，“潜入他们的内心，体会他们的经历，默契他们的呼吸”。③ 叶圣陶坦言这种观察法是受到法国哲学家柏格森的直觉主义的影响，认为直觉是文艺家观察“生命之真际”的重要手段。

叶圣陶这一时期的小说创制，也特别重视人物内心世界和主观情绪的呈现，这在他对那些底层女性生存境遇的描写中尤其突出。比如《阿凤》《潜隐的爱》写那些备受公婆虐待、命运悲苦的年轻媳妇，即便身心饱受摧残，而一旦面对她们喜欢的人或物时，她们内心的慈悲与欢喜便汩汩流淌。阿凤在唱歌和逗弄小猫时获得的欢愉和生趣，陈二奶奶在和邻家小孩的情感互动中体会到的“爱”，都让小说在一片灰暗和阴沉中被冉冉点亮。在叶圣陶看来，虽然她们外表粗鄙而麻木，但她们对生命乐趣的体会以及生命意识的被唤醒都是和人类社会的每一分子相通的，“世界的精魂若是‘爱’‘生趣’‘愉快’，

---

① 沈雁冰：《自然主义和中国现代小说》，《小说月报》1922年第13卷第7号。

② 叶圣陶：《文艺谈·二》，《叶圣陶集》（第9卷），江苏教育出版社2004年版，第9、4、6页。

③ 叶圣陶：《文艺谈·九》，《叶圣陶集》（第9卷），江苏教育出版社2004年版，第20页。

伊就是全世界”①。

因此说，在评论和创作之初，茅盾和叶圣陶都重在写实。一方面，两人强调观察和描写现实的路径并不相同，一个重在对现实完全客观的自然主义式的描摹，一个重在创作主体对现实的交互、直觉式的介入，追求“有体温的人生感知”②；另一方面，两人通过对个体现实境遇的真实描摹来表达整个人类的情感的目标又是一致的。茅盾曾对中国古来“文以载道”和文学是消遣品的观点进行批驳，认为文学的目的是“综合地表现人生，不论是用写实的方法，是用象征比譬的方法，其目的总是表现人生，扩大人类的喜悦和同情，有时代的特色做它的背景”，“文学者表现的人生应该是全人类的生活……这些思想和情感一定确是属于民众的，属于全人类的，而不是作者个人的”。③ 可见，茅盾此时对“为人生”文学的界定，并不以某种艺术方式和手段为本质特征，象征主义也好，写实主义也罢，都不过是“为人生”文学表现人生的一种手段，而非特质；同时在表现人生的宽度上也体现了一种人类视野，这和当时周作人的“人的文学”“平民文学”的理念也有前后相继的关系，可以视为茅盾早期“为人生”文学观的集中体现。

这一时期，茅盾作为崭露头角的新文学理论家和批评家，借重《小说月报》平台，也建立起了关注、评论文坛创作现状的良性互动的关系模式，叶圣陶的小说创作就为茅盾的新文学批评和理论建构提供了重要依据。茅盾、叶圣陶两人，一为批评家，一为作家，各有专攻，性情亦有别，但他们都在“为人生”文学的大纛下进行着各具特色、同时又互为启发的探索。两人“为人生”理想中的人类视野，也昭示出1920年代早期“为人生”文学思潮的驳杂内涵。

二、何为“真实”的“现实”：“为人生”文学理想形态之探索

《小说月报》革新后一年，由于受到商务印书馆保守派势力的压制，茅盾辞去主编一职，由和他关系甚密的郑振铎接手。这一方面是由于茅盾不满于商务印书馆对其编务的横加干涉，另一方面也和他此时职业生涯的转向有关。1920年10月，茅盾由李汉俊介绍加入上海共产党小组，开始集中阅读和翻译

① 叶圣陶：《阿凤》，《叶圣陶集》(第1卷)，江苏教育出版社2004年版，第170页。

② 杨洪承：《现代中国革命文学发生期“写实”的限度——以作家叶圣陶小说创作为例》，《山东师范大学学报（社会科学版)》2020年第5期。

③ 沈雁冰：《文学和人的关系及中国古来对于文学者身份的误认》，《小说月报》1921年第12卷第1号。

无产阶级革命理论的文章。查《茅盾年谱》可知，这一时期，茅盾频繁地在《共产党人》等杂志上发表了《共产主义是什么意思》《美国共产党宣言》等多篇政论文译作。① 这预示他将从一位文艺批评家逐渐转向从事实际工作的职业革命家，也进一步影响了他对"为人生"文学观的建构。

1921 年 4 月，《小说月报》12 卷 4 号上刊发了茅盾的评论文章《春季创作坛漫评》。他按照"表现的手段"和"思想的深入"两条标准对文坛近三个月的创作实绩进行了评定，其中一类作品表现了"对于罪恶的反抗和对于被损害者的同情"，虽然这些作品"不怎样完全"，但茅盾仍旧对创作者表示"非常的敬意"。认同创作者对被侮辱和被损害者的关切，成为茅盾此后评价文学创作价值的一个重要标准。1921 年 7 月，茅盾连续撰文提出："在乱世的文学作品而能怨以怒的，正是极合理的事"，如显克微支这样的作家"于同情于被损害者之外，把人类共同的弱点也抉露出来了"②，"应该把光明的路指导给烦闷者，使新信仰与新理想重复在他们心中震荡起来"③。虽然仍然表明要"写人类"，但重心已放在"被侮辱和被损害"的人群，不仅要写黑暗，还要在黑暗中凸显光明和历史发展的前进方向，这些都不能不说是马克思主义文艺思想开始渗透和影响的结果。

同时，对于文学作品艺术性的思考和坚持，如同幽灵般依然徘徊在这位年轻的批评家的脑际。他评价 1921 年 4 月到 6 月间新文坛的小说创作，发现创作者和当时的劳动者是非常隔膜的，描写出来的作品也和劳动者的实际生活不符，都是"为创作而创作"，是"无经验的非科学的描写"。他特意点评了叶圣陶的小说《晓行》，认为它在符合人物身份方面"似乎最熨帖，但可惜是《猎人日记》体的笔记，不是直接画出两个农夫，几个农妇来"。既有所肯定，但又不无惋惜，这在茅盾是颇有意味的一种权衡。《晓行》写的是"我"在朝阳初升的早晨穿过田间的所见所闻。小说前半部分确实有着《猎人笔记》融抒情、叙事、写人和写景为一炉的特点，"我"徜徉在清晨田间的美好风景中，通过人物对话凸显其对农人生存状况的关切，情节弱化，文笔清淡，特别是小说后半部分出现的两位农人形象，尽管他们备受虫灾和田主的双重打压，但叶圣陶并没有给予浓墨重彩的凸显，只是把他们融进了晨晓的风景和"我"似有若无的思虑中。这种写作显然和茅盾所期待的写出"被侮辱被损害"的"血和泪"的强度和力度都有着不小的距离。有意思的是，在这篇文章中，茅盾还点评了叶圣陶的另一篇小说《一课》，认为它是创作者描写自己

① 查国华：《茅盾年谱》，长江文艺出版社 1985 年版，第 36 页。
② 郎损（茅盾）：《社会背景与创作》，《小说月报》1921 年第 12 卷第 7 号。
③ 雁冰：《创作的前途》，《小说月报》1921 年第 12 卷第 7 号。

所熟悉的环境的代表，是个“尖儿”，“不可多得的”。

《一课》写的是一位小学生，在课堂上挂念着课桌里的小蚕，思绪时时被养蚕的诸多事宜牵引，复又缠绕着课堂上老师们的各种教导，以意识流的方式呈现出孩子丰富、细腻、敏感的内心世界，以及人和自然之间的默契呼应，颇能凸显叶圣陶强调深入内心进行“生命的观察”的写实手法。茅盾对这篇小说的肯定，说明他对叶圣陶的创作特质还是高度认可的。他把创造的要诀放在作家要去写自己熟悉的环境和人物上，因为“凡是忠实表现人生的作品，总是有价值的”①，这也反映出他仍旧对自然主义的科学客观描写有所倚重。

这些看起来有些抵牾的评价，反映出此时茅盾对何为理想的“为人生”文学的进一步思考，即什么样的“现实/真实”才是合于“为人生”文学理想的表现对象。是接受无产阶级文艺理论对特定阶级和人生的“血和泪”的表现，还是恪守自然主义的科学客观原则对更广大的社会人生的观察，抑或是叶圣陶的直觉主义的深入人心的透视？茅盾对此并没有作出一个明确的决断。“真实”这一被茅盾视为优秀文艺作品的重要特质和标准，也由于作为反映“现实”的预定结果和目标，变得可以“滑动”而意义含混。

一般认为，茅盾向无产阶级文学理论转变的标志是1925年5月他在《小说月报》《文学周报》上发表的《论无产阶级艺术》《告有志文学者》等文章。斯洛伐克汉学家高利克甚至将《论无产阶级艺术》视为中国当时介绍无产阶级艺术理论的最重要文献。② 但这种转变是否标志着茅盾在文艺观念上抛弃“旧我”、重塑“新我”的脱胎换骨呢？

我们看到，在这篇长文中，茅盾借鉴并改写了苏联文艺理论家波格丹诺夫的相关理论，全面系统地分析了无产阶级艺术产生的条件、特质、内容和形式等问题，也彰显了其对文艺创作中某些原则性问题的坚执。对罗曼·罗兰的“民众艺术”概念中“全民性”的批判和对无产阶级文艺的“阶级性”的强调，表明茅盾受到马克思主义文艺观的影响；同时，他仍然对无产阶级文艺这一新生事物保持了高度谨慎的态度，指出无产阶级艺术的内容要“丰富充实”，不能过于“浅狭”，更不能“损害作品艺术上的美丽”。这种对艺

---

① 郎损（茅盾）：《评四五六月的创作》，《小说月报》1921年第12卷第8号。

② [斯洛伐克] 高利克：《茅盾与中国现代文学批评》，中国台北：花木兰文化出版社2014年版，第120页。

术性的强调更具体地表现在他对什么是“现实/真实”问题的思考上。① 在两个月前发表的《现成的希望》一文中，茅盾提出一篇理想的战争小说应该是“一个人类面对枪弹时的心理变幻”，是他深入战场上的每个特定瞬间产生的各种反应，好的无产阶级小说同样要求创作者应深入无产阶级工农大众中，或者他本人就是无产阶级，这样写出的才不会是隔靴搔痒、皮里阳秋的“书房小说”。这种对生命个体内心世界的重视，特别是对“深入”无产阶级大众心理的强调，凸显了他力图对马克思主义文艺观和直觉主义式的写实方式、文学的政治功利性要求和艺术审美特质的融合，叶圣陶“深入人心”式的作品似乎有意无意地成为批评家茅盾文艺本性的招魂器。

与茅盾丰富而纷乱的社会活动和文学观念相比，叶圣陶这一时期仍旧以创作和编辑为主业。他开始写童话，还和朱自清、俞平伯、刘延陵等创办了《诗》月刊。1922 年 6 月新诗合集《雪朝》由上海商务印书馆出版，郑振铎为《雪朝》作序，曾就序言和叶圣陶商量，认为诗歌要求“真率”和“质朴”，“虽不能表现时代的精神，但也可以说是各个人的人格或者个性的反映”。在他们看来，“时代的精神”固然重要，作者的“个性和人格”也是创作中必不可少的。1923 年，叶圣陶著文批评《小说世界》的“游戏小说”观，指出“作小说要有自得的哲学，要进入人心的深处，要察知世间的真相”，因为文学是“一件非严肃当真不可的事业”②。由此可以看出，叶圣陶在文学“为人生”的理念下仍旧坚持的是独具其个人烙印的“深入人心”的现实主义。

1923 年 12 月，叶圣陶的第二部短篇小说集《火灾》作为“文学研究会丛书”由商务印书馆出版。顾颉刚认为，《火灾》延续了《隔膜》对人心人性的本真、有趣和慈爱的探索，“鼓吹全人类对于人的本性都有眷恋的感情”③，文学在叶圣陶那里就是祛除覆盖在人心上的“附生物”，回归人类本性的最佳手段。这种重视心灵世界幽微变化的写法成为叶圣陶“为人生”文

---

① 程凯指出，此文使沈雁冰的文学观发生根本转变的说法并不准确，只能表明茅盾的政治意识有所转变。至于对待文学和艺术究竟要发生怎样的转变问题，茅盾的认识仍旧是很模糊的。本文认同这一观点，并进一步认为这些模糊处着重体现在他对什么是无产阶级文艺需要的“现实/真实”问题的思考上。参见程凯：《革命的张力：“大革命”前后新文学知识分子的历史处境与思想探求（1924—1930）》，北京：北京大学出版社 2014 年版，第 73—74 页。

② 叶圣陶：《关于〈小说世界〉》，《叶圣陶集》(第 9 卷)，江苏教育出版社 2004 年版，第 96 页。

③ 顾颉刚：《〈火灾〉序》，刘增人、冯光廉编：《叶圣陶研究资料》(上)，知识产权出版社 2010 年版，第 308 页。

学的一种精神徽记。同时，叶圣陶始终恪守的是“真实”这一准则，“从原料讲，要是真实的，深厚的，不说那些浮游无着不可验证的话；从态度讲，要是诚恳的，严肃的，不取那些油滑轻薄十分卑鄙的样子”①。叶圣陶追求的“真实”既有对作家写作态度“真”与“诚”的道德要求，也有他从写作手法上对“真实”效果的独特探索，即直觉式的、“深入人心”的观察而产生的一种“心灵的真实”。这种“心灵的真实”成为他此后不断摸索“为人生”文学的艺术表现形式的重要标准，也为正在思考一种什么样的“现实”才是“真实”的茅盾提供了重要经验。

当然，这并不意味着叶圣陶一直驻守在艺术之宫，不为外界的风云变幻所动。1924 年 7 月，叶圣陶发表了《“革命文学”》一文，独辟蹊径地揭开了“革命文学”的神秘面纱，认为所谓的“革命文学”和“文学”没有什么区别，因为“凡是文学，总含着广义的革命的意味”，但他又不无犀利地提出“革命文学是否必须以从事社会和政治的革命为题材呢，还是专事鼓吹革命呢”，认为这两者都不适合现在的情形，只有有了真正从事革命工作的人，他们的写作“不论以什么东西为题材作成文篇，力量由内发射，一定感人极深”②，都是广义上的革命文学。叶圣陶一方面对革命文学的题材进行了拓宽，即不应仅仅限于“革命”，另一方面则对如何创作出好的革命文学提出要有切身的革命经验，主张“由内而发”。这种对革命文学颇具远见的判断，让人不禁想起 1927 年 4 月鲁迅在广州黄埔军校的著名演讲。鲁迅说，“‘革命文学’倒无须急急，革命人做出东西来，才是革命文学”，他认为革命到来之前和革命进行时都不可能产生革命文学，待革命成功之后，才会有讴歌革命和对旧时代唱挽歌的文学。③ 鲁迅对革命与文学的思考和他其时置身大革命的策源地、深受诡谲的革命情势影响有关。1924 年的叶圣陶也正经历着军阀混战给社会民生造成的诸多不堪以及对文坛产生的浮浪喧嚣的影响，不但“革命文学”乱象丛生，就连“革命”本身也危机四伏、善恶莫辨。叶圣陶则以其独特的方式将这些乱象带入创作中。

1924 年底，叶圣陶接连写出了《金耳环》《潘先生在难中》《外国旗》等小说。相比较此前创作，它们最显著的不同就是引入了军阀混战的背景，既写了马上要开拔上战场的心思搅乱的兵士席占魁，也写到了战乱中带着全家仓

① 叶圣陶：《诚实的自己的话》，《小说月报》1924 年第 15 卷第 1 号。

② 叶圣陶：《“革命文学”》，《叶圣陶集》（第 9 卷），江苏教育出版社 2004 年版，第 99 页。

③ 鲁迅：《革命时代的文学》，《鲁迅全集》（第 3 卷），人民文学出版社 2005 年版，第 437 页。

皇逃生、患得患失的小学校长潘先生，还写了风闻大兵来袭慌忙讨得外国旗以求自家平安的乡下人寿泉夫妇，这些小人物身份、地位各不相同，但都无一例外地被无法掌控的外力裹挟到了一种相似的境遇中。朱自清曾评价说，《线下》集的后半部分体现了一种“写实主义手法的完成”[①]，这种“写实主义”主要体现在题材的不断开阔，不仅仅是长于表现城市小资产阶级。在朱自清看来，写实主义/现实主义的内涵应该跟随时代发展不断变化，叶圣陶的转变正说明了在跌宕复杂的社会环境促动下，他思考“为人生”文学要表现的“现实”之范围也在随之变化。当然，这其中也有叶圣陶的不变，那就是对这些人物的直觉式的观察，深入和体贴到人物的内心世界，不论是对话还是内心活动，都能刻画出人物的精魂来。

对于叶圣陶这一阶段的创作，茅盾并没有给出即时的评价。直到 1928 年在评论乡土作家王鲁彦的作品时，他才为《潘先生在难中》留下了一段后来成为盖棺定论的著名评价：“把城市小资产阶级的没有社会意识，卑谦的利己主义，precaution，琐屑，临虚惊而失色，暂苟安而又喜，等等心理，描写得很透澈。”[②] 虽然这是茅盾用“精密的科学方法”解剖中国社会结构和“人层”得出的结论，但并不影响他对叶圣陶犀利剖析和准确把握人物心理真实的激赏，他甚至以此为准绳建议王鲁彦以后能少一些“教训主义”，“放大”“敏密的感觉”，“努力要创造些新的”。尽管此时茅盾的外在境遇愈加复杂和微妙，但并不影响他一再和叶圣陶于文艺创作领域产生碰撞和交响，而这种交响于茅盾而言，显然是有影响力的。茅盾曾经受惠于自然主义的“客观的真实”，此时也开始导向叶圣陶的“心灵的真实”；而叶圣陶对“革命文学”以及何为“现实”的富有前瞻性的判断，更为茅盾此后的理论和创作之路的转变埋下了伏笔。

三、哪种“现实”，如何“革命”：“为人生”文学的大时代之问

1927 年 5 月，《小说月报》主编郑振铎由于抗议反动当局对共产党人的肆意屠杀遭到通缉，不得已远避欧洲，《小说月报》暂由一直参与杂志工作的叶圣陶接手。叶圣陶接手后，最明显的变化就是加大了对新文学创作和研究评论的扶持力度。

在接手杂志后不久，叶圣陶着手筹备《小说月报》的“创作专号”，并

---

① 朱自清：《叶圣陶的短篇小说》，刘增人、冯光廉编：《叶圣陶研究资料》(上)，知识产权出版社 2010 年版，第 354 页。

② 方璧（茅盾）：《王鲁彦论》，《小说月报》1928 年第 19 卷第 1 号。

在第18卷第6号的《最后半页》中预告了即将登载的“可观的创作”，同时称：“在作家头上加上‘什么进’的字样来称呼，我们觉得无聊而且不切实。我们以为，这个时候，作家们还是在同一的地位，大家需要不断地修炼——修炼思想，修炼性情，修炼技术，以期将来的丰美的收获。说‘什么进’‘什么进’只是夸妄与傲慢”。所谓“什么进”即是针对当时如成仿吾、冯乃超、李初梨等刚从日本归国的“少壮派”对鲁迅、茅盾、叶圣陶等“五四”一代知识分子的批判而发。显然，面对这些以舶来的文艺理论作为切入中国政治现实的革命“先进”们，叶圣陶是颇不以为然的，但“先进”们疾风暴雨式的理论冲击，也在客观上为叶圣陶重新思考文学如何在新的时代语境下“为人生”提供了契机。

在《小说月报》第18卷第8号的“卷头语”中，叶圣陶引用了德国现实主义剧作家赫贝尔(F.Hebbel)的一段话：“一切艺术的事业在于表现人生。……艺术的最初目的和最后目的便是使生活进程的本身明白表见，藉示人生最内在的精髓如何在周围的空气里——无论它适宜与否——逐渐发达。……因为诗人的题目正是那方在变化中的东西”。赫贝尔的这番话凸显了叶圣陶仍旧坚执文学艺术的表现人生和为人生的目的，而对“方在变化中的东西”的关注则透露出他对不断变动着的现实社会情势的敏感和关注。1927年7月《小说月报》“创作专号”上，叶圣陶干脆径直向创作者们发出了“提起你的笔，来写这不寻常的时代里的生活”的号召。

似乎是冥冥中的注定，茅盾此番成为叶圣陶书写“不寻常的时代”的得力践行者。1927年7月到8月间，茅盾被突然而至的革命狂飙席卷，继而被迅速抛离正常的生活轨道，从职业革命家变成了隐居在庐山牯岭上的“闲客”，直到8月下旬他才辗转返回上海。其间，和外界的唯一沟通就是他在景云里的隔壁邻居叶圣陶。茅盾经历了大革命理想的梦境般的溃散，前路渺茫，情绪低落，而经常造访的叶圣陶则成了他最佳的倾诉对象，这也可以说是茅盾之所以能成为“作家”茅盾的开始。

这时的叶圣陶不仅是茅盾小说创作的积极敦促者，更是这位创作“新人”的热心推荐者。在《小说月报》第18卷第8号的“最后一页”，叶圣陶特意为《幻灭》写了广告语：“主人翁是一个神经质的女子，她在现在这个不寻常的时代里，要求个安身立命之所，因而留下种种可以感动的痕迹。”显然，叶圣陶看重的是《幻灭》对“不寻常的时代”中个体生命痕迹的真切呈现。对“不寻常的时代”的关注是叶圣陶文学“为人生”理想的一种发展，而特别强调主人公“神经质”的特质，则反映了叶圣陶对茅盾小说创作特点的准确把握和惺惺相惜。

《幻灭》中的静女士敏感多情，想认真读书，又对前途无从把握，在遭遇男同学的情感欺骗后奔赴革命的汉口。她有奉献革命和社会的心志，但又见不得火热的革命表象下种种乱象丛生和蝇营狗苟。她内心频繁剧烈的波动，在失望和希望间的辗转徘徊，成为勾连情节的重要推动力。小说里有一段写静女士纠结在过去的创痛和新的理想之间委决不下，俨然可以说是茅盾本人在亲历了大革命的火热和顿挫后犹疑、怅惘心境的真切投影。因此，朱自清评价说，它"与其说是一个女子生活的片段，不如说这是一个时代的缩影"。他认为小说中的几个人物都"有鲜明的个性，活泼的生气"，而且有"极其详尽的心理描写"①。这和叶圣陶称赞《幻灭》写出了"不寻常时代"里的"神经质"的女性的看法，也是高度一致的。

耐人寻味的是，紧接着《幻灭》的发表，叶圣陶也推出了短篇小说《夜》。这篇小说可以说是他对书写"不寻常的时代"的直接践行。小说直面了大时代中的血雨腥风，但切口又很巧妙，刻画了一位老妇人守着年幼的孙儿，为等待已被杀害的女儿女婿的消息而忐忑不安、胆战心惊的境遇。小说依旧延续了叶圣陶善于洞悉人物内心世界的特点，对老妇人以及出去打听消息的阿弟的心理活动给予了异常真实的呈现。叶圣陶和茅盾一样，都意识到了革命在这个"不寻常的时代"中的重大意义，如何呈现革命也成为他们此一阶段的共同命题。朱自清敏锐地发现，他们都"以这时代的生活为题材，描写这时代的几方面"，但这些又都不是为时代描画正影，他们写的都是时代的"侧面"。② 笔者以为，这些"侧面"又尤以置身于革命中的小人物（不论是投身革命的知识青年，还是革命之外的普通老妇）波动起伏的内心世界为焦点。

除了在文艺表现革命的取径上渐趋一致，茅盾、叶圣陶两人对待当时蓬勃兴起的革命文学也有相近的观点。1928 年 1 月 1 日，由蒋光慈、钱杏邨等共产党人参与创办的《太阳》月刊创刊。茅盾撰文对《太阳》"努力创造出表现社会生活的新文艺"的目标表示认同，但同时对蒋光慈提出的创作"革命文艺"的方法、原则和内容提出了质疑。他认为作家要善于从"实感"中有"新的发见、新的启示"，否则实际的材料只能成为报章新闻而非文艺作品。同时，茅盾还对"太阳社"过于"仄狭"的"革命文艺"范畴提出了商榷，认为"不能说，惟有描写第四阶级生活的文学才是革命文学"，"不能说

① 朱自清：《近来的几篇小说》，《朱自清全集》（第 4 卷），江苏教育出版社 1990 年版，第 246 页。

② 朱自清：《近来的几篇小说》，《朱自清全集》（第 4 卷），江苏教育出版社 1990 年版，第 255 页。

只有农工群众的生活才是现代社会生活”。[①] 此时的茅盾不仅是一位资深文艺评论家，也是一位开始实践文艺如何表现革命的小说家，他对高歌猛进的无产阶级革命文学的意见还是深得文艺创作之精髓的。

这种思考在稍后的那篇著名的《从牯岭到东京》的答辩文章中得到了更充分地展开。在该文中，茅盾提出自己努力“不把个人的主观混进去，并且要使《幻灭》和《动摇》中的人物对于革命的感应是合于当时的客观情形”。这既是对评论界认为“《蚀》三部曲”的主观情绪过于浓重的回应，也是对文学到底该如何表现革命的再次追问。摒弃作家“个人的主观”，强调小说人物对革命的感应，可视为茅盾对文学所应该呈现的“革命的现实”的理解与思考，也折射出他对“太阳社”倡导的舶来理论“新写实主义”的谨慎态度。

叶圣陶在最初阶段对革命文学同样抱持欢迎态度[②]，但之后他随即推出了长篇小说《倪焕之》，可说是用富有个人特色的创作向当时的革命文坛发声。这部以小资产阶级知识分子群体为主要表现对象的小说，显然有着呈现“大时代”的意图。主人公倪焕之经历了“五四”“五卅”“四一二”政变等一系列重大历史事件，他为教育改革事业的奔波、努力及最后的失败也成为富有代表性的时代镜像。小说对倪焕之、蒋冰如、金佩璋等知识分子为时代浪潮所牵引的内心世界的刻画，壮阔而犀利。茅盾称其为“时代对于人心的影响的回忆气氛的小说”，有学者亦敏锐指出小说超越了男性文化立场，对以金佩璋为代表的“觉醒后的现代女性挥之不去的自我困惑与找寻”进行了一种“精神还原”[③]。笔者认为，这种重视人心透视的写法既和茅盾摹写大革命时期知识分子的心理真实遥相呼应，更是叶圣陶在力图描摹这个不寻常的“大时代”的刻意为之，即将其一贯擅长的心理描写和更为开阔的时代社会画卷进行高度有机的融合，从某种程度上正是给当时普遍浮泛粗糙的革命文学以示例。

有意思的是，茅盾一方面对《倪焕之》给予了高度肯定——称其为“扛鼎的工作”，另一方面又提出一个颇为尖锐的问题，即小说是否具有“时代性”。茅盾认为“时代性”有两个要义：“一是时代给予人们以怎样的影响，

---

① 方璧（茅盾）：《欢迎“太阳”!》，《文学周报》1928 年第 5 卷第 23 号。

② 叶圣陶在他主编的《小说月报》第 19 卷第 1 号上专门推介了新创办的《太阳》月刊，虽然只是客观地介绍刊物，并未对其加以任何褒贬，但在期刊上专门推介这一行为本身就已看出叶圣陶对刚刚起势的革命文学的支持。

③ 李宗刚：《民国教育视域下的文学想象与文学书写——从叶圣陶的长篇小说〈倪焕之〉说起》，《西南大学学报（社会科学版）》2017 年第 6 期。

二是人们的集团的活力又怎样地将时代推进了新方向”①，强调的是要体现“历史的必然”，并特别指明这正是“新写实派文学”的特质。在茅盾看来，《倪焕之》表现的是“转换期中的革命的知识分子的‘意识形态’”，但对历史发展新方向的揭示却是模糊和不明确的。可以看到，茅盾明显地吸收了马克思主义辩证唯物主义历史观，并据此来界定“时代性”，这和1928—1929年间他受到少壮派革命理论家的集束性批评不无关系。当时，傅克兴、钱杏邨、李初梨、潘梓年等纷纷批评茅盾所描写的只是“客观的现实”，“是空虚的艺术至上论，是资产阶级的麻醉剂”。② 他们以日本无产阶级理论家藏原惟人的“新写实主义”为标榜，认为新写实主义的“现实”，“决不是对于现实——生活的无差别的冷淡的态度。也不是超越阶级的态度”。③ 在他们看来，茅盾是站在小资产阶级立场上看到的现实，是旧现实主义的“现实”，并非是“把‘现实’扬弃一下，把那动的、力学的、向前的‘现实’提取出来”。④ 茅盾对这些指摘显然是有所吸纳的，并据此对叶圣陶写这个“不寻常的时代”提出了更高的要求。

茅盾的复杂性在于，他一方面吸收了少壮派理论家的“新写实主义”，另一方面仍旧将他一贯坚持的艺术性和审美性作为判断革命文学是否成功的不可或缺的重要标准。茅盾推崇叶圣陶的“锐利的观察，冷静的分析，缜密的构思”等艺术特质，并以此告诫当时革命文学作家，要追求“内容与外形”“思想与技巧，两方面之均衡的发展与成熟”，“应该刻苦地磨炼他的技术，应该捡自己最熟习的事来描写”。⑤ 更值得注意的是，就在写作《读〈倪焕之〉》的前后，茅盾的短篇小说集《野蔷薇》出版。在该书序言中，他指出“慎勿以‘历史的必然’当作自身幸福的预约券，且又将这预约券无限止的发卖”，“真正有效的工作是要使人们透视过现实的丑恶而自己去认识人类伟大的将来，从而发生信赖”，这正是对少壮派理论家们刻意强调扬弃客观写实的“旧现实”，凸显“历史的必然”的“新现实”的一种反省。茅盾深谙文学创作和批评之堂奥，他从文学创作者的角度思考如何将“历史的必然”适度而恰切地融入创作中，从而让这种本质性的召唤成为读者阅读作品的一种自然而

① 茅盾：《读〈倪焕之〉》，《文学周报》1929年第8卷第20号。

② 克兴：《小资产阶级文艺理论之谬误——评茅盾君底〈从牯岭到东京〉》，《创造月刊》1928年第2卷第5期。

③ 李初梨：《对于所谓“小资产阶级革命文学”底抬头，普罗列塔利亚文学应该怎样防卫自己？——文学运动底新阶段》，《创造月刊》1929年第2卷第6期。

④ 钱杏邨：《中国新兴文学中的几个具体的问题》，《拓荒者》1930年第1卷第1期。

⑤ 茅盾：《读〈倪焕之〉》，《文学周报》1929年第8卷第20号。

然的结果。

反观叶圣陶，他对茅盾的上述批评也表示了诚恳的接纳，但他又说，“我相信这些疵病超出修改的可能范围之外”，原因在于“作者的力量不充实”。① 几年后，叶圣陶再次说，我常常留意，把自己表示主张的部分减到最少的限度。“我也不是要取得‘写实主义’‘写实派’等的封号；我以为自己表示主张的部分如果占了很多的篇幅，就超出了讽他一下的范围了。”② 叶圣陶希望规避的“写实主义”“写实派”等封号，同样让人联想到1928—1930年革命理论家们对他的批判。钱杏邨就曾批评叶圣陶“没有更进一步地表现这种环境该怎样的冲决，在他的笔下遗漏了现代的与旧社会抗斗，冲决的向上的青年的写实”③，这和其批评茅盾的旧写实主义缺乏指示历史发展前行的动力如出一辙。叶圣陶对这一批评也是有所保留的，他不愿将主观的想法更多地贯注在作品中，而是让人物形象自己说话。这符合叶圣陶直觉式的现实主义创作理念，当然也就与钱杏邨要求凸显历史发展方向的“新写实主义”截然不同。

可以看到，当革命的大时代来临之时，“为人生”文学的问题迅速地被转换为文学要“为革命”乃至文学要表现怎样的“现实”才算是革命的问题。对此，茅盾和叶圣陶都进行了及时调整。叶圣陶将注重心理写实的直觉式现实主义和大时代背景相结合，茅盾则从文艺批评家转向了对鬼魅社会现实的直接书写，追求“合于当时的客观情形”的描摹，以“凝视现实，分析现实，揭破现实”为鹄的。两人在表现现实的具体手段上都有偏于人物内心世界呈现的倾向，这使得他们常有会心之处，特别是在应对少壮派理论家何为真正的“现实/革命”的批评时，两人都有所吸纳，但也都有从各自独特的创作经验和理论立场出发而展开的反省和坚持。

行文至此，我们很难说已经对“为人生”文学思潮从“五四”到1920年代末的整个发展轨迹和走向给予了充分呈现和阐释，但作为“五四”时期

① 叶圣陶：《〈倪焕之〉作者自记》，刘增人、冯光廉编：《叶圣陶研究资料》(上)，知识产权出版社2010年版，第191页。

② 叶圣陶：《随便谈谈我的写小说》，刘增人、冯光廉编：《叶圣陶研究资料》(上)，知识产权出版社2010年版，第194页。

③ 不过相较于茅盾，钱杏邨对叶圣陶的写实主义似乎更加宽宥。叶圣陶发表了《倪焕之》之后，钱杏邨撰文指出，叶圣陶的《倪焕之》“说明了新的时代已经是在生长着”，而茅盾的人物是“明明的没落而否认没落，明明的落伍而还是不断的倔强强辩的人物”。参见钱杏邨：《关于〈倪焕之〉问题》，刘增人、冯光廉编：《叶圣陶研究资料》(上)，知识产权出版社2010年版，第339页。

“为人生”文学的典型代表，茅盾和叶圣陶的评论和创作确实集中了“为人生”文学思潮在这一时期多元并存、互动对话的复杂路径。茅盾对“为人生”文学理论资源的孜孜以求，叶圣陶对文学“为人生”理想的多元实践，两人身兼评论者和创作者而产生的互动影响、互为镜像，都凸显出他们探索“为人生”文学的理想艺术形式的执着，对如何界定和描摹“现实”、如何呈现“真实”的“现实”和“革命”的“现实”的焦灼，同时更映照出“为人生”文学广泛、开放、富有弹性的边界。这无疑为渐成新的主流叙事的革命文学提供了某种可供借鉴和反思的参照。

叶圣陶《稻草人》在当代小学语文教育中的接受研究①

■ 韩卫娟　王玉茹

叶圣陶的《稻草人》是我国现代儿童文学中的开山之作②，其独特的艺术风格、深刻的思想意义和博大的人文关怀，更使其成为新世纪以来整本书阅读的必读书目，正在影响一代小学生的成长与发展。本文旨在研究《稻草人》在当前语文教育中的状况——从近期出版版本的情况、小学生的痛点和难点、教师教学设计三个层面，分析其被阐释和接受的情况，并从《稻草人》艺术内涵和历史意义的研究成果出发，对之进行分析评价。

一、《稻草人》：从整体艺术风格到版本差别

叶圣陶的《稻草人》诞生于1923年的中国，从今天看来，这首先是晚清到五四新文化运动“人”的发现、儿童的发现等思想解放运动所产生的“宁馨儿”。中国古代社会把儿童看作“成人的预备”“缩小的成人”③，罕有儿童专门的读物。有限的童蒙读物，如《三字经》《百家姓》《千字文》等，也都是教育儿童读书识字的媒介，而非儿童文学作品。晚清启蒙思潮中，梁启超受卢梭言论的影响，提倡“人是生而自由的”，提出了新的儿童观。“五四”前后，鲁迅在《狂人日记》中发出“救救孩子”的呼声④，继而提出要改变中国自古以来的“长者本位”为“幼者本位”。有着深厚的西学功底和敏锐的学术目光的周作人提出“人的文学”的同时，也一并提出了“儿童的文学”。

---

① 北京市社会科学基金项目：“1920年代语文教育变革与五四新文学的互动研究”（项目编号：21WXC009）。

② 黄晓蕾：《从国家叙事、儿童本位到汉语童心——略论中国儿童文学特质的嬗变》，《当代作家评论》2020年第2期，第8—11页。

③ 吴翔宇：《传统资源的创化与中国儿童文学范式的确立》，《兰州大学学报（社会科学版）》2019年第6期，第86—93页。

④ 蒋风、韩进著：《中国儿童文学史》，合肥：安徽教育出版社1998年版。

在这样的背景下，安徒生、王尔德等国外童话被大量译介过来。① 可是，作为一名曾在小学从教十余年，且已经在新诗、小说创作上颇有成就的叶圣陶，十分敏锐地注意到王子公主式的童话并不适用于20世纪20年代的中国儿童们，中国童话应该有自己的味道，走自己的道路。

走什么样的道路呢？叶圣陶的《稻草人》童话集应运而生，初版于1923年，再版于1932年，由郑振铎作序，共收入叶圣陶从1921年11月15日到1922年6月7日创作的23篇童话。这些童话的创作，展现了叶圣陶对中国童话的思考和探索。而对于这些童话，郑振铎在其序言中，将之清楚地划分为三个阶段三种风格的作品。1994年，商金林又对这三个阶段的作品进行了细读和更为详尽的解释②。现将三个阶段三种类型列表如下：

表1　叶圣陶《稻草人》作品集分段分类列表

阶段	作品名称	艺术风格
开始阶段	《小白船》《梧桐子》《燕子》《芳儿的梦》《新的表》	努力表现“一个美丽的童话人生”“一个儿童的天真的国土”“美丽的梦境”
过渡阶段	《一粒种子》《大喉咙》《旅行家》《鲤鱼的遇险》《眼泪》《祥哥的胡琴》	“不自禁地融化了许多‘成人的悲哀’在里面”，但“还想把‘童心’来完成人世间所永不能完成的美满的结局”
最后阶段	《画眉》《克宜的经历》《花园之外》《瞎子和聋子》《快乐的人》《稻草人》	“悲哀已造极顶，即他所信的田野的乐园此时也已摧毁”③

可以说，最初版本《稻草人》收录的童话作品，是按照叶圣陶创作的顺序编排的，这一顺序就展现了其童话创作的心路历程、对童话创作的思考与探索——从开始阶段对梦幻童真童趣的描摹和讴歌，到融入一些成人世界的悲哀，再到最后“快乐的人”去世、“稻草人”的轰然倒地，作家实际是在借童话的文体书写着现实的悲哀了。也就是到最后，叶圣陶才真正走出了中国童话面向现实主义的一条路。在后来的《古代英雄的石像》等童话作品中，这一现实主义风格更为明显，叶圣陶童话更成为“为人生”“为大众”的艺术了。

① 张莉花：《作家与传媒的双向共生》，山东师范大学论文，2008年。

② 商金林：《开拓我国童话创作的路——〈稻草人〉漫评》，《中国现代文学研究丛刊》1994年第3期，第144—157页。

③ 表格中的引文均来自郑振铎：《〈稻草人〉序》，《文学周报》1921年第92期，第1—4页。

叶圣陶的《稻草人》出版后，其中的作品被选入了民国时期不同版本的教科书中，新中国成立后的教科书则入选相对较少，反而是《古代英雄的石像》童话集中的作品，入选教科书较多。但是，从2001年开始，《义务教育语文课程标准》将《稻草人》明确写入，使之成为课外阅读的推荐篇目，《稻草人》重新进入语文课程教学的视野。据不完全统计，从2001年至今出版的《稻草人》，有上百种之多，然而，这些版本都经过编者各种调整，一是调整篇目，二则调整顺序，不少版本选择其中部分童话，并将《稻草人》这则童话放在开篇或中间的位置。比如以下这些版本：

表2　2016年以来《稻草人》部分版本及变动情况

书名	出版社	出版年	变动情况
《稻草人　注音版》(儿童文学名家精选书系)	北京教育出版社	2017年	共选入十篇童话，九篇与初版相同，《稻草人》单篇调整到倒数第二篇。
《开明儿童文学书系·稻草人》	安徽少年儿童出版社	2018年	选入十一篇童话，六篇与初版相同，《稻草人》单篇在最后一篇。
《稻草人》(小青鸟中国名家童话阅读宝库)	安徽少年儿童出版社	2019年	共选入十八篇童话，十五篇与初版相同，《稻草人》单篇在第一篇。
《稻草人》(新中国成立70周年儿童文学经典作品集)	北京少年儿童出版社	2019年	共选入二十六篇童话，八篇与初版相同，《稻草人》在中间。
《稻草人》(小译林中小学阅读丛书)	南京译林出版社	2020年	共选入二十三篇童话，十六篇与初版相同，《稻草人》在中间靠后的位置。
《稻草人》(小学语文课外阅读经典丛书)	北京教育出版社	2020年	共选入八篇童话，七篇与初版相同，《稻草人》在开篇。
《中国经典儿童文学大系·稻草人》	春风文艺出版社	2021年	共选入二十五篇童话，有十一篇与初版《稻草人》相同，《稻草人》在中间。

而从叶圣陶的《稻草人》所具有的历史开创探索意义和文化价值来看，对篇目和顺序的任意调整，无疑是值得商榷的。因为我们今天读《稻草人》

整本书，目的并不仅仅在于其内容、情节、人物形象、想象和语言等艺术价值（从后文的调查结果看，这些也并不能真正在诸多名著中吸引学生，引导学生领会其独特价值），更在于引导学生了解“中国童话开端时作者的创作心路”，理解叶圣陶在童话中对人世不公的鞭笞、对人生苦难的抒发，情不自禁地表达出的知识分子的烦闷、痛苦和不安。而这些，也正是《稻草人》与《安徒生童话》之类作品的最大差别。

二、当代小学生阅读《稻草人》的痛点和难点

今天的时代环境（前文所说出版选择篇目和安排顺序的相对随意也是一种）使得当前小学生对《稻草人》的阅读和接受并不尽如人意。从当下语境看，这是一个“鲁迅正离我们远去，周作人正向我们走来”的时代，很多孩子喜欢轻松幽默的作品胜于深刻沉重之作；喜欢饶有趣味的作品胜于承担教化之责的撰述；喜欢时新精美的作品胜于年代久远的篇章。对于叶圣陶《稻草人》这样一部作品而言，要想真正链接其与现代小学生的心灵，实则需要准确地把握当代小学生阅读《稻草人》时的痛点和难点，对症下药，有的放矢。

基于此，我们对北京市海淀区某小学三年级学生《稻草人》的阅读情况，进行了调研。

首先是学生喜欢什么样的书的调查，对不同种类书籍的喜欢程度，排在前两位的分别是历史故事和漫画。经过加工、演绎过的历史故事以情节生动取胜，引人入胜，很能吸引学生。漫画图文互映、幽默风趣、浅显易懂，更是很多孩子的喜闻乐见的读物。童话则排在第三位。

仅就童话作品而言，孩子们相对更喜欢轻松幽默的作品，如《大林与小林》；清净优美的作品，如《安徒生童话》；视听盛宴的作品，如宫崎骏的《龙猫》《千与千寻》；温馨美丽的作品，如安房直子的《小狐狸买手套》、新美南吉的《去年的树》……而不是像叶圣陶《稻草人》这样充满了思考探索，富有历史感，揭示艰苦生活的磨难与愤慨灰色现实人生的作品。换句话说，在当前这样一个相对和平美好、衣食无忧的社会环境里，阅读叶圣陶写给1920—1930年代儿童们的作品，尤其对大城市里的孩子，多少有点不合时宜。时代的差异和内容的龃龉，是当代小学生们阅读《稻草人》的障碍，也是当代小学生和《稻草人》直接的对话和交流的最大阻碍。

这提醒我们，在教学中要关注和把握学生阅读《稻草人》可能存在的阅读障碍，通过资料补充、作者创作心路历程以及作者做人为文风格的解读，

拉近学生和《稻草人》之间的距离。然而，诸多整本书阅读教学（后文提及的教学设计也是如此），尽管有教师注意到了这一点，但采取的方法不外乎补充1920年代兵荒马乱、贫富差距、物质生活贫瘠等资料影像，或者简单地介绍下作者、时代背景之类，如何将资料恰当合理地运用到对《稻草人》的读解中，仍然需要我们进一步思考和探索。

其次是对《稻草人》喜欢程度的调研。调查发现，很喜欢叶圣陶《稻草人》的占比为33.33%，一般喜欢的占比42.86%，不喜欢的占比23.81%。这个数据并不乐观，或者说远远低于叶圣陶研究者的期待。原因和前文所言有很大关系，那么，如何引导学生在阅读、比较和思考中产生对叶圣陶《稻草人》的兴趣、热爱和佩服之情，这其实是需要教师下功夫引导的重要内容。

对叶圣陶《稻草人》具体方面的调研则显示，学生最不喜欢的首先是故事情节，其次是人物形象，第三是故事内容和文中对20世纪20年代人们苦难生活的描写。需要说明的是，三者的得分均在4左右，相差并不大。从叶圣陶作品本身的价值与内涵来讲，《稻草人》中的作品大多情节简单明了，线索分明，人物形象单纯明朗，故事内容则和当今时代有距离感，这确实不是《稻草人》系列作品的长处。实际上，叶圣陶作品也并不以情节曲折动人、人物形象和故事内容扣人心弦取胜，而是以其对童话内涵的思考以及孕育其中的对家国百姓命运的关注与同情见长。在教学中，教师与其把教学重点放在情节、人物、内容方面，不如挖掘其思想意义和主题内涵，一方面顾及学情，另一方面则教授出叶圣陶《稻草人》的本质特点。

而在交叉分析中，我们发现父母学历水平越高，阅读时间较长且阅读习惯较好的学生，他们的阅读鉴赏水平相对越高，喜欢安徒生童话的程度就越胜过叶圣陶《稻草人》。这更提醒我们，在教学中，不能比较叶圣陶童话和安徒生童话的艺术性，而应该把重点放在叶圣陶童话独特的探索意义和思想价值上。叶圣陶是在童话中抒写现实人生，正如1930年代的艾青用诗歌吹响时代的号角，慷慨悲歌“我爱这土地”，其中蕴藏着对生养自己土地的无限挚爱，对百姓黎民命运的深切同情，对家国命运的密切关注。这一点弥足珍贵，需要引导学生认识到。

由此可知，当前小学生对《稻草人》的阅读情况不容乐观，需要我们更精准地找到《稻草人》教学的目标和重点，阐释出其独特价值，引导学生从正确的角度解读《稻草人》作品集。

三、当前语文教学设计中的《稻草人》整本书阅读

2016年，统编版语文教科书设置了“快乐读书吧”版块，叶圣陶的《稻

草人》和世界经典作品《安徒生童话》《格林童话》一起被列为必读书目。在2022年版《义务教育语文课程标准》拓展型学习任务群“整本书阅读”的第二学段（3—4年级）还特意提出：“阅读儿童文学名著，如《稻草人》《爱的教育》等，感受作品传达的真善美，用自己喜欢的方式讲述故事大意。”

而如上文的调查，当前叶圣陶《稻草人》的阅读和接受情况面临着一些问题。那么，诸多一线教师的教学设计有没有解决这些问题呢？下面，我们将结合六个公开发表的教学设计，进行分析和思考。

表3　教师教学设计中的《稻草人》

题名	设计者	教学课型	教学内容
《稻草人》整本书阅读教学设计	吉忠兰	整本书导读课	稻草人形象、童话主题、理想主义到现实主义的转变。
让“立德树人”浸润语文整本书阅读教学	郭凯艳	整本书阅读交流课	走进人物：书中人物来相会，对人物真情告白等。遇见旧时光：叶圣陶在作品中展现的悲惨人生。
童梦联结共想象	吴扣香	整本书阅读分享课	关注想象，感受童话故事的奇妙想象，想象中走进人物、心情、主题。 对比联结，多角度思考故事内涵。
走近“稻草人”	龚星	整本书阅读分享课	品味语言文字，品析人物形象，感受故事情节，理解深层含义。
做个自由行走的稻草人	邱西焕	整本书共读导读课	1. 在阅读目录和简介中大概了解童话书的内容和时代背景。 2. 带着问题去阅读，在浅读的过程中体会到读书的快乐，阅读的乐趣。 3. 进行读书方法的指导，培养学生的语言表达能力、想象能力，形成初步的鉴赏能力。
整本书阅读教学设计	赖洁霞	整本书阅读导读课	1. 了解作者叶圣陶及本书创作的时代背景，读懂、读透《稻草人》书中的故事。 2. 掌握童话故事类整本书阅读的方法：边读边预测；发挥想象，体会心情；关注人物性格，明白故事的道理。

综合看，上述课例主要涉及《稻草人》的三部分内容的教学：

首先是作品本身的人物形象、故事情节、主题哲思，有些课例注意到了结合 1920 年代的时代背景去理解故事内容，如《稻草人》中老妇人、渔妇和弱女子的处境，《花园外》的贫富差距，《画眉》中诸多不平等现象等。有些课例还注意到要结合作者及其在创作中风格的变化来理解《稻草人》中不同作品的风格差异，如吉忠兰的教学，在分享阅读版块，注意引导学生感知叶圣陶童话创作，叶圣陶在理想的童话和现实主义童话之间的思考和探索风格的变化。[①] 这类教学的解读，人物形象、故事情节、主题哲思或者蕴含的道理，基本适用于每一种童话。在对《安徒生童话》教学设计的搜集整理中，我们发现，《安徒生童话》的教学也主要集中在这几点，如《丑小鸭》中的“丑小鸭”形象，主要情节、作者在其中赋予的对生命意义的思考等。因此，如果放在叶圣陶《稻草人》与《安徒生童话》《格林童话》等比较阅读的维度，引导学生真正意识到中国童话草创期一位伟大作者的初心和使命意识，我们还需要解读出前文所说，叶圣陶《稻草人》的独特历史意义与文学价值，结合作家创作的时代背景、人生经历和创作追求等来分析作品的思想内涵与艺术品格。真正做到“知人论世”“以意逆志”。正如曹文轩、陈先云主编的《稻草人》阅读指导中说：“我们想了解中国的童话，自然要从叶圣陶创作的《稻草人》开始。”[②] 中国童话创造初期的思考和探索，叶圣陶在童话中抒写现实人生悲哀，表达对爱与美的憧憬，实则集中体现了 1920 年代、“五四”一代知识分子对文学功能与意义的思考与探索。从 1917 年胡适发表《文学改良刍议》开始，作家们就在思考什么是真正的文学，认为“惟实写今日社会之情状，故能成真正文学”[③]。而契合当时的社会历史背景，沈雁冰还认为，“表现社会生活的文学是真文学，于人类有关系的文学，在被迫害的国里更应该注意这社会背景”[④]。从这个角度讲，叶圣陶写问题小说的同时，也在童话的文体中书写类似小说一般的悲哀，这实则和叶圣陶这一代“五四”知识分子的初心、追求和使命意识是休戚相关的。而在叶圣陶对挚爱土地的关注、对劳苦大众的同情、对人生意义的思考中，我们可以感受到叶圣陶那份知识分子的博大人道主义情怀，也正是这样的情怀，使得《稻草人》的写作和探索弥足珍贵，直到今天，仍然值得我们细细品读。

其次是通过叶圣陶的《稻草人》来教学“想象”。神奇的想象是童话的重要特点，童话教学中，诸多教师都注意到了要引导学生感受童话想象的奇

① 吉忠兰、胡海舟：《〈稻草人〉整本书阅读教学设计、反思及评析》，《小学教学（语文版）》2022 年第 Z1 期，第 155—159 页。

② 曹文轩、陈先云主编：《稻草人》，北京：人民教育出版社 2019 年版，第 1 页。

③ 胡适：《文学改良刍议》，《新青年》1917 年第 2 期，第 5 页。

④ 郎损（沈雁冰）：《社会背景与创作》，《小说月报》1922 年第 12 期，第 7 页。

妙、遨游于想象的王国，自然而然培养学生的想象力和创新精神。叶圣陶《稻草人》中的童话也充满了美妙的想象和神奇的幻想，如《花园外》中的长儿因为没钱，不能进入花园，却进入了美好的幻想花园，他在“花园”中摘果子、采花、听美妙的音乐，幻想越是神奇，现实越是残酷。但是，类似的想象，也是安徒生童话的重要特点。比如和《花园外》异曲同工的《卖火柴的小女孩》中，小女孩五次擦燃火柴，在冻僵了的时刻看到了火炉、感受到了火炉的温暖；在饿极了的时刻看到了精美的食物；看到了圣诞树和温暖的奶奶……每一次，她看到的美妙幻象都和残酷的现实处境形成了鲜明的对比。也就是在这样丰富美丽的幻想中，安徒生塑造了卖火柴的小女孩的悲剧形象，虚构的故事，却激发出了强烈的真挚情感。

事实上，不管是《花园外》中长儿对花园里美好景象的幻想，还是《卖火柴的小女孩》中小女孩在燃烧的火柴中看到的幻象，都既有童话特有的神奇，又来源于现实生活，我们都可以从中看到“朱门酒肉臭，路有冻死骨”的贫富差距，体会悲剧的命运与幻想的关系，自然生发对弱小者同情、关爱的人道主义情感。所以说，“童话中的种种幻想，都植根于现实，是生活的一种折光”①。

由此，基于现实的想象和幻想，实则是叶圣陶童话和其他童话的共通之处。多数教师在教学中也只简单注意到了叶圣陶笔下想象出来的人物形象、想象中的情节演变、想象中的情景等。但对《稻草人》作品集想象的特点的引导，还远远不够，而做不到这一点，就难以真正实现学生领略中国童话开创期风采的目的。那么，如何在教学中挖掘叶圣陶《稻草人》想象的独特魅力，从而认识到这部作品独特的价值呢？显然，叶圣陶《稻草人》的想象和安徒生童话不同，阅读《稻草人》之类的作品，在想象中使人感觉到的是现实人生的沉重和悲哀，而不是类似《卖火柴的小女孩》那种内心深处的痛惜和怜悯。也就是说，类似小说笔法一样对灰色现实的描摹和对血泪人生的揭示，这种对百姓命运的关注与思索中的想象，是叶圣陶在那个动荡时代之中创作的《稻草人》系列作品的独特魅力。在教学中，我们要想引导学生注意到不同童话作品的丰富性，把握每部作品想象的独特之处，也应该成为必要的环节。

第三是教学阅读策略和方法。当今时代，是一个方法自觉的时代。古代的精英主义教育，崇尚“读书破万卷，下笔如有神”“操千曲而后晓声，观千剑而后识器”，考查的是学生学习过程的长期积累和自发领悟力。今天的教育

① 韦苇等编写：《儿童文学辞典》，成都：四川少儿出版社1991年版，第45页。

面向的是全体学生，属于普及主义教育，需要引导学生在基础教育阶段获得适应未来社会发展的阅读能力，而阅读方法的掌握能够大大助力阅读能力的发展。不但课标强调阅读、诵读方法，统编版的教科书，也建构了一定的阅读方法体系。因此，很多教师在进行阅读教学的时候，都会教学阅读方法，叶圣陶《稻草人》教学也是如此。整体看来，关于《稻草人》的教学策略，大致集中在预测、对比联结两个方面。

预测一般有两种，一是根据书名和目录预测故事内容和情节，一是依托具体的篇章预测故事情节。预测一方面激发学生持续阅读的兴趣，另一方面则通过阅读心理图示中“阅读期待”和结果的反差，引导学生领略优秀作家的高超的布局谋篇的技巧，领略名著的魅力。然而，在教学中，教师通过《稻草人》教学预测，常常只关注到了预测策略本身，在预测中引导学生读下去、喜欢读方面，而对于通过预测来感受作品魅力这个维度的挖掘还有待深入。

对比联结的策略首先用于叶圣陶《稻草人》作品集中童话的比较，比如将其中的童话作品分成理想主义的作品和现实主义的作品，比较二者的差异，体会作家创作风格的转变。其次则用于比较叶圣陶童话和其他童话的差别，比如比较《稻草人》和《快乐王子》，比较《稻草人》和《安徒生童话》等。《稻草人》这则故事和《快乐王子》的故事具有一定程度上的同构性，后者是前者创作的灵感和源泉，这两者的比较阅读，势必会加深并拓展学生对这一类美好心灵代表形象的真切认识。而在叶圣陶创作童话之前，安徒生童话就大量被译介到中国，安徒生童话诗意、唯美、自然、纯真的审美追求，在某种程度上深刻影响了叶圣陶的创作，这种影响不但是故事情节和人物形象方面的，更是语言运用和思想内涵上的。然而，叶圣陶在创作《稻草人》时，是努力在走出一条适合中国儿童阅读的童话之路的，因此，其《稻草人》又有很强的时代性和本土性，展现了叶圣陶的为人为文风格。叶圣陶和安徒生童话的对比阅读，理应引导学生在把握童话共性的基础上读懂个性，读懂童话背后作家的人格与追求。

任何的策略和方法的使用，最终的目的都是要读懂文本，深入理解文本，和优秀的作家更有效地进行对话和交流，策略本身绝不是目的。教师如果在教学时能够意识到，并恰当运用这一点，那么，策略本身的使用将大大助益阅读能力和阅读素养的提升。

总之，面对叶圣陶的《稻草人》这一特定历史时期的经典作品，教师的教学设计还是主要停留在故事表层意义的解读上，没有解读出叶圣陶《稻草人》的真正价值和意义。

可以说，叶圣陶的《稻草人》至今仍是儿童文学作品的经典，但如何阐释其真谛，使之为更多小学生乐于接受，在历史意义和文体创新价值等方面挖掘出《稻草人》真正的内涵，使得《稻草人》的阅读和解读，真正成为语文教育中独特的风景、独特的存在，仍需要我们继续加强文学研究与教育教学的沟通与联系，思考其最恰当的教育教学内容和策略，为建构学生童话阅读的文学图景，提供有效的思路。

编辑出版思想研究

叶圣陶研究年刊

重视叶圣陶先生编辑出版工作成果的汇集和研究

■ 商金林

我国中学学制原为五年，后来改为四年，1923 年开始仿照美国的学制，将中学分初级中学和高级中学，学制均为三年，史称“三三制”。为了适应这个变革，商务印书馆于 1923 年 2 月聘请叶圣陶先生到商务印书馆国文部，与顾颉刚先生一起用半年时间突击编纂《新学制初级中学用国语教科书》(简称《初级中学国语》)。这部《初级中学国语》共六册，是我国初中语文的奠基作，在现代教育史上占有很重要的地位。承蒙开明出版社陈滨滨社长的督促，又得到人民教育出版社胡兰江博士的帮助，这部《初级中学国语》终于找齐了。我和清华附中的一位老师做了校注，经过责编卓玥女士的审订，即将由开明出版社出版，这是值得庆贺的大事。

1931 年 3 月圣陶先生离开商务到开明书店任职，在商务印书馆工作了整整 8 年。这期间，编《初级中学国语》用了半年；1927 年 5 月至 1928 年 9 月，接替郑振铎主编《小说月报》，前后共 17 个月；1930 年 6 月至 1931 年 3 月，接替杜就田主编《妇女杂志》，前后共 8 个月。剩下的 5 年又 5 个月都在商务印书馆国文部编“学生国学丛书”，可署名圣陶先生选注的“学生国学丛书”只有《荀子》(上海商务印书馆 1925 年 11 月初版)、《礼记》(上海商务印书馆 1926 年 7 月初版)、《传习录》(上海商务印书馆 1927 年 1 月初版)、《苏辛词》(上海商务印书馆 1927 年 9 月初版）和《周姜词》(上海商务印书馆 1929 年 7 月初版)，共五种，都是薄薄的小 32 开本。按说应该不止这些。圣陶先生健在时我曾经请教过他，他老人家不太愿意说。至善先生解释说弄的都是“老古董”，叫我不必太费心。

几年前逛旧书店，见到上海商务印书馆 1927 年 6 月出版的“学生国学丛书”《史记》，署选注者胡怀琛、庄适、叶绍钧。篇目有《秦始皇本纪》《项羽本纪》《孔子世家》《陈涉世家》《萧相国世家》《留侯世家》《伯夷世家》《管晏列传》《老庄申韩列传》《孙子吴起列传》《孟子荀卿列传》《信陵君列传》《廉颇蔺相如列传》《屈原列传》《吕不韦列传》《李斯列传》《淮阴侯列传》《魏其武安侯列传》《李将军列传》《西南夷列传》《游侠列传》《滑稽列传》《货殖列传》《太史公列传》，共 24 篇。书前有选注者撰写的《序言》和《编例》。虽说圣陶先生署名在后，但做的工作也许并不少。胡怀琛（1886—1938 年）和庄适（1885—1956 年）都比圣陶先生年长，署名在前是很自然的事，而像这种署名较多的著作图书馆的“作者名称”栏一般只署第一作者，正是因为署名的原因，这本《史记》从未有人提及过。前些日子又淘到一本上海商务印书馆 1925 年 9 月出版的《历代白话诗选》，汇集了从晋到清的“白话诗”1434 首，署选辑者徐珂，校订者叶绍钧。由此看来，圣陶先生编辑出版工作的成果还有待进一步寻找和汇集。我们都做有心人，希望能有收获。

叶圣陶与《新华字典》

■ 郭 戈

如果要评选一本中国人最熟悉的书，那么非《新华字典》莫属。这本小小的字典诞生 70 年来，陪伴了中国几代人的成长，几乎影响到每一个人。2012 年，针对农村义务教育发展过程中出现的新情况新问题，中央财政进一步调整完善了保障机制有关政策措施，将《新华字典》纳入免费提供教科书范畴，所有资金全部由中央财政负担，由此该书再次迎来了“高光时刻”。《新华字典》是新中国第一部以白话释义、用白话举例的现代汉语规范字典，最早由新华辞书社编纂，人民教育出版社 1953 年初版（后由商务印书馆出版）。对此，叶圣陶作为终审功不可没，是其领导的人教社为新中国奉献的除了中小学各科教科书之外的又一份厚礼。

一、《新华字典》的来龙去脉

叶圣陶早在开明书店任总编辑时，就想编一本适合一般文化程度使用的小字典，为此曾多次讨论过字典的编辑出版事宜，并由时任开明书店编译所主任的吕叔湘设计过一个方案，以解决当时字典辞书多为大部头、不便翻查，而小字典或学生字典错误多，不甚准确，也不好用的问题。新中国成立前后，先后担任中央教科书编审委员会主任、出版总署副署长兼编审局局长的叶圣陶，在负责各种教科书编审之余，仍惦记着适时邀请一位热心辞书的语言文字学家来主持编写这样一本字典。

编纂一本大众需要的新字典，也是魏建功的夙愿。在新中国成立之前，他曾与周祖谟、金克木、张克强和吴晓铃等北大同人，商量编纂一本新型的实用性字典献给即将诞生的新中国。魏建功根据商讨意见还草拟了一个“突破传统字典部首检字法，采取音序排列检字”的《编辑字典计划》(1949 年 4 月)，并把它寄给了开明书店。据吕叔湘回忆说，叶圣陶认为这个计划很好，回复说可以接受出版。① 随后，叶圣陶与魏建功便有了第一次相见，《叶圣陶日记》1949 年 5 月 6 日记载：

> 傍晚，魏建功来访，谈渠与同气四人计划开明编字典之事。其字典注重于活的语言，以声音为纲，一反从前以字形为纲之办法，这是新创。有计划书甚长，各点余大多同意。唯须用工作人员至少五人，又有五位主编者，历时又恐不会甚暂，如此规模，是否为开明所能胜，余未敢断言。此须俟上海解放之后，南北通信商量，始可有所决定也。偕建功小餐于灶温，杂谈语文方面之近时现象，甚畅快。②

但是，这次会面没有马上启动字典编写工作，因为天时未到、条件不具，为开国大典、建国后学校提供符合新政权需要的教科书则是当务之急、头等大事。鉴于魏建功的学识、能力和为人颇为叶圣陶所赏识，其被安排到教科书编审委和编审局兼职工作，帮助叶圣陶、宋云彬直接领导的国文组编写和审订大中小学语文课本。他们两个人再次谈及编字典之事，便到了 1950 年 3 月 9 日，起因是教育部有意将挂靠在北京师范大学、由黎锦熙主持的大辞典编纂处改属出版总署（后来实际上并未接收）。叶圣陶借机询问魏建功“可否由渠主持其事。渠谓于字典辞典颇有雄心，唯须北大方面职务能摆脱方可。”③ 为此，叶圣陶于 5 月 23 日和 6 月 8 日，两次致函北京大学校长汤用彤，商调在该校中文系当系主任的魏建功到出版总署编审局主持筹建辞书机构、领衔字典编写工作。6 月 19 日，魏建功告诉叶圣陶，北大校长“已允其解除系主任之职，来我署主持辞书社”，两人随即决定开始谋划新华辞书社筹备事宜，明确由魏建功负责“延致人员”。④ 7 月，魏建功在北大中文系主任职务得以解除（由杨晦教授继任），但仍在该系任教。此后，魏建功与叶圣陶如前一样经常会面，但谈论的主要话题已变成如何筹建辞书社和编好小字典的事情。按照出版总署署长胡愈之的说法，也为“将来还拟成立辞书出版社，

---

① 金欣欣：《家国情怀铸就辞书典范之作——中国现代著名语文辞书〈新华字典〉第一版编纂始末》，《新疆社科论坛》2018 年第 5 期。

②《叶圣陶日记：一九四九》，《叶圣陶研究年刊·(2011 年)》，开明出版社 2011 年版。

③ 商金林：《叶圣陶年谱长篇》第三卷，人民教育出版社 2005 年版，第 9 页。

④ 商金林：《叶圣陶年谱长篇》第三卷，人民教育出版社 2005 年版，第 24、28、29 页。

专门出版供各方面需要的字典辞书”① 做准备。

新中国成立后，出版总署副署长兼编审局局长的叶圣陶认为编新的普及性字典的时机已经成熟，于是决定在编审局内再建一个以“新华”为字头②的直属机构——“新华辞书社”，并由魏建功出面主持，着手早有计议的小字典，即后来命名为《新华字典》的编写工作。笔者查考，新华辞书社成立于1950年8月1日③，入职者先后有魏建功、杜子劲、李九魁、张克强、萧家霖、孔凡均、李文生。

1950年12月1日，人民教育出版社成立，叶圣陶兼任社长和总编辑，新华辞书社（还有新华地图社、人民教育社）转隶人教社，魏建功被任命为社务委员兼任新华辞书社社长。1951年1月，叶圣陶主持社务会决定辞书社“加添人员，加劲工作”。朱冲涛、张迺芝、李伯纯、刘庆隆、王蕴明、游禹承入职，新华辞书社工作人员增到13人。

1951年4月新华辞书社全体人员合影

① 胡愈之：《出版工作的一般方针和目前发行工作的几个问题》，《胡愈之文集》第五集，三联书店1996年版。

② 1950年5月，国家出版总署将在南京办公的解放日报社舆图部改组为“新华地图社”，交编审局直接领导，由曾世英担任社长。

③ 刘庆隆在《〈新华字典〉出版三十年》(载《商务印书馆九十五年（1897—1992）：我和商务印书馆》，商务印书馆1992年版）中说：“1951年8月1日，叶圣陶先生与辞书社全体工作人员在萃华楼聚餐，庆祝新华辞书社成立一周年。”但《叶圣陶日记》记载这一聚会的时间却是9月10日。笔者以为，新华辞书社创立时间应以魏建功（兼职）、杜子劲（兼职）特别是李九魁1950年8月1日到任签名为准。

1952年6月，人教社编审部编辑组改称编辑室，新华辞书社改为辞书编辑室（但对外仍叫新华辞书社），正副主任为魏建功、萧家霖，叶圣陶继续分管辞书编辑室。1953年1月，新华辞书社编写的第一本工具书《常用字用法举例》(1954年11月三版改书名为《常用字汇》）由人教社出版。1953年10月，积三年之功、几易其稿的音序排列的《新华字典》由人教社出版。1954年11月，又出版了部首排列的《新华字典》。12月1日，新华辞书社划归文化部出版局管辖的古籍出版社①，不久又并入中科院语言研究所，并与中国大辞典编纂处的编辑人员和语言所部分人员一起组建了词典编辑室，从此投入到《现代汉语词典》的编纂工作，同时也意味着已存在六年的新华辞书社的完结。1957年，《新华字典》由人教社出版转交商务印书馆出版（新1版），此后便由该馆负责修订再版。魏建功则忙于北大及国家文字改革的事情，将精力投入到《汉字简化方案》制订和《常用字简化表草案》修订的新事业之中。

《新华字典》1953年人民教育出版社、1957年商务印书馆版

二、《新华字典》的编写过程

《新华字典》从1950年7月底开始启动，到1953年7月中旬交稿付印，前后编写了整整三年时间，凝聚了我国老一辈语文特别是辞书编辑的智慧和心血。这部精品力作由魏建功主编，叶圣陶终审，辞书社十余人直接参与，多次征求多方意见，克服了重重困难，反复修改，几易其稿，精益求精，终于问世。其工作量之大、编写难度之高，历程之艰辛和复杂，可想而知。概

① 古籍出版社于1954年6月成立，社长、总编辑由叶圣陶兼任，日常工作先后由副社长郭敬、王乃夫主持，章锡琛、恽逸群任副总编辑，王春任党支部书记，设有古籍编辑室、语文编辑室、辞书编辑室及资料室。1957年3月，古籍出版社并入中华书局，其辞书编辑室并入中科院语言研究所。

括起来，其编辑过程有如下几个阶段。

（一）框架设计（1950 年 7 月）

《新华字典》编写项目启动于新华辞书社成立前夕的 1950 年 7 月 27 日，叶圣陶、吕叔湘与魏建功、李九魁、张克强、杜子劲等共约 10 人，开了一天的会讨论如何编好小字典。经过比较几种方案，确定了按照魏建功先前制定的“以音统字、以字统义、以义统词”为总体例的字典编辑计划施工，以中国大辞典编纂处增订注解的《国音常用字汇》为基础，编纂一个适合一般文化程度查用的新型小字典，既要注音，更要释义和例句，且全用白话，还穿插配图，从内容到形式都有别于以往和市面上的各种字典。

（二）“部分油印本”（1950 年 8—12 月）

1950 年 9 月 2 日，叶圣陶、魏建功与李九魁、张克强、杜子劲、萧家霖、孔凡均等审看和讨论已写成的一些条目样稿，商讨了字典体例和如何注释等一系列技术问题。叶圣陶评价说：“觉诸人所见均齐，所撰字典当可胜常一筹。”①接着，他们便做了分工，并分头去搜集资料，开始根据编写宗旨和体例进行试编。经过几个月奋战，于 1950 年 12 月拿出了一个不全的“部分油印本”，并分送有关领导、专家、老师等征求意见。结果回来的意见颇多，主要反映小字典应是供一般人学语文看而不是让专家学者用的等问题。经过汇总和鉴别，编写组确定了下一步在“部分油印本”的基础上写成初稿的方案。

（三）“写定之字典稿”（初稿，1951 年 1—7 月）

新华辞书社转隶人教社之后，人员添加一倍，增到 12 人，字典编写工作开始加速。魏建功带领萧家霖、李九魁、张克强、孔凡均、杜子劲，以及新加入的李文生、张廼芝、李伯纯、刘庆隆、朱冲涛、游禹承（缮写员），全力以赴投入资料搜集和初稿编写工作。1951 年 4 月，曾先向叶圣陶提交了一个对部分“油印本”修正的“缮清稿”，叶圣陶审看之后“一一提出修改意见”，并认为“辞书社所编字典尚非敷衍之作，一义一例，均用心思。唯不免偏于专家观点，以供一般人应用，或嫌其繁琐而不明快。深入浅出诚大非易事也”②。既肯定了“缮清稿”，又指出了努力方向——简明扼要、深入浅出，还“期于讨论中发现必须遵循之体例”③。在叶圣陶的鼓励下，辞书室干劲高涨，提出 9 月底要完成字典初稿，甚至提出了“今年字典编成，继之将续编小学生字典”的新任务。④ 由于充实了编写队伍，明确了工作任务，大

① 商金林：《叶圣陶年谱长篇》第三卷，人民教育出版社 2005 年版，第 48 页。
② 商金林：《叶圣陶年谱长篇》第三卷，人民教育出版社 2005 年版，第 107 页。
③ 商金林：《叶圣陶年谱长篇》第三卷，人民教育出版社 2005 年版，第 99 页。
④ 叶圣陶：《叶圣陶日记（中）》，商务印书馆 2018 年 6 月，第 1225、1242 页。

家干活又卖力，提前于1951年7月提交了小字典初稿，即“写定之字典稿”。

（四）“写定之字典稿”的修订（1951年8月—1952年3月）

“写定之字典稿”（初稿）出来以后，魏建功又将其向有关方面（如王力、张中行等）征求意见和建议，还分别召开了由专家、中小学教师和有一定文化程度的干部参加的座谈会。叶圣陶为了审看这些稿子，前后断断续续花费了两个月的时间。刘庆隆在《叶圣陶先生和〈新华字典〉》（《语文建设》2000年第11期）一文中说：“有的稿子像作文一样进行修改，有的地方提出意见，供编写人员参考研究，有时也和大家一起讨论。”① 他感到初稿问题比较多，修订进度甚缓，要求加快进度，随时督促，鼓起大家的积极性，并将原先制定的1951年底编成字典的计划，改成了1952年6月完稿、年底出版。但是，这个计划也落空了，主要原因有三：一是1951年底“三反”运动在全国展开，1952年初进入高潮，“大家已卷入‘三反’之浪潮，经常工作几乎全部停止”。② 二是魏建功因在人教社是兼职工作，按要求必须回北大参加教师结合“三反”之思想改造运动，时间达三月之久。三是对稿子意见分歧较大，很难统一，而且还存在政治思想性和科学性的问题。在一段时间内，意见没有统一，工作怎样进行下去，没有定下来，影响了字典初稿的修订工作。

（五）“重新改定之字典稿”（第二稿，1952年3—9月）

1952年3月15日，魏建功从北大参加思想改造运动回来后，按照叶圣陶关于“辞书社须研究整顿，方可作出成绩”③ 的指示，开始整顿社务、反思重建和推进工作。并且，通过“三反”运动和思想改造学习，全社人员对马列主义理论和党的方针政策有了新认识，政治思想理论水平也有了新提高。经过一系列业务会和深入讨论，特别是开展批评与自我批评，大家的思想逐步统一、分歧逐步消除，一致认为要对字典初稿进行全面改造，甚至重写。为了改变过去缺乏统筹、各自为战、互不沟通、效率不高等问题，这次集中大修订或重写工作实行了初编、看稿、定稿三个环节，并采取流水作业、平行进行的方式。初编的人分成小组，每个人编的稿子，由小组互审提意见，个人进行修改，然后交魏建功定稿。初编者用蓝墨水，看稿人修改用红墨水，定稿者用绿墨水。魏建功定稿后，交赵桂钧（缮写员，接游禹承工作）刻写油印，分送叶圣陶、金灿然等领导和专家、中小学教师以及一部分读者对象去审阅提意见。就这样，辞书社经过半年的努力工作，于1952年9月拿出一个“重新改定之字典稿”（第二稿）。

---

① 刘庆隆：《叶圣陶先生和〈新华字典〉》，《语文建设》2000年第11期。

② 商金林：《叶圣陶年谱长篇》第三卷，人民教育出版社2005年版，第191页。

③ 商金林：《叶圣陶年谱长篇》第三卷，人民教育出版社2005年版，第206页。

（六）“重新改定之字典稿”的修订（定稿，1952年9月—1953年7月）

“重新改定之字典稿”（第二稿）出来后，便进入一个修订阶段，一如既往地从各方面收集意见和建议，然后据此进行认真的修改和完善，以便再次修改定稿。其中，仅人教社就有副总编辑辛安亭、吕叔湘，中小学语文编辑室朱文叔、黎季纯、刘御、王泗原、隋树森、王微、蔡超尘、孙功炎、张中行等参与其中。叶圣陶更是率先垂范，对待这次审读如同初稿审读一样，耗费数月重新仔细审读，不厌其烦，乐在其中。7月交稿付排，至8月排版时，叶圣陶还在不停地修改字典稿件，如同他审读其他教科书特别是语文课本一样，实为“流水作业”的审订者或终审者。在字典定稿之前，为慎重起见，魏建功再次请专家与有一定文化程度者各座谈一次，取得意见再作必要修改。同时，以《人民日报》一篇文章为例，摘出其中主要用词，看字典中是否都予以解决，结果漏字者有之，已列而解释未周者有之。最后，经过大半年的反复修改、技术加工、核查体例、平衡条目和添加绘图（插图500多幅，由人教社绘图科绘制）等，于1953年7月中旬完稿，并开始发排。叶圣陶评价这部字典时说：“我人之字典为应读者之需，总得为读者解决问题，虽不能尽善尽美，终当有多少优点。”①魏建功则谓：“此字典仅属草创，总算脱了窠臼，不如其他字典之抄来抄去。至于求其精纯正确，无懈可击，只得俟诸异日。”②

三、《新华字典》的出版过程

《新华字典》定稿签发以后，便进入出版和印装环节（1953年7—12月）。这个过程也不简单，当时是传统手工铅字排版印刷，装订除了订书机和切纸刀是半机械化作业，其余基本上都是手工作业，耗时费力又分散，很容易出错。尤其是在最后印装过程中，还差一点犯了政治性错误（不是出版而是编辑的责任）。归纳起来，主要有下列各项工作：

一是协调各方，统一行动。在《新华字典》即将交稿之时，叶圣陶、魏建功召集辞书室、总编室、出版部等十余人，会商字典的排印出版问题，对版式、装帧、插图、校对、宣传各方面皆有计划和要求。其中，初版计划印制50万册，初次印数30万册。叶圣陶希望各有关部门和单位要高度重视，统一行动，明确任务，步调一致，密切配合，他还特别强调：“字典是典范性

① 商金林：《叶圣陶年谱长篇》第三卷，人民教育出版社2005年版，第308页。
② 商金林：《叶圣陶年谱长篇》第三卷，人民教育出版社2005年版，第349页。

书籍，这又是新中国第一本字典，不能有丝毫差错。”①

二是签订合同，落实责任。在提交定稿之前，按照人教社出书程序和规定，特别按照是出版印制公约，辞书编辑室与出版部签订一个出版合同，明确两家以及各环节和相关人应负之责。比如，每次排版校样出来以后，都要一式两份，一份交辞书编辑室校核，一份由出版部校对科校对。

三是确定版式，设计封面。在《新华字典》发排前后，叶圣陶与魏建功、萧家霖以及出版部主任吉少甫、设计科科长李惠乔等几次商量该书的排版格式问题，在多个版式和封面样张的设计中，选择了一个简洁、朴素、美观的方案。最后确定下来初次印刷的30万册《新华字典》均为布脊纸面精装，用850厘米×1168厘米纸，64开本，全书53万字，正文700面，音节表、笔形部首检字表和附录180面，共880面，合13.75印张。并且确定封面书名“新华字典”四个字由魏建功亲笔书写（隶体字），署名“新华辞书社编”，下面印“人民教育出版社出版”。

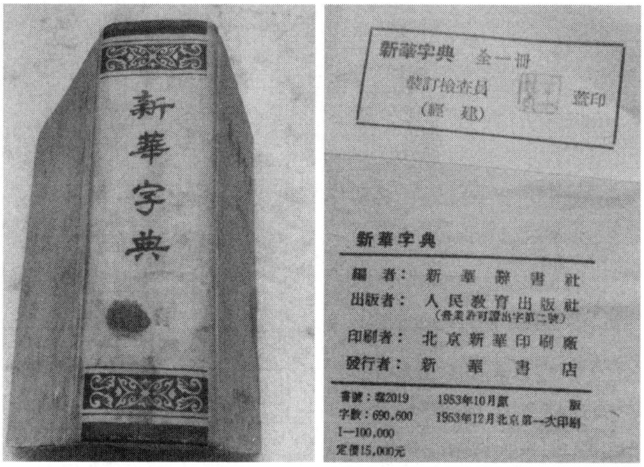

人民教育出版社1953年印装的布脊纸面精装《新华字典》

四是起草凡例，策划宣传。辞书室编辑积极参与出版全过程，除了四次校核样稿之外，还做了一些后续性的文稿起草工作。首先，起草了一个关于《新华字典》出版的宣传稿，交由叶圣陶修改审定。其次，又起草了一个刊于《新华字典》中的检字表，交由叶圣陶修改审定。因为《新华字典》是按照声音次第排列，故须附个检查表，供不熟悉拼音字母的人翻阅。接着，魏建功又草拟了一个凡例，叶圣陶“为签注意见十馀处，希望扼要从简，针对读

① 方国楣：《新中国第一本字典——〈新华字典〉首版印装记》，载人教网站。

者立言，不须语读者之意即不必说”①。其中，凡例第一条开宗明义地讲：“本字典编写的目的主要是想让读者利用这本字典对祖国语文的语词能得到正确的理解，在书面上和口头上都能正确地运用。”②

五是认真校对，杜绝差错。《新华字典》排印后，校对环节十分重要。叶圣陶与魏建功多次谈到这个问题，同时要求出版部校对科（科长胡墨林为叶圣陶夫人，1953 年 5 月调到人民文学出版社任校对科长）调集校对能手，严格把关，不出差错。出版部主任吉少甫专门找到有丰富经验的方国榍、于凤池等，来专门负责《新华字典》初版的校对工作，并特别交代了叶圣陶说的“字典是典范性书籍，这又是新中国第一本字典，不能有丝毫差错”这句话。于是，每次样稿出来，他们就轮流校对，就这样夜以继日地一直到四校核红签字付印（还不包括抽查全书后 300 页校样）。除此之外，辞书编辑室的编辑也在同时审核校对，平日书籍出版都是“三审三校”，《新华字典》初版则是“四审四校”。

六是督促印刷，精心装订。印刷和装订是图书出版过程的又一重要环节。《新华字典》第一次印刷 30 万册精装书，这在当时是一个不小的印装工程。印刷全部由国营大厂北京新华印刷厂承印，质量应该没有问题，但该厂却承接不了装订。于是，方国榍又被派去负责印装工作，他们便将印厂印好的散页拿到社会上的六家装订社去完成装订，一方面提出严格质量标准要求，一方面派多人下厂专门监督检查。据方国榍回忆说：“因为初次出版这么大量的精装书，又是新中国第一本字典，大家没经验，生怕出纰漏。从分批交货到最后全部交到新华书店，没有因印装质量被拒收，基本上过关。”

七是妥善处理突发事件。字典辞典与教科书一样都不容出一点错，一旦印制或问世之后发现问题需要立即处置解决。《新华字典》在第一版印制过半的时候也出现了这样的紧急情况。《新华字典》成品样书一送到金灿然（已由人教社调回出版总署任出版司副司长）手中，他就发现了该书的一处严重错误，即第 82 页上“国民”的释义第二项：“2. 人民民主国家里专政的对象，他们不能享受人民的权利，却要遵守规定的义务。”(第一个释义项：“1. 取得某一国家国籍的人”）叶圣陶当天立即“作书至建功、家霖，告以灿然自字典中看出毛病，颇严重，宜急谋补救，作勘误”。第二天，叶圣陶、魏建功、萧家霖、恽逸群一起“商补救错误之办法。尚有 200 万册未印，可以改版。已印之 300 万册只得勘误矣”，同时明确了具体责任人：“当时油印分发原稿，

① 商金林：《叶圣陶年谱长篇》第三卷，人民教育出版社 2005 年版，第 356、373 页。
② 新华辞书社：《新华字典》，人民教育出版社 1953 年 10 月版。

多数人看过，余亦看过，未经发觉，仅恽一人曾标明应改动，而萧君等未之改。”①由此可见，当编辑做编校历来都不是件轻松的活，当编辑自己著书尤其是编写字典、教材、地图等更是不省心。

最后，是《新华字典》初版的发行和再版的修订（1954 年 7—12 月）。《新华字典》初版全部由新华书店发行，上市不到半年，即全部销售一空。对初版的修订再版，又提到了议事日程。本应适当修订，稍微改动，加以完善，但《新华字典》初版为音序排列，北方人对国家通用语言和注音字母掌握问题不大，而南方人方言重则不然，查阅起来比较费劲。于是，魏建功决定修订再版，“改按音序排列为部首排列”，“既按部首则悉照《康熙字典》”。②过去一直忙碌不停、此时已 60 岁的叶圣陶决定放手，让魏建功和恽逸群这两位辞书室正副主任负责《新华字典》部首版的最后审读和出版工作。

结束语

字典不同于一般书籍，是人人要看的工具书，如同教科书是学生都要读的书一样，是非常特殊，十分重要的精神产品。它们不仅应具有简洁性、可读性、科学性、思想性，更应具有规范性、标杆性、经典性、权威性，而且比一般书籍更不能容忍编校失误。正因为如此，叶圣陶和魏建功才会在新中国成立之初成立一个编写辞书的专门机构——新华辞书社，专心编写供大众和学生阅读的字典——《新华字典》，也才会在百忙之中费了三年多时间不知疲倦、不辞劳苦地反复修改和不断打磨这本小字典，即便最后把自己折腾得筋疲力尽、苦不堪言，也在所不惜、无怨无悔。难能可贵的是，他们俩除了理性认识、职业习惯和责任感、使命感之外，还有一份浓浓的字典情怀和志趣，由此才能坚持不懈并乐此不疲，持续地保持兴味，使《新华字典》在众多字典中脱颖而出、出类拔萃。虽然他们对这本字典自我评价不高，却创造了一个精品力作，创新一个图书品牌，至今无人超越，纵然多次改版仍不更其名。

① 商金林：《叶圣陶年谱长篇》第三卷，人民教育出版社 2005 年版，第 393 页。
② 商金林：《叶圣陶年谱长篇》第三卷，人民教育出版社 2005 年版，第 429 页。

叶圣陶语文教材编写实践

■ 李怀源

叶圣陶是我国著名的语文教育家，既有中小学语文教学的经验，又有多年编辑语文教科书和学生期刊的经验，指导新中国中小学语文教材编写近二十年。梳理总结叶圣陶语文教材编写实践经验，能够厘清现行语文教材的来路，也能够更好地建设语文教材体系，为当下和未来的语文教育提供参考。

一、叶圣陶语文教材编写实践的分期

叶圣陶的语文教材编写分期，受历史时空的制约，不同阶段有明显的特征。而这些时期又不是截然分开的，下一阶段是上一阶段的递变。研究编写工作的分期，能够看到人生事业的迭代过程，也能够从中看到人生发展的规律。

（一）为生存：参与编写期（1915—1930）

这个时段的叶圣陶在整个社会的大潮中处于“迷茫”期。他参与语文教材编写既是偶然，也是必然。从叶圣陶的日记中可以发现，他赖以生存并且以为可以胜任的小学语文教学工作，给他带来了无尽的烦恼。正如叶圣陶的长子叶至善记录的：“因为这一年多的日子里，在前半段，父亲还是个中学生，在后半段，父亲当小学教员了，读者看了这段日记，至少可以了解一些七十年前这两种人的生活情况。而且这段时间正是辛亥革命前后，社会动荡得厉害，青年的思想也动荡得厉害。父亲对这两方面都有不少零星而具体的记载，我们看了觉得对那个时代增加了不少感性的知识，有些事儿简直不是我们凭空能想象到的。”①

1912 年 1 月 25 日，“然小学教师之席亦难乎得之者也，苟得之，则其品亦至可高贵，固新民之基础须是赖焉；且其中乐趣亦无有穷尽”②。从这则日记，可以发现，家境不是很富裕的叶圣陶对这份来之不易的工作很珍惜，初

① 叶圣陶著：《叶圣陶集》第 19 卷，江苏教育出版社 2004 年版，第 156 页。
② 叶圣陶著：《叶圣陶集》第 19 卷，江苏教育出版社 2004 年版，第 86 页。

为人师的他对教育生活有“乐趣亦无有穷尽”的美好憧憬。

1912年6月13日，“第一时讲修身，并未预备，敷衍称述，毫无精意。自任此席以来，此为最不堪矣。笔之以志我过。余上诸课都索无生气，且诸生于规则上时有所犯，致秩序纷乱。以余性躁，戒之不悛，乃成忿怒。强抑其怒，是为大苦。以此任受此职，常如坐针毡，时思引去也。欲去又不得去，奈何。”① 这里详细记录了他上课时的“最不堪”的感受，因为他上什么课都“索无生气”，以致学生“秩序纷乱”，使其经受抑制愤怒的“常如坐针毡”的“大苦”。

1912年12月3日，在叶圣陶致顾颉刚的信中说：“我任小教近一年，已是怕透怕透！思欲去之，别寻啖饭地，奈不得其当，不知几时苦鬼才得出地狱？一病以后，胸中殊抑郁。”② 此时的叶圣陶自称“苦鬼”，可见当时之窘迫。把教书生活视为“地狱”，能想象他每日上班路上的纠结，也能想象他想辞职不干，可是又不敢因为意气用事而丢了工作的沮丧，他已经到了特别抑郁的地步。

1913年1月1日，叶圣陶致顾颉刚的信中说：“我不配做小教，我亦知之，然配做何事？我却不知。心如辘轳，中夜彷徨者，此耳。”③ 这里可以看出，叶圣陶已经对自己做小学语文教师已经完全失去信心，夜晚都在为未来而担忧。至于未来能做什么，他自己也没有找到坐标。

1914年，叶圣陶终于失业在家，对他而言无疑是一种解脱。日记中记录“晨至吴氏，为保初之子赋千温书”④，以后又多次提到“晨至吴氏”。这是用家教的方式补贴家用。除了这项工作，叶圣陶主要与朋友同游、读书、临字、写作，不当教师的苦基本解除了，但是，对未来的担忧仍然存在。

1915年4月6日，叶圣陶到了上海的尚公学校，教小学高年级国文、地理、历史、习字诸课。⑤ 上课并没有给他带来找到新工作的喜悦。“今日最为劳苦，须上课五时，复为季君代一课时，遂无休息时矣。”⑥ “上课五时，弥觉疲困”⑦。在完成这样的工作量之余，“并为商务印书馆编小学国文课本”⑧，

---

① 叶圣陶著：《叶圣陶集》第19卷，江苏教育出版社2004年版，第111—112页。
② 叶圣陶著：《叶圣陶集》第24卷，江苏教育出版社2004年版，第15页。
③ 叶圣陶著：《叶圣陶集》第24卷，江苏教育出版社2004年版，第25页。
④ 叶圣陶著：《叶圣陶集》第19卷，江苏教育出版社2004年版，第123页。
⑤ 商金林著：《叶圣陶年谱长编》第1卷，人民教育出版社2004年版，第192页。
⑥ 叶圣陶著：《叶圣陶集》第19卷，江苏教育出版社2004年版，第147页。
⑦ 叶圣陶著：《叶圣陶集》第19卷，江苏教育出版社2004年版，第151页。
⑧ 商金林著：《叶圣陶年谱长编》第1卷，人民教育出版社2004年版，第192页。

推测他的教材编写工作应该是作为业余活动进行的，因为在此期间，他写作并发表了多篇文学作品，可见，其着力之处还在个人的创作。

1917 年春，自编国语课本，用语体文做教材。1922 年，叶圣陶与顾颉刚合编了《初级中学教科书（国语）》6 册，由商务印书馆出版发行。① 编写小学和初中教语文教材的工作，给叶圣陶一个缓解心理压力的途径，同时也让他发现了更好地发挥自己特长的生存方式。

1923 年，叶圣陶正式进入商务印书馆，从事中小学教材编写工作。截至 1927 年 8 月，商务印书馆共出版“新时代”初级小学用教科书 9 种 72 册，教授书 8 种 60 册。② 1929 年 8 月，商务印书馆根据要求编写了一套“基本教科书”，包含 13 种。③ 这样的编写体量还是比较大的，但是，作者署名中多数没有叶圣陶的名字。想必他主要是完成编辑工作，配合作者。这样大量的编辑工作，让叶圣陶得以见识到更多类型的教科书，产生更多的见识和思考。

1923 年到 1930 年，叶圣陶是商务印书馆的编辑，主要参与的是商务印书馆教材的审读工作，而不是教材的编写工作。在叶圣陶著作名录中没有出现相关教材的目录。从已经发表的叶圣陶的日记、书信来看，其日记中多数记录了参与文学活动，发表文学作品的情况，包括主编文学期刊，很少提及语文教材的编写。可以看到他多数情况下并不直接参与教材编写。不过，这个时期是他勤奋写作，不断学习，积累编写经验的重要阶段，他不断审读教科书，发现教科书的优劣，具备编辑眼光，为后面的语文教材文章的撰写和改写，奠定了坚实的基础。

（二）为理想：自主编写期（1931—1949）

1931 年 2 月 1 日，叶圣陶正式离开商务印书馆，到开明书店任职。“父亲说开明的标准低，他一个人不能特殊：我母亲在编辑部做些杂事，月薪五十元……他就拿一百五吧，加在一起二百元，跟他一个人在商务一个样，一点不吃亏。”④ 叶至善说明了到 1926 年成立的开明书店是叶圣陶“自动降薪”的结果，目的就是为了个人的理想，希望能够在一个新的岗位，把自己的编写思想付诸实践。“大家愿意认认真真做点儿事，不求名，不图利，却不敢忽略对于社会的贡献。”⑤ 在开明书店工作的这段时期，因为他的丰富经验，也因为一群志同道合者的亲密合作，叶圣陶表现出在语文教材编写方面的热情

① 叶圣陶著：《叶圣陶论教材》，人民教育出版社 2020 年版，第 1 页。
② 石鸥著：《民国中小学教科书研究》，湖南教育出版社 2018 年版，第 197 页。
③ 石鸥著：《民国中小学教科书研究》，湖南教育出版社 2018 年版，第 197 页。
④ 叶圣陶著：《叶圣陶集》第 26 卷，江苏教育出版社 2004 年版，第 131 页。
⑤ 商金林著：《叶圣陶年谱长编》第 1 卷，人民教育出版社 2004 年版，第 438 页。

和能力。

1932 年，编写了小学初级学生用《开明国语课本》（全八册，丰子恺绘）。1934 年编写了小学高级学生用《开明国语课本》（全四册，丰子恺绘）。“在儿童文学方面，我还做过一件比较大的工作。在一九三二年，我花了整整一年时间，编写了一部《开明国语课本》，初小八册、高小四册，一共十二册，四百来篇课文。这四百来篇课文，形式和内容都很庞杂，大约有一半可以说是创作，另外一半是有所依据的再创作，总之没有一篇是现成的，是抄来的。”① 叶圣陶编写的课文是以创作为主的，一是当时的白话文的文章少，二是适合儿童阅读的内容少，三是能体现他为了儿童语言发展的文章少。因此，他用整整一年的时间来创作，平均一天要完成一篇以上。“父亲编写《开明国语课本》，课文有一半是有根据的再创作；他说了原来的文章大抵在哪儿，母亲就得把它找出来。每课课文的长短，出现的生字和新词有多少个，以及它们重复出现的次数，母亲都得列表统计。课文得服从语言教学的要求和进度，记录统计确实挺繁琐，却是编写课本不可或缺的依据。”② 叶圣陶编写教材是全家总动员，夫人和儿子都是他的助手。生字新词的列表统计，直到现在教科书编写还是经常用到的。可见，当时叶圣陶编写教材，也不是仅凭个人经验，而是充分考虑儿童语言发展的可能性。有热情的创作和有依据的编写，造成了这套教科书的流行，“该套国语课本出版后十年内印了 40 多版次，深受师生欢迎。”③ 这也为他后来主持全国的语文教材编写打下了基础，积累了宝贵的“市场”经验。

1934 年，叶圣陶与夏丏尊、宋云彬、陈望道等合编了《开明国文讲义》，讲义中的修辞部分是望道先生编写的，中国文学史部分是云彬先生编写的，课文的选编和读写常识的阐述，由夏先生和叶圣陶担任④。这是为开明函授学校编写的国文讲义，全书三册。这套教材的特点是体例新颖，内容丰富，浅明易解，便于自学，注重应用。⑤ “每月发给学员讲义一册，作业本一册。各册讲义都以《讲坛》开头——《讲坛》相当于校长在全校集会上的讲话，第一册就讲《自学的精神》。后面是各科课程的讲义，每科若干节，约略相当于普通中学两个月的进度，后一册与前一册衔接。讲义除了发给学员，还以‘开明中学讲义社’的名义公开发行。作业本配合讲义，分练习、笔记、质疑

① 叶圣陶著：《叶圣陶集》第 9 卷，江苏教育出版社 2004 年版，第 323—324 页。

② 叶圣陶著：《叶圣陶集》第 26 卷，江苏教育出版社 2004 年版，第 151 页。

③ 石鸥著：《民国中小学教科书研究》，湖南教育出版社 2018 年版，第 225 页。

④ 叶圣陶著：《叶圣陶集》第 26 卷，江苏教育出版社 2004 年版，第 166 页。

⑤ 商金林著：《叶圣陶全传》第 2 卷，人民教育出版社 2014 年版，第 299 页。

三个部分”①。这套书的编写目的非常明确，是为函授学校的学员编写，有典型的社会服务功能。曾经有人说叶圣陶编写教材，全家老少齐上阵，教材畅销之后，是为了过上好的生活。首先，每个人的工作都以养家糊口为基本前提，其次，叶圣陶在那样动荡的年代，编写教科书和学生期刊，对中小学生产生了深远的影响，这在一些人的回忆录中能够看到。再次，编写教材并不以挣钱为目的。“‘一・二八’事变之后，失学的青少年越发增多，开明书店决定开办函授学校，帮助他们自学普通中学的全部课程（甚至包括体育）和一些谋生必需的技能（如珠算和应用文）。1933 年夏季，函授学校开始招收学员，先办初中班，以半年为一期，一年半结业，共收费十八元，进度比普通中学快一倍。……学员做完之后，如果要求批改答复，要交批答费，一年半也是十八元。两项费用一共三十六元，只相当于私立初中三个学年所收的学杂等费的六分之一。”② 从学费的对比和编写者的工作量来看，主要还是服务于社会，这时的出版社相当于学校，各位编辑俨然成了学校的教师。最终也是因为编辑们批改作业不堪重负而慢慢地退出了这项工作。

1935 年，叶圣陶与夏丏尊合编了《国文百八课》。初中六个学期，每学期上课十八周，共一百零八周。他们把教学内容按着顺序分作一百零八课，使每一课有明确的教学目标，每一周上完一课。《国文百八课》这个书名就是这样来的。③《国文百八课》当时没能完成，才编完四册，抗日战争爆发了，叶圣陶带着一家老小进了四川，夏先生一家困守在上海。两位老人家在通信中屡屡提起可“总没能把馀下的两册编完。”④《渝沪通信》中，多次提到的“百八课”：“‘百八课’题目来时，当抽暇徐徐为之。我近来觉得书上讲得好是一事，学生是否能容受是又一事。”⑤“‘百八课’文话可由弟作，为急于成书计，第四册由翁先作亦好。”⑥“近来续作‘百八课’乎？如第五、六册之文话题已定好，乞即惠下，趁此静居时候可以把它作完，了却一事。”⑦“‘百八课’文话目录已看过，凡有圈之各题弟决执笔。如无他阻碍，暑假内当可

---

① 叶至善著，叶小沫，叶永和编：《叶至善集》（编辑卷）开明出版社 2014 年版，第 347 页。

② 叶至善著，叶小沫，叶永和编：《叶至善集》（编辑卷）开明出版社 2014 年版，第 347 页。

③ 叶圣陶著：《叶圣陶集》第 26 卷，江苏教育出版社 2004 年版，第 164 页。

④ 叶圣陶著：《叶圣陶集》第 26 卷，江苏教育出版社 2004 年版，第 164 页。

⑤ 叶圣陶著：《叶圣陶集》第 24 卷，江苏教育出版社 2004 年版，第 141 页。

⑥ 叶圣陶著：《叶圣陶集》第 24 卷，江苏教育出版社 2004 年版，第 143 页。

⑦ 叶圣陶著：《叶圣陶集》第 24 卷，江苏教育出版社 2004 年版，第 153 页。

将第五册之八题作毕。"① "'百八课'题目，弟同意尊见。因戏剧部分话多，若附于'曲'，恐说不畅。"② "'百八课'第五册文话延至今未动手，只盼小墨早愈，临时病房恢复为寝室兼书房，即当执笔。"③ "'百八课'有何犯禁而亦被扣！然再一转念，甚于此者正多，此其小焉者，何足挂齿。"④ 从以上史料可以发现，这套书编写并不容易，最终也没有编写完成，可见当时的困难之大，虽然叶圣陶多次提到要尽快完成，并且也确实做了推进工作，最终也没有成稿。

1937 年，与夏丏尊合编了《初中国文教本》。1938 年初到重庆，编写的教材主要有《中学精读文选》、《国文精读文选》、《普益国语课本》（小学初级学生用，全六册，与叶至善合编）、《国语课本》（台湾临时教科书，分小学、初中两种，与丁晓先、叶至善合编）。《国语课本》的编写可以说是"急就章"。据叶至善回忆："父亲第二天就去商量供台湾用的教科书。说先编历史和国文，以程度之高低，历史分为两册，国文分为三册。国文课本类似民众课本：前两册相当于初小，后一册相当于高小。……父亲和我一起商量，前两册的课文由他写，后一册的课文由我写，所有的练习都由我来编，最后全部由我父亲审定。……到十八日才完成一半，寿康先生来催了，说先把这一半带去也好。于是父亲连夜改写，母亲连夜誊写，于次日交给了寿康先生，好让他第二天飞台北。到下月八日，我的五十课才全部完成。"⑤ 这个短时间的编写过程，能够完成，首先是叶圣陶一家人具有丰富的编写经验，二是具有编写实力，课文编写、练习设计、文稿改写与誊抄，分工合作。所以，才有了叶圣陶日记中记录的"虽颇草草，内容不坏"。晚上，爷儿俩在家里对饮，真有点儿自我陶醉。⑥ 这种自我陶醉是完成一项满意的工作之后的释然。

1940 年，和朱自清合编《精读指导举隅》《略读指导举隅》。（1940 年 8 月 6 日）叶圣陶问朱自清这长长的一年假期可有什么打算。朱先生说如果有合适的题目，就写些零星的文章。叶圣陶说国文课一向注重讲解，好像忘记了帮助学生训练自己阅读的能力。这个看法如果不错，两个人商商量量，写他一二十篇文章，把阅读教学的目的和训练方法，跟中学教师们讲讲清楚。朱先生想了一会儿说：一般教师恐怕还不曾想到，讲解课文和阅读教学并不

---

① 叶圣陶著：《叶圣陶集》第 24 卷，江苏教育出版社 2004 年版，第 155 页。
② 叶圣陶著：《叶圣陶集》第 24 卷，江苏教育出版社 2004 年版，第 157 页。
③ 叶圣陶著：《叶圣陶集》第 24 卷，江苏教育出版社 2004 年版，第 163 页。
④ 叶圣陶著：《叶圣陶集》第 24 卷，江苏教育出版社 2004 年版，第 182 页。
⑤ 叶圣陶著：《叶圣陶集》第 26 卷，江苏教育出版社 2004 年版，第 263 页。
⑥ 叶圣陶著：《叶圣陶集》第 26 卷，江苏教育出版社 2004 年版，第 263 页。

是一回事；还有略读，跟呆板的讲解差得更远了；又说过两天再见个面，商量出个头绪来，好分头动笔。叶圣陶说他离开乐山已经半个月，非得回家去看看不可了，有什么想法就写信商量吧……①两个朋友书信稿件从此往来不断，有时为了改定一个字，你来我往琢磨达四次之多。到年底前去成都，第一本《精读指导举隅》已接近完工；第二年又接着写《略读指导举隅》。② 编写这两本书的目的非常明确，就是指导中学教师帮助学生训练自己阅读的能力。编写过程依然是艰辛的，两位先生书信往来，在信中交流研讨，然后着手编写。这样两部对后世颇有影响的书，就是在这样艰难的条件下完成的。为了解决一线语文教师的困境，为了更多的学生能够在阅读中获得发展，两位先生还是克服了重重困难，让他们的理想变为教材的现实。

1946年初，回到上海，与郭绍虞等合编《开明新编国文读本》(分甲种本六册和乙种本三册)，与朱自清等合编《开明新编高级国文读本》(全六册)《开明文言读本》(全三册)，独立撰著《少年国语读本》(全四册，小学五、六年级用) 等。叶圣陶回上海后跟夏丏尊详细谈过语文教材改革，夏丏尊当时身体不好，长叹一声说："看来我是插不上手了！"用婉叹表达了认可，还留下了精神支持。③ 这套书的出现，依然是语文教材改革的尝试，并且得到夏丏尊的认同与支持。叶圣陶跟周予同、郭绍虞、覃必陶三位试编《开明新编国文读本》。"先编'甲种'六本，当年开始出版，是白话。选文要有新意，少选被誉为名家名篇的'老面孔'；要求念起来顺口，听起来入耳，尽量接近口语。接着编'乙种'三本，是文言……选文都是短篇记叙文，逐字逐句揣摩。"④ 这次编写很有针对性，让学生易懂，为了能指导自学，"还另编了详尽的注释本。"⑤ 经过了匆匆忙忙的1946年，叶圣陶邀请朱自清和吕叔湘一同编辑高中用的白话文言分家的读本，"三位编者是以教师的身份，直接对学生进行指导，自然要细致几多倍。当时朱先生在北平，吕先生在南京，从交流看法，制订体例，到一篇稿成，相互切磋，事无巨细，全靠书信往还。……读本是有了，可惜没法组织试用，文言和白话分家值不值得推广，没受到实践的检验。"⑥ 这一次的尝试是把文言和白话读本分开编写，白话读本更贴近学生的实际，富有新意，一是不选老面孔的篇目新，二是顺口入耳的目的新，

① 叶圣陶著：《叶圣陶集》第26卷，江苏教育出版社2004年版，第214页。
② 叶圣陶著：《叶圣陶集》第26卷，江苏教育出版社2004年版，第215页。
③ 叶圣陶著：《叶圣陶集》第26卷，江苏教育出版社2004年版，第301页。
④ 叶圣陶著：《叶圣陶集》第26卷，江苏教育出版社2004年版，第301页。
⑤ 叶圣陶著：《叶圣陶集》第26卷，江苏教育出版社2004年版，第301页。
⑥ 叶圣陶著：《叶圣陶集》第26卷，江苏教育出版社2004年版，第301页。

为了学生能够读懂，在读懂的基础上积累语言，发展语言。文言读本选短篇，加注释，设计指导语，像有老师在面前一样，解决学生文言文学习困难的现实问题。

这个时期的叶圣陶的处境已经从“内忧”转为“外患”。抗日战争爆发，举家搬迁，生活之艰辛，个人之劳苦，在其日记中随处可见。但是，这并没有让他沉沦，反而是井喷式的编写创作。这个时期，是叶圣陶教材编写的重要时期，他放弃了很多文学写作的机会，把更多时间精力留给了教材编写，在前期积累经验的基础上，主编与合编了多个种类的教材。有个有趣的发现，就像胡适所言，其中，《开明国语课本》和《国文百八课》对语文教材的编写产生了重大影响，是叶圣陶编写思想的集中体现，也是他教材编写的高峰。这个过程，团结志同道合的人，把对教师和学生的指导放在语文教材的编写中，是为了理想而奋斗的典范。

（三）为大众：组织编写期（1949—1966）

1949 年 3 月，叶圣陶到达北平，负责筹备主编新中国第一套中小学各科教科书。编写出版了《儿童国语读本》(全四册，小学三、四年级用)。《幼童国语读本》(全四册，小学一、二年级用)。①

新中国成立后，叶圣陶担任出版总署副署长兼编审局局长，主管大中小学教科书编辑、出版、发行工作。1950 年 1 月，出任由教育部与出版总署联合成立的全国教科书编审委员会主任。1950 年 12 月 1 日，人民教育出版社成立，叶圣陶担任社长兼总编辑，直接领导各科教学大纲与教材的编写和出版工作。1954 年 10 月，任教育部部长，兼人教社社长和总编辑。② 从日记上看，叶圣陶的主要精力仍旧放在教科书的编辑工作上。“中小学课本是明春开学必须供应的，急于定稿发排的还有好几种，叫他怎么腾得出工夫来考虑别的。”③

1952 年 9 月，教育部拟订语文科的教学大纲。在座谈会中，有人提出苏联的教学大纲中，中学是“语法”和“文学”分开的，课本也是分开的，语法教学的分量因而较重，认为我国也该如此。叶圣陶参加了二十日的座谈会回来，在日记中写下了一条备忘：“凡平日留心语法者，如叔湘、莘田、声树诸君，咸谓语法非万应灵药。可以为辅助而不宜独立教学，使学生视为畏途。此大可注意也。”当时，中学语文科的《语法》跟《文学》分家却是件大事，十二册中学《语文》课本得全部另起炉灶；都一分为二，化为两个十二册。中

① 叶圣陶著：《叶圣陶论教材》，人民教育出版社 2020 年版，第 2 页。

② 叶圣陶著：《叶圣陶论教材》，人民教育出版社 2020 年版，第 3 页。

③ 叶圣陶著：《叶圣陶集》第 26 卷，江苏教育出版社 2004 年版，第 325 页。

央要求自1955年秋季开始，分了家的新课本得陆续出版，并组织若干学校试用。从叶圣陶写在日记上的那条备忘来看，他当时心里是不太舒服的；好容易才把小学的“国语”跟中学“国文”串在了一起，“课程标准草案”也才出台，怎么又得变呢？好在他能以大局为重，说决定既然已经作出，就该大家同心协力，把新课本编得像个样子。① 有关《汉语》的事有了着落，叶圣陶才能集中部分精力，参与中学语文室编写《文学》课本的工作。在人教社的范围内，其他课本在发稿前他仍得最后改定。至于编写《文学》课本，首要之务是挑选称得上文学作品的课文。他同时又提醒自己，编的是中国的《文学》，译文可得少用为佳；可是大家都称心的短篇文学作品，哪儿有那么多呢？同事们推叶圣陶试写了《孟姜女》和《牛郎织女》，因为苏联的《文学》课本中有普希金和托尔斯泰写的民间传说。② 从这段时期的记录来看，叶圣陶是在矛盾中工作的，一是要贯彻国家的教材编写方针，二是考虑到教材编写的实际水平，三是顾虑一线的实际情况。虽然有这么多想法，他还是积极推进此项工作，并且身体力行，为《文学》课本改写民间传说，《牛郎织女》这篇课文现在仍入选小学语文教材。

1955年暑假，开始试用新课本的中学已选定了七十多所。《汉语》才出了初中一册，还没涉及语法；高一只好暂缓试用。《文学》总算出齐了高初中各一册，可以按计划在高一、初一同时开始试用了。好在并不需要把两个十二册全部端出来，只要往后每学期以不低于四册的速度跟上就成。③ 教材的编写遇到了很多困难，一时拿不出可以试用的课本，这个时期的叶圣陶非常焦虑，积极扩充编写队伍，再就是寻求相关领域专家的帮助。《汉语》和《文学》课本各六册，倒是出齐了，还按册编写了教学参考材料。可是使人沮丧的是，试用效果不大理想，反馈回来的意见负面的居多，教师和学生都说负担太重，既难教，又难学。按惯例，被选作试点的中学都是拔尖的，看着语文科成绩下降，怎能不着急。新课本结果只试用了两年半，1958年3月由国务院作决定，仍把“汉语”和“文学”合在一起，称作“语文”。这场尝试性的改革就草草收场，留下的只是那两套分了家的课本；使当时出过力的人难免惆怅怀念。④ 好不容易编写的教材却没收到好的效果，是和当时的历史条件有关。一是因为当时的学生已有文化水平相对较低，二是教师的教学能力有待提高，三是没有与之配套的测评方式，当然，还有编写经验少，语法学

---

① 叶圣陶著：《叶圣陶集》第26卷，江苏教育出版社2004年版，第338页。
② 叶圣陶著：《叶圣陶集》第26卷，江苏教育出版社2004年版，第339页。
③ 叶圣陶著：《叶圣陶集》第26卷，江苏教育出版社2004年版，第339页。
④ 叶圣陶著：《叶圣陶集》第26卷，江苏教育出版社2004年版，第340页。

习不符合学生学习实际有关。叶圣陶为此组织编辑共同起草了一个教材使用报告，向全国说明为什么《汉语》《文学》教材停止使用。

人教社每周有业务学习，常安排叶圣陶作讲。他屡次提醒中语室，必须提高挑选课文的眼力，不能“拉在篮里就是菜”。课文大多选自新出版的报刊；初选总是不相宜的多，逐步淘汰，比沙里淘金还难；常常初选是一大摞，最后却一篇也不剩。叶圣陶觉得光讲原则还不能解决问题，在业务学习时，常常根据实例，细细分析这一篇为什么选得好，那一篇为什么不能用。① 叶圣陶除了注重语文教材的编写，也注意教材的使用，非常重视一线教师的意见。人教社那时让编辑带着自己编写的课本到学校里去试教。叶圣陶是当作一回事干的，花了不少时间和精力。接洽了不满十个中学和小学，有城里的，有郊区农村的。每个学校挑一两个班，每个班只试教一门课。请学校的教师一同备课，参加听课，最后一同作总结；用教学的实践，印证课本是否适用，还得做哪些改进。希望两者齐步并进，摆脱几千年来灌输式教育的束缚。②

这个时期的叶圣陶极其繁忙，除了人教社的工作，他还要对国家要发布的重大文件进行修改润色。但是，即使在如此繁忙的公务中，他还是分了大量的时间精力给语文教材编写，大到国家层面的《汉语》《文学》分科，小到人教社的业务活动，他都尽职尽责。看完所有的叶圣陶日记，会感受到他对文字的“苛求”，都是力求准确，多次反复修改。1955 年 5 月，叶圣陶偶为小学语文课本试作儿歌，九日夜得《小小的船》一首，他在日记上说：“自以为得意，录之。……多用叠字，多用ㄢ韵字，意极浅显，而情境不枯燥，适于儿童之幻想。二十年前在开明编小学课本，即涉想及此，直至今日乃完成。”③ 儿歌仅四句，三十七个字，却在日记上自批自夸，写下了五十多字的跋，可以想见叶圣陶那天夜里反复吟哦的喜悦。④

叶圣陶认为语言文字从来都是头等大事，不能有丝毫的马虎。曾经因为没有仔细审阅的稿子刊发了而大为恼火，重新刊发的时候，专门向读者写了致歉信。小而言之是对读者负责，大而言之是为国家和民族的未来负责。这个时期的叶圣陶，主要是组织专业人员编写教材，他也参与审定和修改，为教材的规范化和科学化奠定了基础。文学和汉语的分科，主要的顾虑是材料不够，编写来不及，如果匆匆推行，会给一线的教学带来混乱，也会对学生产生消极影响。事实证明，这段时间非常短，因为是新鲜事物，对一线还是

---

① 叶圣陶著：《叶圣陶集》第 26 卷，江苏教育出版社 2004 年版，第 379 页。
② 叶圣陶著：《叶圣陶集》第 26 卷，江苏教育出版社 2004 年版，第 379 页。
③ 叶圣陶著：《叶圣陶集》第 26 卷，江苏教育出版社 2004 年版，第 334 页。
④ 叶圣陶著：《叶圣陶集》第 26 卷，江苏教育出版社 2004 年版，第 335 页。

产生了一些积极影响。

（四）为他人：指导编写期（1977—1988）

1966—1976 期间，教材编写工作基本停滞，叶圣陶不再对教材编写进行指导。1977 年，叶圣陶担任人教版全国统编中小学语文教材顾问。直到逝世，叶圣陶一直关心关注教材编写和出版工作，以多种方式在不同场合，对教科书编写提出意见和建议。

叶圣陶对全国统编教材进行指导，其间发表了《跟上教育体制改革的步伐——祝贺人民教育出版社建社三十五周年》等讲话。"中小学课本恐怕得修订或者重编；从内容讲，要剔去陈旧的材料，补充必要的最新的知识，还要注意各科之间的相互联系和配合，避免重复和累赘；从方法讲，要灵活运用启发式，避免呆板的注入式；从效果讲，要做到让老师便于教，让学生乐于学。"①以上三条要求，言简意赅，突出了叶圣陶实事求是、不断创新、服务教学的教材编写理念。以旧换新是很容易理解的，随着时代的变迁，教材是需要进行调整和改变的。注意各学科之间的联系和配合是叶圣陶教材编写经验带来的前瞻性，虽然是为了避免重复和累赘，但是对学生的发展而言，是至关重要的。"提高课本的质量，主要经验有三条：一是多调查研究，要着重效果，分析原因；二是多向老师请教，因为他们是实践者；三是在工作中锻炼，不断地提高编写的能力。"② 除此之外，还谈到了职业中学和幼儿的教材要抓紧编。

因为教材编写是叶圣陶一生热爱而又熟悉的事业，所以，他虽然不再直接进行编写，但是，仍然关心编辑和编辑事业。叶圣陶编写教材和指导编写教材，都是从人的发展角度出发的，为了帮助更多的学生学会学习，同时也帮助更多的编辑不断成长。王泗原的《古语文例释》是在叶圣陶的鼓励与热情支持下完成的，年近九十岁的叶老还拿起多年不执笔的毛笔破例题写了书名。王泗原在《古语文例释》的《自序》中说："圣陶先生说可以写出来，……不在乎发表，自己没事时看看，给朋友看看，也是好的。"③ "圣陶先生同朋友谈及我这随笔，高兴地说是由他发起的。有些条目是在谈话间他提出要我写的。"④ 叶圣陶有多篇与王泗原的通信，叶至善也记录了王泗原到家探访，他与叶圣陶之间的对话。从中看到的是叶圣陶对人才的爱惜，他曾把王泗原称为"真是一位古人"。这个时期的叶圣陶年事已高，视力不佳，身体多

---

① 叶圣陶著：《叶圣陶集》第 17 卷，江苏教育出版社 2004 年版，第 398 页。
② 叶圣陶著：《叶圣陶集》第 17 卷，江苏教育出版社 2004 年版，第 399 页。
③ 叶圣陶著：《叶圣陶集》第 26 卷，江苏教育出版社 2004 年版，第 440 页。
④ 叶圣陶著：《叶圣陶集》第 26 卷，江苏教育出版社 2004 年版，第 440 页。

病，但是，仍然关注教材编写事业，对后辈关爱有加。

叶圣陶编写实践活动又可以分为两个大的阶段，一是新中国成立前的自主探索期，二是新中国成立后的凝心聚力期。新中国成立前的时期，在复杂的社会中，更多考虑的是生存问题，但是，“家贫不敢忘忧国”，希望通过教材建设，改变学生的学习，从而实现教育救国。不管是《开明国语课本》《国文百八课》的推陈出新，还是《开明国文讲义》的服务学生，都是以最大限度实现个人和小群体的理想。新中国成立之后，能够顺理成章地进行教材建设了，但是，积贫积弱的现状，又要全面提升国民素质，语文教材编写面临的困难不同了，课程方案的修订，教材建设的推动，教材行文的格式与语病，都是叶圣陶关心的问题，他还注重实践，让编辑带着自己编写的课文到学校。注重与教学实际相结合，教材试用，听取一线教师的意见，把一线教师作为教材使用方面的专家。可以说，叶圣陶一生的语文教材建设都是“见众生”的，把毕生经历献给了教材建设。同时，在语文教材的编写中，叶圣陶也找到了人生快乐，不管是《小小的船》的自我认同，还是编写台湾教材的自我陶醉，都是他个人理想实现以后的欣喜。叶圣陶一生的教材编写工作，体现了中国文人“己欲立而立人，己欲达而达人”的情怀。

二、叶圣陶语文教材编写的分类

从叶圣陶参与、主持和指导教材编写的成果来看，主要可以分为“课本”学习类、“读本”自学类、“整本”指导类三种。每一类都有明确的目标指向，根据编写目的进行规划、组元、选文、提示、练习等编写工作。

（一）课本：整合语文学习的经验

叶圣陶语文教科书的编写，以单元为编写单位，突出了整合设计。单元结束之后，才设计练习，是在学生自主阅读理解课文的基础上，进行语文的练习。练习的内容，以学生的语文学习经验为基础，突出课本的教学功能，筛选信息围绕作用这些点进行。

1. 小学课本编写

小学以《开明国语课本》为代表。课文的选材“从儿童周围开始，随着儿童生活的进展，逐渐拓张到广大的社会。与社会、自然、艺术等科企图作充分的联络，但本身仍然是文学的”①。为什么如此选材，因为小学生既是儿童，他们的语文课本必得是儿童文学，才能引起他们的兴趣，使他们乐于阅

① 叶圣陶著：《叶圣陶论教材》，人民教育出版社2020年版，第63页。

读，从而发展他们多方面的智慧。①

按单元编写是最大特色，“本书每数课成一个单元，数单元又相互照顾，适合儿童学习心理。”②单元内容彼此联系，练习题也是附在每个单元的后面，加重了课文内容理解和语言运用的联系，为单元教学提供支撑。文体以儿童文学及日常生活上需要的各种，每个单元之后列有练习课，练习课文字与图画并用，儿童可以根据练习课进行自学。

从练习中的写作的方式来看，“仿写”有仿故事，仿写色彩。“改写”有诗歌改演讲，诗歌改故事，故事改剧本，剧本改故事，还有缩写《勇敢的消防队员》。“创写”有写信，写电报，写日记，写参观记，记一种表演，拟章程，写计划等实用文体写作，还有写诗歌的文学类创作。其他都是叙事类文本的写作，记述故事，记录动物生活，记述植物，记述一个人的事迹等。“其他”包括制作简表，写报告等综合类的写作。以“记述”为主的写作，是主要特征。注重实用类文本写作，语文学习为生活的特点。还有综合性的写作练习。

从题量分布来看，初小练习题设计较少，低段的四册的练习基本是再次创设情境，以填空的方式把句子补充完整，然后就是朗读。中段的教科书开始加入“说”“写”练习；高段的教科书以“写作训练”为主，内容理解基本是领悟课文表达方式的，就是从课文中学习作者是如何想心思的，然后在写作中练习。这也是中国传统教育“读”“写”训练的基本做法。识字写字是与“读写训练”结合在一起的，识字在阅读的过程中，写字在“写作训练”中，识字和写字都和学生理解和运用语言结合在一起。

2. 中学课本编写

中学以《国文百八课》为代表。本书依据课程标准，用分课的混合编制法。印在封面上还加了条注：“初中国文科教学自修用”。如果称为“课本”，需得呈教育部审定，而教育部肯定不会批准，理由堂而皇之，“不符合部颁课程标准”。个人自修，教育部管不着；教师愿意采用，教育部也管不了。在当时，中学国文教师自选课文自编讲义，是相当普遍的。③ 这套书虽然在当时不能称作课本，但是按照课本的标准和形制编写的。

“本书每课为一个单元，有一定的目标，内含文话、文选、文法或修辞、习问四项，各项打成一片。文话以一般文章理法为题材，按程配置；次选列古今文章两篇为范例，再次列文法或修辞，就文选中取例，一方面仍求保持

① 叶圣陶著：《叶圣陶集》第 9 卷，江苏教育出版社 2004 年版，第 324 页。

② 叶圣陶著：《叶圣陶论教材》，人民教育出版社 2020 年版，第 63 页。

③ 叶圣陶著：《叶圣陶集》第 26 卷，江苏教育出版社 2004 年版，第 164 页。

其固有的系统；最后附列习问，根据着文选，对于本课的文话、文法或修辞提举复习考验的事项。”① 有目标是教材编写中的大事，也是难事。把一些选文按照一定的主题组织在一起进行呈现是相对简单的。能够有目标并且按程配置，就是一件困难的事。叶圣陶、夏丏尊两位先生，建立了目标体系，选文系统，强调了系统性，突出了复习考验的实践性，是语文教材科学编写的尝试。《国文百八课》头两册出版，颇受到好评，都说编排新颖，敢于打破传统，又擅长另辟蹊径。《编辑大意》上的“给与国文科以科学性”，可见是“意在笔先”的。叶圣陶以后没把这句话挂在嘴上，可是他老在试，课本编了一部又一部，似乎到了儿也不敢说，对语文教育的科学化取得了什么显著的进展。②

叶圣陶过世的前一年，人教社把前四册《国文百八课》翻出来重印，请吕叔湘先生作一篇“介绍”。吕先生说，这是一部“以作文为中心，按文体组成单元的试验课本”，又说“直到现在，还能对编中学语文课本的人有所启发。”③

叶圣陶主编的课本，选文重要，整体设计和练习编写更是占到重要的位置。他希望学生学习课本能够培养他们的阅读能力和写作能力，教材必须符合语文训练的规律和程序。④ 课本的编写，充分体现了整合编者、教者与读者的语文学习经验，让学生能够依此进行语文学习。

（二）读本：构筑读者的精神生活

叶圣陶编写读本，可以分为白话读本和文言读本两种基本类型。这是从选择材料的语言形式进行分类的。之所以这样分，是为了满足不同学生自读的需要。

1. 白话读本

白话读本，叶圣陶坚持观点正确，形式完整的选文标准，以指导学生能进行自学为设计理念。文字形式上要相当的完整，说明了在语言表达上应该给学生提供完整的范例。

《开明新编高级国文读本（甲种）》6 册，专选白话文，预备给自修国文的人用。“第一，希望切合读者的生活与程度。就积极方面说，足以表现现代精神的，与现代青年生活有关涉的，为现代青年所能了解，所能接受的，才入选。第二，希望读者读了这部书，自己去读成本的书……第三，既称读本，

---

① 叶圣陶著：《叶圣陶论教材》，人民教育出版社 2020 年版，第 73 页。

② 叶圣陶著：《叶圣陶集》第 26 卷，江苏教育出版社 2004 年版，第 164 页。

③ 叶圣陶著：《叶圣陶集》第 26 卷，江苏教育出版社 2004 年版，第 164 页。

④ 叶圣陶著：《叶圣陶集》第 9 卷，江苏教育出版社 2004 年版，第 323—324 页。

文字形式上应该相当的完整，所选文篇如有疏漏之处，我们都加上修润的功夫。”①

《中学精读文选》“国文教材的选取，关于内容，不能不有个限制，须是使学生在积极方面受益的，才可以作为教材；如表达荒谬见解的文字，虽也可以使学生在消极方面受益，却绝对不用。同样的理由，关于技法，也以具有优良之点的为限，而排斥技法拙劣的文字。”② 叶圣陶这里的“消极方面受益”是说教材可以作为反面的例子，可以让学生知道什么样的文章是表达方面欠缺的。探究之后会发现，二者的区别点在于“荒谬见解”，这就是内容方面的标准，不能违背常理。形式上可以有所不足，但是，观点上不能错误。

2. 文言读本

关于文言读本，叶圣陶秉承易于理解，多选短篇的原则。

《开明文言读本》，共 6 册，可供高中三年之用。读本是为学生发展的，所以要接近生活经验，便于阅读理解。“凡是跟现代青年的生活经验相去太远，是他们无论如何难于理解的，一概不取。先秦的作品，生僻的词语太多的，也尽量少用。”③

《开明新编高级国文读本（乙种）》，3 册，专选文言文。“乙种本选的多数是短篇。要逐字逐句地揣摩，短篇才不至于引起厌倦。各篇内容都是现代青年所能了解，所能接受的。就体裁说，以记叙文为主。”④

想到读者要反复揣摩字句，以求对文章的内容和形式能够达到足够了解，所以选用短篇。短篇的类型以记叙文为主，也是符合学生自读的特点，容易阅读，容易理解，也可以时常回味。达到咀嚼词句的目的，使文言文发挥最大的作用。

（三）整本：教给阅读的方法

“我说课外读物大致可以分为四类：第一类是各种科目的参考书；第二类是关于修养方面的书；第三类是供欣赏的书；第四类是供临时需要的书。”⑤叶圣陶所说的课外读物是以整本书为主，其他材料为辅，对整本书进行了分类，不同类别有不同的阅读方式，有不同的指导方法，需要因材施教。

1. 指导阅读整本书

中学语文教材除单篇的文字而外，兼采书本的一章一节，高中阶段兼采

① 叶圣陶著：《叶圣陶论教材》，人民教育出版社 2020 年版，第 94—95 页。
② 叶圣陶著：《叶圣陶论教材》，人民教育出版社 2020 年版，第 85 页。
③ 叶圣陶著：《叶圣陶论教材》，人民教育出版社 2020 年版，第 99 页。
④ 叶圣陶著：《叶圣陶论教材》，人民教育出版社 2020 年版，第 97 页。
⑤ 叶圣陶著：《叶圣陶论教材》，人民教育出版社 2020 年版，第 203 页。

现代语的整本的书。①

《略读指导举隅》专供各中学国文教师参考用。“本书专重略读指导，书中举了七部书做例子。计经籍一种，名著节本一种，诗歌选本一种，专集两种，小说两种。其中《孟子》《史记菁华录》《唐诗三百首》《胡适文选》适于高中学生阅读，《蔡孑民先生言行录》《呐喊》《爱的教育》适于初中学生阅读。”② 本书各篇设计了“指导大概”，是用教师的口气向学生说的。目的是通过举例的方式，结合书中的具体内容教学生阅读理解和实践应用。

2. 指导阅读课外读物

阅读要养成习惯才有实用，所以课外阅读的鼓励和指导必须配合着教材随时进行。换句话说，课外书也该认作一项教材。③

《中学生课外读物的商讨》“随时阅读的习惯，不是读几本教科书和讲义能够养成的。教科书和讲义是教师指定要读的，而要养成的，却是不待别人的指定，能随时阅读自己所需要的书的习惯。教科书和讲义不过是一个比较详明的纲要，而要养成的，却是不以只知道一个纲要为满足，能随时阅读内容丰富、体裁各异的书的习惯。这种随时阅读的习惯，只有多读课外读物才能养成。”④

叶圣陶编写的整本书阅读的指导用书，是给师生共同使用的。在教师一端是以例子的方式指引教师如何进行整本书阅读指导，在学生一端是学生可以据此进行自读，并且能够结合例子积累和总结阅读经验，真正实现自学的目标。

三、叶圣陶语文教材编写的分析

综观叶圣陶语文教材编写的实践经历，根据叶圣陶的实践经验，可以从以下三个方面对叶圣陶语文教材编写实践进行分析，从而对其丰富的语文教材进行审视，做好教材研究，为教材学的发展贡献一分力量。

（一）编写主旨：立人为本的目的观

叶圣陶一直在教材编写中贯彻“教是为了达到不需要教”的理念，力求静态的教材编写能够促进学生动态的学习，提高学生的自学能力，这是以人为本的教材目的观的充分体现。叶圣陶关注语言工具，更关注使用工具的人。

---

① 叶圣陶著：《叶圣陶论教材》，人民教育出版社 2020 年版。

② 叶圣陶、朱自清著：《略读指导举隅》，中华书局 2013 年版，第 1 页。

③ 叶圣陶著：《叶圣陶集》第 16 卷，江苏教育出版社 2004 年版，第 113—118 页。

④ 叶圣陶著：《叶圣陶论教材》，人民教育出版社 2020 年版，第 199 页。

中学语文教材，就精神说，要顺应学生身心的发育和生活经验的扩展，逐步地培养他们凭我国语言文字吸收经验表达情意的知能。就内容说，必然地涉及各科，以各科的内容为内容；就品质说，要朴实、精确，足以为目标第二项的模范；就体裁说，要包括一般人在生活上所触及的各类文学（不列举），高中要选读若干明白易晓的古文，以能够通解普通文言为目标。①

叶圣陶在学校的时候，和同事一起进行教育改革。顾颉刚《〈隔膜〉序》："几年内一步步地做去，到如今都成功了。这固是圣陶的一堂同事都有革新的倾向，所以进步如此其快，但圣陶是想象最锐敏的，他常常拿新的意见来提倡讨论，使全校感受他的影响。"②

叶圣陶用一生的教材编写实践去从源头上进行改变，所以，他的一生的教材编写事业都是从学生出发的，希望学生喜闻乐见，同时，又深入思考到教材要有指导学习的功能，在编写"提示"和"练习"上多下功夫，在教材的使用上多跟一线教师学习。他的教材编写观是从课程出发的，融合了教材和教法，始终为了学生的发展服务。

教是为了达到不需要教，是叶圣陶于 1962 年提出的有关语文教学的主张，是其教育思想的核心表述。叶圣陶所从事的所有教育有关的工作，无论是对同事，还是对学生，都以人的发展为前提。教材编写直接对象是学生，编写教材，不是为了让学生依赖教材，而是教材要起到教会学生的作用，实现独特的育人功能。

（二）编写意图：举一反三的例子说

教材的性质同于样品，熟悉了样品，也就可以理解同类的货色。③ 这是叶圣陶对教材的定位，所谓样品就是学生语文学习的例子，根据例子去理解同类型的文章。

"教材无非是个例子"，是阅读理解的例子，也是语言表达的例子，学生要依托教材的例子，明确作者是如何想的，同时，自己要学习作者的方式去架构语言，实现用语言文字表现自我的目的。

教材的选择，再配上学生的生活实际与学习程度，错综地加以编排。具体的篇目、书目要待编辑的时候决定，预定某种某类占多少的百分比恐怕没有多大用处，实际编辑的时候总不免要更动。编辑的成功与否自然要看选材得当不得当，不能单看原则。④ 叶圣陶的教材编写是实事求是、因文编写的态

---

① 叶圣陶著：《叶圣陶论教材》，人民教育出版社 2020 年版，第 52 页。

② 商金林著：《叶圣陶年谱长编》第 1 卷，人民教育出版社 2004 年版，第 209 页。

③ 叶圣陶著：《叶圣陶论教材》，人民教育出版社 2020 年版，第 52 页。

④ 叶圣陶著：《叶圣陶论教材》，人民教育出版社 2020 年版，第 52 页。

度。根据学生的生活实际，是指选文要能通过学生联系自己的生活实际构建意义，易于理解。学习程度，是学生对语言的掌握程度，能凭借自己的能力联系上下文进行理解，便于模仿应用。依据这样的标准选择材料，而非根据编者假想的原则。

“例子说”从选文的角度，破除中国传统教育中教材至上的常规，打破了唯书唯上的思维定式，解放了师生，不以学习教材为目的而以发展自己为目的，也解放了编辑，选文可以根据学生实际和编写需要进行修改，以达到教材编写的目的。“例子说”也可以拓展到学习领域，学生可以根据编者的提示和练习，思考与实践语文学习的规律，在学习过程中不断尝试，积累学习经验，总结学习方法。通过教材这样的例子，实现“教是为了达到不需要教”的目标。“例子说”还可以拓展到教学领域，教师系统研究教材的整体设计，领悟编者的意图，根据编者的提示，学习教学的方法，以达到教会学生学习语文的目的。

（三）编写设计：实践为主的方法论

中学语文教材不宜偏重文艺，虽然高中有文艺欣赏的项目。语文的范围广，文艺占其中的一部分。偏重了文艺，忽略了非文艺的各类文字，学生就减少了生活上的若干受用，这是语文教学的缺点。① 教材的作用，不是提供各式各样的文章，供学生阅读欣赏就算了事了。需要对教材进行设计，一是教材的编写提示，主要是指导学生如何进行阅读；二是课后的练习，通过练习让学生能够理解与并运用语言文字。

单篇教材后面要列出“提示”的项目，或者摘出要点，或者举列疑难，或者提出问题，或者指导参证，目的在引导学生依着一条线索彻底了解教材的本身。阅读整本的书的时候，也要列出“纲要”，目的同上。② 提示的作用非常明确，就是指导学生阅读和运用。

《开明国语课本》所有的练习都是按照单元分配的。课文后不设练习题，每单元的几篇课文后附有专门的练习课。全套书共有 135 次练习课。“本书每数课之后列有练习课，有的注重于内容的讨究，有的注重于语法的整理，有的注重于写作的训练。”③ 初小把“内容讨究”分为“研求”和“欣赏”，把写作训练分为“说话训练”和“写作训练”。“本书每数课之后列有练习课，有的注重于语法、作法、修辞的讨究，有的注重于内容的研求和欣赏。”④ 高

---

① 叶圣陶著：《叶圣陶集》第 16 卷，江苏教育出版社 2004 年版，第 113—118 页。

② 叶圣陶著：《叶圣陶集》第 16 卷，江苏教育出版社 2004 年版，第 113—118 页。

③ 叶圣陶著：《叶圣陶论教材》，人民教育出版社 2020 年版，第 63 页。

④ 叶圣陶著：《叶圣陶论教材》，人民教育出版社 2020 年版，第 69 页。

小把“语法”“作法”“修辞”归为“基础知识运用”，把“研求”“欣赏”归为“内容理解”，把没提到的“写作训练”单列出来，又分为“仿写”“改写”“创写”“其他”。

初小内容理解“研求”的练习集中在第一册和第二册。设置整体的语言情境，把前面课文中的内容整合成几句话或者一段话，让学生再次进行朗读练习。把认识事物、理解内容和词句训练整合在一起，学生就像读一篇新的课文一样。练习符合儿童认知特点，有的配有图画，学生面对的挑战也比较小，根据自己的生活经验和课文内容填空即可。以填空的形式也包含词句训练的意味，学生的练习是在不知不觉的过程中进行的。高小内容“说出这篇课文的本意”，是对课文的深入理解。“具体理解关键句子的含义”“概括各节大意，并且思考是依据什么进行排列的”，“欣赏”是指向课文的表达方式的。

所有的练习都指向“运用”，这是设计的总目标。练习题的编排，是帮助学生学习语文，并且能够达到运用的效果。这与“语文课程是一门学习语言文字运用的综合性实践性课程”非常吻合。

我们的弟兄辈读的是“天、地、日、月”的教科书，我们的儿女辈读的据称是“儿童文学”，然而事实告诉我们，“天、地、日、月”和“儿童文学”同样不相干，儿童的阅读能力和表达能力如果确有进展，完全由于别的因缘。别的因缘未必保证可遇，而课本却是天天拿在手里的，为什么不编一部课本，以确能发展儿童的阅读能力和表达能力为目标呢？能不能达到这个目标是能力问题，姑且尽力为之却是我的野心。① 叶圣陶认为不管是“天、地、日、月”还是“儿童文学”，都是在强调文本内容，而没有练习系统，不能对学生的阅读能力和表达能力起到训练作用。这就是他说的“不相干”。叶圣陶的“野心”就是确保学生通过学习教科书达到发展学生能力的目标，因此他的教科书编写是以学生语言实践为主要方式，强化语言运用这个核心目标。

叶圣陶语文教材编写实践，源自他努力改革学校教育的理想，来自他教学实践的经验，来自他进行文学创作和期刊编辑的实践，他试图用教材变革促进教学变革。叶圣陶一生都在探索教材变革，以“教是为了达到不需要教”为目标，以“教材无非是个例子”为编写指导思想，进行了多次的尝试，对当下和未来的语文教材编写都具有重要的实践指导作用。以立人为本的目的观、举一反三的例子说、实践为主的方法论来审视叶圣陶语文教材编写实践，能够更深刻地领会其编写意图，能够成为语文教材学发展的基础。

---

① 叶圣陶著:《叶圣陶集》第16卷，江苏教育出版社2004年版，第13页。

教育思想研究

叶圣陶研究年刊

叶圣陶语文教育思想及其启示

■ 顾之川

叶圣陶（1894—1988），名绍钧，字圣陶，江苏苏州人。我国现代著名教育家、文学家、编辑出版家和社会活动家，五四新文化运动的先驱者之一，也是新中国中小学教材尤其是语文教材建设事业的开拓者和奠基人。在语文教育界，人们常把叶圣陶、吕叔湘、张志公三位先生亲切地称为“三老”，而“三老”中，尤以叶圣陶年高德劭，为世人敬重，被誉为我国语文教育的“一代宗师”。叶圣陶曾任华北人民政府教育部教科书编审委员会主任、人民教育出版社社长兼总编辑、出版总署副署长、教育部副部长、民进中央主席、全国政协副主席，但他晚年说起自己的身份，一是编辑，二是教师。他编得最多的是语文（民国时期称“国语”“国文”）教科书，也编过不少语文类刊物；当教师也是教语文，有着丰富的语文教育实践，形成了他全面系统的语文教育思想。梳理其语文教育实践，总结其语文教育思想，分析他的语文教育思想对当今语文教育教学的启示，无疑有着十分重要的意义。

一、叶圣陶的语文教育实践

叶圣陶的语文教育实践包括语文教学、文学创作、语文教材编辑和语文教育研究，贯穿着他的一生，奠定了他作为语文教育家的深厚基础。

1. 语文教学实践

叶圣陶的人生之路是从 18 岁当小学教员开始的。他当过小学、中学、大学教师，主要是教国文，积累了丰富的语文教学实践阅历。他教小学，始于江苏苏州第三初等小学（又称“言子庙小学”，1912—1914）。他担任一、二年级主任，教三个班的国文课，还教二年级的修身和算术。后来又担任上海商务印书馆尚公学校高小一年级级任国文教员（1915—1917），苏州吴县第五高等小学（角直）国文教员（1917—1921）。他的中学教学经历主要有：上海吴淞中国公学中学部（1921 年 7 月—12 月），杭州浙江第一师范（1921 年 10 月—1922 年 1 月），上海神州女校（1922—1923），立达中学（1925—1926），松江景贤女子中学上海分校（1926），重庆巴蜀学校（1938 年 2 月—10 月）。

他的大学教学经历主要有：北京大学中文系讲师（1922 年 2 月—4 月），复旦大学（1923、1930、1938），福州协和大学（1923 年 9 月—12 月），上海大学（1923），国立中央戏剧学校（1938），武汉大学（1938—1940），光华大学（1941—1942），华西大学（1942），齐鲁大学（1942），所授课程有作文、基本国文、新文学、历代文选、文法修辞与写作、中学国文教学等。

另外，叶圣陶还有两项语文教学实践，一是家庭教学，如抗战时期在重庆给儿女、儿媳（至善、至美、至诚、满子）讲诗词和《孟子》(1939)，在乐山给朋友的孩子讲书改文（1940），在成都给开明书店学生及朋友子女讲国文（1942）等。二是社会教学。如在北京师范大学工农速成中学师资培训班（1950），人民教育出版社（1951、1962），出版总署干部学校（1952、1953），中国科学院文学研究所（1952），中央俄文编译局（1952），中国人民大学中文系（1959），文化学院（1960），北京景山学校（1961），中华函授学校语文学习班（1962—1965），北京大学（1963）等教学。这些语文教学实践，为他后来从事教育和文学事业奠定了坚实基础。

2. 文学创作实践

作为中国现代著名文学家，叶圣陶毕生倾心躬耕的另一重要园地是文学创作及相关活动。文学来源于生活，他的文学创作早在中学时代就开始了。他现存最早的文学作品，应该是写于 1910 年 11 月 2 日的《〈圣陶日记〉缘起》，商金林认为“堪称散文中的珍品”。他的第一篇小说是幻想“社会主义”的《世界》(1912)。他出版的第一部短篇小说集《隔膜》(1922) 是“汇刊个人的新体小说的第一部”，茅盾在《祝圣陶五十寿》中说：“五四时期，圣陶是最早发表小说的一人。小说集《隔膜》等数种，实为中国新小说坚固的基石。”据董菊初统计，他的文学作品达 230 余万字，包括长篇小说《倪焕之》，短篇小说 104 篇，童话 35 篇，散文 338 篇，诗歌 332 首，剧本 2 个。除文学创作之外，他还有两项与文学有关的实践活动。一是文学刊物编辑，他创办的第一份文学刊物应该是在甪直时期的《自觉》，后来又参与创办或编辑《诗》《文学旬刊》《小说月报》《中国作家》和“现代作家文丛”等，许多作家如巴金、丁玲等走上文学之路都得益于他。青海省语文学会首任会长、编辑出版家范泉说：“丏翁和叶老，都是开明书店的负责人。他们都是我文学道路上的引路人。”(《丏翁和叶老》) 二是他积极参加文学活动。他最早参加的文学活动，应该是 1908 年在草桥中学牵头成立诗社“放社”，他的老同学顾颉刚在《〈隔膜〉序》中说“我们甘心推他做盟主”。我国文学史上第一个文学团体文学研究会，他是发起人之一，并一度主持日常工作，被称为“文学研究会的实干家”(胡愈之语)。后来还参与创办或参加朴社、新潮社、中华全国文艺界抗敌协会、中国文艺家联合会、中国作家协会等。这些文学活动，使他兼容并蓄，广结文缘，在文学界产生了广泛而深远的影响。

另外，他的许多作品曾入选中小学语文教材，有的成为传统经典篇目，如《稻草人》《古代英雄的石像》《蚕和蚂蚁》《小小的船儿》《苏州园林》《记金华的两个岩洞》《多收了三五斗》《一篇宣言》《读〈经典常谈〉》等。浙江金华双龙洞景区特地将《记金华的两个岩洞》勒石立于景区门口。他写语文教育的诗歌作品，如《语文教学二十韵》《自力二十二韵》《读书二首》《成功的喜悦》等，在语文教育界也具有广泛影响。

3. 语文教材编辑实践

叶圣陶自己曾说过，他做编辑工作的年头最长。其中编得最多的就是语文教材。早在上海尚公学校任国文教员期间，他就为商务印书馆编写小学国语课本（1915），可惜没有流传下来。现存最早的语文教材，是他在角直任教期间编写的国文教材。1923 年进入商务印书馆国文部，1930 年转入开明书店，主要也是编语文教材。如《新学制中学国文课本》(与顾颉刚合编，1930)；《开明国语课本》(1932、1934)；《开明国文讲义》(与夏丏尊、宋云彬、陈望道合编，1934)，《国文百八课》(与夏丏尊合编，1935)；《初中国文教本》(与夏丏尊合编，1937)；《中学精读文选》(与胡翰先即叶至善合编，1942)；《开明新编国语读本甲种》(与郭绍虞、周予同、覃必陶合编，1946)；《开明新编国文读本乙种》(与徐调孚、郭绍虞、覃必陶合编，1947)；《开明新编高级国文读本》(与朱自清、吕叔湘、李广田合编，1948)。他在《我和儿童文学》中回忆说："在儿童文学方面，我还做过一件比较大的工作。在 1932 年，我花了整整一年时间，编写了一部《开明小学国语课本》，初小八册，高小四册，一共十二册，四百来篇课文。这四百来篇课文，形式和内容都很庞杂，大约有一半可以说是创作，另一半是有所依据的再创作，总之没有一篇是现成的，是抄来的。"这套教材由丰子恺绘画，图文并茂，成为语文教科书经典，新中国成立前就印行了 40 多次，近年来又多次重印。

1949 年 1 月，叶圣陶应中共中央邀请，从上海绕道香港北上，经烟台到北平，出席新政协，共商国是。他和他的朋友们还有一项重要使命，就是为即将成立的新中国编写教材。他出任华北人民政府教育部教科书编审委员会主任、出版总署副署长兼编审局局长。当时全国还没有全部解放，他提出一个响亮口号："解放军打到那里，教科书送到那里！"在他的精心擘画下，教科书编审委员会编写的《初级小学国语课本》《高级小学国语课本》《初级中学国文课本》《高级中学国文课本》《大学国文（现代文之部）》等语文教材，伴随着新中国成立的隆隆礼炮声及时出版发行。1950 年 12 月，人民教育出版社成立，叶圣陶任社长兼总编辑。1954 年由出版总署副署长转任教育部副部长，领导全国的教育事业，成为新中国教材建设的奠基人和开创者。

除语文教材以外，叶圣陶还有两项与语文教育相关的工作。一是他积极参与青少年教育类杂志和图书的编辑工作，既包括《中学生》《开明少年》《新少年》《少年先锋》《中学教育季刊》《文史教学》《人民教育》等教育类杂志，也有《国文月刊》《国文杂志》《开明函授学校季刊》《中国语文》等语文教育类期刊，还有“国文教学丛书”“中小学教师进修丛书”“四川文物小丛书”等丛书。他为《中学语文教学》《中学生阅读》题写的刊名至今仍在使用。二是他主持编写了新中国第一部语文工具书《新华字典》。为了商调语言学家魏建功，他曾两次致函北京大学副校长汤用彤，请求允其解除北大中文系主任之职。从《新华字典》酝酿到组建新中国第一个国家级辞书编纂机构“新华辞书社”，从搜集资料到编写体例，从逐条审定字条到附录插图内容的选定，直到编辑出版，无不浸透着他的心血。据统计，《叶圣陶日记》中有 128 天都写到《新华字典》。商金林在《叶圣陶全传》中说：“没有叶圣陶，就没有《新华字典》”“叶圣陶主持编写出版《新华字典》的功绩当永载史册”。1953 年底，《新华字典》由人民教育出版社正式出版，首印 500 万册。1957 年，因新华辞书社划归中国科学院语言研究所，《新华字典》转由商务印书馆修订再版，现已出到第 12 版。1971 年中国重返联合国，并任常务理事国，中文成为联合国六种工作语言之一。作为中国语文现代汉语工具书送到联合国的，正是这部《新华字典》。可以说，正是由于他在语文教材、教育期刊和语文工具书等方面的编辑实践，奠定了他在中国语文教育史、出版史上独一无二的地位。

4. 语文教育研究实践

叶圣陶的语文教育研究主要体现在以下四个方面：一是在商务印书馆和开明书店任职期间著书立说，有独著，也有与人合著的。如《作文论》(1924)；《文心》(与夏丏尊合作，1933)；《文章例话》(1936)；《阅读与写作》(与夏丏尊合作，1938）等。二是抗战期间在四川省教育厅教育科学馆任专门委员(1940—1942)，主要协助教育厅长郭有守拟定“中小学课程标准”和“课外阅读书目”，举办“中等学校教师暑期讲习班”，编辑杂志或丛书。他还有两次下基层学校调研的经历。一次是 1940 年 11 月 21 日—12 月 5 日深入成都附近四个县十多所中学调研，一次是随省教育厅视察团到中学视察。每到一校，都要听课、看学生作文本、与师生座谈、发表演讲等。这两次实地调查，增强了他对国文教学的感性认识，对国文教学有了深入了解，陆续发表了《国文教学的两个基本概念》《国文随谈》《认识国文教学》《如果我当教师》《论中学国文课程标准的改订》等系列文章，并与朱自清合编《精读指导举隅》(1941)、《略读指导举隅》(1943)、《国文教学》(1945) 等教学指导用书。三是受有关部门委托起草国家语文课程标准。如 1923 年担任全国教育会联合会新学制课程标准起草委员，拟订《新学制课程标准纲要初级中学国语课程纲要》；1949 年作为华北人民政府教育部教科书编审委员会主任，主持制定《小学课程标准总纲草案》《中学课程标准总纲草案》以及《小学语文科课程标准（草稿)》《中学语文科课程标准（草稿)》。四是新中国成立初期的国家语言文字规范化工作。包括：（1）受中央领导委托拟定《标点符号用法》(1951)；（2）出任中国文字改革协会常务理事兼编审出版委员会主任(1949)，中国文字改革研究委员会委员（1954)，中国文字改革委员会委员兼语文教学部主任（1955)、汉语拼音方案审订委员会委员（1956)，中央推广普通话工作委员会委员（1956)，教育部普通话语音研究班主任（1956）等，为新中国成立初期简化汉字、推广普通话，制订和推广《汉语拼音方案》等语言规范化工作做出了卓越贡献；（3）参与国家一些重要文稿的修改润色工作，如《中华人民共和国宪法》、刘少奇《关于宪法的报告》、周恩来《政府工作报告》以及《斯大林全集》等。1984 年冬，中共中央统战部请他审阅《周恩来统一战线文选》的注释稿，他还填了一首《六州歌头·读〈周恩来统一战线文选〉》。

值得一提的，叶圣陶还是很多全国性语文教学学术团体的名誉会长、名誉理事长或顾问，这些团体有全国中学语文教学研究会（今“中国教育学会中学语文教学专业委员会”的前身，1979)，全国小学语文教学研究会（今“中国教育学会小学语文教学专业委员会”的前身，1980)，中国高等教育学会语文教育专业委员会(1980)，中国写作学会(1980)、中国语言学会(1980）等。

叶圣陶的语文教育实践极为丰富深厚，使他成为新中国教育家和教材事业总设计师。他的语文教育研究论著已成为我国语文教育经典作品，多次印刷，至今仍沾溉后人。1989 年 10 月 28 日，冰心、雷洁琼、赵朴初、孙起孟、巴金、吕叔湘等 28 位文艺界、教育界前辈发起成立叶圣陶研究会。冯牧在讲话中称赞说：“圣陶先生不仅是一代师表，而且是中国新文化、新教育的几代师表，是三代、四代、五代人的师表。”现在，叶圣陶研究会已有叶圣陶教育思想专业委员会、叶圣陶编辑出版思想专业委员会、叶圣陶研究年刊编辑部等，研究其学术思想，弘扬其精神。张中行《叶圣陶先生二三事》被选入初中语文教材。人民教育出版社拟在他早年执教过的江苏苏州吴中区甪直镇建立中国语文教育博物馆。

二、叶圣陶的语文教育思想

叶圣陶的语文教育思想体大思精，系统全面，理论性与实践性兼顾，涉及语文课程、教材、教学、考试和教师等各个方面。

第一，关于语文的性质。叶圣陶认为，语文是工具，是人生日用生活中不可缺少的必要工具。他说（1943）：“国文，在学校里是基本科目中的一项，在生活上是必要工具中的一种。”学生如果“不能运用生活上的一种必要工具，自然是直接吃亏”(《认识国文教学》)。他在《大力研究语文教学，尽快改进语文教学》(1978）中明确指出：“语文是工具，自然科学方面的天文、地理、生物、数、理、化，社会科学方面的文、史、哲、经，学习、表达和交流都要使用这个工具。要做到个个学生善于使用这个工具（说多数学生善于使用这个工具还不够)，语文教学才算对极大地提高整个中华民族的科学文化水平尽了分内的责任，才算对实现四个现代化尽了分内的责任。”吕叔湘认为（1980)：“通观圣陶先生的语文教育思想，最重要的有两点。其一是关于语文学科的性质：语文是工具，是人生日用不可缺少的工具”(《叶圣陶语文教育论集序》)。

第二，关于语文教育的任务。叶圣陶认为，语文教育的任务，就是要培养学生自能读书、自能写作的能力，养成使用语文的良好习惯。他说(1943)：“国文教学的目标，在养成阅读书籍的习惯，培植欣赏文学的能力，训练作文字的技能。”而养成习惯又必须注意培养学生的自学能力，他说(1962)：“在课堂里教语文，最终目的在达到‘不需要教’，使学生养成这样一种能力，不待老师教，自己能阅读。”(《阅读是写作的基础》）他给《中学语文》题词时说（1977)：“教任何功课，最终目的都在于达到不需要教。假如学生进入这一境界，能够自己去探索，自己去历练，从而获得正确的知识和熟练的技能，岂不就不需要教了吗？而学生所以要学要写，就为要进入这样的境界。给指点，给讲说，却随时准备少指点，少讲说，最后做到不指点，不讲说。”他曾多次重申，教是为了达到不需要教。对此，叶至善解释说(1990)：“父亲这句话的基本出发点：学生不能永远依靠老师，他们在一生中会遇到各种各样的事情，终究都要靠自己去解决。因此，老师不能总是对学生不放心、不放手。”(《读〈语文教学二十韵〉》)

第三，关于阅读教学。叶圣陶在给一位教师的信中说：“阅读教学之目的，我以为首在养成读书的良好习惯，教师辅导学生认真诵习课本，其意乃在使学生渐进于善读，终于能不待教师之辅导而自臻通篇明晓。”(《语文教育书简》）他在《阅读是写作的基础》中说（1962）："阅读的基本训练不行，写作能力是不会提高的。"他主张要给学生阅读的自由，教师要给以适当的指导和选择读物。为此，他与朱自清合编了《精读指导举隅》《略读指导举隅》，指出："精读指导必须纤屑不遗，发挥净尽；略读指导却需提纲挈领，期其自得。""精读的时候，教师给学生纤屑不遗的指导，略读的时候，更给学生提纲挈领的指导，其目的唯在学生习惯养成，能够自由阅读。"(《〈略读指导举隅〉前言》)

第四，关于写作教学。叶圣陶既是教育家，又是文学家，对写作有着切身体会和丰富写作经验。他认为，写作是每个人非学不可的，而且是非学好不可的，不会写作算不得合格公民。写作就是用笔来说话，要说真话，说实话，说心里的话，不说假话、空话和套话。"有真意，去粉饰，少做作，勿卖弄"。他的《怎样写作》，全面系统回答了"为什么写""写什么""怎样写"的问题。他在给一位语文教师的信中说（1962）：中学写作课的目的"在顺顺当当地写好一般文章，记事记得一清二楚，说理说得明白晓畅。文艺创作是另外一回事，先要通过了写作关，才谈得上文艺创作。在中学阶段，语文课教学生作文，并不希望学生从事创作。就是大学语文系，也是如此。文艺创作不是人人必须办到的，写作关却人人必须通过的。"(《语文教育书简》)。这启示我们，中学写作教学的重点是培养应用写作和语言表达，这是语文学科的关键能力，尤其是写作一般文章的能力。

第五，关于语文考试。考试评价事关教育发展方向，有什么样的评价指挥棒，就有什么样的办学导向。笔者在编《叶圣陶吕叔湘张志公语文教育名篇精选》时，就专设"语文考试"，收有他的《专供应试用的书籍》《"临时抱佛脚"》《读罗陈两位先生的文章》《去年高考的语文试题》《学习不光为了高考》《考试》《再谈考试》《不应单独追求升学率》等系列文章，可见他非常关注这一问题。在他看来，"为考试而学习"是怪口号。考得好，分数多，固然是学习得好的证明，可是绝不该把考试认作学习的目的。考试最重要的目的在于检查诊断教学效果，分析原因，扬长避短，以便改进。对于教师来说，可以知道自己教的成绩怎么样。教得不错，有长处，要继续发展；教得有问题，有缺点，要想办法改进。对于学生来说，要让他们知道自己并非为考试而来学习的，看待考试，应该跟平时举手答老师的提问一样平常，既不藐视，也不特别重视，逢考就考，不必特别做准备；不考的时候，照样认认真真地学。总不要使学生对考试有过关似的感觉。千万不可拿考试和分数来作鼓励学习的手段。中共中央国务院《深化新时代教育评价改革总体方案》，要求把立德树人成效作为考试评价根本标准，坚决纠正片面追求升学率倾向，促进德智体美劳全面发展，普通高中主要评价学生全面发展的培养情况。重温叶圣陶关于语文考试的论述，极具现实意义。

第六，关于语文教师。叶圣陶有着丰富的一线教学经验，对语文教师的地位和作用有着深刻认识和理解。他把“善读”“善写”比作语文教师的“本钱”，说：“教师增加本钱，最为切要。所谓本钱，一为善读，二为善写，二者实相关而不可剖分。”“唯有教师善读善写，乃能导引学生渐进于善读善写”（《语文教育书简》）。他在《如果我当教师》中说（1941）：“让学生自己试读试讲，求知文章的意义，揣摩文章的法则。……只是待他们自己尝试之后，领导他们共同讨论：他们如有错误，给他们纠正；他们如有遗漏，给他们补充；他们不能分析或综合，替他们分析或综合。”他还特别强调教师的以身作则和示范作用，主张先做学生，才能做先生。1961 年，他去成都调研，从一位中学老师那里听到，他们学校的校长向语文老师提出“教师下水”的号召，深有同感，认为语文老师要是能够自己经常动动笔，或者作跟学生相同的题目，或者另外写些什么，就能更有效地帮助学生，加快学生的进步（《“教师下水”》）。他这些论述，对提高语文教师综合素质、专业化水平和创新能力，非常重要而且切中肯綮。

第七，关于语文教育研究。叶圣陶对语文教育研究的观点，可以他的两次讲话为代表。第一次是 1979 年在中学语文教学研究会（“中国教育学会中学语文教学专业委员会”的前身）成立大会上的书面发言，他说：“这个会叫作研究会，顾名思义，就是要对语文教学做些研究。研究很必要。多少年来，语文教学的效果不怎么好，很重要的一个原因就在于没有认真做些研究。要研究，首先就得调查。我希望咱们多做些实况调查，不要提出一些抽象空泛的题目，找些人来泛泛地议论一通。议论议论固然也需要，但是更重要的是了解实际；并且，不论听起来多么好的议论，都得放到实践中去检验，才能判断这种议论是不是切合实际，确有实效。‘实践是检验真理的唯一标准’，这个原则同样适用于语文教学。”“特别需要调查和研究的是语文训练的项目和步骤。为了培养学生具备应有的听、说、读、写的能力，究竟应当训练哪些项目，这些项目应当怎样安排组织，才合乎循序渐进的道理，可以收到最好的效果。”他还特别指出，研究会除了开会，平时最好有些互相访问、观摩、交流、探讨的活动。访问和观摩要干些切实的事，商量些切要的问题，不要光是听课。交流经验和探讨问题，最好办些会刊、通讯和简报，目的在于互相启发，吸取别人的意见和做法，使自己不断提高。第二次是 1983 年在北京第三次年会上的讲话，他讲了三条意见，一是语文教学“要改，非改革不可”；二是要加快改革，“不能今年研究，明年研究，研究它二十年。太慢了！

能不能快一点儿?”三是“听、说、读、写非连起来不可”。他这些意见既中肯，又实用，至今仍有很强的现实意义和警示作用。

三、叶圣陶语文教育思想的启示

叶圣陶语文教育思想对我们当今语文教育教学改革具有重要的启示意义。

第一，语文教育要着眼于“教人”。叶圣陶认为，教育的生命是“爱”，教育要帮助学生养成好习惯；教育工作者的全部工作就是为人师表；“最重要的是帮助学生得到做人做事的经验”；“一切知识最根本的是道德”，“各门功课的总目标就是要造成健全的公民”；要让学生“受教育”而不是“受教材”；教育的方式方法是“相机诱导”。他在《如果我当教师》中说：“我是教人的，我不是教书的。教师应该为学生的一生着想，要想想学生将来怎样一辈子做人，想想作为社会主义好公民应该具有什么样的知识品德。”“我将特别注意，养成小朋友的好习惯。我想‘教育’这个词儿，往精深的方面说，一些专家可以写成巨大的著作；可是，往粗浅的方面说，‘养成好习惯’一句话也就说明了它的含义。”“我当然要教小朋友识字读书，可是我不把教识字、教读书认作终极的目的。我要从这方面养成小朋友语言的好习惯。”那么，怎样帮助学生养成好习惯呢？他的办法是从最细微最切近的事物入手，要求学生硬是要养成，决不马虎了事。“譬如门窗的开关，我要教他们轻轻的，‘砰’的一声固然要不得，直到他们随时随地开关门窗总是轻轻的，才认为一种好习惯养成了。”

第二，语文教学的主要任务是培养阅读与写作能力。叶圣陶认为，得到阅读和写作的知识，从而养成阅读和写作的习惯，就是学习国文的目标，并说“他种学科是不负授与和训练的责任的，这是国文科的专责”(《略谈学习国文》)。他在《对于国文教育的两个基本观念》(1940)中说：“国文教学自有它独当其任的任，那就是阅读与写作的训练。学生眼前要阅读，要写作，至于将来，一辈子要阅读，要写作。这种技术的训练，他科教学是不负责任的。”当然，阅读与写作的前提是识字写字，小学要先从识字写字教学入手。至于人文性目标，应该是在阅读、写作过程中整体渗透，是春风化雨般的潜移默化、耳濡目染，而不能是硬贴“标签”，穿靴戴帽。

第三，语文教学要联系生活。语文来源于社会生活，又服务于社会生活。叶圣陶在甪直任教期间，就与同事改革教学，自己编写教材，改进教学方法，还组织学生开展各种课外实践活动，与学生一同开荒种地，创办生生农场；创办利群书店，布置博览室，造礼堂，建戏台，举行同乐会、恳亲会，还编剧谱歌，辅导学生自编自演话剧，组织学生远足旅行等社会实践活动。他在《读书二首》中说："天地阅览室，万物皆书卷"，也深刻揭示了读书与社会实践的关系。这启示我们，无论是阅读还是写作，都要与社会生活实践相结合，联系学生的家庭生活、学校生活，积极参与社会生活，在语文实践活动中学习语文、运用语文。还要注意引导学生"读万卷书，行万里路"，既要读"有字之书"，也要读"无字之书""心灵之书"，而不是一味地"读死书""死读书"。

第四，要注重培养学生自主学习的能力。叶圣陶有一句名言"教是为了达到不需要教"。他在给一位老师回信时说："尝谓教师教各种学科，其最终目的在达到不复需教，而学生能自为研索，自求解决。故教师之为教，不在全盘授与，而在相机诱导。必令学生运其才智，勤其练习，领悟之源广开，纯熟之功弥深，乃为善教者也。"(《语文教育书简》)。他的《自力二十韵》，把教育比作大人扶幼儿学走路："或则扶其肩，或则携其腕，唯令自举足，不虞颠仆患"。教师的作用仅在于"诱导与启发，讲义并示范"，最终目的是"疑难能自决，是非能自辨，斗争能自奋，高精能自探"。他在《如果我当教师》中说："我不怕多费学生的心力，我要他们试读，试讲，试作探讨，试作实习，做许多的工作，比仅仅听讲多得多，我要教他们处于主动的地位。"这启示我们，教学教学，就是要"教"学生"学"，以学生为本，以学生成长为本，而不是教师"唱独角戏"，更不是为了炫学呈才。

第五，语文教育研究不尚空谈，要注重解决实际问题。语文教育具有三个显著特点，一是综合性，二是实践性，三是民族性，主要目的是提高学生的识字写字、阅读和写作能力。这就决定了语文教育研究不能总是停留在理论层面，更不能动辄拿国外的教育理论来批判中国的语文教育实践。叶至善在为董菊初《叶圣陶语文教育思想概论》作序时说："人们都认为我父亲是语文教育家，看来没有错，可是父亲从来不承认。父亲说他跟王力先生、吕叔湘先生不一样，不是个做学问的人，虽然经常对语文的教与学发表一些看法，都就事论事，没有作过系统的研究，因而称不上家。父亲说的也是实话。他在漫长的一生中，为基础语文教育的改革作了不少实事，光中小学课本，他主持编写的达数十部之多，有些课本和练习还是他亲自撰写的。为了提高教与学的实效，他和朋友们作过许多试验和探讨，但是留下来的大多是随想式的论说，要不就是指导教与学的实例；比较完整的称得上概论的著作，他一部也没有写过。"我们今天翻开 25 卷本《叶圣陶集》就能看到，第 13—16 卷专论语文教育，第 9 卷谈文学写作，第 10 卷谈文学作品赏析，第 17 卷谈写作文风和语言文字，第 18 卷谈编辑工作，都与语文教育有关。第 8 卷旧体诗，第 19—25 卷日记和书信，也常常涉及语文教育。他虽然没有写过一部语文教育概论性著作，但以他的丰富实践和大量著述，为我们留下一座语文教育研究的丰富矿藏，值得认真挖掘。

总之，叶圣陶在语文教学、文学创作、语文教材编辑、语文教育研究等方面实践丰富，他熟知语文教师的甘苦，深谙语文教学的真谛。他对语文教育有着 70 多年持续不断的反思，所以他能揭示语文教育教学的本质规律，留下了一系列经典论著，值得我们认真学习、反思，努力改进、创新，推动新时代语文教育的现代化事业。

借鉴叶圣陶中国现代教师思想
做新时代“四有”好老师

■ 任苏民

2014 年，习近平总书记在第 30 个教师节同北京师范大学师生代表座谈时，发表了《做党和人民满意的好老师》的重要讲话。他提出：“国家繁荣、民族振兴、教育发展，需要我们大力培养造就一支师德高尚、业务精湛、结构合理、充满活力的高素质专业化教师队伍，需要涌现一大批好老师。”那么，怎样才能成为好老师呢？正是在这篇讲话中，他深刻阐述了新时代“好老师”的“一些共同的、必不可少的特质”：“第一，做好老师，要有理想信念”；“第二，做好老师，要有道德情操”；“第三，做好老师，要有扎实学识”；“第四，做好老师，要有仁爱之心”。①这“四有”，是习近平总书记对好老师特质的高度概括，为广大教师努力成为新时代的好老师指明了奋斗目标。同时，这“四有”，也是习近平总书记对我国优秀传统教育思想和为师之道的继承和创新，为广大教师从中吸取成长的思想营养和精神力量提供了深刻启示。

我国历史上以至近现代以来，具有极其深厚的教育思想和为师之道优秀传统。这些优秀传统，集中体现在历代杰出教育家的教育实践和教育思想包括教师思想中。我国现代文化教育一代宗师叶圣陶的教育实践和教育思想就是其典型之一。诚如温家宝所说，叶圣陶是中国现当代教育史上“毕生都投入了教育事业”，并且做出卓越贡献的“大教育家”。②他终身从事教育工作，构成了他的教育思想所特有的教师的基本视角和师道的核心内涵，形成了他整个教育思想的重要组成部分——叶圣陶中国现代教师思想。

叶圣陶中国现代教师思想内涵丰富、深刻，既传承了中华优秀传统教育思想和为师之道，又体现了中国现代教师的时代精神和发展要求。这一思想，

① 习近平：《做党和人民满意的好老师——同北京师范大学师生代表座谈时的讲话》，《人民教育》2014 年第 19 期。

②《温家宝谈教育》编辑组编：《温家宝谈教育》，人民出版社、人民教育出版社 2013 年版，第 114 页。

特别是其核心要义，即中国现代教师的四个“自觉”，对广大教师响应习近平总书记的号召，努力做新时代“四有”好老师具有宝贵的借鉴价值。

一、以思想精神自觉，树立好老师应有的理想信念

习近平总书记指出：“做好老师，要有理想信念。”“正确理想信念是教书育人、播种未来的指路明灯。”“好老师心中要有国家和民族，要明确意识到肩负的国家使命和社会责任。”①这也是古往今来特别是“五四”以来我国“好老师”的精神特质。

早在五四运动前后，叶圣陶就敏锐觉察时代变迁对教育改革和教师转型的必然要求，深感自己当时作为小学教师肩负的使命责任。他在《新潮》杂志上发表了《今日中国的小学教育》《小学教育的改造》等文章，指出：“无论什么事业，我们去做它，必须先把这项事业的价值理解明白。”②“小学教育的意义，概括地说来，便是使儿童在行为上得到新的人生观。要达到这个目的，须承认人生必须是自觉的，自动的，发展的，创造的，社会的，而以教育做手段，使学生养成这种种品德和习惯，以至于达到最高的高度。”③“教育者的义务便是使儿童得到合理的系统的知识，确定他们的新人生观。”④为此，他呼唤：“教育事业原是教师做的，教师不能只等旁人来‘觉我’，要靠自己觉悟。……我是个小学教师，所以我要‘自觉’！我希望小学教育收到真实的功效，所以要请许多小学教师一同‘自觉’。”⑤正是由于有了这样一种思想和精神的“自觉”，许多中国教师才会在社会与教育变革发展中转变和成长为具有正确理想信念的现代教师。

在新民主主义革命时期，叶圣陶先后发表《如果我当教师》《如果教育者发表〈精神独立宣言〉》等文章，指出：教师无论担任哪一门功课，都不能忘记“有个总目标，那就是‘教育’——造成健全的公民。每一种功课犹如车

---

① 习近平：《做党和人民满意的好老师——同北京师范大学师生代表座谈时的讲话》，《人民教育》2014年第19期。

② 叶至善、叶至美、叶至诚编：《叶圣陶集》第11卷，江苏教育出版社2004年版，第8页。

③ 叶至善、叶至美、叶至诚编：《叶圣陶集》第11卷，江苏教育出版社2004年版，第37页。

④ 叶至善、叶至美、叶至诚编：《叶圣陶集》第11卷，江苏教育出版社2004年版，第41页。

⑤ 叶至善、叶至美、叶至诚编：《叶圣陶集》第11卷，江苏教育出版社2004年版，第20页。

轮上的一根‘辐’，许多的辐必须集中在‘教育’的‘轴’上，才能成为把国家民族推向前进的整个‘轮子’”。①在民主革命加快进程的新形势下，“教育者自当精进不懈，努力尽他们的责任”。②要为受教育者着想，坚决革除让人读死书应考试、追求功名利禄的传统教育精神；要对国家尽责，明是非、辨善恶，以此立身为教；要为人民服务，不只为某些个人或集团服务，在促进人的发展与自身发展的统一中充分体现教育的真义；要像中国古代思想家张载所说的“为天地立心，为生民立命，为往圣继绝学，为万世开太平”③，志存高远，在教育岗位上用自己“一点一滴的实干”，为实现人类美好理想开端立基。

在新中国成立后进入社会主义建设时期，叶圣陶发表了《教师怎样尽责任》等文章，指出：实现一个又一个五年计划直到建成社会主义社会的是人，“而教师就是培养这大批大批的人的，所以教师非常光荣，可是担当的责任也很不轻。”④“教师们为了在这伟大的时代尽分内的责任，一定乐于付出无量的心思和劳动。”⑤

在改革开放和社会主义现代化建设新时期，叶圣陶指出：“四个现代化，科学技术现代化是基础。”但是研究和利用现代科学技术的是千千万万活生生的人。“这千千万万的人要研究得精，利用得好，不仅靠科技知能的高明，也得靠思想品德的纯正，意志操行的坚强，还有扎实的基础知能的训练也是断然不可缺的。”这些“全都是教育的分内事”，也是新时期教师的职责所在。教师要“加强自己的责任感”，“尽心竭力，不辜负党和人民的要求”。⑥面对我国现代化建设的加快推进，面对世界与人的变化发展，叶圣陶强调教师要担当好自己的使命，就要努力实现“教是为了不教”。他指出：“学生要学到一辈子自学的本领，教师的作用极关重要。教师不仅要授予学生各科知识，尤其重要的在于启发学生，熏陶学生，让他们自己衷心乐意向求真崇善爱美

① 叶至善、叶至美、叶至诚编：《叶圣陶集》第11卷，江苏教育出版社2004年版，第135页。

② 杜草甬、商金林编：《叶圣陶教育文集》，河南教育出版社1989年版，第218页。

③ 张载：《张载集》，中华书局1978年版，第320页。

④ 叶至善、叶至美、叶至诚编：《叶圣陶集》第11卷，江苏教育出版社2004年版，第221页。

⑤ 叶至善、叶至美、叶至诚编：《叶圣陶集》第11卷，江苏教育出版社2004年版，第224页。

⑥ 叶至善、叶至美、叶至诚编：《叶圣陶集》第11卷，江苏教育出版社2004年版，第288—289页。

的道路昂首前进。这是教师应尽的职责，也是教师伟大的功绩。”①

叶圣陶关于中国现代教师思想精神自觉的论述和身教，为新时代教师树立理想信念提供了有益借鉴。

新时代教师以思想精神自觉树立理想信念，就要主动适应新时代社会变革发展与人的变化发展要求，自觉实现对教育价值与目的的观念更新，实现对自身使命与责任的“灵心澈悟”。要认真学习领悟习近平新时代中国特色社会主义思想包括关于教育的重要论述，树立“为人民服务、为中国特色社会主义服务、为改革开放和社会主义现代化建设服务”②，“落实立德树人根本任务，培养德智体美劳全面发展的社会主义建设者和接班人”③，为中华民族伟大复兴奠定基础的教育理想和职业信念，并且积极投身教育改革创新，把自己的理想信念充分体现在教书育人的本职工作之中。

新时代教师以思想精神自觉树立理想信念，就要对国家、对社会、对下一代尽责任，明是非、辨善恶，带头践行和倡导社会主义核心价值观。要用好课堂讲坛，用好校园阵地，用自己的行动，引导和帮助学生树立正确的世界观、历史观、人生观和价值观，“用自己的学识、阅历、经验点燃学生对真善美的向往”④。使社会主义核心价值观和崇高人生理想润物细无声地浸润学生心田，转化为他们的行为，成为他们人生道路的指路明灯，成为他们成长成才的精神动力。

（二）以道德修养自觉，陶冶好老师应有的道德情操

习近平总书记指出：“做好老师，要有道德情操”“教师的职业特性决定了教师必须是道德高尚的人群”“好老师首先应该是以德施教、以德立身的楷模”“好老师的道德情操最终要体现到对所从事职业的忠诚和热爱上来”。⑤这也是

① 叶至善、叶至美、叶至诚编：《叶圣陶集》第11卷，江苏教育出版社2004年版，第348页。

② 习近平：《做党和人民满意的好老师——同北京师范大学师生代表座谈时的讲话》，《人民教育》2014年第19期。

③ 习近平：《高举中国特色社会主义伟大旗帜　为全面建设社会主义现代化国家而团结奋斗——在中国共产党第二十次全国代表大会上的报告》，人民出版社2022年版，第34页。

④ 习近平：《做党和人民满意的好老师——同北京师范大学师生代表座谈时的讲话》，《人民教育》2014年第19期。

⑤ 习近平：《做党和人民满意的好老师——同北京师范大学师生代表座谈时的讲话》，《人民教育》2014年第19期。

古往今来特别是“五四”以来我国“好老师”的道德特质。

叶圣陶在其整个教育生涯中，始终高度重视并身体力行师德修养。早在“五四”时期，他就指出：教师要适应新的时代要求，加强自我修养。“如今小学教师的缺点，就在欠修养功夫。”而“小学教师是栽培小学生的，如今要使小学生有一种真实明确的人生观，要用种种方法去陶冶他们，自己就不可不先有一种真实明确的人生观”。①不久，他专门发表了《教师的修养》一文，强调：“当教师的人应当讲究修养”，要将教师的道德行为修养放在其合格条件的第一位。②

叶圣陶认为，师德修养，首先是教师要加强对自己道德行为的自我反思、自我修养。因为学生没有一种特别的本领，只从某一学科教师那里学某一学科，教育教学中影响、感染学生更加深刻更加重要的，往往是教师的人品和行为。教师必须自觉做到“一言一行都没有消极的影响，一饮一啄都要有正当的意义”，“这虽是最正常的，也是最根本的”。③在此基础上，进而实现先贤所说的“有诸己而后求诸人，无诸己而后非诸人”④，在教育教学和日常生活中，以自己的道德行为修养发挥对受教育者潜移默化的感染和示范作用，打好他们人生的底色。

师德修养，还突出体现为教师对教育教学工作的高度自觉、认真负责、敬业奉献。叶圣陶曾经现身说法：“我与从前书房里的老先生其实是大有分别的：他们只须教学生把书读通，能够去应考试，取功名，此外没有他们的事儿；而我呢，却要使学生能做人，能做事，成为健全的公民。”⑤无论当小学中学或大学的教师，我要时时记着，在我面前的学生都是准备参加建国事业的人。“因此，当一班学生毕业的时候，我要逐个逐个地审量一下：甲够格吗？乙够格吗？丙够格吗？……如果答案全是肯定的，我才对自己感到满意：因为我帮助学生总算没有错儿，我对于建国事业也贡献了我的心力。”⑥

---

① 叶至善、叶至美、叶至诚编：《叶圣陶集》第 11 卷，江苏教育出版社 2004 年版，第 8—9 页。

② 叶至善、叶至美、叶至诚编：《叶圣陶集》第 11 卷，江苏教育出版社 2004 年版，第 60 页。

③ 叶至善、叶至美、叶至诚编：《叶圣陶集》第 11 卷，江苏教育出版社 2004 年版，第 59 页。

④ 胡平生、张萌译注：《礼记》（下），中华书局 2017 年版，第 1169 页。

⑤ 叶至善、叶至美、叶至诚编：《叶圣陶集》第 11 卷，江苏教育出版社 2004 年版，第 133 页。

⑥ 叶至善、叶至美、叶至诚编：《叶圣陶集》第 11 卷，江苏教育出版社 2004 年版，第 140 页。

新中国成立后以至改革开放和现代化建设新时期，叶圣陶先后发表《教师必须以身作则》《身教和言教》《教育工作者的全部工作就是为人师表》等文章，就教师如何弘扬我国优秀师德传统，加强自我修养作了进一步论述。他指出，为了培养学生成为社会主义的合格公民和建设人才，教师就要不负国家和人民的重托，立足自己岗位干好工作，干出乐趣，立志终身从教。要干好教育工作，教师不仅要"言教"，更必须实行"身教"。"我国自古以来有'言教'和'身教'的说法，还说'身教'胜于'言教'。'身教'就是'以身作则'，教育者自己作出榜样来，让受教育者自动仿效，收到的效果当然比光凭口说深切得多。"①叶圣陶强调：就其本质而言，"教育工作者的全部工作就是为人师表"。面对我国现代化建设和受教育者成长的新形势新要求，教育者必须要自觉地在"德才兼备，知能日新，一心为公，实事求是"等方面提高修养，足以为受教育者的模范，从而更好地尽己职责，为人师表。②

叶圣陶关于中国现代教师道德修养自觉的论述和身教，为新时代教师陶冶道德情操提供了有益借鉴。

新时代教师以道德修养自觉陶冶道德情操，首先要深刻认识教师职业的育人本质和道德特性。古人说："师也者，教之以事而喻诸德者也。"③教师无论教什么学科，都担负着立德树人的使命，因此都必须首先加强自己的道德修养。新时代教师更应该具有这种道德修养的自觉，正如习近平总书记所指出的：要"把教书育人和自我修养结合起来，做到以德立身、以德立学、以德施教"④。好老师不仅要在讲台上旗帜鲜明地传授社会主义核心价值观和道德行为准则，更要注重从自己教育教学工作以至日常生活的一言一行做起，力求言为士则、行为世范，不断提高自身道德修养，以模范行为影响和带动学生，"做学生为学、为事、为人的大先生"⑤。

新时代教师以道德修养自觉陶冶道德情操，突出体现在教师对自己所从事职业的那份高尚的教育情怀和执着的敬业奉献。我国自近现代以来，教师

① 叶至善、叶至美、叶至诚编：《叶圣陶集》第11卷，江苏教育出版社2004年版，第328页。

② 叶至善、叶至美、叶至诚编：《叶圣陶集》第11卷，江苏教育出版社2004年版，第378—379页。

③ 胡平生、张萌译注：《礼记》（上），中华书局2017年版，第403页。

④ 习近平：《在北京大学师生座谈会上的讲话》，《人民日报》2018年5月3日第2版。

⑤《习近平在中国人民大学考察时强调：坚持党的领导传承红色基因扎根中国大地走出一条建设中国特色世界一流大学新路》，《人民日报》2022年4月26日第1版。

队伍中一直不乏优秀者自觉担当思想启蒙者和教育改革家的角色，更有许多教师热爱教育工作，为培养后人默默奉献一生。新时代教师应当大力弘扬历史上中国优秀教师的这种教育情怀和敬业精神，自觉地将自己的本职工作同强国建设、民族复兴的伟大事业联系起来，“牢记为党育人、为国育才的初心使命”①，向黄大年、张桂梅等时代楷模学习，像他们那样心有大我、至诚报国，教书育人、敢为人先，淡泊名利、甘于奉献，点燃希望、不懈奋进。教师一定“要有‘衣带渐宽终不悔，为伊消得人憔悴’的精神，兢兢业业做好工作”②，从而培养一代又一代学子成人成才，收获桃李满天下。

（三）以专业研修自觉，涵养好老师应有的扎实学识

习近平总书记指出：“做好老师，要有扎实学识”“扎实的知识功底、过硬的教学能力、勤勉的教学态度、科学的教学方法是老师的基本素质，其中知识是根本基础。”“在信息时代做好老师，自己所知道的必须大大超过要教给学生的范围，不仅要有胜任教学的专业知识，还要有广博的通用知识和宽阔的胸怀视野。”③这也是古往今来特别是“五四”以来我国“好老师”的文化特质。

早自新文化运动兴起之时，叶圣陶就以“欲运我灵思与世界学术接触”④的开阔视野，学习研究西方先进思想文化包括早期现代教育理论，寻求救国之道和改革之鉴。他在《今日中国的小学教育》中指出：教师要使儿童养成新人生观，成为现代中国人，就“先要把这等问题的各门科学，如生物学、人类学、心理学、社会学、伦理学、论理学、哲学等等，下一番切实的研究功夫”。⑤教师不仅要具备教育的科学知识，还要在教学实践中不断长进和创造自己工作所需的经验学识。“教师对儿童自然要担负帮助和指导的责任，但

①《习近平在北京育英学校考察时强调：争当德智体美劳全面发展的新时代好儿童》，《人民日报》2023年6月1日第1版。

② 习近平：《做党和人民满意的好老师——同北京师范大学师生代表座谈时的讲话》，《人民教育》2014年第19期。

③ 习近平：《做党和人民满意的好老师——同北京师范大学师生代表座谈时的讲话》，《人民教育》2014年第19期。

④ 商金林：《叶圣陶传论》，安徽教育出版社1995年版，第185页。

⑤ 叶至善、叶至美、叶至诚编：《叶圣陶集》第11卷，江苏教育出版社2004年版，第11页。

是教师自身也随时长进经验，随时有所创作有所进步。”①

叶圣陶认为，中国现代教师要担当起自己的使命责任，必须具有扎实的专业知识和技能。其一，要熟习所教的学科，“所谓熟习，意思是不仅记住那些学科的内容，而要把那些内容消化了，随时随处都能拿出来运用”②；其二，“还必须懂得该学科与其他学科的关联，还必须懂得该学科与思想品德教育的关联”③；其三，“开一门课程，对于那门课程的整个系统或研究方法，至少要有一点儿我自己的东西，以通常说法就是所谓‘心得’”，“我不但把我的一点儿给与他们（学生），还要诱导他们帮助他们各自得到他们的一点儿；唯有如此，文化的总和才会越积越多，文化的质地才会今胜于古，明日超过今日”④；其四，对于通用的教育理论知识“生理学、心理学、教育学之类非钻研不可。钻研这些学科越深，认识学生身心越真，教起来就越有把握”⑤。这些论述，突破了传统的“教书”和“学科”本位，而立足于中国现代教师的文化使命来构筑教师的“专业”和“专业知识”，因此更加注重教师对所教学科知识的真正消化和善于运用，注重教师与其“育人”任务相应的广博而整体性的专业知识结构，注重教师对所开课程的独立钻研和创见，注重教师对于帮助学生发展这种独立性、创造性所必需的现代教育理论的掌握。除此以外，教师还必须练就过硬的专业技能。他指出：就语文教学而言，“教师增加本钱，最为切要。所谓本钱，一为善读，二为善写，二者实相关而不可剖分”⑥。“唯有老师善读善写，乃能导引学生渐进于善读善写。”⑦

叶圣陶强调，中国现代教师的知识学问，不仅来自书本，更来自实践，要基于本土实践，理论结合实际，努力钻研，灵活运用，有所创新，才能形成自己的教育真知。1958 年，他在给刚从河北大学教育系毕业前往山东师范学校任教的外甥女江亦多的信中写道：“你是教育系的毕业生，教育理论当然

---

① 叶至善、叶至美、叶至诚编：《叶圣陶集》第 11 卷，江苏教育出版社 2004 年版，第 42 页。

② 叶至善、叶至美、叶至诚编：《叶圣陶集》第 11 卷，江苏教育出版社 2004 年版，第 257 页。

③ 叶至善编：《叶圣陶答教师的 100 封信》，开明出版社 1989 年版，第 156 页。

④ 叶至善、叶至美、叶至诚编：《叶圣陶集》第 11 卷，江苏教育出版社 2004 年版，第 138 页。

⑤ 叶至善、叶至美、叶至诚编：《叶圣陶集》第 11 卷，江苏教育出版社 2004 年版，第 222 页。

⑥ 叶至善编：《叶圣陶答教师的 100 封信》，开明出版社 1989 年版，第 27 页。

⑦ 叶至善编：《叶圣陶答教师的 100 封信》，开明出版社 1989 年版，第 28 页。

学了不少，但是在教学和班级工作的实践上，你是个新手，你还没有真知。所以我要提醒你，不要有架子，要虚心地向有经验的同志学习请教，多动脑筋钻研教学和了解学生，不断努力才能够真正懂得实践出真知的道理。”“你在大学学的是凯洛夫教育学，那是苏联的教育学，不是中国的教育学。因此在实践中必须根据我们中国的实际，山东的实际，你们学校和学生的实际，灵活适当地运用，才能有所得益。”①在他看来，教师的教育真知，都是要通过教师在教育教学实践中理论与实际相结合的学习和研究，通过对教育教学现实问题的探索和解决来获得的。

不但如此，叶圣陶指出，社会与教育的发展无止境，教师的知识学问也无止境。教师一定要与时俱进，主动适应时代发展和工作需要，在教育教学实践中继续不断地学习和研究，提升引导学生自主学习、走向未来的知识和本领，为尽好自己的责任打下更加坚实的专业基础。

叶圣陶关于中国现代教师专业研修自觉的论述和身教，为新时代教师涵养扎实学识提供了有益借鉴。

新时代教师以专业研修自觉涵养扎实学识，首先要从立德树人、培养新人的教育使命高度，适应信息时代科技创新和中国式现代化的发展趋势，坚持终身学习，努力使自己始终处于学习状态，站在知识发展前沿，刻苦钻研、严谨笃学，不断充实自己的学科专业知识；拓展视野、探索新知，不断提升自己的科学文化素养。“问渠哪得清如许？为有源头活水来。”好老师要给学生打下知识基础的“一碗水”，自己就要具备从其科技文化创新和社会生活变化的源头活水中汲取的“一潭水”。

新时代教师以专业研修自觉涵养扎实学识，必须要基于本土实践，理论联系实际，在自己的教育教学实践与研究中学习进修。好老师应当围绕自己所教学生和学科，紧密结合学生成长和课程教材，提出并针对教育教学的现实问题，认真、深入开展研修，努力把握和运用新的学科知识体系和教育教学规律，构建有效引导和帮助学生自主学习成长的教育教学目标、内容、路径、方法，既授人以鱼，又授人以渔，不断在教育教学实践探索与创新中丰富自己的教育经验，增进自己的教育真知，成为“智慧型的老师”②。

① 叶至善编：《叶圣陶答教师的100封信》，开明出版社1989年版，第1页。

② 习近平：《做党和人民满意的好老师——同北京师范大学师生代表座谈时的讲话》，《人民教育》2014年第19期。

（四）以育人实践自觉，怀抱好老师应有的仁爱之心

习近平总书记指出："做好老师，要有仁爱之心""好老师对学生的教育和引导应该是充满爱心和信任的"。"有爱才有责任。好老师应该懂得，选择当老师就选择了责任，就要尽到教书育人、立德树人的责任"。"老师还要具有尊重学生、理解学生、宽容学生的品质"。①这也是古往今来特别是"五四"以来我国"好老师"的人格特质。

叶圣陶一生从事教育工作，无论是当小学、中学、大学和师范学校教师，还是编写各级学校语文课程教材，以至撰写学生指导文章、进行儿童文学创作，自始至终都倾注了他对儿童、对学生的热爱，寄托了他对祖国未来的希望。他深情地把学生比作"种子"，指出："一棵花，一棵草，他那发荣滋长的可能性，在一粒种子的时候早已具备了。"②教师要"把学生看成有生机的种子，本身具有萌发生长的机能，只要给以适宜的培育和护理，就能自然而然的长成佳谷、美蔬、好树、好花"。③

叶圣陶认为，教师对学生的教育要充满爱心和信任，必须基于对他们的真切了解。他指出：儿童都有其本能、欲望和兴趣。"如果能引导，没有一种本能，没有积极的倾向，不过有的比较容易陶铸成良好的品德，有的比较难一些罢了"；"儿童的活动逾越常规，就因为他们对环境感到新奇，非常羡慕，于是引起了求知求行求享受的欲望"，应该"引导他们满足欲望，归结到合理而有系统的道路上去"；"兴趣是我们的生命所寄托的"，"今后的教育要着力扩充儿童兴趣所及的范围，并使他们养成终身的习惯"。④

教师对学生的爱心，突出体现在教育实践中亲近和尊重学生，平等对待每一个学生，真心诚意做学生的良师益友。叶圣陶曾以自己为例指出："我要做学生的朋友，我要学生做我的朋友。""无论聪明的，愚蠢的，干净的，肮脏的，我都要称他们为'小朋友'。""小朋友的成长和进步是我的欢快；小朋

---

① 习近平：《做党和人民满意的好老师——同北京师范大学师生代表座谈时的讲话》，《人民教育》2014 年第 19 期。

② 叶至善、叶至美、叶至诚编：《叶圣陶集》第 11 卷，江苏教育出版社 2004 年版，第 8 页。

③ 杜草甬、商金林编：《叶圣陶教育文集》，河南教育出版社 1989 年版，第 331—332 页。

④ 叶至善、叶至美、叶至诚编：《叶圣陶集》第 11 卷，江苏教育出版社 2004 年版，第 39—40 页。

友的羸弱和拙钝是我的忧虑。有了欢快，我将永远保持它；有了忧虑，我将设法消除它。”①教师还应该自觉地把自己看作是与学生同样的人，并且在做人、做事和为学各方面乃至细小的行为上以身作则，尽好帮助学生健康成长的责任。

鉴于长期以来应试教育弊端给学生成长带来的不良影响，叶圣陶一再呼吁，要深化教育改革，坚决纠正应试倾向，切实减轻学业负担，保护和促进学生健康成长。他强调，教师一定要为学生和国家民族的未来着想，努力使自己的工作达到“教是为了不教”的境界。“教任何功课，最终目的都在于达到不需要教。假如学生进入这样一种境界，能够自己去探索，自己去辨析，自己去历练，从而获得正确的知识和熟练的能力，岂不是就不需要教了吗？而学生所以要学要练，就为要进入这样的境界。”② “达到不需要教，就是要教给学生自己学习的本领，让他们自己学习一辈子。”③ “一辈子坚持自学的人也就是一辈子自强不息的人。不难想象，这样的人不断增多，社会和国家将达到何等繁荣昌盛的境界。”④他的言行，无不充分体现了对学生的真爱和大爱，对祖国未来的期望和憧憬。

叶圣陶关于中国现代教师育人实践自觉的论述和身教，为新时代教师怀抱仁爱之心提供了有益借鉴。

新时代教师以育人实践自觉怀抱仁爱之心，就要真切地了解学生，使自己对学生的教育和引导充满爱心和信任，遵循学生身心发展规律和学习心理特点，创设师生共同生活、亲密互动、教学相长的育人情境，使自己成为学生信赖的好朋友和贴心人。好老师应该秉持公平正义之道，把自己的温暖和情感倾注到每一个学生身上，无论其家庭背景和天赋条件如何，平等对待每一个学生，尊重学生的个性，理解学生的情感，包容学生的缺点和不足，善于发现每一个学生的长处和闪光点，让所有学生都能充满自信，享受成功的喜悦；让所有学生都能获得发展，成长为有用之才。

新时代教师以育人实践自觉怀抱仁爱之心，就要真心面向学生和国家民

---

① 叶至善、叶至美、叶至诚编：《叶圣陶集》第 11 卷，江苏教育出版社 2004 年版，第 129 页。

② 叶至善、叶至美、叶至诚编：《叶圣陶集》第 11 卷，江苏教育出版社 2004 年版，第 263 页。

③ 叶至善、叶至美、叶至诚编：《叶圣陶集》第 11 卷，江苏教育出版社 2004 年版，第 356—357 页。

④ 叶至善、叶至美、叶至诚编：《叶圣陶集》第 11 卷，江苏教育出版社 2004 年版，第 351 页。

族的未来，自觉投身教育教学改革，勇于担起落实立德树人、发展素质教育的历史责任，坚决抵制教育界和社会上的功利化等不良倾向，切实减轻学生作业负担和课外培训负担，保护和促进学生健康成长。好老师应该坚持以学生为中心，主动适应新时代学生发展的新特点和课程改革的新要求，努力转变和更新教育观念，改进和创新教学方法，发展学生核心素养，全面提高教育质量，以教育者的大爱，为学生终身发展、终身幸福奠定基础，为造就“强国建设、民族复兴伟业的接班人和未来主力军”①做出贡献。

①《习近平在北京育英学校考察时强调：争当德智体美劳全面发展的新时代好儿童》，《人民日报》2023年6月1日第1版。

叶圣陶论家庭教育的重要原则和方法

■ 张 璐　刘立德

叶圣陶先生认为，家庭教育实施过程中必须十分讲求方法是否得当。在他看来，一个人在幼小的时候，如果教育“闪在一旁”，不与幼小的儿童“见面”，这就是教育的“错失”。为了让儿童的才能得到最好的发展，需要采取正确的方法对儿童开展行之有效的教育。叶圣陶告诫家长们：“不论方法是好是坏，有总胜于无，有方法而并不好，以后可以改正，无方法就根本上完了。”他接着又指出：“做父母的倘若没有好的教育，也没有可以改正的不好的教育，只是不教育，就是一个重大的错失。”① 由此可见，合理的、正确的原则和方法是家庭教育成功的关键。

一、适时教育：把握子女成长的关键期

叶圣陶强调，父母要抓住对儿童的早期教育。他认为，儿童早期接触的事物对其影响是最深刻和长久的。儿童的一切观念都往往是以先入为主的，尤其在八九岁时，儿童开始渐渐接触外界事物并不断增长知识，在这一阶段倘若对他们进行适宜的引导和教育，将会在其大脑中产生清晰和深刻的印象。叶圣陶认为：“婴儿和孩子时期，在一个人的一生中多么紧要，一切人类的理解习惯，都从此时获得；若能受到好的教育，岂不是更可以超越地进取；反过来说，倘若受不到一点教育，就是极深重地被损害。”② 由此可见，对儿童的早期教育，关乎子女的未来发展，父母对此承担着不可推卸的责任。

叶圣陶认为，父母不仅应当具备一定的教育子女的意识，自觉承担家庭教育的责任，而且应该理性地育儿，拥有科学的方法。他说：“做了父母就注定应该负教育子女的责任，在生物进化的途径上显示得很明白，但是除了本

① 叶至善、叶至美、叶至诚编：《叶圣陶集》第 11 卷，江苏教育出版社 2004 年版，第 49 页。

② 叶至善、叶至美、叶至诚编：《叶圣陶集》第 11 卷，江苏教育出版社 2004 年版，第 49 页。

能以外，还需要知识、技术等的帮助。”① 也就是说，父母应当不断学习，与子女共同成长。父母的理念应当具有全面性和前瞻性，掌握不同阶段儿童的发展特点和需求，并给予适时的指导。值得注意的是，现实生活中的有些父母在教育子女上是盲目的、激进的，他们过分地关注了儿童身上看得见、可衡量的变化，而对那些隐性的、潜在的精神品质缺乏重视。因此，叶圣陶也一直在身体力行地告诫做父母的，应当静下心来，在子女的成长过程中有一颗平常心，学会等待，不要急于求成和拔苗助长。这也是父母恪尽职守要掌握的“知识”和“技术”。

叶圣陶提出，父母应当抓住关键时期和适当时机对子女进行深入而有价值的教育。生活中不乏有一些家长对孩子的教育做到了尽心尽力，但是仍然起不到太明显的作用，其主要原因之一就在于一些关键时间节点上对孩子教育得不深入，没有使孩子真正得到提升。例如，任何一个家长都会有意识地培养孩子的说话能力，而孩子们因为实际的需要，也会积极地去学。但是仍旧有很多儿童在说话方面存在着困难，这是因为父母没有及时让孩子形成完整说话和合理表达的意识。叶圣陶认为，假如“没有人在旁边给与暗示，加意指导，所以零碎地说了，朴陋地说了，不完整地说了，也就算数”②。如此这般，家长若不相机行事加以纠正，孩子们便容易“习惯成自然”。孩子若像这样自然地练下去，他们往往会继续保持着自己错误的说话方式，而且思想情感也跟着零碎、朴陋不完整起来。

二、换位思考：走进孩子隐秘的情感世界

叶圣陶指出，父母不只是与子女一起生活，还要接触他们的内心。在与儿童的接触中，有些父母常常不愿过多地过问孩子们对某件事或某种事物的理解和感受，他们也不愿与孩子进行心与心的交流与沟通。在一些大人的眼中，孩子永远是幼稚和无知的象征，没必要征求他们的意见。在叶圣陶看来，这种想法是大错特错的。他的不少文章中有大量以儿童的口吻展开的叙述，这是孩子们的心声。他说，家长要了解儿童，“入手的办法，就是要与儿童一起生活。这里所谓一起生活，并不只是住在一处地方的意思，乃是要接触他们的内心，而且完全了解，而且自己也差不多融合在里头。唯有如此，才能

① 叶至善、叶至美、叶至诚编：《叶圣陶集》第 11 卷，江苏教育出版社 2004 年版，第 49 页。

② 叶至善、叶至美、叶至诚编：《叶圣陶集》第 13 卷，江苏教育出版社 2004 年版，第 20 页。

知道一切的机会，不至于错过了机会，徒然叹无从着手。”① 在叶圣陶看来，父母对子女应当有深入的了解，然后双方产生心灵共鸣，这样才能真正地在儿童需要的时候给予帮助。

叶圣陶提出，家庭要根据子女的兴趣和爱好，为孩子提供适合的教育。他在教育上一直主张尊重儿童的天性，调动儿童学习的积极性。他对当时一些学校的“了无生气”十分不满。叶圣陶认为：“现在一般的学校不是枯寂无味，像座古庙，便是五花八门，像个杂乱的古董铺，没有意义，没有生气，没有趣味。”② 在家庭教育方面，叶圣陶也有类似观点，他主张父母应当为孩子营造一个充满生气与活力的成长氛围。在这样的环境中，儿童那活泼好动的天性才能被激发，而“儿童的天性本是注重事实的，欢喜自己去做的，凡是合乎他们天性的，他们就愿意知道它，学会它；与他们的天性不相侔合的，他们就不想知道，不高兴学”③。除此之外，叶圣陶还敏锐地洞察到了儿童的真实世界，他认为：“兴趣是我们生命所寄托着的。一个人的世界，不能大于他兴趣所及的范围，唯有这个范围方是他内在的真实的世界。”④ 由此可见，兴趣是最好的老师，除兴趣以外的一切教育，对儿童来说都是徒劳无功的。无论学校教育还是家庭教育都是如此。

叶圣陶还指出，父母要善于引导儿童的本能朝积极方面发展，使其逐渐成为有意识的习惯。通常，人的本能不具有善恶之分，也比较被人们所忽视。叶圣陶认为，本能正是教育的原料。当然，这种本能如果不加以陶铸，那么对于人生便不产生价值。倘若如果能正确引导，任何一种本能都可以发挥积极的倾向，不过有的比较容易陶铸成良好的品德，有的比较难一些而已。这种来源于内心深入的力量正是家长们需要关注的，也是培养儿童良好德行的关键。在家庭教育中，叶圣陶常常通过一系列故事和关键事件，让子女学会爱、尊重和宽容等。惟其如此，这些美好的品质才会成为伴随子女一生的闪光点。总之，叶圣陶强调在家庭教育中，父母必须关注孩子的本能，他认为孩子倘若某一本能有善的倾向，就应该设法使其尽量发展，循序渐进地形成

---

① 叶至善、叶至美、叶至诚编：《叶圣陶集》第 13 卷，江苏教育出版社 2004 年版，第 25 页。

② 叶至善、叶至美、叶至诚编：《叶圣陶集》第 11 卷，江苏教育出版社 2004 年版，第 18 页。

③ 叶至善、叶至美、叶至诚编：《叶圣陶集》第 11 卷，江苏教育出版社 2004 年版，第 16 页。

④ 叶至善、叶至美、叶至诚编：《叶圣陶集》第 11 卷，江苏教育出版社 2004 年版，第 40 页。

孩子的良好习惯；倘若有恶的倾向，便应该设法引导孩子转向积极，以免造成恶的结果。

三、持续关怀：做子女人生道路上的引路人

叶圣陶认为，父母要教会孩子具备清澈的认识和优良的习惯，这些都是孩子真正受用的。做父母的，需要对子女进行持续的关怀，成为他们人生道路上的引路人。当子女面临升学、就业等关键选择时，首先父母应对此有正确的认识，才能正确地引导孩子。有些家长望子成龙、望女成凤的心情十分迫切，他们将自身的期望和焦虑一股脑儿转嫁给孩子，并且认准名牌大学才是唯一的出路，这种想法是会产生不良后果的。在叶圣陶看来，从学校学到的知识无非都是一些文字符号，要想让它们发挥作用，还是要应用在实际的生活里。况且，有些东西不进学校也可以学到。例如“辨别是非，具有正义感，你若认为优良的习惯，尽可以在人群中间学。”① 照这样说来，在升学与就业的问题上，道路就不再是单一的。他曾指出：“升学是一条路。任事是一条路。无力升学又没法任事也是一条无路之路。各人的凭借不同，所趋的路当然分歧了。我希望你从爱好学问的热诚里发出一股力量，把社会改得适宜于你一点儿。”② 叶圣陶在对待自己子女的升学问题上有这样考虑，他也倡导全天下的父母端正心态，真正为子女的未来着想。

叶圣陶指出，父母要狠下心来，让子女在社会中历练，培养他们独立自学的精神。他说：“我们要知道入校固可求得知识，但离开学校并不就无法学习。学习的主体是我们自己。我们自己要学习，在任何环境中都行；我们自己不要学习，便是处适宜的环境，也只得到‘外铄’的效果。”③ 这种来自学校的知识，如果在生活中不能得到有效运用，仍然是没有任何意义的。叶圣陶在他的论述中提到了“学力”一词，学力不仅仅是从学校中获得的，而是看一个人的授受能力。他也劝说家长们，离开学校并不等于“失学”，家长和孩子们都要抱着不忧不惧的心态。真正想学习的人，是拥有“独立自学”精神的，随时随地可学，而“独立自学”，以广大的社会为学校，得到的必然是

---

① 叶至善、叶至美、叶至诚编：《叶圣陶集》第 11 卷，江苏教育出版社 2004 年版，第 189 页。

② 叶至善、叶至美、叶至诚编：《叶圣陶集》第 12 卷，江苏教育出版社 2004 年版，第 4 页。

③ 叶至善、叶至美、叶至诚编：《叶圣陶集》第 12 卷，江苏教育出版社 2004 年版，第 28 页。

切实有用、可以作为人生之舵的东西。家长们大可放手让孩子们在社会中历练和成长，这样的收获才是真正的提升，也才是他们发自内心的学习。

叶圣陶认为职业只有分工不同，没有高低贵贱之分，父母要支持子女放低姿态，“劳力”和“劳心”同样光荣，在最基层的生产劳动岗位上工作也值得尊敬。叶圣陶的子女后代们在他的倡导下，都在有关部门的最基层工作，他们在平凡的岗位上兢兢业业，成绩显著。叶圣陶正是用自身的行动，为家长们树立了学习的典范。他曾对那些面临就业的青年说：“我想劝你去干的，是成就些什么、生产些什么的事，尤其是劳力的事。无论如何天花乱坠的文明文化，维持生活的基本要件总是劳力的结果。”① 在他看来，我们每一个人都是平等的，不应该有“卑微”和“高贵”的分野，我们不能妄自菲薄，也不可骄傲自大，应当真正踏踏实实地工作，为社会和人类做出贡献；从事基层的生产劳动、从基层干起是光荣的，也是获取知识、得以迅速成长的正确选择，做父母的应该支持和鼓励子女在这样的工作中学习更多的知识，增长自己的才干，锻炼自己的能力。

四、以身作则：率先成为期望孩子变成的人

叶圣陶强调，家庭教育应当与学校教育相辅相成，密切配合，以实现家校合作，共同促进孩子的成长。儿童进入学校，并不代表家庭教育可以“就此离开”。家庭仍然在儿童的发展中起着不可代替的作用。而学校所倡导的科学理念，也同样需要家长在家庭生活中不断强化。叶圣陶指出：“家庭教育当处处留心矣，以至能实践师言之儿童，而信夫无谓之烧香，不可谓非家庭教育胜于学校教育传导之力矣。且此等迷信最能束缚儿童之心志，尤为不可。”② 像类似封建迷信之举，家长肯定不希望孩子将来成为愚昧的人，那么自己就要首先在行为上对子女起到正确的示范，使学校的教授和生活世界是一致的，才能让孩子真正信服学校里所学的知识。

叶圣陶谈道，家长要想让孩子成为乖巧、文明的人，自己首先在教育子女上就不能有暴躁、愤怒等不良的情绪。他认为，在面对孩子犯错时，家长不要不分青红皂白，一味地批评指责，甚至叱骂和拳打脚踢，这样不仅不利于孩子改正错误，还可造成大人和孩子之间的疏离。他指出：不妨这样来思

① 叶至善、叶至美、叶至诚编：《叶圣陶集》第12卷，江苏教育出版社2004年版，第5页。

② 叶至善、叶至美、叶至诚编：《叶圣陶集》第11卷，江苏教育出版社2004年版，第4页。

考，“要想到孩子是有心还是无心，想到大人与孩子们见解有何差异等问题。有心捣乱，罪孽诚不可赦；无心作恶，又不十分厉害，就应该归入免究之列。”① 孩子的良好修养是建立在父母的言传身教基础上的。做父母的，如果经常冲动和莽撞，对待子女也一贯持粗暴的方式，那么这些就不再是“觉悟”的影响了，而是“修养”上的问题。由于见解的不同导致孩子无心犯下的错是可以原谅的。如果大人一味地暴力对待孩子，就会使孩子被父母喜怒无常的情绪吓坏，于是慢慢地将自己和大人“隔离”开来。这种疏远要弥合是非常困难的，仿佛瓷器上有了一条裂缝，痕迹将永远存在。由此可见，家长对待孩子的态度和解决问题的办法，直接影响着孩子的性格形成和为人处世的方法，家长应当以身作则，正人先正己，严格要求自我，当好子女的人生榜样。

五、活用“教材”：当好孩子生活世界的导师

叶圣陶早在新中国成立以前，就在商务印书馆和开明书店编写出版了大量中小学课本，新中国成立后他以出版总署副署长和教育部副部长的身份担任人民教育出版社社长、总编辑，长期主持教材编辑出版工作，对教材的编写有着独到的见解。他反对“拉在篮里就是菜”这种取材方法，倡导编制真正适合儿童认知水平和实际需要的教材，他的这种理念同样也应用到了其家庭教育中。他认为，“教材无非就是个例子”，家庭教育也要不拘一格选“教材”；只要目的正确，时时处处都可找到“教材”。他经常选取生活中的问题和情境作“教材”来教导子女。他曾描述了这样的场景，“夏月乘凉的场上，或是冬日融融炉火之旁，几位老人讲些童话故事，孩子们就听得陶醉了，仿佛全心已窜入童话或故事里。”② 这在他看来，正是生活中真实的教育所在。父母应当像这样，在合适的生活情境和场景，因时因地取材，选取适当的事物作为“教材”，将其中蕴含的知识和道理随时、及时讲授给儿童，还可以让孩子们发表意见和观点。针对这种“教材”的内容，叶圣陶认为应当以儿童生活为中心。取材从儿童周围开始，随着儿童生活的进展，逐渐拓展到广大的社会。

按照叶圣陶提出的“教材无非就是个例子”的观点，家长们千万不要把

---

① 叶至善、叶至美、叶至诚编：《叶圣陶集》第 11 卷，江苏教育出版社 2004 年版，第 53 页。

② 叶至善、叶至美、叶至诚编：《叶圣陶集》第 13 卷，江苏教育出版社 2004 年版，第 11 页。

“教材”想象得过于神圣和高不可攀，因为它只是帮助孩子学习的工具。在家庭教育中，父母也可以选取这样适当的“例子”，让孩子们在真实的生活体验中获取有价值的知识、提升能力。叶圣陶主张在子女成长的过程中，家长要善于抓住和拓展生活中的教育资源，并有效利用现实中的“活教材”。例如，在旅行的途中，家长可以让孩子有意识地记忆走过的景点，观察到的事物，并能够描述出来；然后再深入一些追问，可以涉及孩子们当时的感受和想法，甚至是更多相关的内容等。在叶圣陶看来，孩子们大多数都是有一定的经验积累，但这还是不够，需要进一步深化这些内容。家长在生活中如果能够为孩子选取适当的、活生生的“教材”，进行有效的教育，那将可能对孩子的发展产生不可估量的作用。

唤起“自觉”：教师发展的根本之道[①]

■ 何勇军

人才是社会发展的第一资源，教师是培养人才的人才，是第一资源中的第一资源！发展教师的根本目的是为了更好地发展学生，发展学校，发展社会，发展国家。一大批满怀爱国热情，德才兼备的育人模范，对学生、家庭、社会、国家的影响是极其深远的。然而当下不少教师的发展更多的却是处于“被动”的状态：被规划、被总结、被展示、被汇报、被改革、被读书，等等。这样的发展是被动的、应付性的，表现为教师态度的消极，往往导致其发展的形式主义，甚至只是为了达到个别有关部门或领导的功利性目的，于教师队伍的高素质专业化发展并无益处。叶圣陶先生劝勉我们：“教师不能只等旁人来‘觉我’，要靠自己觉悟……若是从‘自觉’中得来的，便灵心澈悟，即知即行。”[②]对叶圣陶教育思想研究多年的任苏民学者对此作了更为深刻的解读：“教师的这种‘自觉’，是时代变迁中教师对自身作用与使命的观念转变和‘灵心澈悟’，是教师对自己工作的理想追求、高度负责和自我满意体验。归根到底，这种‘自觉’是一种文化的自觉、教育精神的自觉，是师道之精髓，师魂之所在。”[③] 面对两个一百年奋斗目标，面对百年未有之大变局，面对国内国际错综复杂的形势，我们的教育如何将立德树人根本任务落到实处？如何培养德智体美劳全面发展的社会主义建设者和接班人？要完成这个伟大的使命，首要的任务就是要使教师成为能够立德树人的人，要让教师真正理解培养社会主义建设者和接班人的意义，从而更加自觉地投入到教书育人的事业之中去。由此看来，教师专业发展迫在眉睫，促进教师专业发展方式由“被动型”向“自觉型”的转变更加至关紧要。只有把教师发展置于“自觉”的基础上，只有实现教师的自觉发展，教育才能担起新时代赋予

① 本文系作者主持的江苏省教育科学“十四五”规划2021年度叶圣陶教育思想研究专项课题“新时代叶圣陶教师自觉论的创新实践与研究”阶段性研究成果（课题编号：YZ-c/2021/17）。

② 叶至善、叶至美、叶至诚编：《叶圣陶集》第11卷，江苏教育出版社2004年版，第20页。

③ 任苏民：《叶圣陶教育思想与当代中国教师发展》，《人民教育》2014年第19期。

的人才培养重任。

一、自觉涵养教育情怀，以精神追求塑造教师发展之魂

受高考指挥棒的影响，学校和社会评价教师的标准往往比较狭隘，很多时候都是以考试分数论英雄，这样的评价体系直接把教师的价值观导向了错误的方向，让我们看到了很多奇怪的现象。我们的老师非常辛苦也非常努力，他们早上七点不到就要到校，晚上十点之后才舍得离校，每周宁愿放弃周末休息的时间也要全力以赴地上好每一堂课，做好每一次个性化的辅导。这样的努力不可谓不敬业，这样的付出不可谓不伟大。然而，效果如何呢？文化课的成绩是上去了，但是得了抑郁症的，甚至厌世跳楼的学生人数也上去了，出国留学一去不复返的人数也上去了，享受着祖国的福利却还在向往着西方国家生活的人数也上去了。面对这些现象，我们的不少老师似乎没有看到，他们已经习惯了只教学生做习题不管学生长啥样，这样的习惯也让他们成了一个只会努力督促学生好好做题，而却早已忘却自己要好好修养的人。有人说，有大视野才能有大胸怀，有大胸怀才能有大格局，有大格局才能有大事业。可是，一个只爱做题、不爱学习、不思发展的老师又怎么可能有大视野呢？一个连为谁培养人，培养什么人，怎样培养人都不太明白的老师又怎样去培养具有家国情怀和国际视野的人呢。我们要发展教师专业，首先就是要改变教师的教育观念，让教师树立起正确的人才观，让教师明白人才是多样的也是多元的。合格的社会主义接班人应该是德智体美劳全面发展的，只有改变了教师的教育观念，才能使教师埋下的头重新抬起来，重新审视自己的使命职责，重新发现自己的内在不足，重新正视自己的专业发展，让教师内在的文化自觉驱动教师的专业发展。其次要帮助教师厘清教师自己的发展与学生发展、学校发展、社会发展、国家发展之间的内在关系，让教师从内心深处理解教育的意义和教师职业的价值。由此唤醒教师的使命感和紧迫感，促进教师在职业认同的过程中自觉投入到教师专业发展中来。从这个角度来讲，学校对于党风廉政建设、教师党员培训、班主任队伍建设、中层管理队伍建设、教研组备课组建设等，必须要立足国家发展的全局和人才多元的标准，引导广大教师自觉地参与到教师队伍发展的总体行动中来。

二、自觉厚植道德修养，以人格魅力树立教师发展之范

从教育动力学的原理来看，教育的发生过程与物理过程很相似，物理学

强调力的作用改变物体的运动状态，功的作用改变物体的能量状态，冲量的作用改变物体的动量状态，物体和物体之间的作用是改变彼此状态的基本方法。教育的本质就是相互作用，一本书可以对受教育者产生作用，校园内的一草一木也可以对受教育者产生作用，教师的一席话一个行动更可以对受教育者产生作用。在所有的作用中，教师的作用是最大的，教师的知识水平越高，德行越深厚，人格越有魅力，对受教育者的影响就越大。在学校教育中，教师就像一潭活水。滋润着周边的每一位学子。教师要保证这潭活水中有丰富的营养物质，就要不断地学习，不断地厚植自己的人格修养，不断地涵养自己的师德的水平和专业素养，以此提升培养学生德智体美劳全面发展的育人能力。

从教育的整体性来看，教育是培养学生德、智、体、美、劳全面发展的事业。教育是一项系统性的工程，德、智、体、美、劳必须坚持五育并举的原则。国家强调“立德树人”的根本任务，并不是让教育只抓德育，也不是让教育为了抓德育而德育，而是要让德育融入其他四育之中来，让德育在润物细无声的过程中发生。这不仅是对思政课老师的基本要求，也是对所有教师的基本要求。如何让学科知识成为德育的载体？如何让德育在学科教学的过程中悄然发生？这是教育对当代教师提出的现实要求。也是所有教师面临的现实课题。教师不仅要改变现有的教育观念，还要提升德、智、体、美、劳五育并举的教育能力，除了研究学科知识的教学以外，还要研究以学科知识为载体的德育方法。作为当代教师，必须自觉意识到德育的重要性，自觉把“立德树人”作为教育的根本任务。要完成这一根本任务，首先要实现教师专业的自我修养、自觉发展。

从教育的师表性来看，教师的深厚学识可以改变一个人，教师的谆谆教诲可以改变一个人，教师独具特色的人格魅力，同样也可以改变一个人，教师的职业特性决定了教师不仅仅是一份职业，教师也不仅仅是一个人，教师已经成为教育的代名词，教师本身就是一种最好的育人资源。古人说言教不如身教，讲的就是这个道理。既然教师的言行可以成为一种教育资源，那么我们就应该把这种教育资源开发好、建设好、发展好。教师自身也必须意识到自己的言行有教育功能，从而更好地提升自己的知识水平、人格魅力和师德修养。

三、自觉提升教学水平，以扎实学识支撑教师发展之能

从教学的目的性来看。教学的目的应该服从于教育的目的，就是要培养

知识结构全面，人生目标清晰，能适应社会服务社会的合格公民。时代在进步，社会在发展，有发展就会有变革。教师的发展要顺应教育的发展，教育的发展要顺应社会的发展。作为一名教师，必须时刻站在时代的前列，把握时代的脉搏，及时更新自己的教育观念，让自己与时代同呼吸共命运。由此生发出对教育的责任与使命，清晰自己的人生价值与担当，也让自己对“培养什么人？为谁培养人？怎样培养人?”的时代之问有感同身受的回答。只有清晰地明白了自己所教授的专业对学生的发展、社会的发展、国家的发展应有的作用，教师才能感受自身职业的使命与光荣，才能自觉地投入到自身的专业发展之中去。

从教学的成效性来看。众所周知，同样的一堂课，同样的一本教材，不同的老师来上，产生的效果是完全不同的。除了教材，自然界的万事万物都可以用来作为教育资源，但是有的人用起来得心应手，有的人却不知道如何利用。究其原因，还是与教师的教育观念、价值取向、知识结构、能力水平、教学技能等教学专业水平有关。如果一名教师经常关注时事政治、国家发展、科技进步、教育改革等问题的，那么他就很容易从身边的人和事上提炼出关于国家发展科技进步的相关教育教学素材，并能自觉地应用到日常的教学行为中去。如果一名教师经常关注教育教学技术改革，自己也经常喜欢做一些创新的教学尝试，那么他在利用这些素材进行教学时，就会创新原有的教学方法，使教学效果得到改善。作为教师必须自觉地意识到教师专业发展对日常教育教学的影响，只有这样才能自觉地投入到教师专业发展之中去，让教师专业发展更加具有自觉性、创造性、发展性和实践性。

从知识的整体性来看。我们教授给学生的知识绝不是孤立的。同一门学科的知识，前后有着紧密的联系，这种联系，只有专业知识足够扎实的老师才能够参透看透。现在流行的项目化教学、大单元教学等都是建立在教师对教材整体理解的基础之上才能进行的。教师要对这些知识重新整合，做到拆得开拼得拢，就必须对这些知识有整体的把握，有非常深刻的理解。不同的学科之间也存在着很多内在的联系。如果教师看不到这些联系的存在，那么在学科教学的过程中就只会从学科本身出发，而看不到本学科与其他学科之间的联系，就会变成学科本位主义者。我们平时常常强调理科老师要学一些文科知识，文科教师也应当学习理科知识，教师除了把自己所教的学科钻研透彻外还应当把学科以外的知识学好，讲的就是这个道理。教师只有看到知识的整体性，才有动力更好地发展自己的专业。

四、自觉融入教育实践，以实际行动彰显教师发展之效

从教师专业发展的目的来看。教育的根本任务是立德树人，为社会主义国家培养合格的建设者和接班人。教育要服务于经济发展和社会发展。同时，教育又是一门科学，是一门关于如何育人的实践科学，教师既是实践者又是研究者，只有把教育当作科学来研究，教育者才能建立起学校的教育文化，追寻到自身的教育价值，内生出为教育事业而奋斗的精神力量。当下，多数老师认为只要把自己的学科教好了，学生可以考一个好分数好学校，就是自我价值的最大体现了，也是对社会对国家最大的贡献了。这显然是对教育目标的狭隘理解。教师产生这样的理解很值得我们反思，这与当下的教育评价、教育生态、教育导向等都有很大的关系，作为教育行政部门对于这样的现象必须引起足够的重视，并采取适当的措施。唯有这样教师的专业发展才能融入教育实践，教育实践也才能成为教师专业发展的丰厚土壤，教师专业发展才能摆脱形式主义、功利主义，成为教师自觉自愿做的事情。

从教师专业发展的形式来看。教师专业发展需要载体，教育实践就是教师专业发展最好的载体。实践证明，一名教师如果能够坚持写教学随笔，经常观照自己的课堂教学行为，再结合教育教学理论进行反思，就能加快提升自己的教育教学能力。要使自己不断进步，就要让反思成为一种教育习惯。习惯不会与生俱来，需要后天的外在规范与内在修炼，逐渐养成。对此，学校教师发展部门和教育行政管理部门，需要采取必要措施。对于平时的上课，可以提出必要的教学反思要求；对于外出听课学习的，可以组织相互的学习心得交流。参加学校的备课组教研组活动的，应该积极参与研讨并留下书面材料；参加课题研究的，应该在深入钻研基础上主动撰写论文；参加项目化建设的，应该在专家引领下努力构建系统的教育理论认识和学科知识框架。除了给老师提要求、布置任务，必要的奖励和激励措施也要跟上去，要让老师们享受发展的乐趣，也要让老师们获得发展的福利。总之，对老师来讲，要让教师专业发展成为自己生活的必需。对学校来讲，要让教师专业发展成为一切工作的关键。一所学校如果能够引导和鼓励每个教师自觉发展，大力弘扬教育家精神，就一定能够突破教师队伍建设的瓶颈，真正实现教师高素质专业化发展，从而开创学校发展新局面，取得立德树人新成效。

总之，唤起教师的“自觉”，是教师发展的根本之道。它不仅关系到教师对自身职业使命的觉醒，更关系到培养社会主义建设者和接班人根本任务的实现，以至关系到国家教育、科技、人才发展战略的实施，关系到中国式现

代化的推进。唤起教师发展的“自觉”，必须坚持“内外双建，德法兼治”的原则，所有关于教师专业发展的措施、策略、保障都必须以“教师的自觉发展”为前提和目的。正如叶圣陶先生提出的教育思想——教是为了不教，教师教育与管理也应遵循这一思想。唯有如此，才能真正建设起一支高素质专业化创新型的教师队伍，才能真正办好人民满意的教育。

叶圣陶“儿童种子观”的语文意蕴及实践启示①

■巴　瑶

叶圣陶是著名的语文教育家，更是伟大的教育家。我们理解认识叶圣陶语文教育思想，也需要从教育家叶圣陶的视角去观照和学习借鉴。如叶圣陶的“儿童种子观”思想就可以为语文教学带来宝贵的思想启迪和实践启示。

一、“儿童种子观”思想的形成脉络

叶圣陶读书和登上教坛之初，曾受过辛亥革命和五四新文化运动思想的洗礼，与封建传统决裂、向西方现代思想学习是当时的时代潮流。因此，现代教育思想和观念是叶圣陶早期教育实践和教育改革的思想底色。在从教之初，叶圣陶就接受现代教育思想熏陶和启发，生发出“儿童像种子”的思想萌芽。1919年2月，叶圣陶发表第一篇教育文章《今日中国的小学教育》，极为深刻地指出：“一棵花，一棵草，它那发荣滋长的可能性，在一粒种子的时候早已具备了。但是有些种子竟不能发芽，竟有苗而不秀、华而不实…… 称职的种植家栽培植物，虽不能增加植物的可能性，却能渐渐改良那不良的遗传性和环境。不称职的种植家非但不能改良遗传性和环境，反而阻遏可能性，那么植物就糟了。”②他把小学生比作植物，教师就是种植家，教师的责任在于发现和保护蕴藏在儿童身上像种子一样发育发展的丰富性和可能性，并提供适宜的环境让其自由生长。这一观点在当时封建思想浓厚的教育环境下，具有鲜明的新时代气息。1921年1月，叶圣陶创作现代诗《成功的喜悦》，以儿童欲爬凳子而老太太极力阻挠为喻，表现儿童成长过程中不可抑止的尝试和创造激情：“要发展你独创的天才？要锻炼你奋发的潜力？要期求你意志的自由？

---

① 本文系江苏省基础教育前瞻性教学改革实验项目“叶圣陶语文教育思想传承与创新研究”（项目编号：2020JSQZ0131）研究成果。

② 叶圣陶：《叶圣陶教育文集》(第2卷)，人民教育出版社1994年版。

要享受你成功的喜悦?”①同年，叶圣陶还创作过童话《一粒种子》，写一粒种子在国王、富翁、商人、士兵那里都不能发芽开花，只有到了田野里，农夫顺其自然地该耕就耕、该锄就锄、该浇就浇，最后终于发芽、拔干、抽枝、开花，形象喻示自然适宜的环境对种子发芽生长的极端重要性。

承认儿童是种子，就是承认儿童在教育生活中的主体地位，就是不能把儿童当作简单盛放知识的容器。这一思想一直贯穿叶圣陶的教育生涯。1956年，叶圣陶发表《排除“空瓶子观点”》，继续阐发儿童是有机生命体的思想。他批评那种把学生当作“瓶子”“容器”，“把各种知识、各项道德条目装进去”的庸俗教学观，主张把学生看作“生活体”，是有生机的种子，本身具有萌发生长的机能，只要给予适宜的培育和护理，就能自然而然地生长发育。1983年，叶圣陶在《吕叔湘先生说的比喻》一文中，更加清晰完整地阐述了他的“儿童像种子”思想：“办教育的确跟种庄稼相仿。受教育的人的确跟种子一样，全都是有生命的，能自己发育自己成长的；给他们充分的合适的条件，他们就能成为有用之才。所谓办教育，最主要的就是给受教育者提供充分的合适条件。”至此，叶圣陶的“儿童种子”思想卓然问世。

综上所述，“儿童种子观”是叶圣陶贯穿一生的教育主张。这一主张包孕丰富的现代教育思想意蕴，值得我们仔细体会和学习借鉴。

二、“儿童种子观”的语文意蕴

叶圣陶教育思想的特点是，不追求思想理论体系的系统构建，而是始终紧贴教育教学实践，及时敏锐地回答和探索实践中的问题。他的教育著述也是不追求名词概念和系统论述，而是平实、朴素，随时随地发表议论，不拘一格。也正因如此，他的“儿童种子”思想一直没有引起人们的关注和重视。查阅文献，叶圣陶语文教育思想研究没有关注这一问题，叶圣陶教育思想研究也没有这方面的论述。最早明确把叶圣陶“儿童像种子”提高到思想观点层面予以关注的是《重新发现叶圣陶》一文，该文是杨斌选编的叶圣陶教育思想读本《如果我当教师》的导言。作者把叶圣陶教育思想总纲概括为“为人生”，内分七根思想支柱，其中第四根便是“受教育的人如同种子一样”的学生主体观，在这个读本中也专列“受教育的人的确跟种子一样”一辑，收入叶圣陶相关文章九篇。2013年，杨斌又在《叶圣陶“为人生”教育思想概论——兼及其视域下的语文教育观》一文对这七根思想支柱做了概括性阐述，

① 叶圣陶：《叶圣陶教育文集》第1卷，人民教育出版社1994年版。

并且明确提出，要准确理解叶圣陶语文教育观，就要将其置放在教育思想的视域下予以观照，他认为完整的叶圣陶语文观应包含“语文是工具，语文也是发展儿童心灵的学科”两个方面。

对叶圣陶“儿童种子观”思想做出深入发掘和系统论述的是孙春福。2015 年，孙春福发表了《叶圣陶“儿童种子观”的内外价值及其当代要义》，对“儿童种子观”的思想意蕴和价值做了充分的阐述。孙春福认为，“学生像种子”的儿童观是叶圣陶思想形成的坚实基石，它与世界现代教育大潮有着一致的逻辑走向。因此，从中国教育观念现代化进程的时空坐标来观照，叶圣陶的“儿童种子观”起到了奠基作用。此外，孙春福还从儿童精神成长的高度，阐述了“儿童种子观”对语文课程构建的重要启示。该文从心理学、语言学、文化人类学等多角度展开分析，指出人类文明进化史赋予了儿童精神“成长”潜能，语言具有“精神的器官”的特性，而“儿童种子观”正是高度契合了哲学、语言学、文化人类学的研究成果。为此，孙春福指出：“儿童精神发育是伴随着童年全程的完整过程，语文课程内容体系要一体化观照。”譬如，儿童期要多读故事、传说，初中生正处于心理发展叛逆期，寻求叛逆、独立，要多读人物传记、文学作品和中外优秀诗歌；高中生处于寻求自立、思想成熟的关键时期，要多读中外文学名著和思想文化著作，吸收人类近现代文化精华。这是我们所看到的把叶圣陶“儿童种子”思想应用于语文教育的最鲜明和深入的阐述。这些论述对于帮助我们在语文教育中践行“儿童种子观”思想提供了多方面的启示。

三、“儿童种子观”对语文教学的实践启示

叶圣陶“儿童种子观”思想具有丰富的教育学意蕴，需要从多方面多角度去发掘。从语文教学实践角度看，以下几点尤其值得我们重视。

1. 儿童语文学习的主体性

我们常说语文是母语，母语是儿童天然的精神器官，儿童自身具有与生俱来的语言学习潜质。我们要珍惜这种潜质，尊重这种潜质，而不要漠视甚至破坏这种与生俱来的潜质。以语文教学而言，就是要尊重学生的主体地位，尊重学生的思想和情感。具体来说，语文学习发挥学生主体作用，要注意其内生性、自主性、独特性。

（1）内生性亦即悟性，语文学习与儿童悟性相关，这是一个不争的事实，我们要注意呵护儿童的这种灵气。多读书，少做题，多积累，少考试，都是语文教学不同于其他学科的独有规律。语文教学应该尽可能多地为涵养学生

灵性留足空间。

(2) 自主性，即多创造机会让学生主动学习。语文教学中的很多“活儿”，诸如介绍作者、文史背景，文言文学习中的知识积累整理等，这些事学生会做得很愉快很轻松。课堂要多设置情境，多设计问题，发挥学生的主动性、积极性，尽可能让他们去讨论。我在《史记》（选读）教学中，曾经尝试让学生排演课本剧。我把学生按“鸿门宴”“荆轲刺秦”“霸王别姬”“高祖还乡”“负荆请罪”等任务分成小组，由各组组长组织角色分工。在排演过程中，学生学习热情高涨，仔细研读课本，设计场景、台词、人物、服装、道具等。那些日子，在校园的许多角落，经常能看到我们班的学生，三三两两聚在一起讨论、争论，兴奋地排练，一场课本剧排练下来，一本《史记》（选读）滚瓜烂熟，收到了很好的效果。

(3) 独特性即创造性，语文教学因其内容的广阔丰富，因学生个体生命的多彩多姿，天生带有丰富的创新创造空间，教师要珍视学生的创造性，尊重学生的个性化理解和生命体悟，不可强求一律，扼杀学生在语文学习中的创新思维。这种创新思维在阅读体验中特别是在作文中，尤其突出。

一般来说，对学生作文可多批，但一定要少改，要珍惜学生各自独特的生命体验和生活发现，除了涉及语言、结构等技术性问题可做适当修改，凡主题、立意、情感等方面，都要尽可能尊重原作。这也是叶圣陶谈作文批改时一贯主张的，体现的正是对学生主体性的高度尊重。

2. 儿童语文能力建构的科学性

科学性即尊重儿童身心发展规律，教合适的语文，合适的教语文。“儿童种子观”启示我们，在不适当的时候教不适当的语文，不仅事倍功半，而且不利于儿童身心健康发展和成长。语文能力建构的科学性，可从“学什么、怎么学、为什么学”三个角度予以考量。学什么？应该是什么年龄学什么内容。幼儿时期需要儿歌、童谣，因为此时儿童心理对节奏特别敏感，这种节奏感是儿童心理发展特别需要的。譬如，是先教儿童学拼音还是学文字？这在过去是有过教训的。儿童4—6岁正是对图画的敏感期，爱看图画，而我们汉字的特点便是象形性，用图画式的文字读本给儿童学文字，就是符合儿童身心发展规律的语文学习方式。再说怎么学？小学阶段语文应该怎么学？当然应该遵循儿童身心发展规律，多读故事性强的书，多诵读，培养儿童浓厚的语文学习兴趣。如果你一定要把故事也编成形形色色的阅读训练题，结果只能败坏孩子学习语文的胃口。现在，语文做题之风，不仅高中极盛，甚至波及小学。如果说，在中学毕业年级为了应考还有其必然之需的话，小学就大可不必如此了。有一个例子，小学中年级的小朋友，每篇课文学完之后，都有一张长长的练习试卷，试题篇幅甚至超过原文长度。一位小朋友颇为天真地评价说，课文不就是那么短的几行文字嘛，有多少启示感悟需要做这么多的题？这话真的是让我们这些做教师的脸红！再譬如，高中生正处于思想形成的关键期，语文教学就要加大加深揭示课文蕴涵思想含量的力度，这一点应该迥异于小学，也不同于初中阶段，深度阅读应该是高中语文教学的“重头戏”。如果还是仅仅停留在文本的表层，势必满足不了学生精神和心灵发展的需要。譬如小说《品质》一课，如果我们对课文的解读仅仅停留在高尚的职业道德——不计工时，不偷工减料，不随行涨价，精益求精，质量第一，以靴子作为自己的事业，把靴子质量看得重于生命，显然不能完全解答学生心中的疑问。

3. 儿童语文素养提升的综合性

所谓综合性，即儿童语文素养提升必须依赖多重途径，而不仅仅是课堂学习。这也是“儿童种子观”给我们带来的启示。一颗种子要想破土发芽，茁壮成长，自身的优秀基因固然重要，同时还必须依靠多方面因素，如适宜的土壤、水分、阳光……语文素养提升尤其如此。有鉴于此，近年来我校开展了多种形式的语文课外实践活动，取得了明显效果。有多年历史的“草桥文学社”，常年开展文学欣赏和创作活动；还有辩论队，曾参加多届国内国际中学生辩论赛，取得了较好的成绩；我们坚持多年语文课课前演讲、课本剧演出、整本书阅读汇报、电影语文课等语文学习活动。针对高中生课外阅读的实际情况，我们还发动全组老师策划编选了校本教材课外语文读本《阅读的力量》，分“人生意义和灵魂力量”“公民诞生与人权价值”“公平正义与思想自由”“文化多元与传统再生”“科学人道与艺术审美”“思想诞生与心灵巨人”“诗意栖居与心灵归宿”七个单元，精选哲学、文学、史学等近百篇著名学者的文章，组织开展课外共读活动，各班级举行读书分享会，让学生走近经典，走近大师，汲取人类思想史中的智慧，来建构和塑造学生的精神世界。广泛的课外阅读和语文实践，开阔了学生的学习视野，也激发了他们的探究欲望。在学习《品质》一文时，我们组有老师设计这样的讨论题：“有人认为，鞋匠格斯拉没有必要守着最好的手艺而饿死，应当因时而化，你认为格斯拉之死的根源是什么？如何评价格斯拉这个人物？”这就一下子把问题提到历史发展趋势和人性伦理矛盾的高度，非常切合高中学生心中难以释怀的困惑和思维的深度。学生带着问题去寻求答案，经过阅读和讨论他们终于明白，当时的资本主义生产方式代表了先进的生产力，格斯拉手工制作靴子代表的是落后的生产力。一方面我们要对鞋匠的品质表达钦佩和尊敬，另一方面也要明白，历史总是在血和火的呼啸中前行，评价历史人物需要用历史的而不仅是伦理的尺度；但人们永远记住和感念的是格斯拉高贵人性的光辉。这样的阅读会对学生的精神发展和价值观形成产生深刻影响，这正是高中教学不可忽略的重要使命。

2020 年修订课标指出："未来社会要求人们思想敏锐，富有探索精神和创新能力，对自然、社会和人生具有更深刻的思考和认识。"高中生正处于探索精神和创新能力培养的关键期，在语文课内课外教育活动中，凸显学生主体地位，尊重学生精神发展需求，激发、唤醒和保护他们的创造潜能，是一项需要我们付出极大努力的崭新工作。在这方面，叶圣陶"儿童种子观"重要思想，将会给予我们诸多有益的思想启迪。

（原载于《中学语文教学参考·高中》2022 年第 12 期）

参考文献：

[1] 叶圣陶. 玫瑰和金鱼 [M]. 合肥：安徽少年儿童出版社，2015.

[2] 叶圣陶. 叶圣陶教育文集：第 2 卷 [M]. 北京：人民教育出版社，1994.

[3] 杨斌. 重新"发现"叶圣陶 [J]. 江苏教育研究，2012（10）.

[4] 杨斌. 叶圣陶"为人生"教育思想概论：兼及其视域下的语文教育观 [J]. 教育研究与评论（中学教育教学），2013（4）.

[5] 孙春福. 叶圣陶"儿童种子观"的内外价值及其当代要义 [J]. 江苏教育研究，2015（8）.

[6] 孙春福. 浅论基于儿童精神成长的语文课程内容建构 [J]. 江苏教育研究，2019（4）.

叶圣陶思想下 语文教学培育乡土情怀的研究[①]

■ 丁莉莉

叶圣陶在编写《中学语文科课程标准》的时候强调语文审美教育的功能，他认为审美教育是为了把学生培养成为“思想益正确而完善，情感益恳挚而缜密”的人，让他们徜徉于文字的海洋，从中感受美、鉴赏美和创造美，将学生塑造成为一个身心健康、人格完善、趣味高尚的人。

在初中语文教学中，教师可以基于叶圣陶审美教育思想挖掘文本中的审美元素，引导学生鉴赏自然之美，感受民族文化，体会家国情怀，让他们在提升审美素养的同时也走进乡土文化，了解乡土文化。

一、鉴赏环境描写，感受自然之美

乡土情怀是一个人对生长的这一块土地上具有鲜明地方特色和浓厚地域风情的人、事、景、物的深厚情感。教师可以基于这一点，组织学生挖掘文学作品中的环境描写，看看作者用了哪些修辞手法，如何展现自然美景，并组织他们参与鉴赏和仿写的活动，试着用笔墨抒发对家乡的热爱之情。

学习《社戏》的时候，教师可以先安排学生鉴赏作品的文字，找出运用了环境描写的地方。如：“两岸的豆麦和河底的水草所发散出来的清香，夹杂在水气中扑面的吹来；月色便朦胧在这水气里。”学生试着想象一下这段环境描写展现了怎样的场景，根据自己的能力和兴趣，试着用语言或绘画的方式将其描绘出来。接着，学生还要分析这段文字中蕴藏了怎样的情感。他们通过思考感受到作者不仅仅描绘了自然风光之美，而且还表达了自己对家乡的热爱之情。此后，教师让学生走入大自然中感受自己家乡的美景，并试着用文字将其呈现出来。教师引导学生从两方面入手描绘。一个方面可以从文字

---

① 本文系江苏省教育科学“十四五”规划 2021 年度立项课题“叶圣陶思想指导下初中生乡土情怀培育的实践研究”阶段性成果（课题立项号：QN2020043）。

入手，形象化地描写景物的特点。如展现水乡的景物特点，可以用“彩带”形容蜿蜒的水流，又如用“婉约的女子”比喻江南小镇。另一个方面可以将自己的情感融入进去，如可以叙述看到景物后的情感，讲述家乡的景物勾起自己的自豪之情。

叶圣陶先生始终把爱国与爱家乡的山川草木结合起来。他懂得要爱国就得先爱乡土，爱乡土的山川史地、名人伟业，爱我国的自然地理、历代英杰。通过阅读文字之美、感悟自然之美等一系列活动，学生逐步懂得如何鉴赏环境描写，领悟作者对家乡的热爱之情。

二、了解传统技艺，传承民族文化

叶圣陶曾在《作文论》一书中阐述了关于审美教育的看法，他强调要将自己的观察、经验、情绪等一一呈现出来。由此可见，通过文字能表现美的生活，创造美的社会。在乡土文化中，有很多传统文化技艺，教师可以挖掘相关信息，引导学生思考人们如何利用这些传统技术创造美好的生活。

《中国石拱桥》是一篇说明文，介绍了中国桥梁的修建技术，展现了中国古代劳动人民的聪明才智。教师可以组织学生参与到调查活动中，更全面地了解中国的桥梁艺术。该活动可以和说明文创作结合在一起。在第一个环节中，学生先阅读《中国石拱桥》，找出其中运用了哪些说明手法，并总结归纳这些说明手法的特点是什么。如文中多处运用了列数字的说明手法，它能让文本中的叙述显得更专业、更严谨。第二个环节则是资料搜索环节，学生要自主搜索和桥梁制造工艺有关的资料，了解除了石拱桥以外，中国还有哪些其他类型的桥梁，有哪些经典的例子，学生可以分享彼此搜索到的资料。第三个环节则是学以致用写说明文。学生结合掌握的写作技巧和收集到的信息撰写说明文，深入体会和挖掘其中蕴藏的传统文化。

学生在教师的引领下分析文本，除了掌握了常见的说明方法之外，也被其中介绍的传统技艺所震撼，一下子激发了他们的探究热情。教师可以组织学生自主搜索信息，钻研民族传统文化，再彼此分享所获。

三、调研节日风俗，深化家国情怀

叶圣陶先生一生爱国爱乡，教师要在他的思想指导下设计节日风俗调研活动，让学生挖掘乡土文化内涵，继承和弘扬中华民族优秀文化传统，增强民族文化认同感和民族凝聚力。

参考《社戏》一文中的社戏文化，教师可以组织学生探究蕴藏其中的节日文化。首先，学生要搜索历史书籍，了解文章中提到的社戏一般在什么时候举行，社戏表演的内容是什么，举行社戏的目的是什么。通过资料搜索，学生了解到社戏是在特定的传统节日里进行的祭祀性质的乡间活动，有祈祷、娱乐、商业等用途。其次，教师鼓励学生融入社会参与调查活动。他们要了解一下当代是否还有社戏，是否还存在祭祀社神的地方，人们对传统文化的传承情况如何。在此基础上，学生再试着撰写小论文，介绍自己的探索所得，说说年轻人要如何传承与发展优秀的中国传统文化。如有一名学生发现，虽然现在参与社戏祭祀活动的人比较少，但是社戏也在当代得到了一定的发展。如绍兴社戏得到了国家的扶持而发展，2022 年还在绍兴开展了首届“水乡社戏”活动。通过调查和撰写论文的活动，学生萌生了乡土情怀，更加热爱自己的家乡。还有不少学生认为自己将来也要加入家乡民俗文化的宣传活动中。

在调研活动中，教师要结合学生感兴趣的话题，引导他们参与到资料搜索、调查采访和实践活动中，让他们深入剖析问题，促使其拓宽文化视野，进一步挖掘和传承乡土文化的精髓。

四、开展综合性学习，走进乡土文化

通过和乡土文化有关的综合性学习，学生能近距离地接触乡土文化，了解到自己生活、生长的地方正在经历怎样的变化，以此来激发他们的感恩、悦纳、亲近、牵挂、期待等情感。

结合《安塞腰鼓》一文，教师可以组织学生参加综合性学习活动，尝试组织“班级腰鼓队”。学生要敢于在活动中体现出自己的自主性，通过小组讨论完成主题设定、项目安排、人选分配、参与活动等环节，有的小组选择观看和腰鼓有关的视频，并通过视频学习腰鼓技巧。还有的小组选择调查采访，看看社区是否有腰鼓队，并向腰鼓队的长辈们学习技巧。还有的小组认为仅掌握腰鼓技巧是不够的，还需要学习腰鼓有关的文化，于是他们通过上网搜索了解了腰鼓的起源是什么、腰鼓分哪些不同的类别。在活动过后，教师可要求学生提交表演的视频，从中筛选优秀者进入班级腰鼓队。与此同时，还可以通过提交小论文、多媒体课件等方式表达自己对腰鼓文化的理解。如有一个小组的作品是用视频的方式呈现了安塞腰鼓、浙东锣鼓、凤阳花鼓等各种不同的鼓，展现了文化的多变性和复杂性。

在乡土文化教育中，教师要引导学生将语文课本中的学习内容和乡土物质文化、非物质文化有机地结合在一起并进行多元融合，让学生全面了解乡土文化，培养他们的乡土情怀。

在初中语文教学中，教师要充分挖掘文本中和乡土有关的信息，并组织丰富多彩的综合性活动，让学生在了解乡土文化的同时，增强自己的文化修养，提升个人的审美水平。

（原载于《语文世界》2023 年第 8 期）

教育思想实践研究

叶圣陶研究年刊

以叶为舟　筑梦成长

■ 沈明程

作为全国唯一一所以“叶圣陶”先生名字命名的公办初中，学校以学习和实践叶圣陶教育思想为立校之本和兴校之路，秉承“学子由是进，智赡德日新”的校训，潜心立德树人，落实五育并举。将叶圣陶“教育就是培养良好的习惯”的德育思想、“教是为了达到不需要教”的教学思想、“教育工作者的全部工作就是为人师表”的教师发展思想作为三大重点，致力构筑叶圣陶教育思想的学习园地、实践基地和宣传阵地，为学生的终身发展和幸福人生奠定坚实的基础。

在《大戴礼记·保傅》中有这样的描述：“少成若性，习贯之为常。”应劭在《序》中也提到了“习贯”。习惯是指积久养成的生活方式，包括风俗、社会习俗、道德传统等。习惯是一种不易改变的行为，也表现为它对新的情况逐渐适应。

2020年叶校正式开办至今，围绕培养学生良好习惯，学校着力构建“有形、有频、有序；有型、有品、有叙；未卷、未倦、未厌”三段阶梯式培养，在“三声”校园文化浸润中成长，即清晨琅琅读书声，课堂和课间欢笑声，运动场上呐喊声，以此激发活力，孕育灵动，赋能灵韵，滋养灵气。

（一）起始年级抓塑形

初一起始年级养成良好习惯的工作侧重“有形、有频、有序”。塑心塑行，有模有样，形成规范；劳逸结合，张弛有度，把控节奏；按部就班，循序渐进，达成秩序。初一学校着力抓集体跑操，以集体跑操铸就学生的精气神，用2—3个月时间跑出整齐队形，跑出昂扬“士气”，跑出井然秩序；我们着力抓礼貌问候，让师生之间、师生与保安保洁之间的日常问候成为大概率事件，成为常态，成为日常校园生活的全员文化自觉；我们着力抓早读，让琅琅书声成为清晨靓丽一景，从教师规定内容读到学生自主选择读，入室即定，朗读先行。翁同龢先生倡导每临大事有静气，不信今时无古贤。静气在养，实践证明，好习惯养成需要遵循事物发展的客观规律，例如：学生的认知规律，好习惯养成的周期律，等等，难以一蹴而就，需要反复抓、抓反复。反复不是机械重复，包含了多频次师生直抵心灵的对话，无障碍家校合作共情双向奔赴，好契机不愤不启的恰到好处，适切性亲师信道的心悦诚服，需要在螺旋式上升中运用好加减乘除法。

（二）过渡年级重定型

初二过渡年级巩固良好习惯的工作侧重“有型、有品、有叙”。一以贯之，持之以恒，聚力夯实；兼顾品学，注重品质，追求品位；学以致用，情境浸润，立己达人。初二着力把好习惯固定下来，树立榜样，减少他律，突出自律，自求得之；逐步释放好习惯的“红利”，提高学生自主管理和自主学习的能力，在学生高阶思维，创新思维，学习品质，探究能力，合作学习，自我驱动上下功夫；在强调爱校的基础上，加大对学生爱党、爱国、爱社会主义的铸魂培根引导灌输。随着学业负担的逐渐加重，学生学业分化加大，随之而来的学生心理压力增加，润心启智的重心在于对心理问题学生“减存量，无增量”，合理疏导，舒缓减压。设计丰富多彩的社团活动，充满趣味的小微课程，按照加德纳的多元智能理论菜单式开设，充分利用好一切非智力因素；每周专设一节体锻课，全年级走上运动场，各类球类分组自由活动，投掷，单双杠，跳绳，等等，安全前提下的“玩”与“游戏”，释放压力，激发活力，让呐喊与欢笑荡漾在校园。问题导向下的分类指导，分层助力，含家访、帮扶、辅导、提优，等等，发挥党员的先锋模范作用，这个作用定位在教师的专业成长与助力学生全面发展紧密结合。

（三）毕业年级重未厌

初三年级发展良好习惯的工作侧重“未卷、未倦、未厌”。

回应期待，聚焦效率，精准指导；张弛有度，措置裕如，目标引导；学而不厌，诲人不倦，齐头并进。初三年级有中考升学任务，家长有期待，社会有关注，学生有希冀，不可回避。保持学生求知欲，提高学生的竞争力，应对挑战，向45分钟课堂要效率，向靶向指导要质量，克服愚蠢的辛勤，基于学生最近发展区的教研，备课组与班级组协同发力，研究个体，筑学生学科长板，补学生学科短板。穿插座谈会、动员会，因材施策提优补差推临界，做通学生、教师、家长思想工作，消除思想梗阻，克服畏难情绪，避免好高骛远，必要的“卷”不绕道而行。好习惯有能量，起始和过渡年级的习惯积淀，学生静得下心，扛得住挫，懂得自求、自能、自奋的价值，自我管控情绪，自我管控时间。集体荣誉感、集体成就感、集体获得感的实现，“今天我以叶校为荣，明天叶校以我为荣”的使命感和责任感内化，教师诲人不倦的工作状态，不言松懈，不计报酬，任劳任怨的集体工作状态感染着每一位小叶子，带动学生的学而不厌。

办学这三年，在顺序接力和踔疾步稳中，我们努力在学习和践行叶圣陶教育思想上探索，努力做离叶圣陶教育思想最近的人，在虚心学习和借鉴区内外兄弟学校成功办学经验中成长。通过积极开展融入叶圣陶教育元素的学生社团、种子课程、课题研究、课程基地建设等，以持之以恒的学步、日新、未厌之姿成就校园生活的每一天，以活泼泼的实境思政润心启智、培根铸魂，以激发唤醒学生内在活力五育并举、立德树人。

迎接新挑战，寻求新突破，致力学校高质量发展

■ 邹文珍

作为一所有着百年悠久历史，也是我国著名教育家叶圣陶先生早年工作过的公办学校，深知“发展是硬道理”。近三年，叶圣陶实验小学行政一班人以党建为引领，紧紧围绕“高质量发展”目标，以“促进教师专业发展，促进学生素养提升”为根本任务，立德树人，狠抓德育特色与关键点，培养学生良好习惯；以全面提高教育教学质量为宗旨，深入践行像叶圣陶那样做老师，切实加强师资队伍建设；以师资培养为主要抓手，积极探索国家课程校本化实施路径，进一步擦亮学校特色品牌。以如虎添翼的雄风，生龙活虎的干劲，虎虎生威的精神，持续推动学校各项事业的高质量发展，努力办人民满意的教育！

一、狠抓教师队伍建设，提升教师专业发展

学校高质量发展，教师是关键。近几年来，随着叶圣陶实验小学办学规模的逐步扩大，年轻教师所占的比例不断上升。如何造就一支高素质的师资队伍，激活学校持续发展的生命力，已成为一项重要而紧迫的任务，是学校高质量发展的一项重大工程。为此，我们成立了校级名师工作室，以学科为单位，成立以区学科带头人领衔的校级学科研究工作室。采取现有学科带头人每人带1—3名区（校）骨干教师，加快优秀青年教师的成长速度，用2—5年时间，再培养一批区学科带头人，争取区级以上学科带头人占专任教师的30%。形成校本培训体系，建立校本培训机制，使校本培训逐步科学化、规范化、系列化。

学校要求具有区级名师称号的教师，每学年必须在校级范围内进行公开教学展示，积极探索全面提升学科教学质量的方法和途径，积极发挥工作室成员在学科教学上的示范和引领作用。创出自己的教育、教学风格和特色。

进一步优化教师成长环境，促使青年教师业务骨干脱颖而出。分层制订

各年龄段青年教师的培养计划，明确各年龄段青年教师的目标和要求。对有潜质的青年教师进行重点培养，通过压担子、搭台子等手段促其尽早成熟为学校的骨干教师。

二、着力学生习惯培养，提升学生综合素养

小学阶段是养成习惯的关键时期，我们学校的校风就是养成良好的习惯，为此，我们十分注重学生良好习惯的养成。

党支部切实做好书记领办项目工程，立足课堂主阵地，开展“生生课堂”改革，在自学能力培养的基础上，注重学生良好学习习惯的养成。各部门各条线切实开展好光盘行动、垃圾分类、志愿者服务等工作，加强教育引领，倡导文明新风，提高文明素养；持续有效做好防疫常态化工作，做到防疫、教学两不误，奋力夺取双胜利，促进学生的成长；结合学校实际及各年龄段学生特点，紧抓德育关键点，扎实开展各项系列教育活动，规范学生行为，提高学生思想道德素质，引导学生养成良好的行为习惯。

深化社会主义核心价值观、“八礼四仪”和养成教育，重点强化用餐文明、课间文明、参加集会活动文明、讲究卫生等良好习惯的培养。通过年级组互查、定期检查、随机抽查等方式进行评比，并即时反馈。评比成绩纳入班主任考核和文明班级评比。通过教育提醒、督促帮助，反复抓，抓反复，让学生潜移默化地养成好习惯。

关注心理健康。由于疫情影响，居家学习的时间比较长，导致了有的学生产生了焦虑情绪。要求老师通过学科渗透，结合班队团队活动，延伸课外活动，利用个案辅导和团体辅导等形式，营造关注心理健康、创建和谐示范校园的良好氛围。引导学生认识心理健康的重要性，掌握心理健康知识，帮助他们适应校园生活，正确认识自我、完善自我，提高心理素质，积蓄持久成长动力，促进身心健康全面发展。

三、推进高效课堂建设，提升教育教学质量

落实“双减”，目的是“提质”。我们以课堂为主阵地，“指导学生自学”为抓手，落实到“听、说、读、写”良好学习习惯培养，积极开展“教为不教”思想指引下的生生课堂教学改革。要求各科教师既要注重教法创新，更要关注学法指导。引领学生学会学习，掌握科学的学习方法，不断提升课堂实效。

引导学生主动积极地投入学习，提高教育质量。“十三五”期间，我校积极参加了苏州市践行叶圣陶教育思想“‘教是为了不教’教改实验”，积极探索并初步构建了适应农村小学生的“教是为了不教”的四个层级教学模式：一级为“渗透级”，全程扶携，渗透自学；二级为“迁移级”，以扶为主，迁移自学；三级为“自能级”，扶放结合、目标自学；四级为“自创级”，少扶多放、自学有创。研究成果发表于《江苏教育研究》杂志和《中国教育报》等。

在此基础上，“十四五”学校申报并通过了苏州市级前瞻性项目：生生课堂——基于叶圣陶先生教是为了不需要教思想指导下的课堂转型，旨在把之前探索形成的四个层级的指导方法落实到每一堂课中。我们要求教师通过集体备课的形式，共同探讨、深入研究，编写最佳的课堂教学导学案，根据学科特点，按照“双主体，三环节”的要求，做到知识问题化，问题层次化。分课前预习、课堂自学、课堂展示、课堂迁移四个环节。

四、开发校本特色课程，提升教育科研实效

创新实践叶圣陶教育思想，寻找发展突破点，加强学校特色建设。努力把“为人生”的“一体两翼：至真、至善、至美”课程做实、做细、做优，横向上根据课程领域，有机结合“为人生”的内涵，建设至善、至真、至美课程群，分别对应六大课程领域，人文与德育、科学与技术、艺术与健康，涵盖学生全面发展的各个领域。

利用特色校本课程引导师生全员全科阅读。各学科教师加强阅读方法的个性化指导，综合运用多种方法阅读整本书。推进四、六年级专项小古文阅读的成效，通过班级阅读环境的建设、阅读指导课研讨、亲子阅读实践等举措激发师生读书兴趣，培养学生养成良好的读书习惯，全面推进阅读工程。

创新开展好延时服务的拓展活动，注重活动课程的开发、实施与成果展示。继续开展好田径、美术、音乐、舞蹈、打连厢、象棋等拓展活动，继续开展好小导游、小记者、生生农学院等社团活动，努力创建具有学校特色的校本课程的“拳头产品”。

在有序、有效推进叶圣陶实验小学各项工作的同时，我们不忘筑牢“廉洁从教”根基，始终心怀敬畏，规范各项操作，遵章守纪，严格执行各项规定，用好手中权力，严把各项政策关，让权力在阳光下运行。行政一班人以身作则，率先垂范，全心全力为师生服务，立德树人，师德为先。在严格要求自己的同时，注重分管条线建设，组织全体教师学习讨论，领会文件精神，

通过签订承诺书，向社会、家长公开承诺等专项活动，层层压实责任，传递压力，让每一位教师铸师魂，树师风，争做新时代四有好老师。

党的二十大已为我们绘就了发展的宏伟蓝图。面对新的机遇和挑战，全校教职员工同心协力，把握新机遇，迎接新挑战，寻求新突破，奋楫正当时，扬帆再出发。在吴中区一体化管理的新征程中，我们必须抢抓机遇，像叶圣陶那样做老师，成就自己，成就学校，共谋高质量发展新途径，办人民满意的教育，让百年老校焕发青春活力，为“教育吴中”做出我们应有的贡献！

以“叶”为舟：圣陶思想引领校园建设的实践向度探析

■ 陈 驰

苏州市叶圣陶中学校作为全国唯一一所以“叶圣陶”命名的初中，以学习和实践叶圣陶教育思想为立校之本和兴校之路，始终致力寻找叶圣陶教育思想与学校发展的结合点、生长点、着力点和创新点，以揭示叶圣陶教育思想的历史方位及当代价值。

建校以来，学校贯彻叶圣陶“教育就是培养良好的习惯”的德育思想，“教是为了达到不需要教”的教学思想，“教育工作者的全部工作就是为人师表”的教师发展思想，努力将学校打造成全国叶圣陶教育思想的学习园地、实践基地和宣传阵地，培养圣陶新青年，筑梦新时代。

一、习惯本旨：他律化自律，习惯成自然

> 德育方面，要养成待人接物和对待工作的良好习惯；智育方面，要养成寻求知识和熟习技能的良好习惯；体育方面，要养成保护健康和促进健康的良好习惯。
>
> ——叶圣陶①

(一) 养成教育的显性重复

在人类文明史上，自古以来就有“习惯养成”的教育主张。叶圣陶先生在其一生的教育改革探索中，主张不断适应中国现代社会变革与人的发展要求，并把这一主张创造性地转化并发展成为比较完整、系统，具有中国特色、富有科学内涵的“养成良好习惯”现代教育思想。②

① 摘自《叶圣陶教育文集》，人民教育出版社 1994 年版。

② 任苏民：《一种“中国教育学”的理论和话语——叶圣陶“养成良好习惯”教育思想探析》，《教育史研究》2021 年第 3 期，第 13 页。

“闻之不若见之，见之不若知之，知之不若行之。”教育不是说出来的，而是做出来的，实践才出真知。为了培育“健全的公民”，激发学生自主规划的内驱力，为学生搭建“自我认识、自我展示、自我教育、自我管理、自我发展”的平台，学校首先推行“校园小主人”值周制度，每两周班级轮岗，实行动态管理，全天全时段对全校学生的队列秩序、纪律卫生等督查评价，化他律为自律。

当走进叶圣陶中学的大门，校园清晨的朗朗读书声早已萦绕耳畔，这是学习之初的习惯；当经过校园的走廊过道，会收获来自每位学生礼貌而亲切的问候，这是为人做事的习惯。当习惯在日复一日中形成自然，着力“有形（型）、有频（品）、有序（叙）；未卷、未倦、未厌”的好习惯阶段培养，最大化地用好一切素质教育中的非智力性因素时，良好习惯所带来的红利就会得以释放。

（二）校园文化的隐性浸润

校园文化是校园内呈现的一种特定的文化氛围，是学生习惯养成的重要因素。在叶圣陶中学校，入学教育是每位学子的开学第一课，学生手册便是初中生涯的第一本书，“学子由是进，智赡德日新”的校训、“教为不教”的教风和“自求得之”的学风，深深镌刻在每位叶校人的心中。学校精神，是影响学生行为模式的根本，也是建设积极向上、有朝气、有品位、学习型、创新型的校园文化背后所蕴含的巨大力量。

校园环境与文化建设在习惯养成中具有潜在性、渗透性和感染性。“立诚楼”“学步楼”“日新楼”“未厌楼”“臻境楼”“文心楼”……学校每栋楼宇的名字都与叶圣陶教育思想紧密相联，校园广场正中央屹立的叶圣陶塑像，代表着学校始终贯彻着的以人为本的教育思想，让人倍感亲切。

抓好校园人文环境建设，就是在无形中启迪人、培养人。操场旁的青春“笑脸墙”是校园里最靓丽的风景线，行至此处，总能被无限活力感染，积极又乐观；全体教师们共植的月季已芬芳馥郁，月绣园香，也曾一度带领班级学生来此寻春，在自然中感悟生机；叶圣陶馆内的句句名言、幅幅旧照，更是令人动容，有所思、有所为。

由环境入手，循循善诱，在一个“育”字上下功夫，必然能够充分发挥校园文化全面育人的功能，巩固强化习惯养成。

二、学生本位：师授之以渔，生自求得之

把依赖性的“受教育”转变为主动性的“自我教育”。

——叶圣陶①

（一）能力立足，寓教于乐更有趣

“教是为了达到不需要教”是叶圣陶在毕生教育实践基础上思考与感悟的结果，是经过岁月沉淀而仍焕发着生命的一种理念先进的教育思想。“教”是过程，“不教”是结果，其实质是提高教师引导学生自学的能力和学生的自主学习能力。②

“教为不教”的教风、“自求得之”的学风与新课标提出的“以自主、合作、探究性学习为主要学习方式的学习任务群”同气相生。学校教师积极利用地域及校本资源，以“虎丘山水 · 人文之胜”为主题打造思政跨学科融合微课：“语文品风韵”“英语解风情”“历史立风骨”“地理观风貌”“道法显风范”，学生兴致所至，自然主动探求，发展核心素养，坚定文化自信。

学校为学生提供全面锻炼和多元发展的舞台，立足于学生本位，以培养学生自主创新精神、研究实践能力、合作发展意识为重点，积极开展融入叶圣陶教育元素的学生社团及小微课程。“叶校慢生活　诗意栖居所”小微课程以拼贴诗、意象诗、PBL 项目式学习等形式充分激发学生的创作潜力，以童话续编、话剧展演等形式再现圣陶作品，鼓励学生积极阅读、扩大视野、增长见识，并通过视频号成了“圣陶学子”的忠实记录者。

结合能力素养点，学校各年级组会在假期前精心设计作业自选清单，近期与校运、亚运热点相结合的全学科作业，让学生们眼前一亮。尊重学生的自主选择，广泛参与，真正做到“自学”“善学”“乐学”“终身学习”。

（二）文化立范，特色亮校更有品

“教是为了达到不需要教”不单指读书与学习，也指生活和做人。故而，叶圣陶指出，教学只限于“教室以内”“书本以内”便是弊端。他提出，应该让学生走进生活中去，才可找到一切的泉源。

在叶圣陶中学，学生可以尽情享受生活教育：在生生“小农场”里走入田园，在“‘粽’情一夏”中走入厨房，在“圣陶钢琴角”午间音乐会上走

① 摘自《叶圣陶教育文集》，人民教育出版社 1994 年版。

② 刘雁：《“自主”和“深度”——让“教是为了不教”真正落地》，《中学政治教学参考》，2020 年第 19 期，第 52—54 页。

向优雅，在“口袋公园”的志愿服务中走向社会责任，在圣陶文化节上感受圣陶思想的熠熠生辉……以活泼泼的实境思政培育怀“中国心”、守“民族根”、养“苏式气”的学子。

将生活教育融入校园文化建设、融入学生校园日常，以特色文化夯实学校软实力，仍需不断创新特色内涵和外延，实现适配于圣陶教育思想的江南文化教育。

三、教师本职：以身教为贵，修养无止境

教育工作者的全部工作就是为人师表。

——叶圣陶①

（一）师德为先，赓续教育情怀

“一个学校的教师都能为人师表，有好的品德，就会影响学生，带动学生，使整个学校形成一个好校风，这就有利于学生的德、智、体全面发展，对学生的成长大有益处。”党的二十大报告为教育发展擘画了宏伟蓝图，在党的教育方针光辉引领下，为师者与叶圣陶先生相遇，感其圣贤般立德树人的涵养，慕其春风化雨的风范，“像叶圣陶那样做老师”在叶校蔚然成风。

学校全体教师于学期初重走总书记考察路线、重温总书记的嘱托，始终坚守“为党育人、为国育才”的初心使命，以“一个人的背影　一群人的身影”为题参加《师说》比赛，讲述叶校教育故事，为努力作为的圣陶新青年画像。

（二）集体同行，砥砺专业成长

学校重视青年教师的培养发展，力图打造一支年轻、积极向上、勤于反思、敢于挑战自我的队伍。办学以来，以“1+3+5”教师培养工程引领教师专业成长，坚持一个培养目标，落实三项培训工程，完善五大发展行动，着力打造青年教师启航工程。

专业成长的过程，首先是学习的过程，学校全体教师认真研读叶圣陶原著，以及相关研究著作，与叶老进行心灵的对话，感受叶圣陶教育思想的文化积淀和当代价值，走进原汁原味的叶圣陶，升华教育境界，提升办学品格；其次是实践的过程，在“跟着叶圣陶先生学语文”、“自研・共习・自求”初中数学课程等基地中，教师们摆脱了课题研究的沉重面孔和呆板程式，在鲜

---

① 摘自《叶圣陶教育文集》，人民教育出版社 1994 年版。

活的教育实践中出人才、出成果；再次是不断反思的过程，砥志研思，精进不休。ST 师生演讲是学校“‘晴窗丽泽’党建+”的一项创新尝试，每一个演讲都是一次对教育教学的思考，对叶圣陶教育思想的赓续，对个人成长的回应……“只有做学生的学生，才能做学生的先生。”在这些生动精彩的教育叙事里，总结教学经验，力求将叶圣陶教育思想，同新时代课程改革的时代背景融合思考与延展，师生、生生彼此润泽、教学相长。

以“叶”为舟，继往开来！叶圣陶中学始终将叶圣陶教育思想研究作为核心课题，让学习实践叶圣陶教育思想成为教育自觉，用自己的方式站成新时代教育战线最好的风景，努力让叶圣陶思想走得更远。

构建“教是为了不教”的小学英语生动课堂新样态[①]

■ 朱晓芳

“构建‘教是为了不教’的小学英语生动课堂研究”是江苏省教育科学“十三五”规划2020年度叶圣陶教育思想研究专项课题。自立项三年多来，课题组研究叶圣陶“教是为了不教”教育思想，探索在“双减”政策背景下小学英语学科如何贯彻落实新课标，努力构建引导学生自主学习和运用英语，实现英语学科核心素养和自学能力生动活泼发展的课堂新样态。

一、课题研究的理论基础

课题组认真阅读《叶圣陶教育思想研究》② 等教育论著，研习《义务教育英语课程标准（2022版）》，邀请名师导读，撰写读书笔记，分享阅读心得，梳理理论知识，丰富理论内涵，寻找“教是为了不教”思想对小学英语生动课堂实践研究的指导意义与价值所在。

叶圣陶指出：“教任何功课，最终目的都在于达到不需要教。假如学生进入这样一种境界，能够自己去探索，自己去辨析，自己去历练，从而获得正确的知识和熟练的能力，岂不是就不需要教了吗？而学生所以要学要练，就为要进入这样的境界。”③ “教是为了不教”，是叶圣陶教育思想的精髓和核心。这一教育思想在教育教学改革实践中总结提炼出了诸如创设情境、探索尝试，愤悱启发、相机诱导，讲解精要、贵在身教，教材为例、举一反三，指点学法、逐渐放手，实践历练、养成习惯，因材施教、发挥创造，正确评

① 本文系作者主持的江苏省教育科学“十三五”规划2020年度叶圣陶教育思想研究专项课题“构建‘教是为了不教’的小学英语生动课堂研究”研究总报告（课题编号：YZ-c/2020/30）。课题组成员有张军、左娜、张学琴、徐建等。

② 任苏民：《叶圣陶教育思想研究》，山西人民出版社2018年版。

③ 叶至善、叶至美、叶至诚编：《叶圣陶集》第11卷，江苏教育出版社2004年版，第263页。

价、促进自学等一系列现代教育教学的基本原则和方法。《义务教育英语课程标准（2022 年版）》提出，英语课程以习近平新时代中国特色社会主义思想为指导，发挥核心素养的统领作用，构建基于分级体系的课程结构，以主题为引领选择和组织课程内容，践行学思结合、用创为本的英语学习活动观、注重“教—学—评”一体化设计，推进信息技术与英语教学的深度融合。①新课标在新时代背景下，对“教是为了不教”的小学英语生动课堂构建提出了新的课程理念和教学要求。

在叶圣陶“教是为了不教”教育思想指导下，课题组分析小学英语生动课堂的基本理念。小学生正处于一个生命勃发的年龄，小学阶段的英语学习更应强调生活化、情境化、活动化和游戏化，是坚持以人为本，引导小学生主动自学，生生互动，灵动发展的英语课堂。于是，将原先设计的实践研究与“双减”背景下的新课程改革、小学生英语学习实际相结合，努力构建“教是为了不教”的小学英语生动课堂新样态。

二、课题研究的相关举措及结论

课题组通过前测，对苏州区域内的三年级学生进行抽样问卷调查与分析。数据表明，随着年龄的增长、学习内容的难度递增、学习情境的单一、教学方式的固化等原因，学生逐渐在学习方法和学习策略上产生差异，开始从感性认知到理性认知发展，学习兴趣、自学意识逐步减弱，学科素养得不到充分的提升。基于小学英语教学现状的数据分析，深入研究叶圣陶“教是为了不教”教育思想，学习义务教育英语新课标，课题组成员将课堂教学聚焦在学习情境生动化、课程教材生动化、教学方式生动化的“三生”实践上，深化了小学英语生动课堂的研究，推进了小学英语课程实践的创新。

（一）学习情境生动化，主题明确“真”学习

新课程标准提出，主题具有联结和统领其他内容要素的作用，为语言学习和课程育人提供语境范畴。叶圣陶曾指出，教师要在语文教学过程中根据学生所需创设特定的语境，从而启发诱导他们学习。只有设置具备生活气息的真实语言情境，才能切合学生的内心需求，其情绪才能丰富，兴趣才能提高，思想才会成长，从而达到主动探究外界的目的。

课题组基于前测数据分析和理论基础，从教材出发，借助图片、现代化

① 中华人民共和国教育部制定：《义务教育英语课程标准（2022 年版）》，北京师范大学出版社 2022 年版。以下引用此课程标准的文字注释从略。

多媒体等途径，聚焦营造氛围、创编故事、设计板书三方面构建生动课堂的主题情境，力求让学生在统一的、连贯的、真实的情境中习得语言。

1. 营造主题情境氛围

新课标指出，依托语境开展教学，引导学生在真实、有意义的语言应用中整合性地学习语言知识。在小学英语课堂教学中，情境创设已经成了普遍的做法，但是很多时候老师们创设的情境缺乏一条主线把它们有机衔接，使得学生对语言的体验不能持续，对文本的理解也不够深入。课题组在“生动课堂”的实践中，主张以主题意义为基线，营造完整、真实、有逻辑性的主题语境氛围，充分挖掘文本与主题相关联的可能语境，引导学生学习和理解语言、运用和实践语言、迁移和创新语言，使学生在主题语境中学有所乐、学有所得、学以致用。

以译林版英语四年级下册 Unit 4 Drawing in the park 第三课时为例，Cartoon time 的语言非常简单，但是情境非常有趣，讲述 Sam 让 Bobby 观看西洋镜，从惊喜到惊吓的过程。课题组成员借助视频、图片和自制道具营造观看西洋镜的主题情境氛围，引导学生透过西洋镜进行观察，凸显看人、物、世界的不同体验。最后，和学生一起“拆穿西洋镜”，感知其内在结构，并鼓励学生课后尝试自制学具。

2. 创编主题情境故事

创编故事需要主题情境，是因为主题情境是故事的核心，是故事情节和人物形象的灵魂所在，是体现社会价值观的重要手段。一个好的主题情境可以使故事更加有意义、更加连贯、体现社会正能量，从而引发学生的共鸣和思考。课题组主张将主题情境故事化，利用教学主题、场景设置、多媒体等创造出身临其境的语言运用体验环境，使学生沉浸在教师创设的主题语境中，从而更加深入地感受和认知体验语用，让学习更高效。

以三年级上册 Unit 2　I'm Liu Tao 为例，课题组突破传统的写作指导理念和思路，搭建了低中年级读写结合教学的框架。课堂上，从学生最熟悉的旧知素材导入，激活语言。老师可借助绘本引出主题，利用头饰、板书等创设情境氛围，鼓励学生基于情境大胆联想，感受人物品质，学生在小组合作中可以自由选择不同难度的写作内容，创编主题情境故事，完成了从阅读输入到写作输出的过程，从而达到学科育人的效果。

3. 设计主题情境板书

新课标主张学生“在语境中接触、体验和理解真实语言，并在此基础上学习和运用语言”。一直以来，由于强调“少而精”，在板书时教师往往因为只注意突出重难点而忽略了板书设计的情境设置，黑板上只有简单的文字，缺少体现语境的图画或文字。纯文字的板书会给小学生单调乏味之感，无法激起他们学习的兴趣和动力。

课题组在课堂实践中强调板书设计应与主题情境紧密相连。板书不应该是孤立的词和句，而应该是契合主题情景的、彼此相互关联的关键信息。通过主题情景式板书所呈现出来的信息点，学生能够按照板书所体现的逻辑体系，练点成线，练线成面，并以此为框架对文本内容进行复述或转述，形成语篇思维能力，提高语言表达能力。

以六年级下册 Unit 6 An interesting country 为例，课题组成员设计的板书背景即为世界地图（见图 1），通过文化之旅带领学生深入学习语篇，用视频呈现各个国家文化特色，引导学生在真实的情境中进行语言的表达和运用，丰富课堂内容，巧妙地将语言与文化有机整合，进一步提升了学生的思维品质和文化意识。

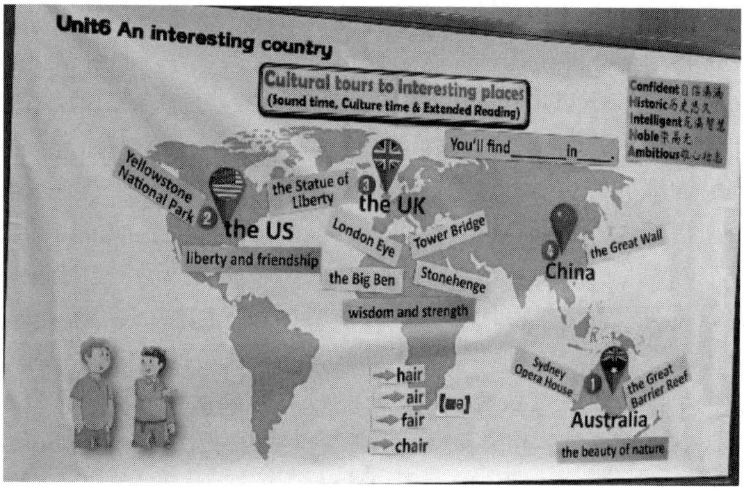

图 1

（二）课程教材生动化，培根铸魂“慧”学习

叶圣陶先生在 1978 年一次语文教育研讨会上说过：“教材无非是个例子。”新课标指出，教材是英语课程的核心资源。为了充分利用和有效开发教材资源，教师应深入分析教材，准确把握教材设计理念和内容，熟悉教材编排特点。教师要深入研读教材，在教学中根据学生的水平和教学需要，有效利用和开发教材资源，激发学生的学习兴趣，开阔学生的视野，拓展学生的思维。

课题组在三轮生动课堂实践研究中，基于主题情境，聚焦课程教材的生本化运用，针对内容、编排顺序和学生学情等适当地进行取舍和调整，充分利用课外阅读资源进行适当补充，充分树立从“教教材”到“用教材”的转变，体现综合性、灵活性、实践性和创造性。

1. 整合单元内容，形成育人蓝图

新课标提出，推动实施单元整体教学。教师要强化素养立意，围绕单元主题，充分挖掘育人价值，确立单元育人目标和教学主线；深入解读和分析单元内各语篇及相关教学资源，并结合学生的认知逻辑和生活经验，对单元内容进行必要的整合或重组，建立单元内各语篇内容之间及语篇育人功能之间的联系，形成具有整合性、关联性、发展性的单元育人蓝图。课题组认真研读教材，尝试单元板块及内容的统整与优化，制定序列化的教学目标，搭建符合逻辑的线条。以五年级上册 Unit 5 What do they do? 实践为例，该课属于“人与社会”主题范畴，依托“树立正确价值观”这一大观念在各课时形成一致的目标体系，使得教学活动具有统一性。课题组成员通过四课时引导学生从学习了解社会职业，到询问他人所从事的各行各业，从而自由谈论每个职业的意义与价值，最终教会学生懂得尊重各行各业，唤醒学生的生涯意识，形成正确的职业观，在发现、探索、交流、碰撞中实现学科育人的价值。

第一课时聚焦语篇学习，围绕“职业”的主题意义层层递进，借助追问的策略引导学生了解文中人物的职业及其功能，掌握文本细节，从而迁移情感至自己父母的职业和辛苦的付出。第二课时则以 special teacher 为话题，整合 Fun time 和 Grammar time，通过小组合作的方式，引导学生体会教师这一职业的特殊意义和价值。第三课时围绕 Cool jobs 的主题情境，将 Sound time, Culture time 和 Cartoon time 整合并进行多层次、多角度的设计，通过对比教学，引导学生全面了解各种职业的演变过程，唤醒学生的生涯意识。第四课时基于绘本 Zob at school，深化单元主题，整合教学资源，引导学生讨论自己的职业理想，帮助学生进一步内化本单元重点语言知识，同时树立正确职业观。

2. 融合阅读素材，拓展学习资源

新课标提出，教师要敢于突破教材的制约，充分挖掘教材以外的资源。在开发素材性英语课程资源时，要注意选用具有正确育人导向的，真实、完整、多样的英语材料，如与教材单元主题情境相匹配的英语绘本、短剧、时文等学习材料。课题组继单元统整教学后，顺应时代发展，聚焦生动课堂，对标教材、学生和时代这三个维度，基于教材主题、课时内容基础等选取合适的课外绘本阅读素材，丰富学习资源，提升学生的核心素养。以六上 Unit 6 An interesting country 为例，该课教学立足于通过课内教材和课外绘本融合，学习了解更多国家及其优秀文化，汲取文化精华，使学生能够自主探究祖国和世界上其他国家的文化，从而拓展国际视野。更通过学习向世界传播中国优秀文化，传递中国声音、中国形象和中国智慧，凸显英语课程的国家价值，形成了一套可操作性强的课例。

第一课时通过阅读教材语篇，为学生打开了通往澳大利亚的大门，借助绘本 Are you from Australia? 动物信息，逐步形成围绕一个话题进行多维信息的搜集和表述的逻辑表达能力和思维习惯。第二课时引导学生通过 Fun time 提取英国的信息，借助绘本 Study tour 将语言结构化，编写一本有实际价值英国研学手册。第三课时将课堂设计为 Know-Learn-Try 环节，带领学生感受世界饮食文化，借助绘本 My cooking notes 回归中国饮食文化，拓展国际视野的同时增强民族自信。第四课时的活动始终围绕“文化”主题，深挖四个国家的信息，借助多元的语料拓展内容，引导学生直面中外文化差异，坚定文化自信。

3. 读写双向结合，落实核心素养

叶圣陶曾说过：生活犹如源泉，文章如溪水，源泉丰富而不枯竭，溪水自然活泼地流个不停。阅读和写作是双向发展、同向同行的。在指导学生写作时，要通过发掘题目内容和学生生活经验相重合的部分，鼓励学生体会并表达真实的经历、体验和情感态度，把生活经验融入课堂教学中去，这样写作才会变得生动起来。课题组基于前两轮课堂实践经验，与时俱进开始第三轮“以读促写”的研究。基于单元主题意义，寻找适合不同学段的，语料功能相匹配的阅读素材，激发孩子读的欲望，以读促写无痕式推动孩子提升表达能力，真正赋能学生成长，落实核心素养。

以六下 Unit 2 What a day 为例，本课为教材内容融合阅读后写作课时。不同于常规意义的 checkout time 的写作，这里的写作要求有一个矛盾的点，即从 bad day 到 good day 的转换。课题组成员在寻找融合点的过程中，首先考虑了文本类型，以群文阅读式的日记串联教学，丰富日记的语料。以杨玲的日记为基础，对比朋友刘涛和补充文本吴彬彬的日记，引导学生从不同角度思考并解决问题。学生不仅有料可写，还能以积极的态度去面对生活中的困难。

（三）教学方式生动化，学思结合“能”学习

本人曾在《课堂因生动而精彩》一书中提出，秉承“以生为本”的教育思想，努力构建师生互动、媒体启动、差异联动、评价调动的“生动课堂”。① 新课标指出，英语教学不仅要重视学生“学什么”，更要关注学生是否“喜欢学”，以及是否知道“如何学”。课题组基于新课标的课程理念，以

① 朱晓芳：《课堂因“生动”而精彩》，苏州大学出版社 2014 年版，第 1 页。

“师生互动”“媒体启动”“差异联动”“评价调动”四要素为抓手，践行学思结合、用创为本的英语学习学习观，注重教学评一体化设计，打造小学英语生动课堂的可操作范式（见图 2），力争在学习情境、课程教材、教学方式等方面实现“生动化”，让传统的课堂教学发生变化，通过教师的创造性和创新性活动设计逐步构建新课标理念下的“生动课堂”新模式，并赋予四要素新的价值内涵。

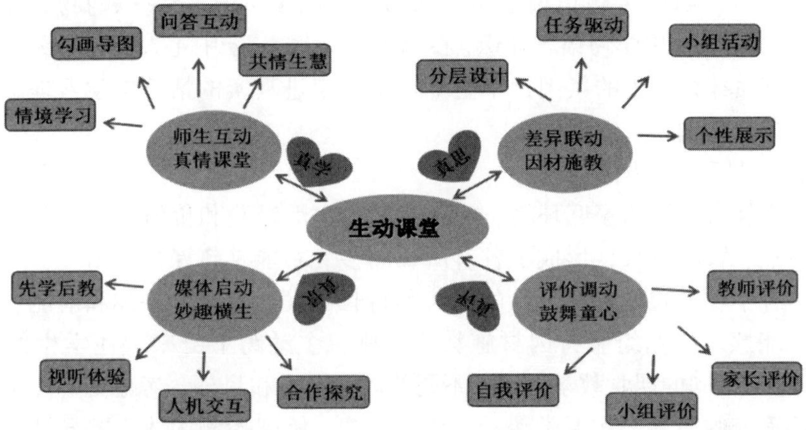

图 2

1. 师生互动，真情课堂

新课标提出，教师要根据学生的认知特点，设计多感官参与的语言实践活动，让学生在丰富有趣的情境中，围绕主题意义，通过感知、模仿、观察、思考、交流和展示等活动，感受学习英语的乐趣。课题组紧紧围绕师生互动的形式（师生互动、生生互动）、呈现方式（教师提出、学生质疑、教师追问、课堂生成）、互动过程推进（以问题推进、以评价推进、以非语言形式推进）等方面进行研究与课堂观察，聚焦指向学生核心素养能力提升的具体表现，从而营造互动积极、和谐共生的“真学”环境，打造真情课堂。

以五下 Unit 8 Birthdays 的第三课时为例，基于 Sound time 和 Cartoon time，课题组成员创设了 Mike’s birthday 的主题情境，串联主人公在不同时段开展过生日的情景再现环节，师生互动在一个个场景的切换中不断丰富 Mike 过生日的活动，并在活动中训练学生语言的表达，以提升他们的英语能力为目标设计有层次的活动。

2. 媒体启动，妙趣横生

新课标提出，教师要充分认识到现代信息技术不仅为英语教学提供了多模态的手段、平台和空间，还提供了丰富的资源与跨时空的语言学习和使用机会，对创设良好学习情境、促进教育理念更新和教学方式变革具有重要支撑作用。英语课堂中，媒体使用的合理性、媒体形式的多样性、使用时机的恰当性都是生动情境创设的重要因素。课题组成员积极利用生活资源、多媒体资源等，创设了生机勃勃、妙趣横生的课堂环境。面对生成的契机，巧用资源顺学而导，从而机智地把握生成。

以四年级下册 Unit 4 Drawing in the park 的第一课时为例，课题组成员充分利用媒体，创设主题情境氛围，通过 Shop for drawing 模拟购物情境，在 Learn for drawing 中学习语言知识，在 Share for drawing 中主人公在冬天把街道装扮起来。栩栩如生的氛围让学生不自觉地走进真实的情境中学习理解、实践运用并迁移创新。

3. 差异联动，因材施教

学生拥有不同的家庭环境、社会背景、生活经验和价值观念，个体具有个性特点、智能特长，形成了各有所长的多元智能。新课标提出，引导学生采用多种学习方式，发挥自己的优势和特长，发现自己的兴趣和潜能，增强学习效能感。课题组坚持因材施教的原则，主动蹲下身来关注学生的“真思”，针对不同的课堂教学类型、不同的教学内容和目标，考虑到每一个小学生英语素养的差异，在课堂活动、评价反馈、练习检测中体现差异性，形成均衡发展的良好势态。

以四年级上册 Unit 3 How many? 的第四课时为例，课题组成员立足于学生的不同视角，引导学生阅读绘本发现葡萄和西兰花的特点。解决问题时，鼓励学生打开思路，从颜色、外形等多方面来观察，提炼句型“Some of them are ...”“Some are ...”“It look likes ...”学生的生活经验差异在回答中体现无疑，如“A pepper looks like a lantern”“A watermelon looks like a ball”“A pear looks like a bell”。学生的语言素养在物品的切换中不断累积，而不同的物品一次又一次打开了学生的想象力。在课堂教学中，学生之间的差异，成了他们互相学习、取长补短的学习机会。

4. 评价调动，鼓舞童心

新课标提出，坚持以评促学、以评促教，将评价贯穿英语课程教与学的全过程。科学的评价体系是实现英语课程目标的重要保障，评价手段有效的实施，能使学生的兴趣更高、主动性更强、学习动机更明确，学习也变得更轻松。在小学英语教学中运用发展性评价，旨在通过对小学生英语学习过程的即时诊断、即时反馈来促进小学生英语学习更加有效，促进小学生潜能、个性和创造性的发挥。课题组聚焦评价主题的多元性、评价的及时有效性、评价方式的多样性，有效激发学生的学习兴趣，在不断碰撞中，学生敢说真话、主动归纳，助力学生生长拔节。

以六年级下册 Unit 6 An interesting country 第四课时为例，课题组成员不仅注重课堂上对学生及时评价、多元评价，还设计了 What do you think of ...? 这一类的开放性问题，在互动的过程中开展差异评价，合理回答即予以鼓励。这样的评价活动不仅激发了学生提问的积极性，也促使老师对学生的随思进行差异评价。随后把整节课设计成到一个个站点开展文化学习，展示国家特色，引导学生进行评价，形成一个完美的评价闭环。最后则通过五个单词揭示 CHINA 的意义，引导学生讲好中国故事，坚定文化自信。

在课堂实践的过程中，课题组反复研讨，设计了《教学设计指向表》(见图 3) 和《课堂观察工具量表》(见图 4)，切实提高了课题组成员的研课、观课、评课能力，推动研究深化，取得育人实效。

苏州市名师工作室（小学英语）教学设计指向表

<table>
<tr><td colspan="2">课题：</td><td colspan="2">话题：</td></tr>
<tr><td colspan="4">语篇分析</td></tr>
<tr><td colspan="4"></td></tr>
<tr><td colspan="4">学情分析</td></tr>
<tr><td colspan="4"></td></tr>
<tr><td colspan="4">教学目标</td></tr>
<tr><td colspan="2">A）语言能力</td><td colspan="2">B）文化意识</td></tr>
<tr><td colspan="2">C）思维品质</td><td colspan="2">D）学习能力</td></tr>
<tr><td colspan="2">教学重难点</td><td colspan="2">突破方法</td></tr>
<tr><td colspan="2"></td><td colspan="2"></td></tr>
<tr><td colspan="4">主题情境</td></tr>
<tr><td colspan="4"></td></tr>
<tr><td colspan="4">教学过程</td></tr>
<tr><td>活动阶段</td><td colspan="2">教学活动</td><td>设计意图及指向要素</td></tr>
<tr><td>学习理解</td><td colspan="2"></td><td></td></tr>
<tr><td>实践应用</td><td colspan="2"></td><td></td></tr>
<tr><td>迁移创新</td><td colspan="2"></td><td></td></tr>
<tr><td colspan="4">板书设计</td></tr>
<tr><td colspan="4"></td></tr>
<tr><td colspan="4">“生动课堂”目标达成评价</td></tr>
<tr><td colspan="4"></td></tr>
<tr><td colspan="4">教后反思（不少于 500 字）</td></tr>
<tr><td colspan="4"></td></tr>
</table>

图 3

苏州市小学英语名师工作室课堂观察工具量表

A表（师生互动项目量表）

执教者资料	姓名		单位	课题	
观察者资料	姓名		单位	时间	
观察主题	基于主题情境下的“生动课堂”的课堂教学研究				
主题情境					
观察记录	教学过程	互动形式	呈现方式	互动过程推进	指向学生核心素养能力提升的具体方面
	过程1:（简要描述）				语言能力:
					学习能力:
					思维品质:
					文化意识:
	过程2:（简要描述）				语言能力:
					学习能力:
					思维品质:
					文化意识:
	过程3:（简要描述）				语言能力:
					学习能力:
					思维品质:
					文化意识:
	具体建议				

说明：①“互动形式”：A 师生互动 B 生生互动

②“呈现方式”：A 教师提出 B 学生质疑 C 教师追问 D 课堂生成

③“互动过程推进”：A 以问题推进 B以评价推进 C 以非语言形式推进

苏州市小学英语名师工作室课堂观察工具量表

B表（媒体启动项目量表）

执教者资料	姓名		单位	课题	
观察者资料	姓名		单位	时间	
观察主题	基于主题情境下的“生动课堂”的课堂教学研究				
观察记录	观察项目		课堂记录 具体情况说明和评价		
	本课围绕主题，主要进行哪种情境的创设？设计是否有效合理？				
	本课中“生动课堂”体现在哪里？				
	媒体运用在核心素养中的体现	媒体运用是否对学生语言能力提升有帮助？举例说明。			
		本课中有无通过媒体运用体现文化意识？举例说明。			
		媒体运用在本课中对学生思维品质的提高有没有起到作用？表现在哪里？			
		媒体运用在本课提升学生学习能力方面有没有起作用？具体说明。			
总体评价	媒体运用方面值得借鉴的地方				
	建议				

苏州市小学英语名师工作室课堂观察工具量表

C表（差异联动项目量表）

执教者资料	姓名		单位	课题	
观察者资料	姓名		单位	时间	
观察主题	基于主题情境下的“生动课堂”的课堂教学研究				
观察记录	观察项目		是/否	课堂片段例举	
	情境创设合理				
	指向语言能力的差异	灵活调整教学内容			
		教学目标适切有层次			
		活动方式多样可选择			
	指向文化意识的差异	树立正确的价值观			
		跨文化认知和选择			
	指向思维品质的差异	尊重个体，有激励性			
		评价主体多元、开放			
		任务多层次、有创造性			
	指向学习能力的差异	激发学生自主意识			
		鼓励同伴互助合作			
总体评价					

苏州市小学英语名师工作室课堂观察工具量表

D表（评价调动项目量表）

执教者资料	姓名		单位	课题	
观察者资料	姓名		单位	时间	
观察主题	基于主题情境下的“生动课堂”的课堂教学研究				
观察记录	观察项目			课堂记录 具体情况说明和评价	
	是否围绕主题进行情境创设				
	情境是否合理、恰当				
	评价调动鼓舞重心	评价主体是否多元			
		评价目标是否多维			
		评价方式是否多样			
		教-学-评一体化	促进学习的评价		
			改进教学的评价		
总体评价	核心素养目标落实	语言能力			
		文化意识			
		思维品质			
		学习能力			
	建议				

图 4

三、课题研究存在的问题与反思

近三年的课题研究使得本课题组成员教师都有了较完善的小学英语“生

动课堂”的构建策略和课堂典型案例，在理论探索上也有了一些更深入的见解。此外，学生也在整个研究过程中受益颇丰，自主学习能力得到显著增强，对于学习的兴趣有了进一步提升。

在双新的背景下，“教是为了不教”的教育思想被赋予了新的时代内涵，对于本课题的进一步研究带来了一些新的思考：

1. 教学活动的优化。新课标提出，要推进综合学习，探索大单元教学，开展主题化、项目式学习等综合性教学活动，促进学生举一反三、融会贯通，加强知识间内在关联，促进知识结构化。在英语教学过程中，可以充分挖掘教材主题，设计基于大单元主题的微项目式学习，也可以设计跨单元的主题式项目学习，更可以打破学科壁垒，设计跨学科项目式学习，从而让语言融入生活。

2. 校本课程的开发。基于课题组多年的实践经验，可以发挥学校及区域骨干教师的作用，依据现行教材的主题意义进行校本课程的研发，形成一套具有实际指导意义的校本课程实施纲要，辐射更多的教师与学生。

3. 中小衔接的跨越。从教育的连续性来看，小学教育应该为中学教育所需素质做必要的有效准备，中学教育利用小学教育的一些特点逐步推进学生向少年期发展。接下来课题组可以尝试打破年段壁垒，利用课题研究的成果，进行小学和中学的双向性衔接课程的研究与实践，从而让学生的英语素养可以真正地螺旋上升。

4. 国际理解教育的拓展。英语兼具工具性与人文性，在小学英语课堂中，教师如何运用“教是为了不教”的教育思想，引导学生主动进行中外文化差异的学习与理解，坚定文化自信，传承中华民族优秀传统文化，从而真正成为有理想、有担当、有原则、有学识的人才。

学科跨界整合：劳动教育再提质

——以“生生农场”劳动为例

■ 张 臻

一、目前叶圣陶实验小学劳动教育开展情况

现在劳动课程越来越受重视，但目前课堂内的劳动课程以国家课程《劳动与技术》作为主体开展，主要分为家政和技术初步，相对来说，这门课程强调了学生的动手能力，要求学生在“做中学”和“学中做”，但是普遍不受学生重视，我校学生上课积极性不高，由于与学生的生活实际中的劳动实践要求还是有一些出入，所以学生学习情况不是特别理想，再加上老师们对这门课程的认知跟不上，也缺乏系统专业的培训，老师动手能力和上课认知水平也有待提高，最终造成了学生的动手能力提高并不明显。

从“双减政策”落地之后，我校教学安排上做了多项调整，充分利用课后延时服务时间，开展体育、阅读、趣味数学、文学、艺术、劳动实践等教育活动。学校充分利用“生生农场”这一劳动实践教育基地，在校园北部开辟一块区域，为“生生农场”提供了劳动实践活动区域，在五年级中率先开展了实践劳动课程，在五年级全体老师的努力下，完成了“生生农场”校本课程的初步建设。

具体课程活动内容如下：

教学内容	课时安排	实施要求
走进生生农场	1—2 课时	了解叶圣陶与生生农场，知道生生农场的含义。向学生介绍本课程的要求，着重说明所要达成的目标、相关的内容与实施方式，以及本课程的评价，并与学生探讨是否进行必要的修改。教师向学生说明接下来的学习活动都会以小组为单位进行。每个小组探究的方式可以是上网浏览——收集资料；可以实地观察——利用生生农场资源或是新型蔬菜基地；也可以是访谈——采访爷爷奶奶或者了解农事的人。当然一定要动手实践。

（续表）

教学内容		课时安排	实施要求
第一单元：理论储备	种植小知识	1 课时	课前收集常见蔬菜的资料，课内进行小组交流。到生生农场实地观察蔬菜，并对照资料寻找到自己小组研究的那种蔬菜，插上认养牌。组与组之间按照星级制进行评价，组建生生农学院。
	松土小能手	1 课时	邀请老农现场示范，了解松土的原因，松土是农作物生长的必要条件之一。学生认识和了解劳动工具，利用手中的小工具尝试自己松土。
	除草小窍门	1 课时	在生生农场实地观察，发现杂草的存在，以及通过多种途径了解杂草对农作物的影响，知道除草方法有化学药剂和手工除草，对比两种除草方式的不同，对农作物和环境的影响。
	二十四节气与农事	1 课时	理解季节变化的意义。熟记二十四节气歌；收集有关二十四节气与农事的知识在小组内交流，用多种方式了解二十四节气。
第二单元：实践课程一（初试身手，萝卜种植）	萝卜种植	1 课时	通过多种方式了解萝卜的种植方式，给自己认养的土地进行松土，并播下萝卜种子，通过自己的悉心照顾，见证萝卜的成长过程。
	观察成长过程	1 课时	通过多种方式观察萝卜的生长过程，可以自己班内比较，和其他班级种植情况作比较，通过画一画，写一写，做成一本萝卜成长手册手绘本。
	失败总结	1 课时	针对自己班级种植情况，发现在种植过程中的不足之处，可以通过向科学老师请教，上网查阅资料，以及向有经验的老农询问，提出自己班级的种植改进意见，有条件的可以根据实际情况进行补种。
	收获萝卜	1 课时	哼唱歌曲《拔萝卜》，充分调动学生收获的喜悦，一起收获萝卜，比一比谁的萝卜大，谁的萝卜收获最多，评出最后的优胜班级（小组）。

（续表）

教学内容		课时安排	实施要求
第三单元：实践课程二（小试牛刀，油菜花、小麦、大豆种植）	油菜花、小麦、大豆种植	1课时	布置新的任务：油菜花、小麦、大豆的种植，可以事先通过多种方式去了解种植方法，然后在课上交流，明确种植方法，争取在老师和家长志愿者共同帮助下，成功播下种子。
	照顾种子成长	1课时	定期给种子浇水，除草，悉心照顾种子的生长，出现问题及时与老师和有经验的老农沟通，尝试解决问题，促使种子健康成长。
	观察种子的生长	1课时	通过多种方式观察植物的生长过程，可以自己班内比较，或和其他班级种植情况作比较，可以写一写劳动心得、体会，积累劳动过程性资料。
	阶段性总结	1课时	即将寒假，可以邀请有经验的老农对自己责任田中的作物进行一次全面诊断，在假期前进行一次全面的治理，让农作物安全过冬。

在去年下半年的活动开展中，学生的劳动积极性大大提高了。每天早中晚都能见到同学们在田间的身影，记录观察日记，浇水，除草，施肥，忙得不亦乐乎。学生对自己种下的植物爱护有加，在劳动实践中，孩子们得到了锻炼，获得了发现问题，提出问题，解决问题的能力，掌握了一些种植的基本知识。在萝卜种植中，同学们不仅在上学时间来养护种下的萝卜，甚至在周末和国庆长假中，也拉着家长一起来浇水养护。萝卜长势良好，他们为之兴奋，萝卜苗没长出来，就拉着有种植经验的爷爷奶奶来帮忙，进行补种。学生的劳动积极性大大提高了，原来的“小少爷”“大小姐”们也愿意和泥巴玩在一起，每次浇完水，除完草，鞋子上，裤子上，衣服上，手上沾满了泥巴，但孩子们依然乐此不疲，这就是劳动实践教育的魅力所在。经过一学期的探索实践，孩子们的劳动兴趣被充分调动起来，劳动的积极性也有所提高。

但是在一系列活动之后，在对活动开展总结时，也发现了一些不足之处，如植物生长、变化比较缓慢，学生的热情基本上是两头高，中间低——播种时，兴趣高涨，参与率高，恨不得24小时与种子在一起，希望立刻发芽，中间缓慢生长阶段，除了日常浇水，学生的活动比较少，观察记录变化不大，兴趣慢慢减退，收获时，再次高涨，各班争强好胜之心大增，唯恐自己班的植物收获不如别人，希望自己班级的萝卜是最大的。如何解决这种“U”型活动热情，那就需要我们在校本课程建设上动动脑筋，在植物生长过程中，如何也将学生的热情充分调动起来。所以劳动实践教育再提质，是一个必须思考的问题，也是值得思考的一个问题。

二、学科跨界整合，劳动教育质量再提升

随着“生生农场”校本课程的不断推进，在劳动实践教育中，如果仅仅以劳动课程作为主体，是不能充分调动学生积极性的，这就要求我们从多方面考虑，让劳动实践教育更加丰富多彩，通过对课程的整合，内容的优化，提升育人效果，让劳动实践浸润童心。

1. 学科跨界整合，融合学科，让劳动实践教育浸润童心

秋季“生生农场”校本课程，我们重点指导学生的种植活动，以劳动实践为主，劳动探索为辅，虽然取得了一些成绩，但是还有很多的不足，于是在2023年春季的课程结构，有所调整，确定了以劳动实践教育为主线，各学科整合一起的“生生农场”校本课程方案。

课 程 整 合	教学内容
劳动与美术的整合	绘本制作——种子变身记
	植物色彩搭配
	我们一起来种“字”
	我们一起来种“画”
劳动与数学的整合	我们来测量（测量土地面积）
	我们来计算（计算植物的亩产）
	我们来算收入（计算利润）
	种植最优化（计算单位时间，单位产出）
劳动与语文的整合	应景诗歌诵读
	寻找课文中的“菜园”
劳动与科学的整合	寻找生生农场中的小昆虫
	利用生物防治虫害

在种植油菜花与小麦中，我们就与美术老师商量，因为油菜花开花时，正好是小麦绿油油的时候，这时候就会产生强烈的色彩对比，我们平时在节

日庆典的时候，经常可以看到用不同的色彩搭配各种节日祝福语，所以由此产生灵感，用油菜花和小麦搭配，种植出不同的字，等春暖花开时，各种不同的字，让我们的种植更加富有诗情画意。这样通过与美术课的整合，让孩子对油菜花开，多了一份期待。而且油菜花和小麦都属于过冬作物，同学们在观察时，可以尝试对比观察，让学生在观察过程中，有了更多的兴趣点。

课程的跨界整合，有效地缓解了学生“U”型活动热情，在植物缓慢生长的过程中，有了数学的测量与计算，有了语文课的诗情画意，有了科学的探索应用，让同学们在等待植物丰收时，多了一份快乐。

课程的跨界整合，让各学科的老师都加入了“生生农场”的校本课程的开发，极大地丰富了课程的内容，更重要的是，孩子的综合实践应用能力有了进一步的提高，让“生生农场”这门校本课程成为学生认识劳动、爱上劳动的源泉，全面提升学生的劳动素质，从而提高劳动课程的质量，让这门校本课程真正成为学生的成长的必修课。

2. 学科跨界整合，融入家庭、社会，从而促进孩子的全面发展

我们现在一直强调素质教育，强调孩子的全面发展，特别是“双减政策”后，学生的课业负担减轻了，更要强调孩子的综合素质的全面发展，我们再通过课程整合，可以做到优化“生生农场”的课程内容，将原来单一的劳动实践课程，转换为多种课程，多种内容的整合，使得原来的课程内容极大地丰富了，在我们不断的实践中，发现了课程有许多地方可以拓展丰富。

比如，在种完萝卜，获得丰收后如何处理萝卜呢？当然首先可以把它做成一道美味佳肴，那我们就可以把课程带回家，把家庭也融入课程中来，让父母也参与其中，指导孩子做一道以萝卜为主材料的菜肴，既锻炼了孩子的动手能力，也提升了孩子的生活能力。现在，流行非遗传承，而角直萝卜干作为角直文化的一张名片，更是每个孩子习作中的宠儿。那如何把一个萝卜，通过传统工艺制作成为远近闻名的角直萝卜干呢？相信这也是很多孩子想要了解的，我们可以带领孩子实地参观角直酱品厂，实地考察一个个萝卜，是如何通过传统工艺，变成一块块萝卜干的，这样，我们的课程又与社会结合起来了，说不定在孩子中就出现了角直萝卜干的制作工艺的传承人。

所以我们的“生生农场”校本课程，是可以不断优化的，通过将课程内容不断丰富，让孩子得到全面的发展，这与素质教育不谋而合，也是“双减政策”制定的初衷。

3. 学科跨界整合，融入育人种子，使爱劳动从口号到深入人心

马克思说过：“任何一个民族，如果停止劳动，不用说一年，就是几个星期也要灭亡。”而且劳动可锻炼手脚的灵敏性，同时也会促使大脑的发育。所

以劳动教育从来不是学生成长过程的绊脚石，相反，劳动教育是能促进孩子全方位发展的。劳动课程开始了这么多年，劳动实践教育喊了这么多年，孩子的动手能力却不见提高，因为劳动教育流于形式，多是喊喊口号，有一幅漫画就鲜明地点出来的——孩子一扫地，家长立马出来喊话："只要读好书，这些活我来干！"孩子一洗碗，家长立马又出来喊话："只要读好书，这些活我来干！"很多孩子，到小学毕业，从没有在家扫过一次地，洗过一次碗，甚至很多时候听说教室要大扫除，很多家长就"积极主动"地向老师报名替代孩子劳动。久而久之，孩子们不重视劳动，认为劳动是"下等人"干的。所以在劳动实践教育活动中，我们要结合德育教育，开展"劳动最光荣"系列活动，通过对衣食住行的分析，让孩子们知道生活中处处离不开劳动——窗明几净的教室，是大家辛勤劳动的结果，吃的粮食菜肴是农民伯伯辛勤劳动的结晶……而"生生农场"的劳动实践活动是最好的平台，孩子们播下一颗种子，到最终的收获，付出无数汗水，这样的劳动体验教育，远比一句口号来得更加具有教育意义。学生通过亲身的体验，一定会倍加珍惜自己的劳动成果，也会珍惜他人的劳动成果。我们可以结合校广播站，让亲身体验的孩子说说一粒种子到一盘美味佳肴的经历，让孩子现身说法，从而更好地教育孩子要从小爱劳动，从小爱惜劳动成果。通过一系列的德育教育活动，让孩子们也更多地参与到"生生农场"这块实践基地中来，参与到"生生农场"这门校本课程中来，让孩子参与劳动，获得成长。

三、学科跨界整合，劳动教育增质展望

随着劳动教育的不断受重视，社会、学校、老师、家长、学生的思想观念也开始逐渐转变，我们也对"生生农场"校本课程的全面开展充满了期待。

期待一：学科跨界整合，乐在其中。如与数学学科跨界整合，是培养孩子计算热情，通过测一测，算一算面积，将数学学科学到的非规则图形的面积算法融入实际土地面积的测量，让孩子更好地利用学科知识解决实际问题。算完面积，我们再算亩产，而且针对不同农作物的产量和实际售价的测算，让孩子感受到一亩地的产值，激发孩子对计算的热情，对生活常识的认知，从而更好地培养孩子们的数学素养。

期待二：学科跨界整合，爱在其中。让父母参与其中，指导孩子做一道以萝卜为主材料的菜肴，既是《劳动与技术》中的家政的一环，也可以成为家庭教育中的一环，这样既锻炼了孩子的动手能力，也提升了孩子的生活能力。让孩子从劳动中感受父母的不易，感受从种子到可口菜肴的全经过，激

发孩子对节约粮食的思考。鼓励孩子成为家中的小厨师，给忙碌中的家长们带来意想不到的惊喜，促进亲子关系更加和谐。

“生生农场”劳动实践教育有助于培养孩子思想道德品质和意志品质，促进学生的全面发展。通过“生生农场”校本课程，利用生生农场这一劳动教育实践基地，组织丰富多彩的劳动教育和实践活动，努力提高学生的综合素质，促进学生德智体美劳全面发展，能更好地传承中华民族的优良传统、提高国民素质，培养更多具有实践能力和社会责任感的优秀学生。

参考文献

［1］梁成海. 浅谈对小学生开展劳动实践教育的看法［J］. 山海经（教育前沿），2019，（7）：302.

［2］谷兴旺. 建设劳动实践基地助力学生成长［J］. 教育实践与研究（C 版），2018，（5）：20—21.

初中语文"自能"读写探索

■ 周文忠

叶圣陶先生说："教是为了达到不需要教。"这句话告诉我们，教学过程本质上是教会学生自学本领，培养学生自学的过程。进入互联网时代，知识、技术更新过程空前加快。在课堂上，教师不可能在有限的时间内，交给学生受用终生的知识。因此，培养学生自学能力，让学生学会学习、学会阅读、学会写作，是现代社会对教学提出的新要求，也是今后服务社会的需要。

本文的研究对象是初中生。从认知发展上看，初中生在小学阶段已认识3000字左右，已具备学会阅读的基本条件；从身体发育上看，初中生身体发育已接近成熟，体力充沛，有较强的自制力；从智力发展上看，初中生已具备一定的思维能力，能够独立思考、分析综合、概括归纳。以上这些，为"自能"读写提供了条件。

当前，初中语文教学的现状并不如人意，只关注学生"学会"，不关注"会学"；只关注读写教学，不关注学会读写；只关注眼下分数，不关注未来发展的现象，并不少见。

叶圣陶先生指出，引导自学既指引导学生在知识、技能上"自为研索""自我历练"，又指引导学生在思想、品德上"自辨是非""自我修养"；既要引导学生自己去读书，又要引导学生自己去实践；既包括学习方法的指导，又包括自学动机、态度、习惯、精神的培养；既是引导学生在校时主动学习，又是引导学生将来终身学习。"初中语文'自能'读写探索"，主要是针对当下初中语文学生不会学习、不会阅读、不会写作的教学现状提出的，其宗旨是培养学生自己能够自学、自己能够阅读、自己能够写作的能力和习惯，提高语文核心素养，为学生终生读写奠基。切实落实四个"着力"，即着力于学生自学能力的全面提高，着力于学生"自能"读写能力的全面提升，着力于"自能"读写课内外的全面融合，着力于"自能"读写与互联网的全面优化。

研究成果的形成阶段

经过多年的实践探索，"初中语文'自能'读写研究"，取得了丰硕的成果。可分为三个阶段：

（一）第一阶段（2011 年 9 月—2014 年 6 月）：实验、探索阶段。

（二）第二阶段（2014 年 9 月—2017 年 6 月）：总结、提炼阶段。

（三）第三阶段（2017 年 9 月—2022 年 6 月）：推广、应用阶段。

首先，在理论探索上，已在省级以上期刊发表了 22 篇论文，较为系统地阐述了“初中语文‘自能’读写探索”的背景、目标、内容以及实施方法。

其次，让一大批学生在本项目实施中获益。本项目从 2011 年 9 月开始，在仪征市新城中学开始实施，至 2014 年暑假前，完成了第一轮三年的实践，取得了良好的效果。近七年，除在仪征市新城中学之外，重点在张家港市合兴初级中学实施。另外，张家港市第二中学、张家港市外国语学校（北校区）等六所学校，也在“初中语文‘自能’读写”的理念指导下进行实践，学生的自学能力，阅读能力，写作能力，得到了显著提升。

研究成果的主要内涵

在实践中，建构起“初中语文‘自能’读写”的实施框架。主要包括如下内容：

（一）研制了“自能”阅读的路径

重视阅读教学，忽视学会阅读，是当前语文教学的顽疾之一。阅读是通过语言文字获取信息、认识世界、发展思维、获得审美体验的重要途径。“自能”阅读的宗旨是改变不能学会阅读的语文，以达到不待老师讲，学生自己能阅读的目标。“自能”阅读，以“读”为主，突出“自”的地位，效果体现在“能”上。“自能”阅读的内涵有：

1. 自由阅读。报刊时文、散文小说、科普作品、文学名著等，学生都可以阅读。2. 自主阅读。学生每天能主动进行阅读，完成共读阅读内容，不少于 5000 字，有一定速度，不待老师督促。3. 自觉研索。学生能理解内容，理清思路，自觉思考作品的主题、形象、情感、态度等，并有针对性地批注、设问，摘抄精彩语段。4. 自我展示。学生能主动展示自己的阅读成果，能从别人的展示中获取有益的启示。5. 自有所获。学生能根据作品内容绘制思维导图，梳理故事情节，撰写人物小传、读后感等，对作品的情感、态度、价值观有自己的判断。6. 自成习惯。学生逐步养成每天阅读的习惯、思考的习惯、批注设问的习惯、自行总结的习惯等。其中，自觉研索是关键，自成习惯是目的。

（二）形成了“自能”写作的策略

重视写作教学，忽视学会写作，是当前语文教学的顽疾之二。写作是运用语言文字进行表达和交流的过程。“自能”写作的宗旨是改变不能学会写作的语文，以达到不待老师教，学生自己能写作的目标。“自能”写作，以“写”为主，突出“自”的地位，目标体现在“能”上。“自能”写作的内涵有：

1. 自主写作。班级异质分组，每五人一组轮流写文章，每天按时上交一篇，不待教师督促。2. 个性表达。文章体裁不限，散文、小说、诗歌、戏剧，寓言、童话、科幻皆可；形式不限，连载、图文结合皆可；风格不限，幽默风趣、辛辣讽刺、清新优雅等皆可，只要喜欢就可以写，在写作中张扬自己的个性。3. 自觉写作。学生能自觉观察、思考、构思、起草；能根据老师、同学的建议，及时自觉修改。4. 自我学习。同组学生能相互学习，取长补短；能从阅读的书籍中，获得有益的启示。5. 自成习惯。学生逐步养成积累素材的习惯、构思立意的习惯、列纲起草的习惯、批改加工的习惯，等等。其中，自觉写作是关键，自成习惯是目的。

“自能”写作的价值追求有三：一是写作与立诚、立人相融合。学生“自己发抒的文字以与自己的思想、性情、环境等一致为‘诚实’，从旁描叙的文章以观察得周至为‘诚实’。”“自能”写作把作文和做人结合起来，使写作行为不单单呈现为技术的特征，并且能体现为人的准则。二是写作与阅读相融合。“阅读和写作，吸收和表达，一个是进，从外到内，一个是出，从内到外。”阅读是写作的根基。“自能”写作把阅读与写作结合起来，通过反复的阅读实践和写作实践，提升学生的写作品质。三是写作与思想、情感相融合。写作是用来表情达意的，心有所思，情有所感，而后才能作文。“自能”写作的过程，就是让学生的精神世界丰富起来，不断提升学生的思想与情感。

（三）构建了“自能”课堂

重视学会，忽视会学，是当前语文教学的顽疾之三。“自能”读写的基础是“自能”课堂。没有“自能”课堂，“自能”读写就成为无源之水、无本之木。“自能”课堂的宗旨是改变学生不能自己学习的语文，以达到不待教师教，学生自己能学习的目标。“自能”课堂以学生“自学”为主，突出“自”的地位，效果体现在“能”上。自学是一项复杂的综合能力，包括独立阅读能力、独立思考能力、独立解决问题能力，等等。其中，独立阅读是前提，独立思考是基础，独立解决问题是关键。自学能力的形成，需循序渐进有序安排。根据我们多年的探索，从阅读速度、理解力、解决问题能力等方面，将初中生自学能力分解为18个训练点。自学能力培养可分为三个阶段：1. 依赖阶段，通过问题，带着学生自学；2. 半依赖阶段，通过批注，扶着学生自学；3. 自主阶段，通过自问自答，放学生自学。

课堂上，怎样引导学生自学呢？叶圣陶先生的方法是：一是认定目标，致力于“导”。二是激发动力，发展主体。三是教材为例，举一反三。四是愤悱启发，相机诱导。五是指点学法，逐步放手。六是注重实践，养成习惯。七是因材施教，发挥创造。八是正确评价，以利自学。在叶老教学思想指导下，结合学生实际，我们采取的策略是：1. 明确目标。自学目标的制定要根据编者意图、文本特点、学情以及自学能力训练点制定。2. 引导自学。课堂上教师给足够的时间，让学生独立阅读、独立思考、独立钻研、独立解决问题。3. 组织讨论。学生经过自学之后，独立解决不了的问题，记下来，小组讨论，把自己的自学成果与同伴交流、分享，让同伴从中得到启示。4. 解答疑问。小组合作学习仍有没有解决的问题，则提交全班同学。教师点拨、引导。5. 当堂训练。学生运用已获得的知识和形成的经验，去解决类似的问题，内化所学的东西。6. 总结归纳。学生对知识的整理，要做到把所学的知识进行比较、归纳，使之系统化、概括化。“自能课堂”重点培养三种习惯：1. 勤查字典习惯；2. 圈点批注习惯；3. 质疑问难习惯。

(四) 开发了“自能”微课

重视读写练习，忽视读写展示，是当前语文教学的顽疾之四。“自能”微课的宗旨是，改变没有读写展示的语文。给学生提供读写展示舞台，让学生进行多方面展示，能够激发学生“自能”读写潜能，促进“自能”读写的提升。“微课”的“微”重在突出“小主题”“小体系”“小活动”“短时间”，以更多的“小”累计起“大”来。

在“自能”阅读方面，我们实践的微课有：“名著阅读展示微课”“我讲古诗微课”“美文推送微课”“名著推荐微课”“小小评论家微课”，等等。在“自能”写作方面，我们实践的微课有：“我文我秀微课”“我评时事微课”“我的名字微课”“我写校园微课”“我爱我家微课”等。

(五) 改善了“自能”生态

重视校园环境，忽视读写生态，是当前语文教学的顽疾之五。“自能”生态的宗旨是，改变没有读写环境的语文。良好的校园环境，有利于“自能”读写的形成。我们通过图书馆建设、书香长廊、快乐书吧、文学橱窗等形式，建设氛围浓厚的读写硬环境；同时，开展读书节、诗歌朗诵会、读写竞赛、创办校刊、读写能手评比等活动，建设良好的读写软环境。

研究成果的创意之处

（一）提出了“语文即自学”的教学理念

从本质上讲，语文即自学。语文教学的最终目的是教会学生自己学习，逐步达到不待老师教，学生自己能阅读、能写作的目标。课堂侧重培养自学，课后侧重于学会读写。既着眼于学生的当下学习，更服务于学生的终生发展。

（二）形成初中语文“自能”读写的实践架构

在“自能”课堂、“自能”阅读、“自能”写作三大支柱的基础上，围绕学生学会读写，以发展思维为核心，形成自学课堂的“六步”范式、自能阅读的“六自”方案、自能写作的“五自”策略。

（三）实现初中语文“自能”读写与互联网的有机融合

充分利用互联网进行阅读过程检查、阅读成果展示，通过阅读测评系统进行阅效效果检测；充分利用微信公众号、QQ 群、微信群，进行优秀习作的发表、评价，省时、便捷、高效。

（四）提出了许多初中语文“自能”读写新策略

诸如“班级图书馆”“学生语文作品”“阅读网上测评”“循环成长日记”“习作五级发表”“自能微课”“自能生态”，等等，这些措施与策略，将冲击传统单一的语文教与学方式，改善当下语文学科单一的学习模式。

让学生学会学习、学会阅读、学会写作，是教学质量提升的需要，更是学生未来发展的要求。初中语文“自能”读写研究，以“读写”为主，突出“自”的地位，体现“能”的效果，让学生扎实练好读写本领，受益一辈子。

立德树人：在一日生活中帮助幼儿养成良好习惯[①]

■ 程裕如

幼儿园教育作为基础教育的起始阶段，是使儿童养成良好习惯的关键期，对人的终身发展有着深远影响。中国古代就有“习惯养成”的教育主张。20世纪，我国著名教育家叶圣陶将之创造性地转化并发展成为了具有中国特色的“养成良好习惯”现代教育思想。培养幼儿良好习惯，事关新时代教育立德树人根本任务在幼儿园的落实。

根据研究发现，幼儿的发展大多是无意识的、自发的，需要教育者正确地引导，将他们内在向善的本能发扬出来，成为有意识的行为和自觉的倾向，并且逐步巩固，形成良好的习惯。正如叶圣陶所指出的，儿童是“有生机的种子，本身具有萌发生长的机能，只要给以适宜的培育和护理，就能自然而然地长成佳谷、美蔬、好树、好花”[②]。新时代幼儿园教育承担着立德树人的时代使命。叶圣陶“养成良好习惯”教育思想在一定意义上揭示了中国现代基础教育的目的、规律和方法，对幼儿园落实立德树人根本任务具有重要实践价值。而培养幼儿良好习惯的现实途径和有效方法，就是幼儿园教师要从关注幼儿一日生活细节入手，以正确的价值观、人生态度和行为方式来引导幼儿，帮助幼儿把向善的本能发展为有意识的行为，逐步自觉养成良好习惯。因此，本文拟从幼儿的日常生活、课程学习、游戏活动等方面，讨论教师如何在幼儿园一日生活中帮助幼儿养成良好习惯的问题。

一、日常生活——习惯培养的常态化

幼儿园一日生活，是教师组织指导下幼儿在园一日中的教育生活，包括

① 本文系作者参与江苏省教育科学“十三五”规划2018年度叶圣陶教育思想研究专项课题“绿色发展新理念下旨在‘养成良好习惯’的幼儿园绿色课程构建”研究取得的成果（课题编号：YZ-c/2018/58）。

② 杜草甬、商金林编：《叶圣陶教育文集》，河南教育出版社1989年版，第331页。

日常生活、课程学习和非课程游戏活动。在一日生活中帮助幼儿养成良好习惯，首先要从幼儿在园日常生活，从幼儿日常生活的细微之处入手，通过教师的引导和示范，让他们从中获得生活自理和服务他人的感知和体验，逐步形成自觉的行为，并使之常态化，以至养成于己于人健康良好的生活意识、态度和习惯。

1. 学会自理，在行动中唤醒意识

叶圣陶指出："习惯是从实践里养成的……一定要把知识跟实践结合起来。"①在日常生活中，只有通过教师的细心引导和具体示范，才能唤醒幼儿生活自理的意识，并且使之付诸行动，逐步养成自觉自理、健康生活的良好习惯。

例如，不少幼儿挑食、偏食的问题一直困扰着家长和教师。在某一天的午餐环节，孩子们议论纷纷："我不喜欢吃肉，一块肉都不想吃。""我喜欢吃肉，一点也不喜欢吃蔬菜，但妈妈告诉我蔬菜也很有营养。""我妈妈说挑食容易生病……"看到幼儿对这个话题如此有兴趣，教师由此入手，因势利导，组织幼儿继续相应的讨论，并用这次午餐以及身边其他有关事例生动说明营养全面平衡的好处。由此，唤醒了孩子们健康饮食的意识，不挑食、不偏食开始成为他们的自觉行动。

在此基础上，幼儿的日常饮食，逐步从老师、家长的"管理"转向幼儿的"自理"。为了促进这一过程，教师特意精心组织了"不好吃餐馆"活动。把许多孩子过去不爱吃的蔬菜收集在一起，通过启发和示范，引导全班幼儿积极想办法，自己动手做成萝卜丝饼、炒青菜、蘑菇炒蛋、芹菜豆干、上汤娃娃菜、玉米黄瓜等。使原来觉得"不好吃"的食物，变成了香气扑鼻、清鲜可口的美食，激发了孩子们争相品尝和学做各种蔬菜、多样食品的热情，促使幼儿平时生活养成饮食健康、自觉自理的良好习惯。

2. 乐于服务，在体验中感知价值

"社会和个人的关系密切，不可分割"。②幼儿在园生活是社会生活的一个小小缩影，其中既包含每个幼儿个体的生活，更是一种幼儿的集体生活，广泛涉及自我与他人的关系。因此，幼儿在园日常生活不仅要学会自理，还必须要乐于关心他人、帮助他人、服务他人，这样的好习惯才是全面的，也才会给幼儿的生活带来更多的快乐。于是，教师从幼儿入园的第一天起，就要

① 叶至善、叶至美、叶至诚编：《叶圣陶集》第 13 卷，江苏教育出版社 2004 年，第 182 页。

② 叶至善、叶至美、叶至诚编：《叶圣陶集》第 11 卷，江苏教育出版社 2004 年，第 36 页。

着手帮助他们建立同伴意识和集体观念，在日常生活中培养每个幼儿关心他人、乐于服务的行为。

在教育实践中，我们发现幼儿新生几乎都处在“4+2+1”的家庭环境中，家长往往会过度溺爱幼儿，幼儿在生活中处处自我中心、不顾他人，甚至乱发脾气等现象屡见不鲜。针对这种情况，更需要教师从日常生活小事入手，加强对幼儿“关心同伴、服务他人”意识、态度和行为的培养，为其以后养成正确的价值观和良好的品德习惯打下基础。

例如，教师针对幼儿的年龄特点和班内的实际情况，从新生中选出并定期轮换小值日生，力所能及地跟着老师进行教室卫生打扫和物品整理工作，协助老师完成分发餐盘，收发玩具、整理书籍，摆放桌椅子等任务。一个学期下来，幼儿的集体意识和劳动兴趣明显得到增强，日常生活中关心他人、服务他人渐渐成为他们自觉的行为，并且使他们从中体验到了一种前所未有的快乐。

教师还以“我和你”为主线，营造富有童趣、丰富多彩的班级生活：春天里照顾冒尖的小花小草，迎春日；夏天里制作香囊驱蚊虫，过酷暑；秋天摘果子、做美食，庆丰收；冬天里搭兔窝、包树皮，度寒冬……使幼儿在简单的劳动中与自然、与同伴、与集体建立积极互动、和谐共生的关系，进一步增强幼儿的服务意识。由此，让幼儿在互帮互助、乐于服务的自觉行为中，逐步形成正确的价值感知，养成良好的社会习惯。

二、课程学习——习惯培养的情境化

幼儿园一日生活之中，课程学习是其重要组成部分。教师根据幼儿形象直观为主、富有直觉、情感、想象的思维特点，设计生活化、情境化、趣味化的课程，让孩子们在活动中得到循循善诱、生动体验、潜移默化，实现认知、情感和行为有机统一的自我成长，有效促进他们良好习惯的养成。

1. 激发兴趣，在情境中喜欢探究

叶圣陶“教是为了不教”教育理念启迪教育者应该尊重幼儿的个体差异和兴趣，在课程教学中为他们创设一个自主学习、发展、合作、创造的活动情境。由此引发幼儿的心灵“共鸣”，唤醒幼儿向善向上的内在需要和潜能，引导他们在主动探究中自觉养成各方面的好习惯。

例如，一次午睡时间，忽然外面“哐当、哐当”的有轨电车响声吸引了幼儿的注意力，他们躺在床上兴奋不已。教师意识到这是一种来自真实生活的课程资源，于是带领孩子们身临其境，去实地观察有轨电车进站的情景。

由此，引发幼儿纷纷交流自己的“发现”：“有轨电车原来有这么大啊，怪不得声音大呢？”“我发现有轨电车在转弯的时候地面都会发抖。”“有轨电车到站会有喇叭声、警报声、开门声……”在这基础上，教师顺势向幼儿提出“声音太大该怎么避免干扰”的问题，引导幼儿根据自己的生活经验，利用现有的工具进行实践探究。在此情境下，有的孩子找来了海绵垫，有的孩子选择关上窗户，有的孩子开始采访起了身边人……教师顺应不同幼儿发展水平以及需要，陪伴幼儿一次次尝试，促使他们自己分析问题、解决问题，从而建构了幼儿对声音及其处理办法的新经验，培养了幼儿追根究底的学习兴趣和探究习惯。

2. 自我教育，在教学中主动成长

“道而弗牵，强而弗抑，开而弗达。”①持续的、内在的自主学习不仅是心理活动，更是知行统一的活动，根植一日生活的“立德树人”实践。叶圣陶多次强调发挥受教育者的主体作用，他指出：“所谓的‘自我教育’，就是不依傍于他人的力量，自己来养成这些好习惯。”②受教育者要成为有益于社会的人必须“学会自学的本领，养成自学的习惯”③。因此，教师在课程教学中要尊重幼儿的主体地位，引导他们“自我教育”，使其能够自己来养成好习惯。

在新冠疫情期间，幼儿园的生活暂时受到了影响，但这并不能阻止幼儿自主学习的步伐。一轮轮的核酸检测引发了班上幼儿的好奇心，他们在网络平台中向老师提出了各种问题：“人们都是怎么做核酸的？”“不想做核酸怎么办？”“害怕做核酸怎么办？”“怎么快速做核酸呢？”“我们能为志愿者大白做些什么呢？”为了让他们结合实际生活寻求问题的答案，教师组织了线上连线，邀请家长的协助，引导他们组成小组，对生活中的实际现象进行细致观察、在线讨论和深度思考。幼儿在教师和家长的共同支持下学会了自学，通过积极配合抗疫工作，分享“快速做核酸”小妙招，表达对抗疫工作者的感谢等，将平凡无趣的居家生活变成丰富多彩的学习活动，生动体现了幼儿在居家生活自我管理中实现自我成长，培养了他们关心社会、担当责任的良好习惯。

在日常生活中，与其下达“去给植物浇水”的命令，不如多问“植物为

① 胡平生、张萌译注：《礼记》（下），中华书局 2017 年版，第 704 页。

② 叶至善、叶至美、叶至诚编：《叶圣陶集》第 12 卷，江苏教育出版社 2004 年版，第 154 页。

③ 叶至善、叶至美、叶至诚编：《叶圣陶集》第 11 卷，江苏教育出版社 2004 年版，第 347 页。

什么枯萎了，它怎么了?”这样，幼儿会更有耐心地观察自己种植的植物，也会更自觉在“照顾小番茄”的情境中探索学习，提高解决问题能力。孩子们由开始积极参与种植劳作，与同伴交流分享松土的经验和技巧，对植物生长仔细观察并作相应记录；进而，通过亲自动手、辛勤栽培，使植物获得丰收，品尝到自己种的小番茄、小黄瓜等；最后，更加懂得珍惜自己和别人的劳动成果，在幼儿园和家庭中做到不浪费，不挑食，良好的习惯在他们的自我教育中逐渐融入生命，成为自然。

三、游戏活动——习惯培养的趣味化

在幼儿园一日生活中，除了有计划的课程学习，还有许多拓展性的自由多样的游戏活动。这些游戏活动也是帮助幼儿养成良好习惯的重要途径。比如说，在角色游戏中，幼儿将一日生活中遇见的角色转换为游戏角色，模仿作为社会角色的道德行为，体会角色情感；在区域游戏中，幼儿与同伴学着协商和合作；在户外游戏中，幼儿更多体会到规则的重要性，知道尊重他人、爱护动植物、更好地保护自己，更加独立和自信。在“立德树人”实践中，教师重视一日生活中游戏的特殊地位，让幼儿在多种有趣有益的游戏活动中得到锻炼，化为一辈子受用的良好习惯。

1. 鼓励尝试，在挑战中勇于探索

游戏的价值在于其满足幼儿自主、自立的尝试。以户外的《小滚筒、大挑战》为例，教师发现连续动态的滚筒游戏包含失败和成功。刚开始时，面对庞大且难以控制的滚筒，大班幼儿普遍感到害怕。“养成良好习惯”的教育目的和本质，必须要由教育的主体之一——教师来实现。①教师将“言教”和“身教”相结合，从带领到放手让幼儿大胆尝试。首先，教师让孩子通过“试错”感受滚筒材料的特点:“老师扶着你，试试将脚放在滚筒上摆动起来……”通过从“真扶”逐渐过渡到“假扶”，并作必要的示范等，逐步提高幼儿的安全感，为下次深入探索滚筒活动奠基。其次，由于大班幼儿的认知和技能水平相对高些，在教师的积极支持下，他们将生活经验与游戏相连接，找到多种保持平衡的方法。进而，引导幼儿合作探索、交流经验、自我评估和互相鼓励，终于使每个幼儿都克服了对这一游戏最初的恐惧感，学会较好掌握身体与滚筒的平衡和控制，获得了成功。通过这项游戏，幼儿的身心潜能得

① 任苏民:《一种“中国教育学”的理论和话语——叶圣陶“养成良好习惯”教育思想探析》,《教育史研究》2021 年第 3 期。

到显著发挥，培养了他们不怕困难、敢于探索和尝试等良好习惯。

2. 发挥想象，在游戏中培养创新

叶圣陶强调，在当今和未来“多变激变”的时代，各种教育机构和教育者“在教育来学的人的同时，要特别注意引导他们知变，求变，善变，有所改革，有所创新”。①幼儿园一日生活，同样要面向未来，注重保护和开发幼儿的创造潜能，培养幼儿的想象能力和创新意识。这特别体现在创造性游戏活动的开展中。

以我园体育“嘉年华”游戏为例，大班幼儿在初步掌握了各个区域游戏的规则和技能之后，往往会产生一些具有个人创意的奇思妙想。于是，在这一游戏中，教师鼓励幼儿发挥创造想象，利用旧轮胎、木桩和长木条搭建高度不一的桥梁使游戏内容变得新颖；引导幼儿相互启发和竞赛，让小伙伴们一起在滚筒上“比武”；并且通过师幼共商、自制图纸、设计新招等，不断提高挑战的难度。从而，使这项游戏发展成为了我园激发幼儿展开想象、培养幼儿创新习惯的特色课程。

总之，养成良好习惯的教育贯穿幼儿成长的生活旅程。教师在幼儿园一日生活中努力帮助幼儿养成良好习惯，必将能使立德树人根本任务在新时代幼儿教育中落地见效，也必将会使幼儿健康成长，终身受益。

① 叶至善、叶至美、叶至诚编：《叶圣陶集》第 11 卷，江苏教育出版社 2004 年版，第 351 页。

怀念叶圣陶

叶圣陶研究年刊

一生的心之所系

■ 叶小沫

1988年2月16日，爷爷走完了他长长的一生，享年九十四岁。苏州吴县政协为了纪念他老人家，编辑了一本《叶圣陶纪念文集》，收集了一些悼念爷爷的文章，文集里有一篇以人民教育出版社署名的文章：《痛悼我们的老社长叶圣陶》。文中说，1985年的春节，人民教育出版社的同志们去看望爷爷。那时候爷爷已经九十一岁了，因为身体不适躺在病床上。爷爷对来看他的同志们说起了编辑教材的事情。他说：

> 中央关于教育体制改革的文件，我是在病床上听家里人念的。我一边听一边想，如果我年轻二三十岁，像五十年代六十年代那样，还在人教社跟同志们一起工作，面临这场伟大的改革，咱们应该在哪方面着力呢？
>
> 我想，中小学课本恐怕得修订或者重编。从内容讲，要剔去陈旧的材料，补充必要的新知识，还要注意各学科间的相互联系和配合，避免重复和累赘；从方法讲，要灵活地运用启发式，避免呆板的注入式；从效果讲，要做到让老师便于教，让学生乐于学。此外，还要为职业中学，为成人普及教育，各编一套切实有用的课本。幼儿教材也得抓紧搞，好让孩子们在进小学之前，养成良好的生活习惯和语言习惯，受到培养最基本的观察能力和思维能力的训练。

那时候爷爷虽然已经年迈，但是有关教育的事，他依然时挂心间，因此他对来看他的同志们，说出了自己一直放在心里的话。这绝不是爷爷一时兴起随口说说，而是他对自己年老力衰，力不从心的自疚；是他对在那火热的年代，为编辑新中国第一套教科书，曾经和同志们一起，夜以继日战斗场面的怀念。对现在的教科书的编写工作，爷爷不仅想要参加到其中，甚至连如果真的能去干，要从哪三方面去努力都已经想好了。

爷爷编了一辈子的课本，在几十年漫长的编辑过程中，他总在不断地思考和改进，总在不断地求新，还摸索总结出了编辑教材的三条经验。面对着来看望他的年轻编辑，他认真坦诚地把他总结出来的经验说给他们听。他说：

> 提高课本的质量，主要经验有三条：一是多调查多研究，要着重效果，分析原因；二是多向老师请教，因为他们是实践者；三是在工作中锻炼，不断地提高编写能力。希望同志们努力不懈，使自己的工作跟上教育改革的步伐。

爷爷的这些话看上去普普通通，却是他用一生换来的经验之谈，并且诚心诚意语重心长，希望能对同志们今后的工作有所帮助。看到这里我禁不住落下泪来。一位已经九十三岁的老人，在他的迟暮之年，最放心不下的，还是孩子们每天都要学习的教科书，他已经为之着力了一辈子，说是出于感情也好，说是出于责任也罢，直到生命的最后时刻，他依然放心不下，牵挂到了死不瞑目的地步。这让我仿佛看到一个须髯皆白的老者，仍在把酒临风砥砺前行。这让我想起曹操的诗句：老骥伏枥，志在千里；烈士暮年，壮心不已。

也就是这篇文章，引起了我对爷爷的回忆。

我的父亲叶至善一生陪伴爷爷，我也因此从小就生活在爷爷的身边。从上小学一年级开始，我和所有的孩子一样，有了自己的课本。我用很结实的牛皮纸包好书皮，走到爷爷屋里，请他帮我用毛笔写上科目、班级和我的名字。请爷爷帮我在书皮上写字成了每年开学的惯例，开始只有语文和算术两本，后来就有了历史、地理、自然，再后来就有了化学、物理、生物。每次我拿着一摞课本去找爷爷，他都会停下手上的活儿，拿起桌上的毛笔，一笔一画认真地为我写下每一个字。爷爷的字大小得体、工工整整、摆放得当，看上去清爽舒服。当时我不觉得珍贵，现在想想，如果能把这些书皮保存下来，应该是挺有纪念意义的事儿。爷爷年年为我写书皮儿，可是从来没有对我说过，这些课本都是他和他的同事们一起编辑的，尤其是语文课本，从一年级到初中、高中，每一篇他都读过改过，熟悉其中的一字一句。

每年两个开学日，两次丢掉旧课本领取新课本，在不知不觉中，我认识了文字，学会了计算，知道了世界的多样和广阔，学到了做人的道理，可是我从来没有留意过那些在偷偷逝去的岁月，也没有留恋过那些被当作废品卖掉的课本，而自己就在这不知不觉中，随着读过的课本慢慢长大。现在算下来，每一个读书人，小学六年，初中高中六年，上大学四年，有课本陪伴的日子就是十六年，占去了一个人大约五分之一的岁月，可真是够漫长的。我想，在学子终于大学毕业，可以甩掉课本，再也用不着为考试和升学焦虑的时候，不知道有没有人想过，应该好好地感谢一下那些编辑课本的人，是他们日复一日，年复一年的坚持和努力，大家才能读着这些课本学有所成，终于可以走向社会，也终于可以为祖国、为人民、为家人、为自己做点儿什么事情了。反思自己，我好像真的就从来也没有想过这件事情，好像上学就该有课本，这是天经地义理所当然的事情。直到在我渐渐地认识到，爷爷这一辈子做了那么多事，其中非常重要的一件，就是为同学们编课本的时候，一时间竟不知道该怎么做，才能感谢他为此付出的辛苦和努力。心里想着，如果爷爷还在，我一定要专门为了这件事走到他的面前，恭恭敬敬地给他鞠个躬，还要给所有编辑课本的编辑们，恭恭敬敬地鞠个躬，以表示我对他们所做的，这件了不起的事情的尊重和感谢。

我从小和爷爷生活在一起，看着他上午去办公，中午回来吃午饭，吃过午饭休息一会儿，就坐在书桌前改稿子了，而且常常一坐就是一下午。等我知道爷爷是在人民教育出版社工作，是在为全国的中小学生编写课本，应该已经是小学高年级的事了。那时候无论什么时间走进爷爷的屋里，看到的永远都是他的背影，他在聚精会神地伏案工作，直到吃晚饭才会停笔。这样的日子是我们家的常态，直到“文革”开始才结束。后来我才明白，爷爷上午到社里，是去和各个学科的编辑们讨论教材编写中的问题，下午在家里改课本，是因为家里比较清静，没有人来打扰。可是那时候我依然不了解，对于一个国家来说，教科书的编写是多么重要的一件事，也没有觉得，这是关系到全国每一个孩子成长的大事情。直到现在，我对爷爷的这一辈子，依然没有过全面的学习和研究，要说有一些了解，也只是皮毛，而且是相对以前的我而言的。尽管如此，我还是用自己肤浅的认知，给爷爷所做的事情，所取得的成就排了一下队，觉得编写教科书这件事，应该是爷爷的一生所系，是他所做的所有的事情中最重要的一件事，也是他对社会贡献最大的一件事了。

爷爷从小家里贫寒，十八岁中学毕业的时候，做小学教师补贴家用。他自己恐怕也没有想到，这第一份教师工作，就让他从此与教育结缘。在当教师的期间他的教学实践和对教育的思考，使他在对教育的最终目的是什么，什么样的学校才是理想的学校，学校应该培养什么样的学生，有了自己的见解和理想。1917 年，在做教师后的第五年，他应同学吴宾若和好友王伯祥的邀请，到苏州甪直吴县县立第五高等小学当教员，在这里他和朋友们一起，开始了他们理想中学校的教育改革。

这个改革的第一步，就是自编国文教材。爷爷提出，以往的教科书，大都是由不懂教育的编辑先生拼凑出来的，因此不适合做教材。好的教材应该由有教学经验，懂得孩子的教师来编写。爷爷认为，教科书要能带着学生脱离旧社会，认识人生的价值，做一个正正当当的人。爷爷提倡白话文、语体文，他编的课本用的就是白话文和语体文。由爷爷和朋友们编辑，由出版社出版的教材，最早的应该就是1923年，他在离开甪直以后，到商务印书馆国文部当编辑，和顾颉刚先生一起，编的新学制初中的国语教科书，共六册。从那以后，爷爷就开始了他长达六十多年的教科书编写工作。1931年，爷爷在开明书店，编选了《开明语体文类编》；1932年，爷爷花了一年时间，一个人编辑了一套《开明国语课本》，小学初级学生八册，小学高级学生四册，共十二册。1934年，爷爷和夏丏尊、宋云彬、陈望道几位先生合编了《开明国文讲义》。1935年，爷爷和夏丏尊先生合编了《国文百八课》。1937年，爷爷和夏丏尊先生合编了《初中国文教本》六册。1947年，爷爷编了《少年国语读本》四册，还和徐调孚，郭绍虞、覃必陶几位先生合编了《开明新编国语读本》三册。1948年，爷爷和朋友们一起编选了《开明新编高级国文读本》六册和《开明文言读本》，自己编写了四册一套的《幼童国语课本》。看看这个长长的书单，谁会想到在二十多年间，爷爷要不就是独自一个人，要不就是和两三位朋友一起，竟编写过这么多套的国文课本，这样的编辑速度、编辑效率、编辑成果，是如今的教材编辑们简直无法想象的。

1932年，爷爷在编写《开明国语课本》的时候，在书前面写下了他的编写要旨，这应该就是他编辑教科书的指导思想。要旨都不长，却是1917年以来，甚至在以后的那些岁月里，他编写语文教材的基本依据。在初级课本的第二条中，爷爷说：本书内容以儿童的生活为中心，取材从儿童的周围开始，随着儿童生活的进展，逐渐拓张到广大的社会。与社会、自然、艺术等科企图作充分的联络，但本身仍然是文学的。在高级本的第二条中爷爷说：本书教材随着儿童生活的进展，从家庭、学校逐渐拓张到广大的社会，与卫生、体育、自然、劳作、美术、音乐、艺术等科企图充分的联络，但每课本身依然是文学的读物。看了爷爷写的这些，我觉得他在编辑国语课本的时候，始终坚持贯彻了两点：一是以儿童生活为中心，从学校逐渐拓张到广大的社会；二是每课的本身必是文学读物。我觉得爷爷说的这两点，说到底就是要以“学生为本”，从学生的生活实际出发，热爱他们，尊重他们，满足他们成长学习的需要。《开明国文课本》在20世纪30年代出版后，十余年里印刷了四十多版，被当时的学校广为采用，受到老师和学生的喜爱。如今八十多年过去了，这套老课本依然受到了许多老师和读者的怀念，也给编辑教材的同志们提供了一个可以借鉴的范本。

如果说，新中国成立前的二十几年，编教科书还只是爷爷诸多工作中的一部分，算不上是主业，而且有时候是他自己，有时候是和几位朋友一起干的，那么从新中国成立以后的 1950 年，他担任了人民教育出版社社长兼总编辑开始，他的主要工作就是编写教科书了，而且他再也不是单枪匹马一个人上阵了，而是要带领着全社的编辑们一起干了。最初的一两年，爷爷带着为数不多的同志干了一件大事情，主持修订和编撰了新中国的第一套大、中、小学生用书，被称为统编教材，这项任务之艰巨，数量之庞大，时间之紧迫，是我们现在的教材编辑工作者难以想象的。至此，从新中国成立到“文革”初期的十七年间，爷爷把自己的全部精力，都贡献给了新中国的出版和教育事业。“文革”以后，爷爷年事已高，不再主持教材的编写的具体工作，在编写新教材的时候，只要遇到问题，大家还是会去向爷爷请教，听听他的看法和建议。

我心中的叶圣陶老师

■ 沈华明

叶圣陶，原名叶绍钧，字秉臣、圣陶，现代作家、教育家、文学出版家和社会活动家。这“四家”于一身，造就叶圣陶特殊的品格、才华和业绩。作为教育家，他先后在小学、中学、大学任教，对教育问题有着深刻而独到的见解，为我们留下了一笔笔精神财富。我心中的叶圣陶老师是这样的：

一个不忘初心的教师。1911 年 12 月 2 日，17 岁的叶圣陶在日记中写下了他的志向：“此身定当从事于社会教育，以改革我同胞之心，庶不有疚于我心焉。”先生从 18 岁中学毕业到言子庙小学担任小学教员起，他的一生几乎没有离开过教育，从事教育事业近八十个春秋。做教师，从小学教师、中学教师当到专科教师、大学教师；当编辑，从去开明书店主编国语教材到去人民教育出版社建设教材国家队；主政，任教育部副部长仍主管人民教育出版社、任民进中央主席，无时不关心一线教师。乃至到了八十七岁高龄时，先生得知因片面追求高考升学率严重地损伤了学生的身心健康，在《中国青年》第 22 期（《人民日报》同月 26 日转载）发表了辞意恳切的《我呼吁》，要求教育界和社会各方面一同来纠正这种有悖于党的教育方针的不良风气。

一个勇于改革的老师。在角直，在吴县县立第五高等小学，与同学——“真诚而能实行的教育家”吴宾若、志同道合的同事王伯祥一起，在教学实践中深深感悟到“小学教育的价值”在于“替小学生定个方向”，“打定小学生一辈子有真实明确的人生观”。于是，先生在课程与教材上进行了大胆的改革。学校开设了国文、算学、英文、书法篆刻、历史、地理、体育、美术、音乐等课程。叶圣陶夫人胡墨林女士还对女生开设“女红”课，教她们进行裁剪、结打、缝制等操作。既突出语、数、外三门基本工具课的地位和作用，又体现基础教育综合性、应用性和创造性的特征，为学生的“人生”奠基。本着“教科用物”应该真正成为“叫学生认识人生真价的工具”这一思想，先生自编国文教材，他自编的教材有切合实际的自创课文、翻译作品、古典名作、根据名作改写的语体文、新文学作品等。教材“切合人生”“务求活用”“力戒板滞”，有益于学生“为学立行”。先生在角直，为学生“铸”就了一柄柄“合用的斧头”。

一个注重实践的老师。先生在《小学国文教授的诸问题》中写道：学校教育应当“以儿童为本位”，仅仅有了适用的教材是不够的，“尤当纯用直观教授”，使教学与社会活动和实践活动结合起来，让学生得到健全、全面而自由的发展，“所以学校宜有会场、农园、工室、博物馆、图书馆等等设备”，为儿童“特设一种相当的境遇”。于是先生和吴宾若、王伯祥在“五高”的银杏树旁带领学生挥动锄头、镰刀，创办了“生生农场”（“生生”即先生和学生）种植瓜豆菜蔬；把“五高”的四面厅创办成博览室和利群书店，购买中外名著、报纸杂志陈列其中，还开辟诗文专栏、书画专栏、英文通讯专栏等指导学生写生练笔；建立篆刻室，为各班学生上篆刻课，教学生刻图章印记，刻竹板压书，刻诗互赠，刻花鸟共娱；在学校还造了个戏台，自编剧本，每逢周三演作一次。每年春天，带领学生远足，观赏江南水乡风光，指导学生捕捉昆虫，采集植物，制作标本等。

一个真爱学生的老师。先生信奉“爱的教育”“学生第一”。他认为育人如植树，树木大小不同，大者可为栋梁，小者亦成榱桷。小学教育的责任，就是把树苗植根于地，使其尽发育之能力，有成材的资格。小学生如嫩芽，逢雨露则欣欣向荣，遭霜雪则生机尽矣。因此，“怒”是教师的“大忌”，为师者，第一要和蔼可亲，教育的基础建立于“爱”，唯一的教育法只有一个“爱”字。先生对学生犹如慈母待婴儿，应特别注重于用乡土教材开启孩子们稚嫩的心灵。他在《如果我当教师》一文中说：“我如果当小学教师，决不将投到学校里来的儿童认作讨厌的小家伙，惹人心烦的小魔王；无论聪明的，愚蠢的，干净的，肮脏的，我都要称他们为‘小朋友’。那不是假意殷勤，仅仅浮在嘴唇边，油腔滑调地喊一声；而是出于衷诚，真心认他们作朋友，真心要他们作朋友的亲切表示。小朋友的成长和进步是我的欢快；小朋友的羸弱和拙钝是我的忧虑。有了欢快，我将永远保持它；有了忧虑，我将设法消除它。对朋友的忠诚，本该如此；不然，我就够不上作他们的朋友，我只好辞职。”

一个关注习惯的老师。在先生心中，养成习惯和接受教育是二而一的事。“养成习惯，换个说法，就是教育。”“教育是什么，往简单方面说，只须一句话，就是要养成良好的习惯。”“教师工作的最终目的，无非是培养学生具有各种良好的社会习惯。”因为“养成了好习惯，不仅是个人的益处，对于社会生活和各项工作也大有益处。假如不养成好习惯，那就反过来，对个人、社会、工作总有或大或小的害处”。养成良好习惯，开端是关键，“在习惯没有养成之前，取个正当适宜的开端，集中心力、勉强而行之”，将大大有利于以后的发展；养成良好习惯，持之以恒是方法，凡是习惯都不是几天工夫能够养成的”，“要养成一种习惯，必须经过反复的历练”。这就需要有恒心，要坚持不懈地“督促学生认真练，经常练”，“积日累月地练，练到非常纯熟，再也丢不了了”。如此，学生也就真正养成了习惯。

一个指导自学的老师。1916 年，先生在《我校之少年书报社》中说：“儿童求学，爰来学校；学校应其求，乃授之以课程。知勉强注入之徒劳也，知利用儿童求知心之事半功倍也，故教授方法采用自学辅导主义，课前令之豫备，课后复令温习，务以养成其自力研修之习惯。”1917 年，在角直五高教学国文时，先生就采用学生自读、试讲和教师指导、启发、讲解相结合的方法。“给指点，给讲说，却随时准备少指点，少讲说，最后做到不指点，不讲说”，让他们学会自学的本领，养成自学的习惯，在学生学与练的过程中达到“教是为了不需要教”境界。当学生“一辈子坚持自学时，也就成了一辈子自强不息的人，不难想象，这样的人不断增多，社会和国家将达到何等繁荣昌盛。”

1926 年 11 月，先生在《好友宾若君》中写道：“自从到角直以后，乃恍然有悟，原来这里头也颇有甜津津的味道。”今天的我们，像叶圣陶一样做老师，把叶圣陶教育思想渗透课堂，用叶圣陶教育思想培育新人，也“颇有甜津津的味道”。

我们学校倡导“像叶圣陶那样做老师”，我想，就做这样的叶圣陶那样的老师。

参考文献

[1] 商金林. 叶圣陶传论［M］. 安徽：安徽教育出版社，1995.
[2] 朱永新. 叶圣陶教育名篇选［M］. 北京：人民教育出版社，2014.
[3] 吴泰昌. 我了解的叶圣陶［M］. 北京：生活·读书·新知三联书店，2014.
[4] 任苏民. 叶圣陶教育改革思想研究［M］. 苏州：苏州大学出版社，2004.

叶圣陶的八封回信

■金　轩

1957年4月14日，63岁的叶圣陶在金华游览了双龙洞和冰壶洞，并写下《记金华的两个岩洞》，大家所熟知的小学课文《记金华的双龙洞》，就由这篇游记的前半部分改编而成。

不过，很多人不知道的是，除了“到此一游”和“以此文为记”，叶圣陶与金华的故事还有很长很长。离开金华后，叶圣陶与金华两个岩洞山脚下的罗店中学师生书信往来频繁，结成了“笔友”。这段情缘持续多年，直到叶圣陶去世前一年，双方还在用书信寄托彼此的关心。

据学者研究，叶圣陶给学校寄来过八封回信，有六封目前还留存在金华。作为著名教育家，叶圣陶与一群农村师生，用人世间美好的遇见，向世人展示了一段值得传颂的佳话。

一

1957年，叶圣陶南行，本是为宽慰亡妻之痛。但来到金华后，他却脚步匆匆起来，游览不是他的主要事务，他做得更多的是听课、座谈、演讲。

叶圣陶在和金华、温州等地的基层教师座谈后，留下了这样的回忆：“老师们踊跃发言，把我们看成熟朋友，这是很可感动的。”他对金华教师的上课水平印象深刻。听课后，他给予了肯定：“学生的朗读能力好，表达能力强，教学有质量。”或许，与金华教育的缘分，此时已在叶圣陶心中萌发。

1979年，罗店中学的语文教研组在学校内尝试教学改革，决定以《记金华的两个岩洞》的教学为突破口，采用一边放幻灯片一边讲解的新形式来上课。但这在当时属于摸着石头过河，教师们心里也没底。他们决定给叶圣陶写一封信，请教教学上的技巧。

这封信由学校教师邵介安执笔。信寄出去之后，大家心里都在打鼓：叶圣陶曾当过教育部副部长，又是著名教育家，他会为一所普通农村中学的事上心吗？

没想到半个月后，叶圣陶写来了亲笔回信。本文节选了三段：

拙作《两个洞》配着幻灯片教学，此是新方法，自不妨一试。我想，只要朗诵得好，又有幻灯片看，在听写看之际，学生必已能领会。第二课的指导，不妨扼要务简，不须琐琐多说。如是，两节课就可以毕事，这就改变了每课课文占时间过多之通病。

我游贵地，事隔二十多年，时间又不过几小时，所写或恐有不确切，甚至错误之处。同志们如有所发见，务恳向学生说明，不要为原文勉强辩护。至盼。

我去年曾大病，至今虽云恢复，而精神体力远不如前。不能集中用心思，缘目力极度衰退，书写亦见困难。以此之故，只能简略作复，尚希原谅。

“教师之为教，不在全盘授予，而在相机诱导”是叶圣陶一生都在践行的教育理念，在回信中，他也把这个理念传递给了罗店中学的教师。

信中还有一大亮点：叶圣陶对《记金华的两个岩洞》作了反思，要求教师和学生讲解内容时，不要回避行文中可能出现的纰漏。有研究人员认为，这个“错误之处”，大概是指“罗甸”与“罗店”之误。虽然是一字之差，但却体现叶圣陶的良苦用心，教人求真务实，不可失之毫厘。

叶圣陶的回信，鼓舞了罗店中学的教师们，最终这项教育改革得以落地，当地组织了一系列语文教学观摩活动，取得了较大成功。

二

这段情缘，还寄托着一份真诚邀约。在教学改革取得了初步成效后，罗店中学的教师们又给叶圣陶写信，告知电视教学的情况，希望老先生能题写校名，随信还赠送了佛手。

叶圣陶再次亲笔回信，其中对佛手的到来甚感宽慰。

接到上月三十日来信，读悉一切。电化教学实况，希望能在电视中看到。

嘱写校名，勉强写了寄去。我眼力衰退，眼睛跟手腕不能协作，写来很不好。最好不要用，请擅长书法的同志写。

来信说赠我佛手两只，想来明后天可以寄到，先在这里道谢，非常感激你们寄赠的寓意。

写这封信时，叶圣陶已 85 岁高龄，虽然“眼睛跟手腕不能协作”，仍坚持为罗店中学提笔书写校名。他对基层教育的感情，此刻浸润在佛手的芬芳之中。这份芬芳也把老人的思绪带回到了 20 多年前。

当年，叶圣陶在《记金华的两个岩洞》中，提到过这种金华的特产：“据说佛手要那里的土培植，要双龙泉水灌溉，才长得好。”

双方通过佛手传递的情感，还有下文。1980 年，叶圣陶再次给罗店中学回信，指导语文教改，提出：“不拘一格，惟期学生真受其益，在工作上和工作中都能应用，方为教学之成功。”

1981 年，罗店中学师生在给叶圣陶写的信中，邀请他来金华看茶花，并送去了佛手。叶圣陶的回信很快到来，他虽然伤感于自己的视力衰退，但仍然称赞佛手“色香皆极好”。

接读来信，关念殷切，深感于心。承赐佛手四枚，色香皆极好，感谢之至。前年我还能为贵校写校名，今年视力衰退，已不能写毛笔字了。蒙邀来春到金华看茶花，但愿能去，惟须看身体与手头事务如何。

叶圣陶在信中还表达了对金华故地重游的向往。在他内心深处，似乎早已经把这群农村师生当成了知己。可惜因为身体原因，叶圣陶还是没能成行。但他依旧保持着和罗店中学师生的书信往来。

1984 年至 1986 年，叶圣陶身体多病，经常住院，但他仍坚持让家人代笔给罗店中学回了三封信。在信中，他鼓励罗店中学走职业教育的道路，称“走对了路，前者发扬了乡土传统，后者适应了农村经济发展的需要”。随信，老人还邮寄了他的著作集，送给罗店中学的学生。

直到 1987 年，身体虚弱的叶圣陶还给罗店中学回过信，他在信中提出对这所农村中学的殷殷期望：“顺着改革这条路子走下去，还要不断有所创新。”次年 2 月 16 日，叶圣陶在北京逝世，享年 94 岁。

三

叶圣陶的性格，从来都是柔里藏锋。早年，曾有文艺批评家指摘叶圣陶文风厌世。为此，叶圣陶曾在《未厌集》中解释“未厌”一词的含义，还将自己的书斋取名为“未厌居”。

叶圣陶给罗店中学回信时，克服了暮年体衰带来的很多不便，这其中有他早年刚直性格的坚守，也有他对即将到来的教育改革热潮的远见。

叶圣陶的这八封回信，拨动了罗店中学命运的齿轮。学校教师们在叶圣陶指导下的教学创新实践，吸引了《语文教学》《教师报》《文汇报》等媒体争相报道，让这所农村中学名气陡增。受到叶圣陶多次鼓励，罗店中学在职业教育的道路上走了下去，现在已经与其他学校合并成为金华市第一中等职业学校。

一位著名教育家关心和支持一所农村职业中学的教育改革，令人鼓舞和敬佩。他的关怀，体现了老一辈教育工作者对教育的期望、对教育战线同志的支持。

而这八封回信的意义绝不仅限于此。教育家与基层农村教育工作者如此频繁的互动，放在今天来看，仍然具有深远意义。

教育是民生大事，事关民心。叶圣陶和罗店中学的这场缘分与当前正在进行的教育改革是同向而行的。如今，让更多优秀的教师和教育专家，深入到基层学校去，已成为很多人的共识。

比如在浙江，不少城镇优质学校与乡村薄弱学校结成教育共同体，将优质教育资源下沉到乡村，从而激发乡村学校内生活力。2020 年底，在《关于新时代城乡义务教育共同体建设的指导意见》中，浙江专门对推动师资流动、优化激励机制等提出新办法。

20 多年前，叶圣陶和罗店中学的师生，摸索出了一条优质教育资源“返乡”的道路，正如他曾提出，义务教育要为每一个儿童、少年提供平等的受教育机会。

这八封回信，不仅见证了叶圣陶对教育事业的责任与初心，也留下了他的教育精神，薪火相传、源远流长。

【附】叶圣陶及家人代写的致罗店中学函六封

（一）

罗店中学诸位老师惠鉴：

二十一日来信昨日接到，敬诵悉。

拙作《两个洞》配着幻灯片教学，此是新方法，自不妨一试。我想，只要朗诵得好，又有幻灯片看，在听与看之际，学生必已能领会。第二课的指导，不妨扼要务简，不须琐琐多说。如是，两节课就可以毕事，这就改变了每课课文占时间过多之通病。

我游贵地，事隔二十多年，时间又不过几小时，所写或恐有不确切，甚至错误之处。同志们如有所发现，务恳向学生说明，不要为原文勉强辩护。至盼。

我去年曾大病，至今虽云恢复，而精神体力远不如前。不能集中用心思，缘目力极度衰退，书写亦见困难。如此之故，只能简略作复，尚希原谅。

即请

教安。

叶圣陶启

1979年9月30日上午

（二）

罗店中学全体老师和同学惠鉴：

接到上月三十日来信，读悉一切。电化教学实况，希望能在电视中看到。

嘱写校名，勉强写了寄去。我眼力衰退，眼睛跟手脑不能协作，写来很不好。最好不要用，请擅长书法的同志写。

来信说赠我佛手两只，想来明后天可以寄到，先在这里道谢，非常感谢你们寄赠的寓意。

敬祝教学相长，大家佳健。

叶圣陶

1979年10月10日

（三）

罗店中学全体老师同学惠鉴：

接读来信，关念殷切，深感于心。承赐佛手四枚，色香皆极好，感谢之至。前年我还能为贵校写校名，今年视力衰退，已不能写毛笔字了。蒙邀来春到金华看茶花，但愿能去，惟须看身体与手头事务如何。匆匆奉复，敬祝

精进！

叶圣陶

1981年11月21日

（四）

老师们，同学们：

你们给叶老的信和佛手都收到了。叶老正在医院里，我把你们的礼物送到了他的手里，向他读了你们的热情洋溢的信。叶老听说罗店发生了这样大的变化，非常高兴。他说，怪不得今年的佛手颜色这样鲜嫩，香味这样清幽。他把两只佛手转送给了今年春天给他开刀的医生。昨天叶老出院了，身体还比较衰弱。他要我向你们致谢，并祝你们的学校不断进步，跟上罗店的日新月异的步伐，为改造家乡改造祖国不断地输送人才。另挂号寄上叶老的著作一包，请查收。顺致

敬礼。

夏佳

1984年11月29日

（五）

各位老师，各位同学：

谢谢你们又给我父亲送来了佛手。你们老惦记着我父亲，我们全家都非常感激。你们的信，我念给父亲听了。他闻着佛手的清香，回忆起二十九年前到金华参观游览的情景。他说起你们罗店花木栽培业的兴盛景象，还说你们学校办花果栽培职业班和建筑职业班的路子走得对，前者发扬了乡土的传统，后者适应了农村经济发展的需要，希望你们坚持下去，为地方造福。

夏天四位老师来京时送来的两棵山茶都长得很好，叶子碧绿油亮。一棵上长了四个蓓蕾，已经有山核桃大，可以看出是粉红色的。到底能不能开放，现在还说不定，因为北京的空气太干燥，不适合山茶生长的习性。佛手形态很玲珑，讨人喜爱。父亲让我们把其中的两个送给了为他开刀的医生。医生的母亲是南方人，也喜爱佛手，在北京的市面上却买不到。因而想到你们在改进栽培技术的同时，还得为佛手（包括山茶等花木）打开销路想点儿办法。销路打开了，对学校有好处，对罗店的花农也有好处，还有让外地的人都能分享到你们和花农的劳动成果。

祝你们在教育改革的道路上不断前进。谢谢。

叶至善

1986年12月3日

（六）

老师们，同学们：

惠赠的佛手在春节中收到。我父亲闻着香味，非常高兴。他教我马上给各位写信，感谢各位老惦记着他。

一年多来，我父亲一直住在医院里，身体很衰弱，还经常发烧，近一个多月来才稍有好转，等春暖花开，有可能出院。他的眼睛不管用了，左眼已失明，右眼只能辨别明暗，阅读写作都办不到，未免感到寂寞。

我把各位的来信念给他听了。听到你校高中办起了花果职业班，他很赞成。还说花果职业班除了教学栽培技术和经营管理，还要学点儿生物、理化、气象等方面的知识，才可以让同学毕业之后，在实践中能有所发现，有所发明，有所前进，有所创造。至于语文课，要着重阅读能力。阅读教材的内容和形式尽可能杂一些，因为在工作和生活中，各种文字都要读。要做到读过一篇文字，就能说出个大意来，还要能辨别是非好坏：认为对的好的，要说得出为什么对，好在哪儿，该做的还得照着去做，认为错的坏的，也要说得出为什么错，坏在哪儿。文学作品也要读些，不必偏重，目的在于提高阅读的能力和格调。写作似乎应该注重内容踏实的说明文。如果作练习，介绍一种花果，说明一种花果的栽培方法，记录一次栽培的经过，总结一次栽培的经验，都可以作为练习的题目。有了切身的体验，这类文章也可以写得很生动的，不必借助于华丽的词藻。

父亲要我写就是上面这些。谨祝

进步。

至善

1987 年 2 月 13 日

（钟桂松提供）

叶圣陶写给我父亲的几封信

■ 李业勤

叶圣陶先生是伟大的当代作家、教育家、文学出版家和社会活动家，有“优秀的语言艺术家”之称。我父亲因为一个偶然的机缘，结识了叶老，从而开始了他们多年的书信来往。我记忆中印象特别深的有几封信，至今感怀悠远。尽管大部分信件都发生在“文革”后期和改革开放前夜那一段岁月，时间已久远，但父亲始终将叶老的信保存着，后来交给子女珍藏。也许是过多展阅的原因，或存放条件所限，几经辗转，一些信件折痕处断裂破损严重。今天我仅就其中几封信，重新学习叶老的文字，追思过往，缅怀叶老与家父。

1970 年代初，在知青插队务农之余，我曾自学高等代数，并写过一篇关于优选法的所谓的论文，竟然不知天高地厚地寄给北京的叶圣陶老人，请他向有关方推荐。他在给我父亲的回信中作了答复（见图 1）：

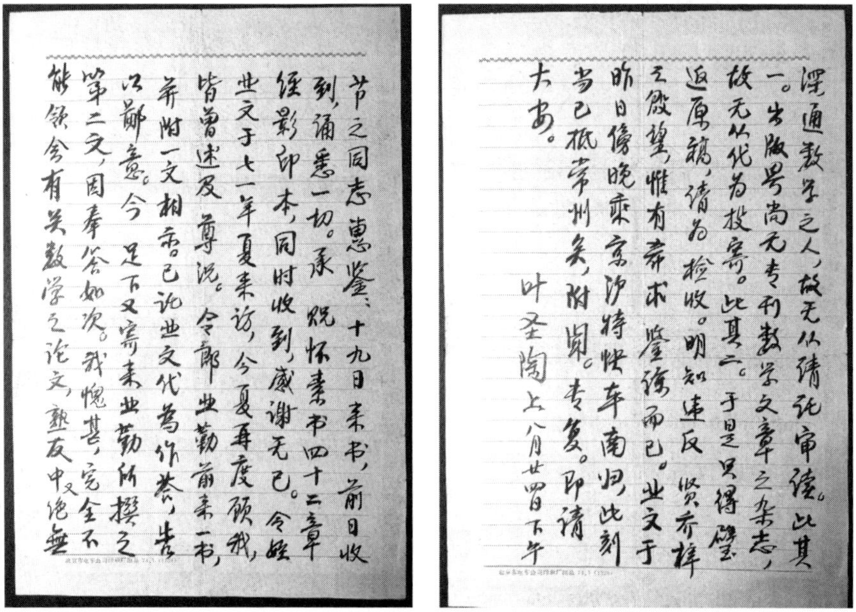

节之同志惠鉴：十九日来书，前日收到，诵悉一切。承 贶怀素书四十二章经影印本，同时收到，感谢无已。令姪世文于七一年夏来访，今夏再度顾我，皆曾述及尊况。令郎业勤前来一书，并附一文相寄，已托世文代为作答，告以鄙意。今 足下又寄来业勤所撰之第二文，因奉答如次。我愧甚，完全不能领会有关数学之论文，熟友中又绝无深通数学之人，故无从请托审读。此其一。出版界尚无专刊数学文章之杂志，故无从代为投寄。此其二。于是只得璧返原稿，请为检收。明知违反 贤乔梓之殷望，惟有希求鉴谅而已。世文于昨日傍晚乘京沪特快车南归，此刻当已抵常州矣，附闻。专复，即请大安。

叶圣陶 上 八月廿四下午

图 1

节之同志惠鉴：

十九日来书，前日收到，诵悉一切。承贶怀素书四十二章经影印本，同时收到，感谢无已。令侄业文于七一年夏来访，今夏再度顾我，皆曾述及尊况。令郎业勤前来一书，并附一文相示。已托业文代为作答，告以鄙意。今足下又寄来业勤所撰之第二文，因奉答如次。我愧甚，完全不能领会有关数学之论文，熟友中又绝无深通数学之人，故无从请托审读。此其一。出版界尚无专刊数学文章之杂志，故无从代为投寄。此其二。于是只得璧返原稿，请为检收。明知违反贤乔梓之殷望，惟有希求鉴谅而已。业文于昨日傍晚乘京沪特快车南归，此刻当已抵常州矣，附闻。专复。即请大安。

叶圣陶上　八月廿四日下午

信中所提及的业文是我堂兄，他那次在叶老家住了较长一段时间。

1974 年，叶圣陶在给家父的来信中抄录了有关江都水利枢纽的一首诗（见图 2）。信中内容如下：

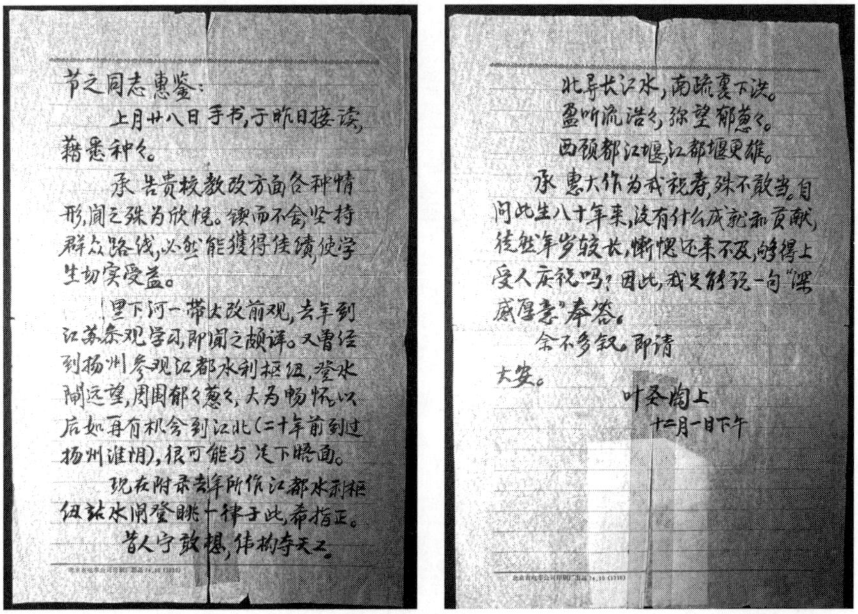

节之同志惠鉴：

上月廿八日手书，于昨日接读，藉悉种种。

承告贵校教改方面各种情形，闻之殊为欣悦。锲而不舍坚持群众路线，必然能获得佳绩，使学生切实受益。

里下河一带大改前观，去年到江苏参观学习，即闻之颇详。又曾经到扬州参观江都水利枢纽，登水闸远望，周围郁郁葱葱，大为畅怀。以后如再有机会到江北（二十年前到过扬州淮阴），很可能与足下晤面。

现在附录去年所作江都水利枢纽站水闸登眺一律于此，希指正。

昔人宁敢想，伟构夺天工。
北导长江水，南疏里下洪。
盈听流浩浩，弥望郁葱葱。
西颂都江堰，江都堰更雄。

承惠大作为我祝寿，殊不敢当。自问此生八十年来，没有什么成就和贡献，徒然年岁较长，惭愧还来不及，够得上受人庆祝吗？因此，我只能说一句"深感厚意"奉答。

余不多叙。即请
大安。

叶圣陶上
十二月一日下午

图 2

节之同志惠鉴：

上月廿八日手书，于昨日接读，藉悉种种。

承告贵校教改方面各种情形，闻之殊为欣悦。锲而不舍，坚持群众路线，必然能获得佳绩，使学生切实受益。

里下河一带大改前观，去年到江苏参观学习，即闻之颇详。又曾经到扬州参观江都水利枢纽，登水闸远望，周围郁郁葱葱，大为畅怀。以后如再有机会到江北（二十年前到过扬州淮阴），很可能与足下晤面。

现在附录去年所作江都水利枢纽站水闸登眺一律于此，希指正。

昔人宁敢想，伟构夺天工。
北导长江水，南疏里下洪。
盈听流浩浩，弥望郁葱葱。
西顾都江堰，江都堰更雄。

承惠大作为我祝寿，殊不敢当。自问此生八十年来，没有什么成就和贡献，徒然年岁较长，惭愧还来不及，够得上受人庆祝吗？因此，我只能说一句"深感厚意"奉答。

余不多叙。即请大安

叶圣陶上　十二月一日下午

多年后，家父重读此诗时诗兴大发，步原韵一首，录于此：

江都形胜地，枢纽竞天工。
灌水兼排水，防洪亦蓄洪。
方欣粮库满，又见果林葱。
兴利传千古，今朝此堰雄。

我下乡务农期间，曾因代课所在大队照顾，买到较便宜的花生。于是，父亲发动全家成员剥花生，拣花生米，把最好的寄给叶老。下面是他的答谢信（见图3）。

节之同志赐鉴：

前日奉复一书，想承察览。今日又收到惠贶花生米一大包。既已寄下，却之乏术，而受之实感愧恧，只得觍颜伸谢，并恳以后勿复赐赉。即颂教绥。

叶圣陶上　十一月三日上午

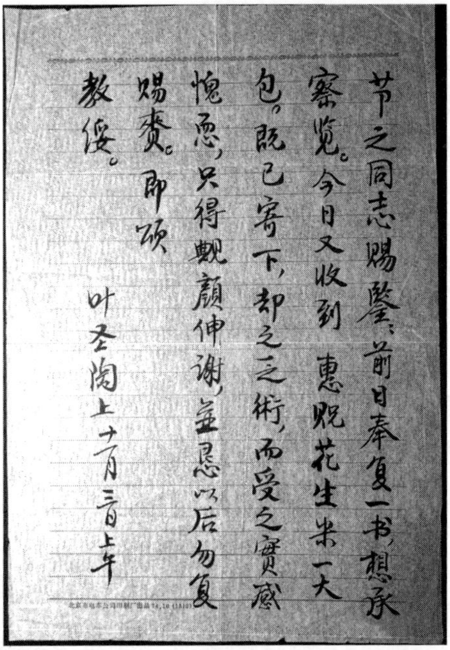
节之同志赐鉴，前日奉复一书，想承
察览。今日又收到 惠贶花生米一大
包。既已寄下，却之之術，而受之實感
愧恧，只得觍颜伸谢，並恳以后勿复
赐赉。即颂
教绥。
叶圣陶上 十月三日上午

图 3

1975 年，父亲曾寄赠照片一幅。叶老曾回赠照片一幅，并来信（见图 4）。

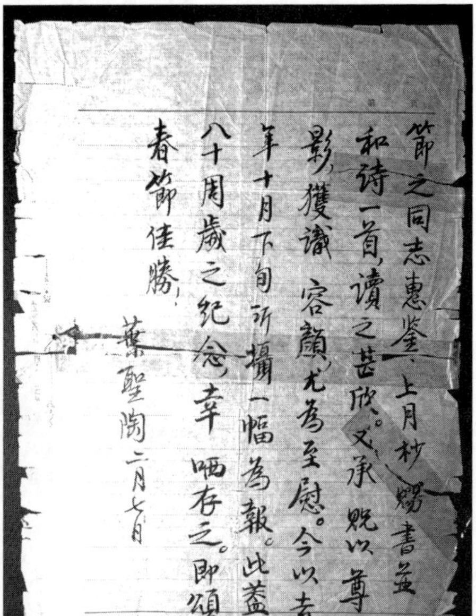
節之同志惠鑒，上月杪賜書並
和詩一首，讀之甚欣。又承贶以尊
影，獲識容顏，尤為至慰。今以去
年十月下旬所攝一幅為報。此蓋
八十周歲之紀念，幸哂存之。即頌
春節佳勝，
葉聖陶 二月七日

图 4

节之同志惠鉴：

上月杪赐书并和诗一首，读之甚欣。又承贶以尊影获识容颜，尤为至慰。今以去年十月下旬所摄一幅为报。此盖八十周岁之纪念，幸哂存之。即颂春节佳胜！

叶圣陶　二月七日

1976年春，我由苏北农村上调至常州，后进了常州有机化工厂工作，家父写信告诉叶老，不久就收到其含有祝贺内容的信（见图5）。

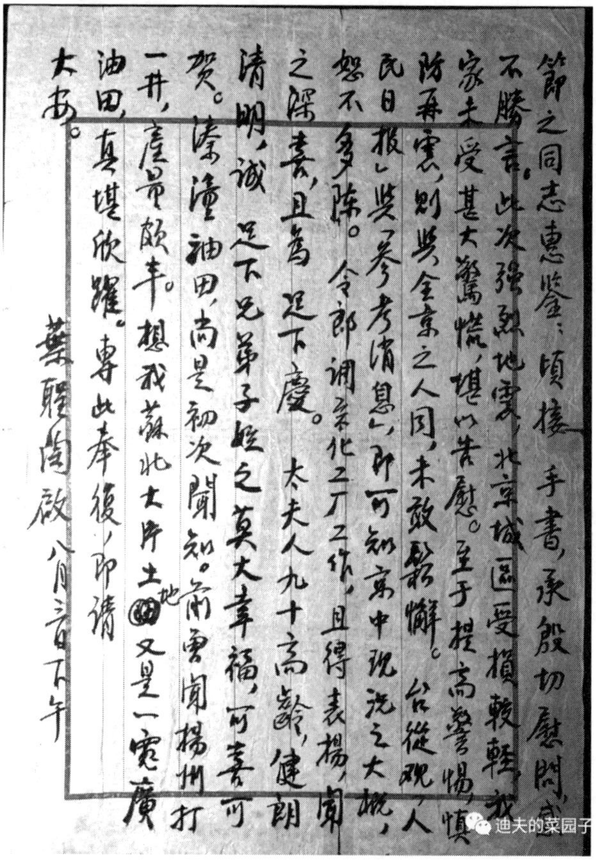
節之同志惠鑒：頃接手書，承殷切慰問，感不勝言。此次強烈地震，北京城區受損較輕，我家未受甚大驚慌，堪以告慰。至于提高警惕，慎防再震，則與全京之人同，未敢鬆懈。台從觀《人民日報》與《參考消息》，即可知京中現況之大概，恕不多陳。令郎調常州化工厂工作，且得表揚，聞之深喜，且為足下慶。太夫人九十高齡，健朗清明，誠足下兄弟子姪之莫大幸福，可喜可賀。溱潼油田，尚是初次聞知。前曾聞揚州打一井，產量頗丰。想我蘇北大片土地又是一寬廣油田，真堪欣躍。專此奉復，即請大安。葉聖陶啟 八月二日下午

图5

节之同志惠鉴：

顷接手书，承殷切慰问，感不胜言。此次强烈地震，北京城区受损较轻，我家未受甚大惊慌，堪以告慰。至于提高警惕，慎防再

震，则与全京之人同，未敢松懈。台从观《人民日报》与《参考消息》即可知京中现况之大概，恕不多陈。令郎调至化工厂工作，且得表扬，闻之深喜，且为足下庆。太夫人九十高龄，健朗清明，诚足下兄弟子侄之莫大幸福，可喜可贺。溱潼油田，尚是初次闻知。前曾闻扬州打一井，产量颇丰。想我苏北大片土地又是一宽广油田，真堪欣跃。专此奉复，即请大安。

叶圣陶启　八月三日下午

祖母年高身健，叶老曾多次来信祝贺（见图6）。

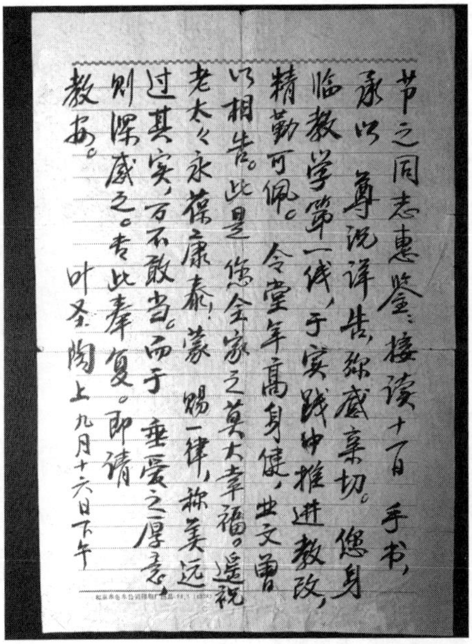
节之同志惠鉴：接读十一日手书，承以尊况详告，弥感亲切。您身临教学第一线，于实践中推进教改，精勤可佩。令堂年高身健，业文曾以相告。此是您全家之莫大幸福。遥祝老太太永葆康泰。蒙赐一律，称美远过其实，万不敢当。而于垂爱之厚意，则深感之。专此奉复。即请教安。
叶圣陶上　九月十六日下午

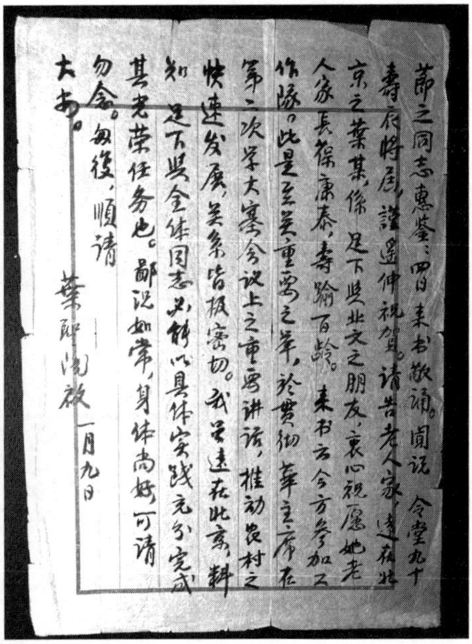
節之同志惠鑒：四日來書敬誦。聞説令堂九十壽辰將屆，謹遥伸祝賀。請告老人家，遠在北京之葉某，係足下與北文之朋友，衷心祝愿她老人家長葆康泰，壽踰百齡。來书云今方参加工作隊。此是至关重要之举，於貫徹華主席在第二次学大寨会议上之重要讲话，推动农村之快速发展，关系皆极密切。我虽远在北京，料知足下与全体同志必能以具体实践充分完成其光荣任务也。鄙况如常，身体尚好，可请勿念。匆復，順请大安。
葉聖陶啟　一月九日

图6

节之同志惠鉴：

接读十一日手书，承以尊况详告，弥感亲切。您身临教学第一线，于实践中推进教改，精勤可佩。令堂年高身健，业文曾以相告。此是您全家之莫大幸福。遥祝老太太永葆康泰！蒙赐一律，称美远过其实，万不敢当。而于垂爱之厚意，则深感之。专此奉复。即请教安。

叶圣陶上　九月十六日下午

节之同志惠鉴：

四日来书敬诵。闻说令堂九十寿辰将届，谨遥伸祝贺。请告老人家，远在北京之叶某，系足下与业文之朋友，衷心祝愿她老人家长葆康泰，寿踰百龄。来书云今方参加工作队，此是至关重要之举，于贯彻华主席在第一次学大寨会议上之重要讲话，推动农村之快速发展，关系皆极密切。我虽远在北京，料知足下与全体同志必能以具体实践充分完成其光荣任务也。鄙况如常，身体尚好，可请勿念。匆复，顺请大安。

叶圣陶启　一月九日

1982年，叶老给家父写过最后一封信，这封信很特别之处是他没用毛笔写（见图7）。信中同时附了叶老之子叶至善的一张纸条，上书“家父眼疾”四个字。当时父亲看到这封信时，非常感慨。从此，父亲决定不再给叶老去信了，不然会让叶老很不方便。信内容如下：

节之同志赐鉴：

承作诗见赠，奖许至多，决不敢当。至于关垂之厚意，则铭感无已。专此敬答，即请大安。

叶圣陶上　三月十日下午

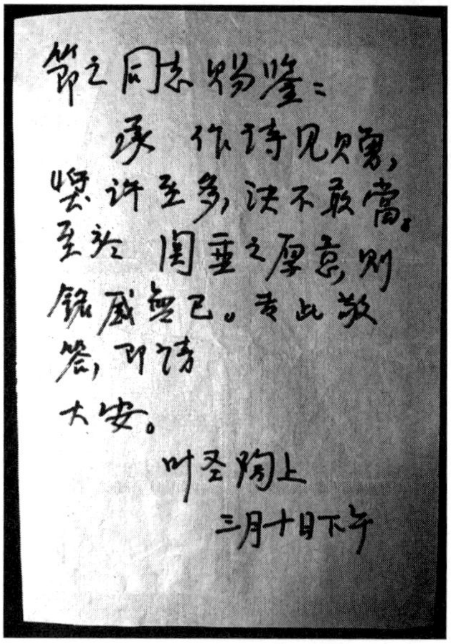
節之同志賜鑒：
承作诗见赠，
奖许至多，决不敢当。
至於关垂之厚意则
铭感无已。专此敬
答，即请
大安。
叶圣陶上
三月十日下午

图7

1987年10月28日，我偕家父去北京拜访叶老，那天正好是叶老生日，前来祝贺的人很多，叶老自始至终满面笑容，每逢来客，一律起身相迎。我父亲和我，皆是第一次见叶老，他的视力已很不好，伸手来拉父亲的手时，竟一下摸到父亲的脸颊，就哈哈大笑起来：这下算是见到家乡客了。而这一见，竟成永诀，叶老于1988年2月16日在京病逝。父亲是几天后从报纸上获知这一消息的，当即泪流不止。

从以上所选的几封叶老给父亲的信，我感触最深的是这样三点：一是叶老是中国教育界的泰斗，又是大文豪，但为人十分谦和亲切。我父亲只是江苏一普通中学的教导主任，他和叶老在有关教育问题上的讨论交流，以及在那个特殊时期的焦虑和担忧，以及后来新时期翻天覆地的变化所带来的无比欢欣，是他们作为教育从业者的天然交集和缘分。叶老与父亲的往来信件有近二十封，有些已遗失不全，在此我挑了保存较完好的八封信，从中足见叶老与朋友、家乡人或晚辈相处，皆以诚待人，所以这些信不但见证了父亲和叶老的情谊，也见证了叶老的伟大人格；二是叶老对待朋友书信来往，有一个重要原则，尽早回复，以免因遗忘而失礼，所以叶老的回复信件多以“顷接手书……”“×日来书，已收到......”开头；三是叶老写信，一律工工整整用毛笔书写，只是十分不便时，才用碳水笔写，比如他给我父亲写的最后一封信，其实是在医院床头向护士要的一张便笺上写的，当时他双目已近失明，即便如此，仍坚持亲笔书写，不让人代劳，同样生怕失礼。总之，叶老作为世纪老人、教育和文化界的前辈，作为伟人同时又作为朋友通过书信来往的细节所体现的高尚人品，永远值得我们学习与继承。

叶圣陶家教家风中的家国情怀

■ 周民森

叶圣陶（1894 年 10 月 28 日—1988 年 2 月 16 日），原名绍钧，字秉臣，我国近现代著名教育家、文学家、编辑出版家和社会活动家。新中国成立后，叶圣陶历任中央人民政府出版总署副署长兼编审局局长，教育部副部长兼人民教育出版社社长和总编辑，中国文史研究馆馆长，中国民主促进会中央副主席、主席，第六届全国政协副主席等职。

1917 年春至 1921 年夏，叶圣陶应邀来到甪直镇的吴县县立第五高等小学（简称“五高”）任教。他在甪直的实践，取得了教改实验的成功，收获了文学创作的丰收，奠定了他的人生基础。1977 年 5 月 16 日，叶圣陶先生自费重访甪直时，深情地说甪直是自己的“第二个故乡”，“真正的教育生涯和文学创作是从这里开始的”。1988 年 2 月 16 日，叶圣陶病逝于北京，12 月 8 日归葬于苏州甪直。

多年来，我们反复阅读了叶圣陶文集、书信、日记，经常研读叶圣陶纪念馆里的相关史料，再结合与叶圣陶家人长达三十多年的交流，深感叶圣陶先生平凡而又伟大的一生，为我们提供了可以学习的典范。叶圣陶在家里恭恭敬敬地孝顺父母，满腔热情地钟爱妻子，循循善导地关心子女，使家庭生活充满温馨甜美的爱意。他的一生堂堂正正，顶天立地，爱家爱国始终同频、家国情怀永远共融，已经成为几代人的师表。

一、规范以绳己，自己先做到才要求别人做到

叶圣陶出生于晚清时期苏州的一个贫民家庭。父母为人忠厚，勤劳节俭，质朴温馨的家庭氛围对叶圣陶的为人处世产生了深远的影响。他规范以绳己，宽容以待人，凡事自己先做到的，才能要求别人做到。《礼记 · 大学》中的两句话“有诸己而后求诸人，无诸己而后非诸人”，成了叶圣陶一辈子的座右铭。无论是家庭、家教，还是单位、工作、社会、事业，他总是严于律己，为人师表。直到 1987 年 6 月 9 日，93 岁的叶圣陶在民进全国代表会议上作出恳请免去主席职务的讲话时，仍然以这两句话寄语教育、文化、出版界同仁，

严格要求自己，勤勉从公，多做实事。

养成好习惯 叶圣陶为自己的三位儿女起名为至善、至美、至诚，反映了他追求真善美的思想境界和对子女的殷切期望。叶圣陶家庭并没有成文的家规家训，他身体力行、以身作则的优秀品质，潜移默化影响着他的后辈养成良好习惯，成为勇于担当、有所作为的合格公民。譬如叶圣陶每次进出门，总是轻轻地开，轻轻地关，从不发出声响影响他人。他要求后辈也这样做，如果谁关门时“砰”的一声，就会把他叫回来，教他重新轻轻地把门关上。叶圣陶日常写信、写文章，总是把每个字都写得端端正正，清清楚楚，为读者负责。后辈们就是受他的言传身教，把认真写好每一个字内化为习惯。再譬如孙儿、孙女小时候饭粒落在饭桌上，叶圣陶并不批评责备，只是不声不响地捡起来放在自己嘴里吃掉。一来二去，晚辈们都是在叶圣陶“榜样”的影响下，养成了生活和工作等方面的良好习惯，受用终身的。

克己为奉公 新中国成立后，叶圣陶担任过很多重要职务，配有公车，但是他的公车从不挪做私用。他从不允许家人参与他的公费活动，他自己想到什么地方去走走，全都是自费。

据《出版史料》2008 年第四期《伉俪情笃》记载，作者史晓风珍藏着一封叶圣陶 1953 年 4 月 6 日写给人教社杨定远的亲笔信，叶圣陶的爱妻胡墨林身患癌症，于 1953 年 3 月住院动手术。“胡墨林的薪水，三月份已经不应该拿了，昨天又送来四月份的。她身体还得医治休息，如果继续送薪水，倒有了心理上的负担……原款送还，请转交销账为盼。如果不便销退，请交于工会作为捐款。五月份无论如何不要再送了。”读罢叶圣陶的书信，怎不让人心酸不已。正如当年杨定远对史晓风所说：“对叶老，不管人们怎么评价，他的清廉和公私分明，永远值得我们学习。”

1977 年 5 月叶圣陶重游甪直时，费用全部自理。1988 年 12 月 8 日，叶至善率晚辈奉着叶圣陶的骨灰来甪直落葬时，谢绝了地方政府的盛情，来去费用也全部自理，还把叶圣陶留下的现金遗产 10000 多元捐赠给甪直小学。

感恩捐私宅 叶圣陶的父亲原是账房先生，家境清贫，并无房产。直到 1935 年，叶圣陶才用多年笔耕的收入，购买了位于苏州古城滚绣坊青石弄 5 号的宅基地，自己设计建造了一幢四开间平房，夫妻俩与母亲、子女一家六口住在这里。上海沦陷后，他们不得不背井离乡，把青石弄的宅子托付给别人照看。新中国成立后，叶圣陶由政府安排入住北京东四八条 71 号四合院，他感谢党的恩情，就把滚绣坊的私宅捐赠给苏州市政府。1985 年 12 月，该住宅交给苏州市文联，成了苏州杂志社办公地。

清正不谋私 叶圣陶没有用自己的职务为家人谋过职位，孙子叶永和从插队下乡，到回城进工厂，再到下岗，都是自己度过的。叶永和常说："我们小时候爷爷就经常对我们说，工人给我们衣穿，农民给我们饭吃，我们要尊重工人农民。我们下乡当农民，他支持，我们回城当工人他也支持。我们虽然是普普通通的工薪族家庭，但过得踏实，过得舒心。"叶圣陶及他的后代，甘于清贫，不慕虚荣，继承了叶圣陶的处世风格，彰显了叶圣陶的人格魅力。

二、家之本在身，当好家庭中的多重角色

孟子曰，"天下之本在国，国之本在家，家之本在身。"家是国的基础，国是家的延伸。叶圣陶十分赞同"家庭的基础在于个人"的论点，他准确把握自己在家庭中的多重角色，为子尽孝，为夫爱妻，为父教子，把个人前途及国家命运紧密结合，让"小家"与"大国"同命相依，同频共振，融家庭情感和爱国情怀为一体，滋润着家庭中每个人的心灵。

为子尽孝 叶圣陶从小受父亲影响，深知为子尽孝的道理。父亲过世后，母亲就一直随叶圣陶生活。叶圣陶在角直的"吴县县立第五高等小学"任教时，开始带母亲离开苏州随他生活。抗战期间，叶圣陶先后辗转到武汉、成都、重庆、乐山，也把老母亲带在身边。新中国成立后叶圣陶定居北京，虽担任了教育部副部长、人教社社长等职务，工作繁忙，但仍然每天向母亲请安，有时还会戴着老花镜替母亲梳头、洗脚、剪脚趾甲，还为母亲操办九十大寿。叶圣陶以他的行动，默默诠释着人情孝道的内涵。

为夫爱妻 叶圣陶与妻子胡墨林一生相敬相爱，四十馀年的相濡以沫，伉俪情深。胡墨林去世前那段日子，叶圣陶精心照料，喂水喂药。他的日记详细地记录了病情的发展，每天采用什么治疗方法，吃什么药，甚至吃了几匙水，都一一记了下来。胡墨林去世后叶圣陶撰写了碑文，还写了很多怀念妻子的诗歌。他还把胡墨林生前的照片放大后挂在卧室里，日复一日，年复一年地陪伴着自己。他始终遵循胡墨林逝世当天自己在日记里写下的话："永不忘此悲痛日""余年我独支"，直到他逝世的前一年，每逢 3 月 2 日，他必定在日记上记着："墨逝世×年矣"，三十多年从未中断。黄炎培等至交曾劝叶圣陶续弦，叶圣陶都一口回绝说："如果我续弦了，那么这个家就不再是现在的家了。"话说得那么朴素，却深蕴着他对爱情的忠贞不渝和对自己家庭及晚辈的留恋爱戴。

为父重教 叶圣陶曾说："父母爱自己的子女，喜欢给他们吃肥美的食物，穿温厚的衣服。这固然不错，子女身体上的要求，父母能使他们满足，不能说这并不是爱。但是能够给子女以教育，更是深浓强烈的爱，因为饱了

他们心灵的饥饿，暖了他们心灵的寒冷了。”

叶圣陶是教育家，他特别注重家教，希望孩子成为对社会有用的人。他细心观察子女成长，注重对他们个性的培养，无论做人还是做事，在适当的时候都会给以必要的指导。他的三个儿女都不负他的期望，为国家和人民做出了自己的贡献。

叶圣陶还关心孙辈的成长，从不严厉地要求后辈做这做那，学这学那，只在孙辈如何做人方面给予善意的提醒、引导。孙辈在学校学习的时候他经常为儿孙改作文。孙辈上山下乡的时候，他给他们写信寄书，指导他们怎样当好农民，做乡村老师。孙辈回城后，有的做了工人，他就希望成为好工人；有的做了编辑，他还亲自辅导改稿子。

如今，叶圣陶的孙辈时常回忆爷爷孝敬长辈、关爱妻子、以身作则、善教善导的温馨往事，是爷爷在家庭中多种角色的完美表现，使他们受益终身，一辈子堂堂正正做人，踏踏实实做事。

三、有国才有家，把自己的理想同国家的前途相结合

家国情怀，是一个人对自己家庭、国家和人民所表现出来的深情大爱，是对家庭美满、国家富强、人民幸福所展现出来的理想追求，是对“小家”和“大国”高度认同的责任与使命。无论在何时何地，叶圣陶总是把自己的理想与国家的前途、民族的未来紧密地联合在一起，跟随时代往前走。

投身新文化运动 1915 年 9 月 15 日，陈独秀主编的《青年杂志》在上海创刊，拉开了新文化运动的序幕。叶圣陶深受新文化的感召和影响，1917 年春来到甪直“五高”执教，积极投身新文学革命。他自编教材，改革教法，还与同事们一起组织恳亲会，开辟生生农场，致力培养学生成为健全的合格公民，尝到了教改实验的甜津津的味道。

1919 年的五四运动，更加激发了叶圣陶忧国忧民的初心。他与同事们一起组织学生游行，贴标语，呼口号，召开宣讲会，起草了发表于《时事新报》的《甪直高小国民学校宣言》，大力宣扬科学民主，反对强权称霸。当年暑期，他的妻子胡墨林被聘任“五高”女子部级任教员，叶圣陶夫妻俩就带着老母亲和刚满周岁的儿子叶至善，把家搬到甪直，过上恬静的乡村生活。叶圣陶在甪直进行教育实验的同时，顺应时代潮流，以新文化为“利器”，挽救人心、启迪民德，进行新文学创作，发表了 30 篇小说，23 篇童话，13 篇散文，19 首诗歌，4 篇戏剧和文艺理论文章，取得了新文学创作的丰收。

叶圣陶在甪直的几年中，还结交了文学界一批志同道合的挚友。他与顾

颉刚、王伯祥等，本是同乡，终身为友。还先后结交了郑振铎、沈雁冰、沈泽民、朱自清、夏丏尊等新文学运动的旗手与战士。1921 年初，叶圣陶与郑振铎、沈雁冰等十二位文友发起成立了“文学研究会”，他们以文会友，互帮互学，推动着新文化运动的蓬勃发展，激励着中国的先进分子和热血青年燃烧理想、追求真理。

协助党的秘密活动 叶圣陶先生于 1921 年暑假离开角直，1923 年初到商务印书馆工作，和沈雁冰先生成了同事。那时候叶圣陶一家人住在上海香山路仁馀里 28 号，“文学研究会”的牌子就钉在他们家的门上，叶圣陶的业余时间还负责监管研究会的杂务。

大革命失败后，中国共产党人在黑暗中高举起革命的旗帜，以血与火的抗争回答国民党的屠杀政策。我党早期党员沈雁冰看中了这幢房子有这样一个公开身份，每天邮差送来的写着“钟英先生收”的信件就托叶圣陶代收。有些晚上沈雁冰还借叶圣陶家开会，会场就在仁馀里 28 号客堂后间的楼梯底下。每当夜幕降临，叶圣陶总是热情地把把门的大权交给先从后门进来的熟人，安排老母亲在客堂佯装打毛衣放哨，自己上楼去做自己的工作，从不问他们开什么会。

参与筹建新中国 1937 年上海沦陷，叶圣陶举家西迁，冒着漫天烽火走巴蜀。在重庆，叶圣陶夫妻俩开始与共产党高层人士接触，听取了周恩来介绍延安的文艺创作和群众艺术的盛况后，深为共产党员的宽广胸怀和高风亮节所感动，积极投身抗日救国运动。

抗日战争胜利以后，叶圣陶携家人从四川回到了阔别八年半的上海，除了主持开明的编辑工作，主编《中学生》等刊物，还接替老舍主持“文协”的日常工作，积极参加文化界、教育界、新闻出版界的反对内战的活动。

1949 年 1 月 7 日，叶圣陶响应党的召唤，把照顾母亲的家庭重任交给三个儿女，带着妻子胡墨林，跟着交通员秘密乘坐轮船离开上海，前往香港。2 月 27 日，在交通员的安排下，叶圣陶、柳亚子、郑振铎等文化新闻界人士共二十七人，乔装打扮后分批分组秘密登船，离开香港，前往解放区参加新政协筹备会议。

1949 年 4 月 8 日，叶圣陶出任华北人民政府教育部教科书编审委员会主任，不仅主持教科书的编辑出版，还参与规划和设计新中国教育的体制和蓝图。想到一个梦寐以求的新中国即将诞生，叶圣陶无法按捺住内心的欣喜。他在教科书编审委员会会议上提出了一个响亮的口号：“解放军打到哪里，教科书就发送到哪里!”决不能让新中国的少年儿童再读“青天白日满地红”!

1949 年 10 月 1 日，新中国在亿万人民的欢呼声中成立了，以叶圣陶先生为主任的教科书编审委员会编写的新中国大、中、小学教科书也同时诞生了。叶圣陶先生喊出的豪言壮语，化作累累果实，谱写了新中国教育史诗的壮丽篇章。

“得失塞翁马，襟怀孺子牛。”这是叶圣陶长子叶至善撰写的一副勉志联，老人家非常喜欢此联，曾多次书写赠送友人、后辈。这副勉志联，正是叶圣陶一生为人处世的真实写照，也是他对家庭家教的完美诠释。

经典品读

叶圣陶研究年刊

作自己要作的题目

■ 叶圣陶

一篇文，一首诗，一支歌曲，总得有个题目。从作者方面说，有了题目，可以表示自己所写的中心。从读者方面说，看了题目，可以预知作物所含的内容。题目的必要就在乎此。从前有截取篇首的几个字作题目的，第一句是“学而自习之”，就称这一章为“学而”；有些人作诗，意境惝恍迷离，自己也不知道该题作什么，于是就用“无题”两字题在前头：这些是特殊的例子，论到作用，只在便于称说，同其他的篇章有所区别，其实用甲、乙、丙、丁来替代也未尝不可；可以照样办的向来就并不多。

题目先文字而有呢，还是先有了文字才来题目？这很容易回答。可是问题不应该这样发的。我们胸中有了这么一段意思，一种情感，要把它保留下来，让别人知道，或者备自己日后复按，这时候，才动手写文字。在写下第一个字之前，我们意识着那意思那情感的全部。在意思的全部里，必然有论断或主张之类；在情感的全部里，至少有一个集注点：这些统称为中心。把这些中心写成简约的文字，不就是题目么？作者动手写作，总希望收最大限的效果，如果标明白中心所在，那是更能增加所以要写作的效果的（尤其在让别人知道这一点），所以作者在努力写作之外，不惮斟酌尽善，把中心写成个适切的题目。这功夫该在文字未成之前做呢，还是在已成之后做？回答是在前在后都一样，因为中心总是这么一个。那末，问题目先文字而有，还是文字先题目而有，岂不是毫无意义？我们可以决定地说的，是先有了意思情感才有题目。

胸中不先有意思情感，单只有一个题目，而也要动手写文字，我们有这样的时机么？这没有的。既没意思情感，写作的动机便无从发生；并且，题目生根于意思情感，没有根，那悬空无着的题目何从而来呢？

但是，我们中学生确有单只有一个题目，也要动手写文字的时机。国文教师出了题目教我们作文，这时候，最先闯进我们胸中的是题目，意思情感之类无论如何总要迟来这么一步。这显然违反了一篇文字产生的自然程序。若说因为这样，就不愿作文，那是除了贻误自己之外，很少其他意义的。作文也同诸般技术一样，要达到运用自如的境界，必须经过充分的练习。教师出题目，原是要我们练习，现在却说不愿练习，岂非同自己为难？所以我们应得退一步，希望教师能够了解学生的生活，能够设身处地地想象学生内部的意思和情感，然后选定学生能够作的愿欲作的题目给学生作。如果这样，教师出题目就等于唤起学生作文的动机，也即是代学生标示了意思情感的中心，而意思情感原是学生先前固有的。从形迹讲，诚然题目先有；按求实际，却并没违反一篇文字产生的自然程序。贤明的教师选题目时，一定能够这样做，我们也无须多说。

我们还要说的是作文这件事情既须练习，单靠教师出了题目才动笔，就未免回数太少，不能收充分的效果。现在通行的不是两星期作一回文么？一学年在学四十星期，只作得二十篇文字；就说每星期作一回，一学年也只作得四十篇。还有呢，自己有了意思情感便能动手写出来，这是生活上必要的习惯，迟至中学时代须得把它养成。假若专等教师出了题目，方才动手，纵使教师如何贤明，所出题目如何适切，结果总不免本末倒置，会觉得作文的事情单只为应付教师的练习功课，而与自己的意思情感是没有关涉的。到这样觉得的时候，这人身上便已负着人生的缺陷，缺陷的深度比哑巴不能开口还要厉害。

要练习的回数多，不用说，只须课外作文。要养成抒写意思情感的习惯，那只须反问自己，内部有什么样的意思情感，便写什么样的文。两句话的意思合拢来，就是说除了教师出的题目以外，自己还要作文；作自己要作的题目。

自己要作的题目似乎不多吧？不，决不。一个中学生，自己要作的题目实在很多。上堂听功课，随时有新的意想，新的发现，是题目。下了课，去运动，去游戏，谁的技术怎样，什么事情的兴趣怎样，是题目。读名人的传记，受了感动，看有味的小说，起了想象，是题目。自然科学的实验和观察，如种树，如养鸡，如窥显微镜，如测候风、雨、寒、温，都是非常有趣的题目。校内的集会，如学生会，交谊会，运动会，演说会，校外的考查，如风俗，人情，工商状况，交通组织，也都是大可写作的题目。这些岂是说得尽的。总之，你只要随时反省，就觉得自己胸中决不是空空洞洞的；随时有一些意思情感在里头流衍着，而且起种种的波澜。你如果不去把捉住这些，一会儿就像烟云一样消散了，再没痕迹。你如果仗一枝笔把这些保留下来，所成文字虽未必便是不朽之作，但因为是你自己所想的所感的，故在你个人的生活史上，实有很多的价值。同时，你便增多了练习作文的回数。

一个教师曾出这样一个题目，《昨天的日记》。这题目并没不妥，昨天是大家度过了的，一天里总有所历所闻所思所感，随便取一端两端写出来就得了。但是，一个学生在他的练习簿上写道："昨日晨起夜眠，进三餐，上五课，皆如前日，他无可记。"教师看了没有别的可说，只说"你算是写了一条日记的公式！"这个学生难道真个无可记么？哪有的事！他不是不曾反省，便是从什么地方传染了懒惰习惯，不高兴动笔罢了。一个中学生一天的日记，起劲地写，写成一本书也并非难呢。

就教师出的题目作文时，虽教师并不说明定须作多少字，而作者自己往往立一个约束，至少要作成数百字的一篇才行，否则似乎不像个样儿。这是很无谓的。文篇的长短全视内容的多少，内容多，数千字尽写，内容少，一二十字也无妨；或长或短，同样可以成很好的文篇。不问内容多少，却先自规定至少要作多少字，这算什么呢！存着这样无谓的心思，会错过许多自己习作的机会的。遇到一些片段的意想或感兴时，就觉这是不能写成像模像样的一篇的，于是轻轻放过。这不但可惜，并且昧于所以要作文的意义了。

作文不该看作一件特殊的事情，犹如说话，本来不是一件特殊的事情，作文又不该看作一件呆板的事情，犹如泉流，或长或短，或曲或直，自然各异其致。我们要把生活与作文结合起来，多多练习，作自己要作的题目。久而久之，将觉作文是生活的一部分，是一种发展，是一种享受，而无所谓练习：这就与文字产生的自然程序完全一致了。

（原载于《中学生》一九三〇年创刊号，署名郢生）

“给中国的童话开了一条自己创作的路”

——纪念童话集《稻草人》出版100周年

■ 晓　明

1903年，上海清华书局出版了周桂笙翻译的两卷本《新庵谐译》，卷一为《天方夜谭》之节译；卷二译自《伊索寓言》《格林童话》和《豪夫童话》。《格林童话》选译格林的童话多达12篇。从此，童话这个名称在我国流传开来。

1908年，孙毓修在商务印书馆策划并主编“童话丛书”，参照《泰西五十轶事》(美国作家鲍德温著）等西欧童话传说，进行再创作，编写了《无猫国》《大拇指》等童话，被茅盾誉为“中国有童话的开山祖师”（《茅盾全集》第34卷，人民文学出版社1997年，第130页）。

1909年7月，周氏兄弟出版的《域外小说集》第一集，有英国淮尔特（王尔德）的童话《安乐王子》，这大概是王尔德童话最先的中译本。同年9月，周氏兄弟出版的《域外小说集》第二集，有丹麦安兑尔然（安徒生）的童话《和美洛斯垅上之华》(通译《荷马墓上的蔷薇》)，这也是安徒生的名字首次被中国作家所提及。从1912年起，周作人更热切地开展对于“儿童问题”以及“童话”的阐释和研究，翻译安徒生童话《公主》，撰写《丹麦诗人安兑尔然传》，发表“征集绍兴儿歌童话的启事”，激励童话作家到荒芜的儿童文学园地里耕耘。

酷爱文学的叶圣陶对于“儿童问题”以及“童话”有更深切的感悟。1912年春，叶圣陶中学毕业后到苏州城区一所初等小学（言子庙小学）执教，从他走上讲台之日始，就认定教育的目的是“育人”，把“使醇醇诸稚展发神辉”作为生命中唯一的乐趣。以“修身课”为例，他给孩子们讲授的“亲和”“博爱”“勤学”“自立”“知耻”“爱国”“勿畏难”“戒游荡”“戒迷信”等专题，大多是他口头创作的“儿童文学”，有时也会讲授经过他改编过的中外名著：

1912年6月10日日记：第二课修身，讲“独立性质”，为述鲁滨孙绝岛漂流事，诸生聆之笑口咸开。闻所无闻，趣味弥永，固普通之心理，而于儿童尤为加甚，借此便利，语以古人懿行，为益多矣。

1914年1月8日日记：晨课修身，为述野事一则。小儿女同遇沉舟之难，而儿则救女而没己。其事见于某小说家之著作，情趣斐然，可生爱意慈心。当未如语破敌杀人之事，而隐饫诸儿以毒剂也。听之者果浮气立祛，此虽一时之感，然亦其效已。

“鲁滨孙绝岛漂流事”，即《鲁滨逊漂流记》，最早的译本名为《绝岛日记》)，英国作家丹尼尔·笛福的这部小说，讲述了主人公鲁滨逊因出海遇难，漂流到无人小岛，并坚持在岛上生活最后回到原来所生活的社会的故事。译者周砥在《绪言》中说：我国“四面皆敌”，处境犹如鲁滨逊“独处”的“孤岛”。“天下兴亡，匹夫与有责”，中国人必须像鲁滨逊那样“勇敢”和“爱群”，才能创造出一个“璀璨傀奇”的新世界，让孩子们感到“趣味弥永”。“小儿救女”的“野事”，让孩子们滋生“爱意慈心”。“修身课”讲童话，始见于1913年3月12日日记，是日日记中写道：

下午手工课缺，余讲童话以替之，语涉新奇则皆乐而静听。此亦不过偶一为之，不近情事，余以为究不宜以语儿童也。

虽说“语涉新奇”，孩子们“皆乐而静听”，但叶圣陶觉得“不近情事”，“不宜以语儿童也”。当年流行的童话大多从我国的传奇、史书、小说以及外国的寓言和童话故事中取材，进行改编。童话作家盲从的是西方流行的理论，把童话等同于“神话”“传说”“寓言”和“民间故事”。周作人就曾说过“童话的最简明的界说是‘原始社会的文学’”，儿童心理“与原人相似”，“童话在儿童教育上的作用是文学的而不是道德的”（周作人：《童话的讨论·一》，《晨报副刊》1922年1月25日）。胡适也认为教育儿童“不必顾及实用不实用”；至于“儿童是小野蛮，喜欢荒唐乖谬的故事”之类的说教就更多了，也就难怪叶圣陶斥之为“不宜以语儿童也”。

叶圣陶熟悉儿童。在1912到1921年的十年里，先后在苏州言子庙小学、上海尚公学校、角直镇吴县第五高等小学执教。他在《晨报副刊》发表的四十则《文艺谈》中，郑重提出儿童文学要写儿童，要用孩子们的口吻来写。

文艺家应“对准儿童内发的感情而为之响应”，顺应儿童的“天性”“心情”“本能”“情思”“渴望”和“自然的要求”，创作出“含有更进步的思想，更妙美的情绪”的“新鲜的滋养的食料”，使孩子们经过文艺的熏染，感情更加“丰富而纯美”，“立定在新的基础上”，植立“超过他们父母的根基”；坚决反对用神仙、妖魔、迷信来吓唬儿童，指出“真的儿童文学决不该含有神怪和教训的质素”，“奇异神怪”只能使儿童产生“恐惧怯懦的心”，给他们以“潜隐的损害”，“教训在教育上是一个愚笨寡效的法子，在文艺上也是一种不文明的手段”，“儿童文艺里更须有一种质素，其作用和教训不同，就是感情”。正是因为他熟悉儿童，有儿童文学创作的经验，对陆续介绍过来的格林、安徒生、王尔德的童话又有较深入的研究（详见叶圣陶：《我和儿童文学》，《叶圣陶集》第 9 卷，第 320—321 页），从而激发了童话创作的热望。1922 年 1 月，郑振铎主编《儿童世界》周刊创刊。出于对郑振铎的支持，叶圣陶早在《儿童世界》周刊创刊之前，就夜以继日地创作童话。

第一篇《小白船》写于 1921 年 11 月 15 日。接着在 16 日、17 日写了《傻子》和《燕子》，20 日写了《一粒种子》，不到一个星期写了四篇童话。12 月 25 日到 30 日的六天里，写了《地球》《芳儿的梦》《新的表》《梧桐子》《大喉咙》等五篇童话。到 1922 年 6 月，一共写了 23 篇，结集为《稻草人》，1923 年由上海商务印书馆出版，这是中国儿童文学史上的第一本童话集。郑振铎在《〈稻草人〉序》中说：“在描写一方面，全集中几乎没一篇不是成功之作”，翻开这本集子，“我们便不知不觉地惊异起来，而且要带着敬意赞颂他的完美而细腻的描写。”

童话集《稻草人》中的童话分为两类：一是“美丽的童话”，漂亮，轻松，机警，潜隐在字里行间的是“孩提的梦”，天真的微笑，美好的情感。臧克家赞叹说这些“真正能吸引住儿童的文艺作品”，也同样“得到成人的欣赏”，“插眼进去，就有点入迷”。请看《小白船》的第一段：

> 一条小溪是各种可爱的东西的家。小红花站在那儿，只顾微笑，有时还跳起好看的舞来。绿色的草上缀着露珠，好像仙人的衣服，耀得人眼花。水面上铺着青色的萍叶，矗起一朵朵黄色的萍花，好像热带地方的睡莲——可以说是小人国里的睡莲。小鱼儿成群地来来往往，细得像绣花针，只有两颗大眼珠闪闪发光。青蛙老瞪着眼睛，不知守在那儿干什么，也许在等待他的好朋友。

童话的情节就沉浸在这样一个令人心旷神怡的意境中。主人公是两个孩子：一个男孩和一个女孩，他们乘着“只配给活泼美丽的小孩儿乘”的“小白船”，嬉戏、歌唱，漫游在恬静美妙、蕴有无限生机与欢乐的小溪里。忽然起了大风，小白船顺风而下，迷失在下游一个荒凉的旷野上，小女孩急得哭了。后来遇到一个面目可怕、心地善良的巨人。孩子们回答了他提出的三个问题后，这个巨人就亲自送他们回家。这三个问题是：“鸟儿为什么要唱歌？”“花儿为什么香？”“为什么你们乘的是小白船？”头两个问题孩子们回答得很巧妙：“他们要唱给爱他们的人听”“香就是善，花是善的标志”。在孩子们的心目中，大自然的一切生机总植根于爱，大自然就是一个爱的世界。第三个回答得更是意味深长：“因为我们纯洁，惟有小白船才配我们乘。”小白船是纯洁的象征，“惟有”二字突出了孩子们的天真。鸟儿的歌唱、花儿的芳香、小白船的洁白，人间的美、善、爱，构成了一幅令人神往的人生画卷。“美”和“爱”成了沟通天真的孩童与丑陋的巨人的心灵的钥匙，成了联结荒原与乐园的桥梁，是人生唯一的生存法则。

可与《小白船》媲美的《梧桐子》《燕子》《芳儿的梦》，也都是“美”和“爱”的颂歌，格调清新，寓理于情，虽说想象奇特，但都贴近孩子们的想象和情感，情趣盎然。叶圣陶简直就是一位高等画师，以他独特的视角，敏感地捕捉大自然美的神韵和孩子们天真的梦幻，又充分调动了童话的幻想、夸张等等独特的表现手法，用诗的语言描绘了“一个美丽的童话人生，一个儿童的天真的国土”（郑振铎：《〈稻草人〉序》），让孩子们从中体味到无穷的情趣。

二是融化了“成人的悲哀”的童话。虽说“美丽的童话”契合孩子们好奇的天性，也得到文艺界的热情的赞许，可叶圣陶本人却并不满足，写《快乐的人》时风格随之一变。

《快乐的人》说的是社会上不合理的事情太多了，不幸的人也太多了。可竟有一个“快乐的人”，他看到的却是事事快乐，人人快乐；没有愁苦，也没有欺诈。因为他生活在一层神秘的透明的“幕”里，看不到外界的真相。后来，这层肥皂泡似的“幕”被“恶魔”刺破了，“快乐的人”就死去了。人生不是美丽的童话，美丽的童话在人世间既找不到，也无法实现。“快乐的人”的悲哀，促使叶圣陶直面残酷的现实，创作了《稻草人》。《稻草人》开篇写道：

> 田野里白天的风景和情形，有诗人把它写成美妙的诗，有画家把它画成生动的画。到了夜间，诗人喝了酒，有些醉了；画家呢，正在抱着精致的乐器低低地唱；都没有工夫到田野里来。那么，还

> 有谁把田野里夜间的风景和情形告诉人们呢？有，还有，就是稻草人。

叶圣陶批评了当时一部分作家疏远农村，不注重观察生活，全凭个人情趣低吟浅唱的倾向，立意写真，在对“稻草人”作了生动而客观的叙述：

> 田野里夜间的风景和情形，只有稻草人知道得最清楚，也知道得最多。他知道露水怎么样凝在草叶上，露水的味道怎么香甜，他知道星星怎么样眨眼，月亮怎么样笑；他知道夜间的田野怎么样沉静，花草树木怎么样酣睡；他知道小虫们怎么样你找我、我找你，蝴蝶们怎么样恋爱：总之，夜间的一切他都知道得清清楚楚。

这些富有童趣的描写，把孩子们引向了一个充满新奇而神秘的“童话世界”；而当孩子们饶有兴趣地踏进这个温馨甜美的“童话世界”之后，看到的却是一个真实的“现实世界”。童话侧重写了“稻草人”在一个“满天星斗的夜里”接二连三遇见的几桩惨痛的事儿：“肉虫”疯狂地咬嚼稻叶；渔妇撇下生了病的儿子，在河边罾鱼。她的儿子躺在船舱里不停地咳嗽，嚷着要喝茶，母亲只能给他舀一碗河水喝；被渔妇罾住的鲫鱼在木桶里挣扎，恳求“稻草人”放了它；有一位女子来河边投河，她不愿意被丈夫像“一条牛，一只猪”似的随便卖给人家，可“除了死没有别的出路”。揭开夜幕下的一角，我们看到了当时江南农村种种悲惨的场景，看到了旧中国有良心的知识分子的悲痛和苦恼。

1935 年，鲁迅在《〈表〉译者的话》中说“《稻草人》是给中国的童话开了一条自己创作的路的。不料此后不但并无蜕变，而且也没有人追踪”①。其实，童话集《稻草人》出版之后，叶圣陶又创作了很多童话。1931 年出版了第二本童话集《古代英雄的石像》，此外还有好多篇童话散落在报刊上。这些童话反映了更广阔的社会现实生活，饱含对统治者的揭露与讽刺，充满现实主义的批判力量。像《古代英雄的石像》《皇帝的新衣》《含羞草》寓意深刻，具有了一些寓言的特征，可在鲁迅看来童话创作应该有更高的水准。他在《且介亭杂文·看图识字》中说：“孩子是可以敬服的，他常常想到星月以上的境界，想到地面下的情形，想到花卉的用处，想到昆虫的言语；他想飞上太空，他想潜入蚁穴……”；在《〈表〉译者的话》中强调给孩子们看的作品

①《鲁迅全集》第 10 卷，人民文学出版社 2005 年，第 437 页。

应该“内容簇新”“非常有趣”，使孩子们“向着变化不停的新世界”，“不断的发荣滋长的”。用这样一个高标准来衡量，鲁迅觉得叶圣陶的童话“并无蜕变”。“追踪”叶圣陶写童话的有好几位作家。1932 年，张天翼的童话《大林和小林》在《北斗》月刊连载，受到文艺界的推崇，而在鲁迅看来童话创作的成绩还很单薄。鲁迅对童话创作的热情关注和企盼，也从另一个侧面再次肯定了叶圣陶童话创作的业绩。

舒君访谈《倪焕之(外四种)》：中华文化宝库中一笔重要的财富

■ 商金林 舒 君

叶圣陶在小说、童话、诗歌、散文、戏剧、文论等领域都有开拓性的贡献。此次出版的《倪焕之（外四种）》精选了叶圣陶的长篇小说《倪焕之》、童话集《稻草人》、短篇小说集《隔膜》、散文集《未厌居习作》，以及短篇小说集《四三集》中与苏州有关的六个短篇（《自序》《寒假的一天》《一篇宣言》《丁祭》《多收了三五斗》《英文教授》）。其中《倪焕之》以开明书店 1934 年版为底本，《稻草人》以开明书店 1933 年版为底本，《隔膜》以商务印书馆 1933 年版为底本，《未厌居习作》以开明书店民国二十四年 1935 年版为底本，《四三集》以良友图书公司民国二十五年 1936 年版为底本。本期“舒君访谈”对话北京大学中文系教授商金林，向大家解读叶圣陶文学作品的重要价值。

舒君［苏州新闻出版集团　陈佳慧］：您以现代作家为主要研究方向，撰写过多部与叶圣陶相关的著作。您认为，叶圣陶在近现代历史文化中有着什么样的地位？收录他的作品有着怎样的重要意义？

商金林：叶圣陶（1894—1988 年）出生成长的年代，正是中华民族风雨飘摇的年代，也是中华民族日益觉醒的年代。他是在“爱国”和“觉醒”的呼唤声中成长起来的一个典型。

苏州是江南文化的中心。1906 年春，苏州创办了第一所公立高等小学，即长元吴公立高等小学堂，学制为三年。叶圣陶因学业优异，读了一年就于 1907 年春越级考入新创办的苏州公立第一中学堂（草桥中学）。长元吴公立高等小学教师章伯寅和苏州公立第一中学堂的校长袁希洛都是近代知名的教育家，叶圣陶受他们的影响最深。他回忆说：“我上小学的时候，列强瓜分中国的局势已经摆开。章伯寅先生教育我们说：‘地不离人，人不离事。欲论人事，必先知地理，要爱国就得先爱乡土，晓得乡土的山川史地、名人伟业；要爱国就得先晓得我国的自然地理、历代英杰。’所以，每逢礼拜天，我总与章元善、顾颉刚、王伯祥等同学或聚于园林，或集于茶馆，谈苏州的人物地理，谈‘先天下之忧而忧，后天下之乐而乐’，谈‘天下兴亡，匹夫有责’，把人品事业卓绝一时的姑苏先贤范仲淹和顾亭林奉为楷模。”叶圣陶在草桥中学读书时组织诗社、出版年级小报；苏州光复期间参加学团，每晚荷枪出巡；加入革命党参与“倒袁（世凯）革命”；中学毕业后当上小学教员，所有这些都得益于袁希洛直接或间接的引导。苏州文化的滋养以及教育家的培育，使叶圣陶紧跟革命的步伐，不断奋进，最终成了我国现代著名的作家、教育家、编辑出版家和社会活动家。

汇集他的作品，可以看到现代文学的发展的嬗变和轨迹，看到现代各种教育改革思潮的交替起落，以及一大批知识分子前进的历程和归宿。总之，叶圣陶的作品是时代的写照，是中华文化宝库中一笔重要的财富。

舒君：本次书目为何会收录叶圣陶的长篇小说《倪焕之》，并以此为书目名称？它有着怎样的历史与文学意义？

商金林：《倪焕之》共三十章，十八万字。叶圣陶于1927年11月中旬起笔，1928年11月15日完稿，以“教育文艺”的类别在1928的《教育杂志》上连载12期（第20卷1号至12号），1929年8月由开明书店出版单行本。

《倪焕之》是我国现代小说发展史上一座巍峨的里程碑，标志着我国现代长篇小说创作走向成熟。小说的情节开始于1916年初，结束于1927年夏。在叙事过程中，作者又通过主人公的回忆和铺叙，将人物活动的舞台拓展到辛亥革命前夕。这样，小说所涵盖的时间就扩展为1911年至1927年的十七年间。一系列历史事件在《倪焕之》中都得到不同程度的反映。小说几乎每一页上都镌刻着“时代”二字。茅盾在著名的长篇论文《读〈倪焕之〉》中，称《倪焕之》是“描写了广阔的世间”的“扛鼎”之作。柳亚子称《倪焕之》是讴歌革命先驱的“楚骚”和“稗史”。瞿秋白也非常推崇《倪焕之》，1935年6月18日在福建长汀就义前特地留下遗嘱，要杨之华将他的“一些材料”交给叶圣陶“作小说”。

《倪焕之》的声誉经久不衰，还被译成英、法、日、俄、德等多种文字出版，为中国现代文学“走向世界”做出了贡献。

舒君：除了长篇小说，本次《倪焕之（外四种）》收录了叶圣陶童话集《稻草人》，您如何评价叶圣陶作为教育家所创作的童话？

商金林：童话，作为一种新颖有趣的文体，跨入我国文学殿堂还不过百年。在封建社会中，人们很少注意到儿童的社会地位以及他们生活和精神上的需要。到了近代，在“输入西方文明以拯救祖国出于贫弱”的大潮中，在“童年的情形，便是将来的命运”“一国盛衰系于儿童”等新思潮的触发下，先驱者们这才把“儿童文学”提高到我国社会和国民“起死回春”的特效药的高度来看待，来到荒芜的童话园地里耕耘，叶圣陶就是最杰出的代表。

1921 年 11 月 15 日，叶圣陶写出了第一篇童话《小白船》，接着在 16 日、17 日写了《傻子》和《燕子》，在 20 日又写了《一粒种子》，不到一个星期写了四篇童话。12 月 25 日到 30 日的六天里，写了《地球》《芳儿的梦》《新的表》《梧桐子》《大喉咙》等五篇童话。到第二年 6 月，一共写了 23 篇，结集为《稻草人》，1923 年 11 月由上海商务印书馆出版。鲁迅十分赞赏叶圣陶的探索精神，在《〈表〉译者的话》中说："叶绍钧先生的《稻草人》是给中国的童话开了一条自己创作的路的。"

舒君：本次书目收录了叶圣陶的短篇小说，在叶先生的众多作品中，这些作品有着怎样的分量？

商金林：叶圣陶的第一本短篇小说集《隔膜》，1922 年 3 月由上海商务印书馆出版，为文学研究会丛书之一，内收 1919 年 2 月至 1921 年 4 月间创作的《这也是一个人!》《"你的见解错了!"》《欢迎》《一个朋友》《低能儿》《萌芽》《恐怖的夜》等短篇小说共 20 篇，书前有顾颉刚写的《序》。这是我国现代文学史上第二本短篇小说集。第一本是郁达夫的《沉沦》。短篇集《隔膜》不仅篇目和分量超过《沉沦》，而且所汇集的 20 篇小说都已于 1921 年 6 月之前在报刊上发表过，所以顾颉刚在《〈隔膜〉序》中说《隔膜》这本集子"是汇刊个人的新体小说的第一部，是很可纪念的"。

作为"新小说"，《隔膜》集的"新"，首先"新"在作者的"问题意识"。鲁迅在《〈中国新文学大系小说二集〉导言》中谈到叶圣陶、罗家伦、杨振声、俞平伯这几位作者在《新潮》上发表的小说时，说他们有一种"前进的趋向"。茅盾说，"小说集《隔膜》大都有点'问题小说'的倾向"，像《这也是一个人》《"你的见解错了!"》等，题目本身就是一个发人深省的社会问题。他还将短篇《隔膜》集称作"新文学的基石"。

舒君：您如何评价叶圣陶的散文，以及本次入选的《未厌居习作》？

商金林：就创作而言，叶圣陶可以说是"全才"，但他最注重的还写散文，是把撰写散文当作"木炭习作"来看待的。他的散文，无论是写影、写形、写光、写景，都是自己足之所至、目之所及后的真情实感；无论是说理、抒情、歌咏、讽喻，都是自己胸臆中流出来的甘泉，"出自肺腑发自丹田"。

这是对艺术风格和创作个性的高度要求。叶圣陶的散文呈现出一种"纯洁"的美：刻画深细，但没有题外的枝节；用字务求明白，删芟一切装点；行文舒卷自如，温柔而富有丰富的感情，凝重而又清晰。

新中国成立之前，叶圣陶最有影响的散文集是《未厌居习作》，为上海开明书店 1935 年 12 月初版。"未厌居"是叶圣陶书斋的名字，寓意为永不"厌足”，永不“厌世”。

郁达夫在《中国新文学大系·散文二集〈导言〉》中说：“我以为一般的高中学生要取作散文的模范，当以叶绍钧氏的作品最为适当。”事实也是如此。叶圣陶的散文有范文的作用，他的文字极为干净，比作“秋水静”“露珠圆”十分贴切。过去相当长的时期，叶圣陶和朱自清的散文，常为中学国文课本所选用，哺育了一代又一代的青年学子。

人的“内在的生命”是文艺家观察的对象

——读叶圣陶先生《文艺谈》的一点感悟

■ 杨　燕

《文艺谈》是叶圣陶于1921年3月5日至6月25日在《晨报副刊》上连续发表的40则谈文艺的文章的汇总，其中第2、5、9、10、21则谈到了观察与文艺关系，具体阐述了为什么要观察和怎样做观察两个问题。本文尝试以这些为基础探讨叶圣陶儿童观察的对象，即到底观察儿童什么。

一、文艺家没有观察的功夫，固然不能有好的作品

叶圣陶认为文艺家与观察的关系紧密，文艺家用观察积累创作文艺作品的材料。他在《文艺谈》中写道：“从这里更可见文艺家应有精细的观察。无论是什么人物，什么思想语言，他都有留心的必要，因为那些或者有助于他。很平常的劳人的叹息，小孩子不思虑的话，村妇的谈天……或者都是可以创作文艺品的材料。文艺家如能随时观察，即不立著于篇，而蓄积既富，需用时自有俯拾即是之乐。”① 叶圣陶还提出文艺家观察的主观性：“文艺作品无论如何总含有主观的性质，所以同一个境地，同一件事物，因各个文艺家的观察不同，所得印象不同，思想情绪之精微的地方也不同，就可以写成不同的几件作品，一样可以动人，一样确有价值。”② 并且，叶圣陶认为文艺家不是应先充实自己再去观察，而是为了充实自己而去观察。20世纪40年代，叶圣陶在《关于谈文学修养》中写道：“生活充实的人不一定要弄文学，不弄文学的人却也一定要求生活充实……生活到某种地步，自然有某种的人生观和世界观，自然能作某种程度的观察与体验。”

叶圣陶认为文艺作品与观察的关系紧密，先观察后融合才会有佳作。他

① 商金林主编：《叶圣陶甪直文集》，人民教育出版社2017年版，第421页。

② 商金林主编：《叶圣陶甪直文集》，人民教育出版社2017年版，第416页。

在《文艺谈》中写道："他随时随处加意观察，就随时随处得到经历，这些事物固然是各个离立，不相凝合，但一入他的经历，给他的精神的力灌溉一过，就融合为一，凝成浑体了。他从事创作，必然觉得有一个浑然的有机的意思必须倾吐出来，虽然所写的是今日此地的事，也许写入往日别地的经历。他并不拘于时和地，他只知表现他这个意思。许多成功的小说家差不多走这同一的路，虽然不一定用小册子，而深入自然精密的观察，却是一例的。他们平时的经历越多，他们的作品也越丰富，越活跃。一篇作品之中往往不是作者一时的经历。作者创作动机的引起确是一瞬间的事，这一瞬间，既往和当前的经历凝集于心，不生分别，抒写出来，不伤其为浑整，那就是佳作了。"① 正是秉持这一文艺创作理念，叶圣陶的文学创作，"以其内容的'当代性'、艺术视角的'平凡性'和手法的'写实性'，历来为人所称道。"②

二、文艺家不得不于外面的观察之外，从事于深入一切的内在的生命的观察

叶圣陶认为，虽然文艺家没有观察的功夫，不能有好的作品，但是即便能够观察，而且观察得精密了，作品也不一定就好。叶圣陶提出好文艺作品的观察对象是内在的生命。

叶圣陶认为，一般的观察不能产生有活力的文艺作品。他在《文艺谈》中写道："我们若欲表现一个人一天之中的经历，于是为精密的观察，于其状貌的变化，动作的步骤，言语的音调，一一如实记录，毫无遗漏，而不复加入别的质素。试想他人对于此种作品将作何种感想？他们将见许多冷酷的分离的事实凑合在一起，所得的也仅此而止，更不会领悟所描写的是怎样一个有活力的人。譬诸作图，一粒种子可以画成种种图样，或是纵剖，或是横断，观察不可谓不精密了，然而这种子所含有发荣滋长的活力，还是描绘不出。"③ 所以，叶圣陶提出："外面的观察虽精密也是无甚益处。文艺家不得不于外面的观察之外，从事于深入一切的内在的生命的观察。"④

叶圣陶提出，真切的观察才能产生修养思想情绪的文艺作品。他在《文艺谈》中写道："文艺的本质是思想情绪，我们就当修养我们的思想情绪。一

---

① 商金林主编：《叶圣陶甪直文集》，人民教育出版社 2017 年版，第 445—446 页。
② 曹惠民：《论叶圣陶文学风格的成因》，《中国现代文学研究丛刊》1984 年第 4 期。
③ 商金林主编：《叶圣陶甪直文集》，人民教育出版社 2017 年版，第 427 页。
④ 商金林主编：《叶圣陶甪直文集》，人民教育出版社 2017 年版，第 427 页。

切事物是我们情思所托的材料，我们就当真切地观察一切事物。”① “真的文艺家一定抱与造物同游的襟怀，他的心就是宇宙的心。宇宙不自为宣言，而文艺家为之抒泄，为之表显。这一类文艺品必定是极合自然，含有活力，而且可以感动人的心情的。因为虽然一样是连缀着的许多文字，而实则是整个的热烈的活动的生命。”② “人们需求于文艺家的，也以这等作品为最。在人们自然是前瞻比后顾重要，求慰悦比求饱暖重要。唯有这等作品能够引导人们走向发展的途径，超过眼前一切，永远前进。” ③

叶圣陶进一步提出，文艺家可以获得真切的观察，即观察内在的生命。他在《文艺谈》中写道：“文艺家的世界，虽然和别的人一样，无异沧海之一粟，然而他观察所及的范围却是无穷大，凡是环绕他的一切，无不是他观察的材料。文艺家的眼光，心灵的眼光，常是光芒四射，烛照万有。这个不但和望远镜一样地辽远，和显微镜一样地精微，他还要深入一切的内心——内在的生命。这是没有器械可以比拟的。我想将来物质文明更进步，也不见得会发明一种器械可以观察一切的内在的生命。” ④

叶圣陶特别指出，文艺家观察人物要观察心灵的变化。他在《文艺谈》中写道：“小孩子看着玩具，呆了，一会儿竟同入了催眠状态一样。一个乡下老头儿，衔着黄烟杆不声不响地坐在场上。……都是外面的肤浅的观察。我们若能深入他们的内心，表现出叶芽发育、花儿开放的内在的情状，表现出鸡、小孩子、乡下老头儿心灵的变化，一定是世界最美妙的文章，文艺界必将为之放一异彩，人们的思想情感必将为之更高超更深厚。”⑤ 叶圣陶还指出，文艺家要以己之心灵观察他人之内心。他在《文艺谈》中写道：“内在的生命的观察，就是一种努力。这当然异于外面的分析的冷酷的观察，这个须以心、以灵感来观察。无论什么，我都视为一个有活力的生命，在永远发展的路上的。我要观察他们的生命，生命的发展。皮相是没用的，分析会越弄越支离。只有我潜入他们的内心，体会他们的经历，默契他们的呼吸，我和他们是一是二几无分别，我就是叶，是花，是鸡，是小孩子，是乡下老头儿，才可以对于他们知道一些。”⑥

---

① 商金林主编：《叶圣陶甪直文集》，人民教育出版社 2017 年版，第 417 页。
② 商金林主编：《叶圣陶甪直文集》，人民教育出版社 2017 年版，第 428 页。
③ 商金林主编：《叶圣陶甪直文集》，人民教育出版社 2017 年版，第 429 页。
④ 商金林主编：《叶圣陶甪直文集》，人民教育出版社 2017 年版，第 427 页。
⑤ 商金林主编：《叶圣陶甪直文集》，人民教育出版社 2017 年版，第 428 页。
⑥ 商金林主编：《叶圣陶甪直文集》，人民教育出版社 2017 年版，第 428 页。

三、以儿童为例谈人的“内在的生命”

上述可见，叶圣陶对儿童的观察强调深入儿童的内心，观察儿童的内在生命。关于儿童内在生命的内涵，叶圣陶在《文艺谈》进行了一些阐述，在其他的文章中也提及，本文归纳如下。

其一，儿童的内在生命充满活力。叶圣陶认为儿童固有文艺家的修养，而文艺家的修养包含直觉、情感和想象这些生命活力。他在《文艺谈》中写道：“儿童的心里似乎无不是纯任直觉的，他们视一切都含有生命，所以常常与椅子谈话，与草木微笑。这就是文艺家的宇宙观。儿童若能将他们自己的直觉抒写出来，一定是无上的美。曾听有人说过，文艺家有个未开拓的世界而又是最灵妙的世界，就是童心。儿童不能自为抒写，文艺家观察其内在的生命而表现之；或者文艺家自己永葆其赤子之心，都可以开拓这个最灵妙的世界。”① 文艺家修养的内容包括：“当扩大己之心灵，与万有通体；他与一切生命同其呼吸，合其脉搏；他心的耳目比肉体的耳目聪明；他永葆赤子之心，而更为发展，至于无穷；他不为物质所限制，不为机械所牵掣，常常超然遨游于自由之天。质言之，他以直觉、情感、想象为其生命的泉源。”②

其二，儿童内在生命的状况是变化的。上文已经提到，叶圣陶认为，人物观察要关注人物心灵的变化，也就是儿童观察要关注儿童内在生命发展的状况，就像看叶是否发芽、花是否开花一样，要看儿童内在生命的发展情况，即观察儿童的直觉、情感、想象等生命活力的状况如何？是顺利发展，还是被抑制？

其三，儿童内在生命是可以获得发展的。叶圣陶认为，文艺作品可以发展人的思想情感。他在《文艺谈》中写道：“伟大的文艺必能汇集一时代的精神现象而活跃地表现出来。那些作者观察时世，有感于心，本其一己之精神，传状一切之微奥。他不仅以如实写记，单单给人家看一个实况为满足，而于示人实况之外，还要指出一条路径，那是超于实况的，引人家去访问，然而又不是教训。一般人感受了他的思想情感，不知不觉地如火炉添了煤炭，自然会烘烘地发出高热来。”③ 也就是说，文艺作品也可以发展儿童的思想情感，促进儿童内在生命的发展。除此之外，叶圣陶还指出：“国文是发展儿童

① 商金林主编：《叶圣陶甪直文集》，人民教育出版社 2017 年版，第 427—429 页。

② 商金林主编：《叶圣陶甪直文集》，人民教育出版社 2017 年版，第 430 页。

③ 商金林主编：《叶圣陶甪直文集》，人民教育出版社 2017 年版，第 454—455 页。

的心灵的学科。”①

四、基于儿童“内在的生命”的教育观察

叶圣陶对儿童的观察是以教育为目的的观察。叶圣陶提出，教育要改变，教师和学生都要改变。如何改变呢？叶圣陶提出，教师要深入观察和认识学生。叶圣陶在1941年8月3日的日记写道“上午续作文千字，全篇完毕，共约八千字。自谓于为教师之态度，颇能说出一点道理。”②此文即为《如果我当教师》，叶圣陶说，“以后种种譬如今日生”，如果他当教师，他要观察学生和认识学生。“我根据我的经验，从观察和剖析找出原由，加以对症治疗，哪还会有一个顽皮的愚笨的小朋友在我周围吗？……凡是在我班上的学生，我至少要知道他们的性情和习惯。”后来，叶圣陶对教师如何认识学生这一问题又进行了补充，叶圣陶在《教师怎样尽责任》说：“生理学、心理学、教育学之类非钻研不可。钻研这些学科越深，认识学生身心就越真，教起来就越有把握。”③所以，无论是文艺观，还是教育观，叶圣陶都主张用观察的方法。

叶圣陶对儿童的观察具有较强的现实意义。写于1921年的《文艺谈》系统地阐述了叶圣陶的现实主义文艺观，它涉及的问题很全面，很广泛，说理亲切，陈述清楚，剖析深刻，为新文学理论的孕育起了奠基的作用。④ 1921年，沈雁冰在《评四五六月的创作》一文中说：这个短篇（指《一课》）在当时反映学生问题的小说中“是个‘尖儿’，不可多得”。⑤1922年10月7日，林文渊致沈雁冰的信中说：《小说月报》第十三卷六号问对于创作小说，是极喜那个人的？“依我个人的偏见，是最爱读叶绍钧的作品：因为他的小说最真挚动人，毫无些少贵族气，他所描写的人物，都是平常的父，母，兄，弟，儿，女，学生……等等，最动人的就是《低能儿》与《义儿》这两篇。……我在学校里，常常也遇着这种的学生；我去年读了他那两篇，真是爱不忍释。”⑥。叶圣陶到甪直后，教书工作日渐得心应手。他说：“我因年轻不谙世

① 朱永新编：《叶圣陶教育名篇选》，人民教育出版社2021年版，第276页。

② 商金林编：《叶圣陶抗战时期文集》第2集，人民教育出版社2005年版，第192页。

③ 叶圣陶：《教师怎样尽责任》，《叶圣陶集》第11卷，江苏教育出版社2004年版，第221—224页。

④ 商金林：《为新文学理论奠基——叶圣陶早年的40则〈文艺谈〉》，《文艺理论与批评》1994年第5期。

⑤ 商金林撰著：《叶圣陶年谱长编》第1卷，人民教育出版社2004年版，第235页。

⑥ 商金林撰著：《叶圣陶年谱长编》第1卷，人民教育出版社2004年版，第249页。

故，当了几年教师，只感到这一途的滋味是淡的，有时甚且是苦的；但自从到角直以后，乃恍然有悟，原来这里头也颇有甜津津的味道。”①沈雁冰和林文渊谈到的《低能儿》《一课》《义儿》等与儿童相关的小说都在这一时期创作。但是，在谈到儿童的学校生活时，叶圣陶替儿童说话，批判了他者对儿童的“伤害”，阿菊因贫寒而没有受教育的机会，义儿因父母的不理解而被压抑绘画兴趣，被称为“瓦老爷”的学生因不满专制的师生关系而被退学，等等。由此可见，叶圣陶的文艺作品也是对教育问题的反思，是记录当时教育问题的文献资料。

① 叶至善、叶至美、叶至诚编：《叶圣陶集》第5卷，江苏教育出版社2004年版，第271页。

语文教育的美好样态

——重读《文心》

■ 吴贤友

学生时代曾经浮光掠影地读过《文心》，当时觉得这部小说的故事不够新奇曲折，自然没留下深刻的印象。30 年后，因为研读语文教育史的需要，再次阅读这本书，这才发现，当初我实在是辜负了作者的苦心。

《文心》是一部小说体裁的语文教育著作，由夏丏尊和叶圣陶共同创作。20 世纪 30 年代，中小学教师的薪水微薄，教师很难专注于本职工作，导致基础教育备受诟病。面对语文教育中的诸多问题，有着丰富教育经验的两位先生便萌生了与青年谈读写的想法。借助做开明书店编辑的便利条件，他们约定在《中学生》杂志上以“文心”为题讲读写的故事，每期 2 篇。从 1933 年 1 月至 1934 年 6 月，共写就 32 篇，1934 年结集出版。至 1949 年 3 月，已经印行 22 版。中华人民共和国成立后，多家出版社也多次重新出版，说明本书深受广大师生的欢迎。

1983 年，在该书的再版后记中，叶圣陶之子叶至善先生曾说：“书里讲的虽然是三十年代语文教学上的问题，现在看来还切合实用，因为有些根本问题至今还没有完全解决。”其实，即使在新课程改革如火如荼的当下，《文心》里所提到的一些问题依然存在于语文教学中。重读《文心》，让我对语文教育的美好样态有了新的憧憬。

一、语文教育的目的是更好地生活

语文教育的目的是什么？这是个见仁见智的问题。在传统语文教育中，“学而优则仕”的观念根深蒂固。应该说，与世袭制度相比，通过读书出人头地、改变身份有其合理的价值。对于统治者来说，要想让国家长治久安，就必须拥有治国安邦的人才，科举也就应运而生。一千多年的科举考试中，确实有一批卓越之士在竞争中脱颖而出，但竞争所酿成的悲剧也同样史不绝书。

封建社会中，读书毕竟是少数人的“事业”，为选拔人才投入的社会成本毕竟有限。在废除科举之后，教育逐步普及，“学而优则仕”的传统观念已经无法适应新的形势。这时候，语文教育的根本目的是什么，就是教育者必须重新思考的严肃课题。

在《文心》一书中，两位先生借用书中的角色对这个问题做出了自己的回答。在王仰之先生看来，学习语文的最终目的在于“整个生活的改进”。他说：“会考到底不是什么紧要的事，只要应付得过去，能够及格，这就好了。紧要的还在于学习了各种科目，是否真能充实你们自己，是否随时随地可以受用。这是成功与失败的标准，你们学习一切，都可用这个标准去考量自己，从而知道自己是成功还是失败。”在王先生看来，“学校里所以分设各种科目原为着教学的便利起见”，倘若只是因为学校里开设了语文课，因为要考试而去学习语文，那绝对是“无益费精神的傻举动”。

这样的语文学习观在书中随处可见。在论及为什么要提笔作文的时候，王先生就表明了作文不是“无所谓的玩意儿”，不是“无中生有的文字把戏”，而是“生活中间的一个项目”，同吃饭、说话、做工一样，是生活本身，“而不是生活的点缀”。

对于有学生自命为文学家的现象，王先生不以为然。文学教育是语文教育的一部分，但语文教育绝不是为了培养文学家，学习语文是生活的需要。用王先生的话来说，“文学者固不必人人去做，然而文学者创作的态度却是人人可以采取的”。这样的认识中肯又实在。

科举制废除以后，很多人开始否定练字的作用，书中借慧修的父亲的态度批评了这种错误的认识。当然，世殊时异，练字的目的、标准和方法都有很大的改变。“从前的人练习写字，目的在猎取功名，或者在成为书家。他们的写字和日常业务交涉较少；换一句说，就是和眼前的实际生活不发生多大的密切关系。”而现代人因为生活和职业的原因，每天都需要执笔书写，写字成为实际生活的一部分，“迅速、正确、匀称和合式”才是应持的标准。

学习语文并不是为了应付考试，而是为了帮助学生解决生活中遇到的实际问题，从而更好地生活。这些作为夏丏尊、叶圣陶两位先生的语文学习观，在此后的一系列著作中，都得到过进一步阐述：“切近不切近现代青年的现实生活，才是国文教学成功跟失败的分界标。”①

二、语文教学的起点是儿童本位

卢梭在《爱弥儿》中指出，不要把儿童看成是“小大人”，他们具有独

①叶圣陶：《叶圣陶教育文集》第3卷，人民教育出版社1994年版，第44页。

立的不同于成人的生活，有自己特有的想法、看法和感情。坚持儿童本位，也是夏丏尊、叶圣陶两位先生共同的教育思想，这在《文心》这部著作中有着充分的体现。

《文心》是一本特意为儿童而写的书，充分考虑到儿童的兴趣和需要，他们选择了小说这种儿童喜闻乐见的文体形式，把阅读和写作的各类知识融入故事中，让学生在轻松的阅读中理解并接受这些知识。

当时的学校教育还属于初创时期，基本的教育原则尚未建立。就语文学习而言，“选材、练习，都归成人做主，学童全居被动地位”① 的现象比比皆是。在《文心》中，作者塑造了王仰之等一批教育者的形象。通过他们的言传身教，我们看到夏丏尊、叶圣陶两位先生追求的语文教育的起点。

“国文课是教师与学生的共同工作。可是主体究竟是学生，教师的实施方法无论如何精到，如果学生只还他个‘不动天君’，也就难有很好的成绩。”② 为了更好地引导学生，教师不仅要以身作则，做学生的示范，还要与学生建立平等民主、亲密和谐的师生关系，充分激发学习的主动性。为此，在教学中，王先生始终坚持“不愤不启，不悱不发”的基本原则，时时处处给学生预留独立思考的空间，只有在学生真正需要的时候才适时点拨。教授课文的时候，总是让学生自己先解释，有问题也是让学生先尝试解答，最后才是教师补充与发挥。指导学生为《抗日周刊》写评论文字时，同样不是直接传授写作方法，而是通过对阅读对象、写作主体的身份以及具体写作内容的追问，循循善诱，让学生在思考中寻求答案，最后才总结出“从情与意的方面来说话”的一番道理。

在谈到作文的内容和题目的时候，王先生告诉学生，在实际应用上，一篇文字的题目往往是完篇之后才取定的，题目的大部分作用在于便于称说。出题原本是作文练习迫不得已的事情，但这并不表示我们可以胡乱为之，而应该从儿童的认知出发，尽可能选择那些能引起他们“意趣”的作文题，激发他们写作的热情，让他们有话可说。

书中，《日记》一章的内容主要由乐华与父亲滞留上海时的三篇日记组成。日记所以动人，就在于“这次的经历，在全中国人，在我，都值得记忆”，也就是说，这些文字写出一代中国人心中的隐忧与伤痛。乐华之前一直有写作叙事文的想法，但总是写不出，就在于他没有切己的生命体会。杜威曾经说过：“儿童生活在人际关系十分狭隘的世界里。除非事物密切地、明显

① 罗先友：《叶圣陶语文教育思想中的四个基本点》，《课程·教材·教法》2013 年第 8 期。

② 叶圣陶：《叶圣陶教育文集》第 3 卷，人民教育出版社 1994 年版，第 71 页。

地涉及他自己的或者他的家庭和朋友的安乐，否则就很难进入到他的经验里。”① 这是至理。

在家庭教育中，家长也能从儿童实际出发，适时指导。《小小的书柜》一章中，周枚叔鼓励孩子们要充分利用课外有限的时间多读好书，提升自己的学习能力和人文素养。在与孩子们一起整理书籍的时候，指导他们按照字典、小说、诗词集、经史子集等分门别类地摆放，以此初步了解书籍分类的基本知识。

在指导孩子选择课外书的时候，不仅顾及他们并不充裕的时间，还能根据他们的阅读能力，精心选择适合的读物，指明切实可行的阅读方法和进阶之路。这种以儿童为本位，既关注当下，又着眼于未来的做法，让孩子们深受教益，也令我们深受启发。

三、语文学习要在真实情境中发生

《普通高中语文课程标准》（2017 年版，2020 年修订）指出："真实、富有意义的语文实践活动情境是学生语文学科核心素养形成、发展和表现的载体。”② 在《文心》中，教育者不仅善于创设有意义的语文学习情境，更重要的是把生活融入语文学习中，在真实的情境中展开教育教学。

九一八事变发生之后，当局的退让使得民情激愤。第一中学的各项教育活动都重新做了部署，学科教学的内容也有了相应的调整，各学科都改授与抗日有关的教材。沈先生于算术科的应用问题中用飞机速率、军舰吨数、食粮分配等做题材。张先生教地理，所讲的是东北的地势；李先生教历史，所讲的是历来帝国主义侵略我国的情形。校长黄先生、教务主任陈先生从前都曾留学日本，熟悉日本的一切，每星期给学生讲一次日本的国情。

教国学的王仰之先生自然也不例外，选授的内容都是与抗日有关的文字，对学生参与的有关抗战的活动也格外热心。学生写作《抗日周刊》评论栏的文字，引出了王先生关于知、情、意的一段论述。在此基础上，他结合抗战情绪高涨的形势，指导学生抗战宣传文字的做法，鼓励学生从情、意两方面着力，“以热烈的感情激动大众，以坚强的意志鼓励大众，叫大众也起来和我们一起抗日”。

《戏剧》一章中，学生借助研究性学习，不仅初步了解古今中外戏剧的类

① (美)杜威著，彭正梅译：《我的教育信条》，上海人民出版社 2013 年版，第 13 页。

② 中华人民共和国教育部：《普通高中语文课程标准》（2017 年版，2020 年修订），人民教育出版社 2020 年版，第 48 页。

型和历史嬗变，更重要的是以刚刚发生的“一·二八战役”为题材，根据自己对戏剧的理解，编写场次、人物和舞台背景，创作出适合表演的戏剧脚本。这样在真实情境中开展的实践活动既有意思也有意义，大大提升了他们学习的兴趣和爱国的热情。

传播甚广的《中学生》杂志也结合现实生活，开设“文章病院”专栏，具体分析了报刊上的著作序言、政府文件和公告等实用性文字的错误，让学生在真实的生活中学语文。王先生充分发挥学生的主动性，让他们在研究性学习的基础上自己总结出“用词、用语不当，意义的欠缺和累赘，意义不连贯”等三类常见毛病。

除此之外，《文心》中学生获取知识的渠道和场所丰富多样，课堂之外，语文学习随时随地发生：画室、庭院、郊外、古寺皆是学习的场域。学习形式多样，举凡中学生经历的信件往来、辩论演讲、戏剧表演、家庭熏陶等，都是学习的好时机。

教育者在传授知识的时候，也特别注重情境对学生的启发作用。乐华和大文不理解鲁迅的《秋夜》，周枚叔就指导他们融入真正的“秋夜”中，用所经历的真实情境去理解文章，体会“外面的经验”和“内部的经验”的区别。假期郊游，周枚叔结合《小石潭记》和《敕勒歌》，引领孩子们一起去感受古人观察的精密和描写的适切，告诉他们，“描写”比“记叙”更具的感染力。这种时时处处的写作指点是课堂教学的有益补充，大大提高了孩子们对自然和文学的感受力。这种将语文学习融入生活情境的做法值得借鉴。

四、提高学生的语文素养不只是语文教师的事

越来越多的人已经认识到语文素养对个人成长的重要意义，但具体到提升学生语文素养的行动上，家长认为这是学校的事，学校认为这是语文教师的事。一个不成文的共识是：“读写”是语文教师的活。实际上，对于提高学生的语文素养来说，与学生紧密相关的每个人都是第一责任人，包括家长和语文学科之外的教师。

苏霍姆林斯基说过：“每个教师不管他教哪门课，都应当是一个语文教师。”① 语言是最重要的教育工具，是任何东西都无法取代的。借助语言这个武器，学生就能感受到万物之美，美在这个过程中通过语言进入了学生的

① (苏)苏霍姆林斯基著，赵玮等译：《帕夫雷什中学》，教育科学出版社，1983 年版，第 91 页。

心灵。

《文心》中的H市第一中学是春晖中学的缩影，但比春晖中学更为理想和纯粹。这些教师不仅在自己的学科领域造诣深厚，更重要的是，他们都精通文艺、善于表达，能融会贯通地讲授所任学科的内容，擅用语文学科知识来解释各自学科的特点。图画教师李先生借油画《母亲》的创作，详细阐述了创作的基本历程，并结合写作对“应用之作”“习作”和“创作”做了具体深入的分析。在他看来，绘画和写作的方式不同，但无一例外要在“习作”上下功夫——“真正的画家，终身在写生上用功，真正的文学家，虽至头白亦手不释卷，寻求文章的秘奥。”教英文的张先生不仅在自己的学科教学中注重中外语言的比较，有着一字不肯放过的严谨，还能指导学生正确区分小说与叙事文，他说：“叙事文好比照相，只须把景物照在上面就完事了；小说却是绘画，画面上的一切全由画家的意识、情感支配着的。”这种恰当的比喻让我们领略到学科融合的胜境。

令人称叹的地方还在于，这些教师虽然每个人都学有专长，但绝无文人相轻的陋习，他们都能抛开门户之见，做到相互勉励，坦诚与共。整个校园里也因此弥漫着一种从容、和乐、温馨的气氛，成为真正的教育乌托邦。

家庭教育在孩子成长中同样不可或缺。教育目标的一致，让学校和家庭形成协同合作的双向奔赴，促进孩子的迅速成长。在《文心》中，作者重点塑造了周枚叔这一家长的形象。

周枚叔原本也是教师，是国文教师王仰之先生的好友，在语文教育上有很多深刻独到的见解。孩子们刚入初中时，国文的繁难让他们心生畏惧，周枚叔适时点拨，让学生放下了心理的包袱。通过《登泰山记》和《秋夜》两篇经典文章，与学生一起洞察写作的奥秘。

此外，在假期的郊游中，周枚叔引领学生一起去感受古人观察的精密和描写的适切，告诉他们“描写”的重要性。在诗歌鉴赏方面，注重培养学生健康的诗歌趣味，引导他们关注火热的现实生活。在写作上，他反对那种从书本中学作文的方式，把学生眼光引到书本之外，读读没有字的书，在“森罗万象的事物上获得新的触发”。这样的见解彻底改变了周乐华学习的态度，令他觉得眼前的一切东西都充满着无限的内容，等待自己的发掘，学习的天地一下子就打开了。以此观之，时时处处皆素养，提升学生的语文素养，绝非语文教师一人之责。

动态关注

叶圣陶研究年刊

叶圣陶研究会第六届理事会第三次会议以通讯形式召开

■ 叶圣陶研究会

根据《叶圣陶研究会章程》第二十一条、第二十六条的规定，经会长召集，第六届理事会第三次会议以通讯形式于 2023 年 2 月 21 日至 2 月 23 日召开，全体理事参加。

会议审议了叶圣陶研究会 2022 年工作报告（草案）、叶圣陶研究会 2023 年工作要点（草案）、叶圣陶研究会会员入会退会规定（草案）及其配套文件、叶圣陶研究会个人会员入会申请。全体理事同意所有审议事项内容。

苏州叶圣陶实验小学开展“共话写作人生”活动

■ 苏州叶圣陶实验小学

“摇，摇，摇，柳树条。柳条绿，柳条长，满地菜花黄。”这是《开明幼童国语读本》中的一首童谣，作者是叶圣陶先生。

苏州叶圣陶实验小学的孩子们谈起叶爷爷更是如数家珍。叶圣陶先生与学校的渊源颇深：学校以叶老名字命名，孩子们在学校里读叶圣陶的作品，学习叶圣陶的精神，在叶圣陶思想的浸润下茁壮成长。虽然叶圣陶爷爷离开我们已经 35 年了，但这 35 年来，他的故事却一直在校园里传颂着……

桃花红了，杏花白了，杨柳青了，在这样一个春和景明的日子里，叶圣陶先生的孙子叶永和爷爷及其夫人蒋燕燕奶奶，孙女叶小沫奶奶及其先生周涌爷爷，以及北京大学中文系教授、叶圣陶研究会副会长商金林爷爷莅临学校，与小记者们分享他们和叶爷爷的故事。邹文珍校长等学校领导热情接待了他们。

被春雨冲刷过的校园愈加焕发生机与活力，叶老后辈一行在二楼报告厅落座，与大家共话叶圣陶爷爷。活动由学校小记者站负责人陆培明老师主持。

首先由小记者代表向各位爷爷奶奶介绍了学校小记者站的情况，展示小记者站开展的一系列活动、发表的文章、获得的荣誉以及校刊《叶蕴》等。

爷爷奶奶们看到学校小记者站的活动与成绩不由地鼓起了掌，这是对小记者们的鼓励与祝贺。

接着就是互动环节了，由小记者们进行提问，爷爷奶奶们回答。大家围坐在一起，小记者们童言无忌、踊跃提问，爷爷奶奶们知无不言、耐心解答，问答环节妙趣横生。在分享中，孩子们认识到叶圣陶爷爷不仅是一位伟大的、杰出的作家和人民教育家，更是一位循循善诱、以身作则、至善至美至诚至乐的人。在听了叶圣陶先生的写作趣闻以及叶小沫奶奶、叶永和爷爷的写作经历后，小记者们也明白了只要认真对待每一次习作，写自己的真情实感并一直坚持下去就会取得进步。最后商金林爷爷寄语小记者，希望他们做到“至诚至美至善至乐”，学习语文注意锻炼自己“听说读写”的能力。

爷爷奶奶们的话语字字恳切，句句朴实，蕴含着智慧，彰显着真理，也打动了在场的每一个人。

陆培明老师希望小记者们将今天所学牢记心中，化成自己坚持前进的动力，努力成为一个对社会有贡献的优秀的人。

短暂相聚，永恒记忆。活动结束了，小记者们与爷爷奶奶们依依惜别，大家一起合影留念，将这美好的而有意义的时刻化为永恒的记忆珍藏心底。

“弯弯的月儿小小的船。小小的船儿两头尖。我在小小的船里坐，只看见闪闪的星星蓝蓝的天。”这艘小小的船承载着大人们童年的梦，如今也将继续载着少年们的梦扬帆远航。愿小记者们以理想为桨，坚持作帆，认真掌舵，驾驶这艘小小的船，一往无前地驶向理想的彼岸。

庆贺外公夏丏尊的铜像落成揭幕

■ 叶小沫

大家好！非常高兴能够来到白马湖的平屋，参加我们的祖辈夏丏尊先生的铜像落成揭幕仪式，在看到外公的铜像的那一刻，很难用语言来表达我们的心情。铜像做得真好，一身的正气，博大的胸怀，这就是一直以来我们心中的那个外公。今天我们终于来到他的身边，可以和他说说我们对他的爱，对他的思念。

往日清静的平屋，因为外公铜像的到来，一下子热闹起来。乡里乡亲们，春晖的老师和同学们，还有我们这些孙辈重孙辈，大家都来到平屋，欢迎这位离别多年的游子回到自己的家，回到他久别的故乡。从此平屋又有了主人，山茶花盛开，栀子花飘香，外公像从前一样，开门迎接亲朋好友，迎接四方的来客。这番情景让我们倍感亲切，倍感欣慰。

外公生于1886年，如果还在世，应该有一百三十七岁了，他离开人世也有七十六年了。在这漫长的岁月里，人们始终记得这位在黑暗的年月里，为了中国的民主和文化而战斗的战士，记得他的那些艰苦卓绝的斗争事迹，记得他为此所做出的贡献。为此我们矗立起这尊雕像，为的是纪念他，就像纪念那些曾经和他一起战斗过的战友：鲁迅、内山完造、弘一法师、朱自清、丰子恺、经亨颐、朱光潜、叶圣陶……一样。他们虽然都已故去，却从来也没有离开过我们，在我们的前面为我们指路，在我们的身旁陪我们同行。真正的勇士是不死的，他们永远活在我们的心里。

感谢春晖中学，感谢你们为这位可敬可爱的先辈铸造了这座铜像。当年外公和他的同伴们一起，创建了这所他们理想中的春晖中学，一代又一代的校领导，继承和发扬了春晖的优良校风，使春晖成了从建校那天起，就令无数的优秀学子向往的好学校。外公铜像的落成，使老师和同学们有了一个寄托哀思学习先人的好地方。

感谢春晖校友会阮会长，是您发起了建造夏先生铜像的建议，无论是在文化界还是在教育界，这都是一件非常有意义的事情。您还慷慨斥资，极力促成铜像的建成。听说在建造塑像的整个过程中，您也一直忙前忙后，为此所作的一切令人感动。今天外公的铜像在平屋落脚，和您的努力分不开。看得出您对这位老人充满了真爱和崇敬，今天您一直以来的心愿终于实现，我们为您感到高兴。

感谢光淳四兄弟，你们动用了父亲弘宁哥哥留给你们的基金，为曾祖父铸造铜像出资，这是一件非常有意义的事情。铜像一旦矗立在这里，就给人们留下了永久的纪念。弘宁哥哥地下有知，也会为你们做的这件事情感到欣慰，你们完成了他心中的夙愿。

最后我们要衷心感谢杭州中国美术学院教授周增强先生，感谢您为我们塑造了这座很有气势的外公的铜像，无论是他的样貌，还是他的精神，都十分贴切地展现在了这座铜像上。今天来参加铜像揭幕仪式的家人，都没有见过外公，但是在我们的心中，外公就是这个样子，一身正气，亲切慈祥。在外公那个年代，留下来的照片很少，只有非常珍贵的几张，不足以供您参考。古人说：读书破万卷，下笔如有神。我想，为了做好这件作品，您一定是读了许多外公写的书，读了许多别人写外公的书，您一定也受到老人家精神的感染和感动，才会把您对这位老人家的了解，形象准确地付诸您的刻刀下，打造出这样一件优秀的艺术作品。为此我们再一次向您表示衷心的感谢！

现在让我们大家一起，对夏丏尊铜像揭幕仪式的成功举办，表示最热烈的庆贺！我带领夏丏尊先生的后人向夏丏尊的铜像鞠躬，向所有来参加落成典礼的同志们鞠躬！谢谢大家！

浙江白马湖平屋

2023 年 3 月 22 日

第五届叶圣陶教师文学奖在甪直颁奖

■ 吴中区甪直镇

3 月 25 日，第五届叶圣陶教师文学奖颁奖典礼在苏州吴中区甪直镇举办。

叶圣陶先生的后辈叶小沫、叶永和，中国当代文学研究会名誉会长、中国社科院研究员白烨，中国当代文学研究会原副会长、校园文学委员会会长、首都师范大学文学院原院长、教授、博导吴思敬，民进中央开明画院院长、中国美术出版总社原总编辑、书法家、作家林阳，中国当代文学研究会校园文学委员会常务副会长兼秘书长、中国校园文学馆馆长王世龙，中国少年儿童新闻出版总社《中学生》杂志原主编路玉美，中国当代文学研究会校园文学委员会常务副秘书长、中国校园文学馆馆长唐正立，中国当代文学研究会校园文学委员会副秘书长兼办公室主任王军霞，苏州市政协常委、民进苏州市委专职副主委、市政协副秘书长於亚萍，吴中区政协副主席周黎敏，吴中区教育局局长沈志枫，甪直镇党委委员张春茂、刘薇洁，苏州教科院语文学科教研员、正高级教师钱建江，苏州大学文学院副教授、苏州城市学院文传院副院长、文正书院院长陈国安，甪直镇叶圣陶研究中心主任周民森等领导、专家、获奖教师作家及学校、出版社代表 60 余人出席活动，吴中区教育局选派各校教师代表100余人参加活动。中国当代文学研究会副会长、中国社科院研究员杨早主持了颁奖典礼。

叶圣陶教师文学奖由中国当代文学研究会、苏州市吴中区人民政府主办，中国当代文学研究会校园文学委员会、苏州市吴中区甪直镇人民政府、民进苏州市吴中区委员会承办，苏州市吴中区教师发展中心、人民教育出版社附属实验小学、甪直镇叶圣陶研究中心协办，旨在弘扬叶圣陶先生的文学精神与教育思想，倡导教师文学创作，促进教师文学修养的提高，展现当今教师的文学风采，推出思想性、艺术性俱佳的优秀教师文学作品，推举像叶圣陶一样富有文学情怀、教育理想的作家型教师。

活动上，吴思敬向大会介绍了本届评选情况，并对下届的举办提出了新的建议。本届评奖收到全国各地大、中、小学教师申报的合格作品246件，文体包括诗歌（含散文诗）、散文（含报告文学、人物传记、诗词鉴赏等）、小说（含长篇小说、中短篇小说、童话、民间故事等）、戏剧。其中大学教师44人、中学教师134人、小学（含幼儿园）教师56人、教育行政部门和教研中心12人。评奖办公室聘请专家组成初评评委会和终评评委会，按文体分组评审。经过初评评委一个多月的阅读初评，选出50部入围作品名单，再由终评评委审阅评选，现场讨论合议，投票表决，产生了本届获奖作品金奖10部、银奖20部。白烨、张春茂分别致辞。甪直是叶圣陶的第二故乡，他的教育和创作生涯是从甪直开始的。他的孙女叶小沫以“做一个会教书能写作的好老师”为题，深情回忆了叶圣陶的人生历程、教育追求和文学情怀。她说，人们提到爷爷时，文学家和教育家从来都相提并论，同时爷爷又一直培养和鼓励教师进行文学创作。她诚恳地希望叶圣陶教师文学奖能够一届一届办下去，成为教师心目中一个值得信赖、值得争取的奖项。林阳、路玉美、钱建江、陈国安，以及获奖者代表河北省邯郸市第二十五中学青小衣（张萌）、责任编辑代表晨光出版社袁雯、支持单位代表青岛科技大学传媒学院党委书记刘志国在发言中热情盛赞叶圣陶教师文学奖的举办。他们表示，要继续弘扬叶圣陶先生的教育思想与文学精神，牢记使命与担当，努力创作出更多更好的作品，并将这份幸福和浪漫带给学生，使他们的生活充满美感，培养他们更高尚更健全的人格。叶圣陶是一个光辉的名字，在叶圣陶教育思想和创作理论指引下，富有文学魅力和文化品位的作家型教师将不断涌现，我们的大学中文教育、中小学语文教育，都将得到强有力的提升。

颁奖典礼前夕，与会代表以“叶圣陶与苏州甪直文化发展”为主题，围绕叶圣陶在甪直的文学创作与教育实践、对苏州及甪直教育发展的影响、对教师文学修养提升和专业发展以及对角直文化名片的内涵提升等方面进行了交流与研讨。同时，参观了叶圣陶纪念馆，拜谒了叶圣陶墓，与会代表深切感受到这位卓越的教育家、文学家、编辑家扎根乡村教育的理想追求和文学照亮人生的美好情怀。

纪念叶圣陶先生从事编辑出版工作 100 周年系列活动启动仪式暨“叶圣陶编辑出版思想”学术报告会在京举办

■ 民进中央宣传部

2023 年 3 月 30 日下午，纪念叶圣陶先生从事编辑出版工作 100 周年系列活动启动仪式暨“叶圣陶编辑出版思想”学术报告会在北京印刷学院举办

2023 年 3 月 30 日下午，纪念叶圣陶先生从事编辑出版工作 100 周年系列活动启动仪式暨“叶圣陶编辑出版思想”学术报告会在北京印刷学院举办。该系列活动的主题为“像叶圣陶那样做编辑”。全国政协副主席、民进中央常务副主席朱永新致辞并宣布纪念叶圣陶先生从事编辑出版工作 100 周年系列活动正式启动。民进中央副主席高友东出席启动仪式。

叶圣陶先生是我国著名的教育家、文学家、编辑出版家、社会活动家。从 1923 年初正式进入商务印书馆算起，一生有近 70 年致力于编辑出版工作。曾先后创办或编辑过《诗》月刊、《公理日报》、《小说月报》、《妇女杂志》、《中学生》等数十种报刊；编纂过《小学国文课本》《中学国文课本》《开明小学国语课本》《开明国文讲义》等教科书，并在新中国成立前夕和新中国成立后长期主持全国中小学、中专和大学教科书的编审和出版工作，是新中国教材的奠基人和开拓者；经他编审、编辑的新文艺作品、学术著作、国外译著和工具书更是不胜枚举。

全国政协副主席、民进中央常务副主席朱永新致辞

朱永新代表民进中央向系列活动的启动表示祝贺，向长期以来对民进工作和叶圣陶研究会工作给予大力支持的单位和个人表示感谢。他指出，民进是八个民主党派中唯一重点联系出版界别的党派，始终与编辑出版业有着深厚的渊源和友谊。许多民进先辈都是我国出版界的重要人物，叶圣陶先生就是其中的杰出代表。要发挥好叶圣陶研究会的独特作用，深入学习贯彻中共二十大精神，全面贯彻落实习近平总书记关于出版工作的重要论述，以纪念叶圣陶先生从事编辑出版工作100周年为契机，共同推动叶圣陶等老一辈编辑出版家的编辑精神和编辑思想在新时代更加根深叶茂、焕发光彩。

朱永新强调，当前，在推进社会主义文化强国建设的进程中，出版是重要的、基础性的行业，希望大家永葆“先驱者”的使命感，坚持“人民至上”的根本立场，把社会效益放在首要位置，努力推出更多既能满足人民文化需求、又能增强人民精神力量的精品力作，为发展社会主义先进文化、壮大社会主义意识形态、传播真理、传承文明、促进人的全面发展做出重要的贡献。

中国出版协会理事长邬书林，中国编辑学会会长郝振省，叶圣陶先生亲属、叶圣陶研究会理事叶小沫分别致辞。

北京印刷学院党委书记高锦宏致欢迎辞；党委副书记、院长田忠利主持启动仪式。

民进中央副秘书长、叶圣陶研究会秘书长左延珠代表叶圣陶研究会向北京印刷学院图书馆赠送了有关叶圣陶先生编辑出版思想的图书，并宣读了捐赠书目和具体捐赠单位；捐赠单位代表商务印书馆党委书记、执行董事顾青，开明出版社总编辑沈伟，人民教育出版社党委委员、资深编辑刘立德，叶圣陶研究会副会长商金林分别作了赠书寄语。

叶圣陶编辑出版思想专业委员会首任主任陈滨滨宣读了《致编辑工作者的倡议书——像叶圣陶那样做编辑》。

启动仪式上播放了纪录片《二十世纪中国文化名人第 87 集——叶圣陶》，共同缅怀叶圣陶先生。

启动仪式结束后，商金林作了题为“作为编辑出版家的叶圣陶——纪念叶圣陶从事编辑出版工作 100 周年”的学术报告。

此次活动由叶圣陶研究会、北京印刷学院主办，中国出版协会、中国编辑学会、商务印书馆、开明出版社、人民教育出版社支持，叶圣陶编辑出版思想专业委员会、北京印刷学院出版学院承办，叶圣陶教育思想专业委员会、民进北京市大兴区工委协办。

活动采取线上线下相结合的方式举行。民进中央、北京市委会、大兴区工委和举办单位有关领导同志，北京市有关方面领导同志参加启动仪式。叶圣陶先生家属，叶圣陶研究会在京部分理事，北京印刷学院主要领导及师生，各举办单位从事编辑出版工作的人员、民进出版传媒界会员参加了活动。

民进镇江市委会举办《百年回响·历史转折处的叶圣陶》专题讲座

■ 民进镇江市委会

4月7日下午，民进市委会联合江苏省镇江第一中学，特邀苏州大学文学院副教授陈国安作题为“百年的回响：文学·人生·教育——历史转折处（1919—1923）的叶圣陶”专题讲座。

陈国安教授结合叶圣陶先生创作的小说、新诗等作品，从“甪直：1919的觉醒者”“甪直：1920的蜕变者”“甪直—上海：1921的转折者”“上海：1923的启蒙者”四方面，阐述了叶圣陶先生在历史转折阶段的思想变化，介绍了叶圣陶先生从甪直到上海后的三大新起点。陈国安教授妙语连珠，讲座中不时爆发出学生热烈的掌声。

通过举办纪念叶圣陶先生从事编辑出版工作100周年系列活动的首场讲座，民进市委会希望会员们能够感受到叶圣陶教育思想是植根大地、走向行动的思想。作为民进会员，能够发挥好镇江叶圣陶研究会的独特作用，深入学习贯彻中共二十大精神，共同推动叶圣陶等老一辈领导人的优良传统和高尚风范在新时代更加根深叶茂、焕发光彩。

市政协副秘书长、民进市委会专职副主委尹红敏参加活动。

2023 海峡两岸暨港澳地区基础教育交流活动在三明开幕

■ 民进中央宣传部

2023 年 7 月 26 日下午，由中国民主促进会中央委员会和叶圣陶研究会共同主办的“2023 海峡两岸暨港澳地区基础教育交流活动”在福建省三明市举行

2023 年 7 月 26 日下午，由中国民主促进会中央委员会和叶圣陶研究会共同主办的“2023 海峡两岸暨港澳地区基础教育交流活动”在福建省三明市举行。本次交流活动的主题是“中小学学科阅读与写作”。全国政协副主席、民进中央常务副主席朱永新出席开幕会并讲话。

全国人大常委会委员、民进中央副主席高友东主持开幕会。福建省政协副主席、民进福建省委会主委严可仕，福建省政协副主席、中共三明市委书记黄如欣出席开幕会并致辞。

朱永新代表活动主办单位向与会的海峡两岸及港澳地区嘉宾表示欢迎，向对本次交流活动给予大力支持的福建省和三明市各有关单位和部门以及各承办单位表示感谢。他说，中国新型政党制度以“共产党领导、多党派合作，共产党执政、多党派参政”为显著特征。中国民主促进会是八个参政党之一，

全国政协副主席、民进中央常务副主席朱永新出席开幕会并讲话

主要由从事教育文化出版传媒工作的高中级知识分子组成。78 年来，一代又一代的民进教育人，以崇高的理想、高度的热情、务实的业绩，做出了积极贡献，叶圣陶先生就是其中杰出的代表。长期以来，中国民主促进会和叶圣陶研究会致力于推动大陆与台港澳学者、学术团体的交流交往，形成了海峡两岸中华传统文化与现代化研讨会、海峡两岸暨港澳地区基础教育交流活动、两岸学者共话论坛等特色品牌活动，对推动两岸教育文化交流发挥了积极作用。

朱永新指出，本次交流活动聚焦“中小学学科阅读与写作”主题是经过认真考量的。一个人的精神发育史就是他的阅读史，一个民族的精神境界取决于这个民族的阅读水平。写作则是人的本质属性之一，是一种有效的学习方式。阅读和写作是一个人成长不可或缺的重要方面，他们本身也是相辅相成的。强国建设、民族复兴，需要广大青少年儿童成长为善于发明创造、改革创新的复合型人才。在这个过程中，离不开跨学科的阅读、学习、研究、写作和创造。学科阅读特别是跨学科的研学阅读，是扩大阅读视野、培养阅读习惯、提高阅读兴趣，进而激发出跨学科知识融合效能的重要方式。与之配合的学科写作，则是以文字的形式串联知识、促进思考、加深理解、强化应用的一种有益推动。

朱永新强调，目前中小学生的阅读有着明显的语文学科倾向，大量其他学科阅读被忽略，不利于提高学生的综合素质。学科阅读既能激发学生学科学习的好奇心和求知欲，也能够帮助学生寻找人生榜样、确立人生志向，还能够推进学生拓宽学科视野、理解学科本质。在学科阅读基础上，通过不同情景下的各学科写作，可以激活课堂教学知识，提高个体分析和应用学科知识的能力，进而建构自己的知识体系，以实现“以写促学”的目的。“双减”政策落地，为学生的阅读和写作提供了更多空间。锻造学科阅读，促进学科写作，进而缔造一种以写作为载体的生活方式、成长形态和创造方法，不仅是学校的任务，还需要全社会的倡导与支持，需要相关专业人士的研究与指导。期待与会嘉宾能够在“中小学学科阅读与写作”这个主题下充分交流探讨，互学互鉴、互促互进，共同为海峡两岸和港澳地区教育事业的发展贡献力量。

严可仕在致辞中说，福建地处我国东南沿海，与台湾隔海相望，人文底蕴深厚，生态资源丰富，侨台优势突出。近年来，福建坚定不移沿着习近平总书记擘画的宏伟蓝图，大力发展数字经济、海洋经济、绿色经济、文旅经济，持续做好“通”“惠”“情”文章，大力实施台籍教师入闽工程，积极探索海峡两岸融合发展新路，努力打造台胞在福建追梦、筑梦、圆梦的“第一家园”。

黄如欣在致辞中表示，近年来三明市坚持教育优先发展战略和教育惠民导向，围绕夯实教育基础、提升教育质量、优化教师队伍、深化教育改革等方面持续发力，推动全市基础教育事业发展取得长足进步。三明市将以交流活动的举办为契机，持续加强与台湾、香港、澳门和内地教育发达地区的交流合作，加快推进海峡两岸乡村融合发展试验区和教育部基础教育综合改革实验区建设，努力为全国全省探索新路、积累经验。

中共福建省委教育工委委员，中共福建省教育厅党组成员、副厅长李绚介绍福建省基础教育发展情况。

本次活动由民进中央教育委员会、民进中央联络委员会、民进福建省委会、民进三明市委会承办。民进中央秘书长金永伟、研究室主任朱一多，民进中央联络委员会主任洪岸、副主任乐智强，民进福建省委会专职副主委林全金，中共三明市委常委、统战部部长黄冠华，三明市人民政府副市长、民进三明市委会主委林菁，以及来自海峡两岸暨港澳地区的专家学者，叶圣陶研究会有关领导等 70 余人参加了开幕会。

开幕会后，北京大学教授、博士生导师、长江学者特聘教授蒋凯，叶圣陶研究会理事、北京教育学院语言教学改革研究中心主任、北京市语文特级教师李怀源分别作题为“我国新时代教育发展成就与展望”“分进合击：学科阅读的意义、内涵与实施”的主旨报告。

会前，与会的专家学者还实地参访了海峡两岸的远古家园——三明万寿岩旧石器时代遗址、沙县区夏茂镇俞邦村，考察了三明一中陈景润初中部、三明市三元区第二实验学校两所具有特色的中小学校，并进行座谈。

据悉，本次“海峡两岸暨港澳地区基础教育交流活动”为第五次举办。前四次交流活动分别在昆明、上海、济南和兴义举办，主题分别为“义务教育均衡发展”“21 世纪的中小学数学教育”“中小学课程与教学改革”和“中小学实践教育课程与评价”。

2023 海峡两岸暨港澳地区基础教育交流活动闭幕

■ 民进中央研究室

2023 年 7 月 27 日上午，2023 海峡两岸暨港澳地区基础教育交流活动在福建省三明市闭幕

2023 年 7 月 27 日上午，2023 海峡两岸暨港澳地区基础教育交流活动在福建省三明市闭幕。全国人大常委会委员、民进中央副主席高友东出席闭幕会并讲话。

高友东说，前不久召开的第十五届海峡论坛，是 2020 年以来最大规模的两岸民间交流活动，取得了丰硕成果。习近平总书记在致论坛的贺信中，深刻阐明了“国家好，民族好，两岸同胞才会好”的大道至理，宣示了持续促进两岸经济文化交流合作、深化两岸各领域融合发展、共同弘扬中华文化、促进两岸同胞心灵契合的政策主张，充分体现了对广大台湾同胞的深情牵挂和关心关怀。

高友东指出，本次交流活动，致力于以基础教育交流为切入口，促进两岸和港澳地区开展深入广泛交流，特别是凝心聚力为推动两岸关系回到和平发展的正确轨道做出积极贡献。来自海峡两岸和港澳地区的 38 位校长和专家学者，围绕“中小学学科阅读与写作”这一主题，通过实地考察、参访和分组交流，发表真知灼见，分享对学科阅读与写作的探索经验。大家坦诚交流，

全国人大常委会委员、民进中央副主席高友东出席闭幕会并讲话

深入讨论，充分反映了各地中小学学科阅读与写作的发展成就和特色优势，充分体现了海峡两岸和港澳地区教育界同仁的关爱之心和深厚情谊；大家相互启发，形成了很多共识，引发了很多思考，共同促成了一次成果丰硕的交流盛会。

高友东指出，阅读和写作相互促进的关系，即阅读是写作的基础，可以为写作提供素材和启发；而写作能够帮助深入理解阅读材料，提高阅读能力，二者相互作用，最终对于提高人文素养具有重要推动作用。为满足现阶段素质教育的发展需求，中小学老师应与时俱进，积极进行教学方法的创新，调动学生学习积极性和主动性，加强阅读教学和写作教学之间的融合，促进学生综合素质的全面提升。

交流活动分三个小组进行了深入研讨。香港浸会大学附属学校王锦辉中小学中学部中文科主任王嘉航，台湾中小学校长协会荣誉理事长、新北市邓公小学校长张荣辉，台东大学教育学系教授李伟俊代表各自小组在闭幕会上作了发言。

闭幕会由福建省三明市人民政府副市长，民进三明市委会主委林菁主持。

来自海峡两岸和港澳地区的专家学者，民进中央、叶圣陶研究会、民进福建省委会、中共三明市委、民进三明市委会的有关领导等50余人参加了闭幕会。

民进中央设立“叶圣陶教师奖”首批表彰十位会员

■ 民进中央宣传部

为深入贯彻习近平新时代中国特色社会主义思想和中共二十大精神，大力宣传优秀教师典型，弘扬尊师重教的社会风尚，民进中央从 2023 年起设立“叶圣陶教师奖”，在全会树立一批教师楷模。

9 月 3 日上午，2023 年度“叶圣陶教师奖”颁奖仪式在庆祝第三十九个教师节暨 2023 · 中国教师发展论坛开幕会期间举行。十位民进会员荣获表彰。

获得表彰的民进会员是民进上海市徐汇区委会副主委、上海市徐汇区宛南实验幼儿园园长卫晓萍，民进会员、辽宁省沈抚新城拉古九年一贯制学校教师王铜，民进江苏省徐州市小教支部副主委、徐州市云龙小学校长王小倩，民进会员、北京教育科学研究院正高级教师吴正宪，民进浙江省委会原副主委、宁波市镇海中学校长吴国平，民进太原理工大学委员会主委、太原理工大学化工学院教授郝晓刚，民进西安市委会副主委、西安高新第二学校校长高杨杰，民进会员、新疆乌鲁木齐市第一中学化学教研组长敬鳗力，民进会员、贵州省贵阳市白云兴农中学校长蒲邦顺，民进会员、安徽省安庆市迎江区沐阳之家特殊教育培训学校创办人潘金云。

民进中央号召民进广大教师会员，要以习近平新时代中国特色社会主义思想为指导，深入学习贯彻中共二十大精神，以获奖者为榜样，爱岗敬业，立德树人，学为人师，行为世范，为办好人民满意的教育，加快建设教育强国，全面建设社会主义现代化国家、实现中华民族伟大复兴做出新的更大贡献。

江苏省叶圣陶教育思想研究所十年①

■ 任苏民

叶圣陶是20世纪我国卓越的教育家，是中国现代文化教育的一代宗师。他自1912年初担任教师起，一生从事文化教育工作76个春秋，几乎亲历了20世纪中国社会变革发展各个时代和文化教育改革整个过程。在这过程中，作为杰出教育家的他，与同时作为新文化运动战士、著名文学家、编辑出版家、社会活动家和一个真正的“人”的他，实践、交往、修养、学问极其丰富而又融为一体，从而形成了博大精深、特色鲜明的叶圣陶教育思想。

对于叶圣陶教育思想的研究，随着我国进入改革开放和现代化建设新时期而兴起，已经有四十多年了。在此期间，作为叶圣陶的故乡苏州尤其是苏州教育界一直自觉担当着叶圣陶教育思想研究的主角。特别是自1990年以来，苏州市不但承办了中国叶圣陶研究会的历次学术研讨会，而且先后主持“叶圣陶教育改革思想研究和实践”“叶圣陶教育思想的文化底蕴和当代价值”等多项全国教育科学规划课题，组织广大教育工作者进行理论研究和实践探索，取得了丰硕成果，在全国产生积极影响，有力地推动了素质教育发展，促进了教育现代化。

正是在如此深厚的文化积淀基础上，经苏州市教育局申报，省教育厅批准，江苏省叶圣陶教育思想研究所于2013年10月正式成立。

建所十年，江苏省叶圣陶教育思想研究所在新时代的背景和视野下，认真学习贯彻习近平新时代中国特色社会主义思想，坚持文化自信，以唯物史观和辩证法为方法论，致力于叶圣陶教育思想的时代化、学理化、实践化研究，推进其科学内涵、文化底蕴、时代价值、实践意义的深入探索和创新发展，取得了一系列新的突破和成果。

在理论研究上，《叶圣陶教育思想的文化底蕴和当代价值》《叶圣陶“教是为了不教”的理论意蕴与现实意义》《立德树人背景下叶圣陶德育思想时代

---

① 本文系作者为苏州市教育局、江苏省叶圣陶教育思想研究所、江苏省苏州第一中学联合选编的《叶圣陶教育思想精选读》丛书撰写的总序。

内涵探析》《“教是为了不教”教育思想的历史起源和发展》《论“教是为了不教”的科学内涵和理论体系》《叶圣陶教育思想与当代中国教师发展》《叶圣陶“养成良好习惯”教育思想新探》《新时代有效教学研究的理论构建——兼论叶圣陶教育思想在新时代的借鉴与发展》《借鉴叶圣陶中国现代教师思想　做新时代“四有”好老师》《读懂叶圣陶教育思想里的“中国教育学”》《为“有生机的种子”提供“充分的合适条件”——叶圣陶“教是为了不教”教育思想对西方早期现代教育理论的借鉴、转化、超越及启示》等十多篇原创性论文在《教育研究》等国家教育核心期刊和《中国教育报》上发表，专著《叶圣陶教育思想研究》列入中国教育学会推出的“教育薪火书系”第一辑在山西人民出版社出版。这些成果，在全国产生了一定影响，对新时代叶圣陶教育思想研究与教育教学改革创新起到引领作用。

在实践探索上，精心策划并组织实施“中小学‘教是为了不教’教育教学改革实验”“江苏省教育科学规划叶圣陶教育思想研究专项课题”“叶圣陶教育思想高级研修班”等三大项目，承办了“‘素质教育在江苏——苏州专场’展示观摩活动”，组织了江苏省苏州第一中学、苏州叶圣陶实验小学等100多所中小学校进行“‘教是为了不教’教改实验”，举行了“苏州市‘教是为了不教’教改实验成果评奖和示范学校表彰”，指导了200多项“江苏省教育科学‘十二五’‘十三五’规划叶研专项课题”研究，举办了四期共300多名省、市骨干教师参加的“叶圣陶教育思想高级研修班”，编发了《叶圣陶教育思想研究成果新编》《苏州市“教是为了不教”教改实验成果选编》等资料。在持续、深入的实践探索中，《科学践行“教是为了不教”教育思想》《叶圣陶教育思想的传承与表达——基于江苏省苏州一中的校本实践研究》《叶圣陶“养成良好习惯”教育思想的创新实践和发展》《新课程新教材改革需要教师自我革新》等一系列区域与学校实践探索文章在《中国教育报》和《中国德育》《江苏教育研究》等全国、省级教育期刊上发表，编著和文集《教育叙事——像叶圣陶那样做老师》《为人生的教育——名家名师对话叶圣陶》在高校出版社出版，有效地促进了叶圣陶教育思想研究成果在各级各类学校和幼儿园的实践应用与区域推广，取得了显著的育人实效。

江苏省叶圣陶教育思想研究所建所十年，成绩斐然。这除了它自身的努力，也是跟叶圣陶母校江苏省苏州第一中学的鼎力支持分不开的。苏州一中不但作为省叶研所所在地，为之提供了良好的物质条件和研究资源，而且作为叶圣陶教育思想的自觉传承者和省叶研所工作的重要参与者，在校本实践研究中充分挖掘和利用本校优秀传统文化资源，形成了以叶圣陶教育思想为核心的办学特色，包括“教育为人生”的教育理念，“养成良好习惯”的德育实践，“教是为了不教”的课程教学，“像叶圣陶那样做老师”的教师发展等，尤其是在“教是为了不教”教改实验中取得显著成果，被评为“苏州市‘教是为了不教’教育教学改革示范学校”，获得了江苏省教学成果一等奖和国家教学成果二等奖，对广大学校和教师创造性开展叶圣陶教育思想研究与实践起到了示范和辐射作用。

在有关各方的支持和参与下，2020 年，江苏省叶圣陶教育思想研究所总结本所“十三五”时期研究成果，参加省教育厅组织的教育科研成果评奖，获得了第五届江苏省教育科学优秀成果奖特等奖。

江苏省叶圣陶教育思想研究所建所十年，值得庆贺。为此，我们特地从叶圣陶教育思想的众多读本中精选了三本，统一编辑为丛书“叶圣陶教育思想精选读”，交由文汇出版社出版，以纪念这一时刻的到来。

“叶圣陶教育思想精选读”，包括商金林教授编的《教是为了达到不需要教》、任苏民老师编著的《教育与人生》和杨斌老师编的《如果我当教师》。商金林教授作为文史专家，长期从事叶圣陶研究，著述丰厚。他新编的《教是为了达到不需要教》，围绕叶圣陶教育思想精髓，设立“‘受教材’并不等于‘受教育’”“语文是一门怎样的功课”“把书中的经验化为自身的经验”等七个专题，从其所拥有的叶圣陶各类教育著作第一手资料中广采相关片段，并各以若干关键词凸显要点，专题名称和关键词均出自这些原著片段，让人读了更有叶圣陶教育思想和话语源于生活中原创之感。

任苏民老师作为教育科研工作者，长期从事叶圣陶教育思想研究。他于 2002 年编著、朱永新教授作跋的《教育与人生》，意在让广大教育工作者特别是教师能用较短时间直接感受和系统把握叶圣陶教育思想里的“中国教育学”，故按“教育总论”“德育论”“教学论”“教师论”等六辑，精选叶圣陶各个时期各类教育代表作，组成理论逻辑与历史生成相统一的活的教育学读本，并撰写全书导言、每辑阅读提示和参考文献目录，以更好地实现本书目的。杨斌老师是苏州一中语文特级教师，多年进行叶圣陶教育思想研究。他 2012 年编的《如果我当教师》，着重从教师的视角，结合自己的研究思考，按“学校教育应当使受教育者一辈子受用”“教育就是要养成良好习惯”“教是为了达到不需要教”等叶圣陶教育思想基本观点分七个专辑，选编叶圣陶各类重要教育著作或其章节，并在每篇前引用其中要语作出提示，为广大教师学习研究叶圣陶教育思想提供有价值的参考。

值此“叶圣陶教育思想精选读”即将付梓之际，我们要衷心感谢叶永和先生和叶小沫女士对本丛书出版、对苏州教育事业发展的大力支持！衷心感谢文汇出版社对本丛书的倾力打造！衷心感谢所有支持、帮助、参与和推动新时代叶圣陶教育思想研究的同仁和朋友们！

2023 年 9 月 10 日

于江苏省叶圣陶教育思想研究所

纪念叶圣陶先生从事编辑出版工作100周年座谈会在京召开

■ 民进中央宣传部

2023年10月17日上午，纪念叶圣陶先生从事编辑出版工作100周年座谈会在京召开

2023年10月17日上午，纪念叶圣陶先生从事编辑出版工作100周年座谈会在京召开。民进中央主席、叶圣陶研究会会长蔡达峰出席座谈会并讲话。民进中央常务副主席朱永新出席并主持会议。

本次活动由叶圣陶研究会主办，叶圣陶编辑出版思想专业委员会、教育思想专业委员会协办。会议主题为“学习贯彻习近平总书记‘两个结合’重要思想，促进编辑出版事业高质量发展”。

蔡达峰在讲话中说，今年是叶圣陶先生从事编辑出版工作100周年，为了缅怀他光辉的一生，纪念他为新中国编辑出版事业做出的卓越贡献，学习和宣传他的编辑出版思想，叶圣陶研究会与各方一道，成功举办了一系列纪念活动。这些活动对于促进民进事业、编辑出版事业、教育事业和文化事业都很有意义。在强国建设、民族复兴的新征程上，推动文化繁荣、建设文化强国、建设中华民族现代文明，是民进和出版界共同担负的神圣使命和重大职责。我们要深入学习贯彻习近平新时代中国特色社会主义思想，特别是习近平文化思想，深刻把握中华文明连续性、创新性、统一性、包容性、和平性的突出特性，全面领会“七个着力”“两个结合”的深刻内涵，坚定文化自信，增强编辑出版工作服务新时代的责任感和自觉性。

民进中央主席、叶圣陶研究会会长蔡达峰出席座谈会并讲话

蔡达峰指出，要继承和弘扬叶圣陶先生等老一辈出版人的优良作风，坚持以编辑出版为阵地，传播真理，宣传科学，秉持叶圣陶先生毕生倡导的“敦本务实，正道直行”“质量第一”“绝不辜负读者”“编辑出版工作就是教育工作”等编辑出版思想和理念，牢牢把握社会效益和读者效应，以高质量的编辑出版工作，为社会奉献更多优质作品。

蔡达峰强调，叶圣陶先生是民进德高望重的领导人，是民进主界别的旗帜和代表，民进组织和会员要珍惜叶圣陶等民进前辈创造的精神财富，践行他们的高尚风范，学习他们的著作、理念、思想、精神和作风，在各自的工作和生活中展现民进人的素养，在民进事业中体现优良传统的时代价值。叶圣陶研究会要进一步发挥好自身作用，加强与各方的联合，更加系统、全面、深入地研究、宣传叶圣陶先生的编辑出版成就和思想，为繁荣发展中华民族现代文明、建设文化强国贡献智慧和力量。

叶圣陶先生亲属、叶圣陶研究会理事叶小沫，叶圣陶研究会副会长、北京大学教授商金林，中国出版协会理事长邬书林，中国编辑学会会长郝振省，商务印书馆原总经理、叶圣陶研究会理事李平，开明出版社社长、叶圣陶研究会副秘书长陈滨滨，人民教育出版社党委书记、社长黄强，北京印刷学院党委书记曹文军，叶圣陶编辑出版思想专业委员会主任、开明出版社总编辑沈伟出席座谈会并围绕会议主题发言。

人民教育出版社教育理论编辑室主任、叶圣陶研究会理事任长松，人民教育出版社党委委员、叶圣陶教育思想专业委员会主任刘立德，开明出版社副社长王桢，北京印刷学院副院长兼出版学院执行院长陈丹，民进中央副秘书长、叶圣陶研究会秘书长左延珠，民进中央研究室主任、叶圣陶研究会副秘书长朱一多，叶圣陶先生亲属叶永和，叶圣陶研究会部分在京理事和会员出席活动。

叶圣陶先生从事编辑出版工作 100 周年纪念活动在人教社举行

■ 胡兰江

2023 年 10 月 25 日，在叶圣陶先生诞辰 129 周年前夕，来自首都高校和出版单位的专家学者和编辑出版工作者二十余人隆重集会，在人民教育出版社举行“纪念叶圣陶先生从事编辑出版工作 100 周年座谈会”。会议由叶圣陶研究会叶圣陶教育思想专业委员会、中国地方教育史志研究会学术交流分会主办，人教社教育理论编辑室暨党支部、民进人教社支部、《教育史研究》编辑部联合承办，民盟人教社支部协办。叶圣陶研究会副会长、北京大学教授商金林，叶圣陶研究会副会长、人教社研究员郭戈出席会议。叶圣陶研究会副秘书长兼叶圣陶教育思想专业委员会主任、人教社教育理论编辑室资深编辑刘立德主持会议并做会议总结。

叶圣陶先生（1894—1988）是我国现代著名的作家、教育家、编辑出版家和社会活动家。1923 年春，叶圣陶先生进入商务印书馆编译所国文部，开始了他长达六十多年的编辑生涯。在商务印书馆和开明书店，他曾先后编辑过《小说月报》《中学生》等数十种报刊，编纂过小学国文课本、中学国文课本等教科书。在新中国成立前夕和新中国成立后，他长期领导和主持全国中小学、中专和大学教科书的编审和出版事业；他以出版总署副署长和教育部

副部长的身份长期担任人教社社长和总编辑，是新中国教材事业的奠基人和开拓者；经他审阅、编辑的新文艺作品、学术著作和工具书等更是不计其数。叶圣陶先生是我国编辑出版界的一代宗师和楷模，他的编辑出版思想在今天仍有重大的现实意义。

会议首先学习传达了全国人大常委会副委员长、民进中央主席、叶圣陶研究会会长蔡达峰和人教社党委书记、社长黄强等在 10 月 17 日叶圣陶研究会主办的纪念叶圣陶先生从事编辑出版工作 100 周年座谈会上的讲话精神。然后是主题发言和自由发言。

郭戈研究员做了题为“叶圣陶先生：人教社的一面旗帜”的主题发言。他从叶圣陶先生关心和指导王泗源撰著《古语文例释》以及直接参与《新华字典》的创编和审稿过程谈起，认为叶圣陶先生在做人和做编辑两方面都值得我们学习。叶圣陶先生是“当代圣人”，是人教社永远飘扬的一面旗帜。

商金林教授以“叶圣陶、顾颉刚主编的《新学制初级中学用国语教科书》(以下简称《初中国语》)”为题做了主题发言，阐发了《初中国语》的成书过程、思想内容、选材方式和编排特点。他认为，叶圣陶先生充分认识到语文学科教材应高扬民族精神、时代精神、科学精神，对做人有奠基作用，对人生和生活有全新理解，激励读者积极进取、学以致用、知行合一，成长为德才兼备的人。同时，叶圣陶先生从语言、思想以及欣赏心理等各个层面审视和甄采教学材料，将思想性和可读性俱佳的诗文编入课本，并给出极为恰切的注释，以帮助读者学好语文。叶圣陶先生高绝的眼光和卓越的编辑才华，使得《初中国语》成为我国现代初中语文教科书的奠基之作。

刘立德编审做了题为“重温叶圣陶先生的编辑出版思想”的主题发言。他认为，叶圣陶先生是中国近现代编辑出版界一代宗师，是中国百年编辑出版史上立德、立功、立言的模范，为中国特色编辑出版体系的建立呕心沥血，在其长期的编辑出版实践基础上，形成了丰富多彩、博大精深的编辑出版思想体系。叶圣陶先生编辑出版思想可以概括为以下五点：(1) 编辑出版工作就是教育工作；(2) 把读者装在心中，热诚为读者服务；(3) 质量是出版物的生命；(4) 编辑出版要有“开来而继往，明道不计功”的开明风格和气派；(5) 编辑人员要不断提高编辑出版素养。叶圣陶先生的编辑出版思想是编辑出版界的宝贵财富，具有跨越时空的强大生命力。在今天，我们必须大力弘扬叶圣陶先生的精神和风范，实现叶圣陶先生编辑出版思想的创造性转换和创新性发展。

人教社图书馆主任吴海涛做了题为“叶圣陶先生和他的同事们”的主题发言。他从叶圣陶先生早年在开明书店时的“朋友圈”、中年在人教社的“师生圈”和当今圣陶精神在人教社的“基因圈”三方面讲述了叶圣陶先生的编辑出版实践和编辑出版思想对人教社的影响。他指出，叶圣陶先生以其长期从事编辑出版工作的一腔热情、广博学识、深厚素养和丰富经验，在中国百年编辑出版发展史上谱写了光彩夺目的篇章。他的优良作风、伟大品性深深融入我国编辑出版事业薪火相传、接续奋斗的历程之中，日益成为我国编辑出版改革发展事业中不可或缺的基因和血脉。

主题发言结束后，人教社中学语文编辑室退休编审熊江平、人教研究院课程教材研究中心主任任长松、教育理论编辑室主任王迎兰等与会的各位专家围绕叶圣陶的编辑实践、编辑思想传承等进行了讨论。大家认为，坚持守正创新、传承圣陶精神是我们无可推卸的使命。我们要像叶圣陶先生那样做人，像叶圣陶先生那样当编辑，创造真正接地气、有益于教育进步和社会发展的精品出版物。

本次会议主题发言和自由发言相结合，内容丰富，气氛热烈，既回顾了叶圣陶先生从事编辑出版工作的光辉历程和伟大成就，又深刻阐发了叶圣陶先生关于编辑出版工作的远见卓识和对我国编辑出版事业的重大影响。与会专家一致表示，要进一步传承与发扬叶圣陶先生献身编辑出版事业的精神，进一步系统总结、全面探讨叶圣陶先生深邃的编辑出版思想，为推动教育出版事业高质量发展不懈努力！

2023 海峡两岸中华传统文化与现代化研讨会在天津召开

■ 民进中央宣传部

11 月 8 日，由中国民主促进会中央委员会和叶圣陶研究会主办的 2023 海峡两岸中华传统文化与现代化研讨会在天津召开

2023 年 11 月 8 日，由中国民主促进会中央委员会和叶圣陶研究会主办的 2023 海峡两岸中华传统文化与现代化研讨会在天津召开。此次会议的主题是“传承与创新：中华通俗文化的过去、现在、未来”。全国人大常委会副委员长、民进中央主席、叶圣陶研究会会长蔡达峰出席开幕会并讲话。

全国人大常委会委员、民进中央副主席高友东主持开幕会。中共天津市委常委、市委统战部部长冀国强，民进中央原副主席、天津大学冯骥才文学艺术研究院院长冯骥才，天津市人大常委会副主任李虹，天津市政协副主席、民进天津市委会主委张金英，天津大学党委书记杨贤金，天津大学校长、中国工程院院士金东寒，中华海外联谊会副秘书长宋伦出席开幕会。

蔡达峰代表民进中央和叶圣陶研究会向与会嘉宾表示热烈欢迎。他说，民进会员以教育文化出版传媒界高中级知识分子为主，78 年来民进始终以传承和推动中华文化发展为己任，作出了积极贡献，发挥了重要作用，赢得了广泛影响。叶圣陶是民进中央第三任主席，叶圣陶研究会自 1989 年成立以

全国人大常委会副委员长、民进中央主席、叶圣陶研究会会长蔡达峰出席开幕会并讲话

来，致力于研究和宣传叶圣陶的业绩和思想，推动与台港澳的文化交流。

蔡达峰指出，通俗文化的传承与创新是中华传统文化与现代化关系中的现实问题。文化是生活的产物，是人类在生活中创造的需求、行为和条件，体现了人类独特的生活能力。在漫长的岁月里，文化由简趋繁、推陈出新，使生活不断呈现新的内容、形式和品质，体现了各种人群的生活愿望和生活状况，有些是大众通常采用的生活方式和生活条件，大众喜闻乐见的物品和作品，通常被理解为通俗文化的范畴。探讨通俗文化，无疑是对大众生活和大众创造力的关注。中华民族生生不息，中华文化源远流长、丰富多彩，既创造了精致华丽、寓意深奥的文物名胜、经典名著、礼仪制度、技能技巧以及相关的专门职业和行家，更有源源不断的通俗文化。它们存在于坊间的生活中，存在于生产劳动、衣食住行、言语文句、喜怒哀乐等方式中，它们简单实用、朴实无华，广为流传，印刻在当今社会的风俗、传统、情趣，甚至融入在时尚之中，呈现出强大的生命力。

蔡达峰强调，时代在发展，生活在改善，传统文化在演化，有些已经消逝，有些成了受保护的遗产，经典可能趋向通俗，通俗可能成为范式，新的文化成果不断涌现。中华优秀传统文化是两岸人民的共同财富，在现代化进程中，推动中华优秀传统文化创造性转化、创新性发展，是两岸文化界共同的使命。期待各位充分发表高见，深入研讨交流，增进共识，完善对策，共同推进中华文化繁荣发展，为大众提供更强大的生活力量。

冀国强在致辞中表示，海峡两岸中华传统文化与现代化研讨会选择在天津召开，体现了民进中央和叶圣陶研究会对天津发展的重视和支持，必将对天津文化事业发展和津台两地文化交流合作产生积极影响。海峡两岸同根同源，中华文化一脉相承，让我们凝心聚力、众志成城，为祖国统一大业贡献智慧和力量，为全面推进中华民族伟大复兴而团结奋斗。

张金英在致辞中说，博大精深的中华传统文化积淀着民族精神的基因，是中华民族心灵深处强大的精神高地，是两岸同胞共同的精神家园，也是我们携手前进的坚强基石。站在新的历史起点上，我们要以习近平文化思想为指导，坚定文化自信，秉承开放包容，坚持守正创新，充分发挥中华传统文化的独特魅力，推动两岸关系和平发展，为实现祖国完全统一贡献力量，携手两岸共同谱写建设中华民族现代文明的实践华章。

杨贤金在致辞中说，文化是民族的血脉，人民的精神家园。今天海峡两岸专家学者以“传承与创新：中华通俗文化的过去、现在、未来”为主题，共同梳理中华通俗文化的发展脉络，深刻把握中华文明发展规律，传承弘扬中华优秀传统文化，是积极践行习近平文化思想的一次具体行动。希望各位专家学者相互启迪、交流互鉴，进一步增进两岸文化交流，更好服务文化强国建设。

全国政协委员、民进中央常委、北京大学中文系教授张颐武和民进会员、复旦大学中文系教授、博士生导师、中国当代文学创作与研究中心副主任栾梅健分别作题为《通俗文化百年与当下》和《中国古典小说传统在现代转型时突出的创新性》的主旨报告。来自海峡两岸的 13 位专家学者围绕会议主题作了交流发言。

本次研讨会由民进中央研究室和民进天津市委会协办，天津大学承办。民进中央秘书长金永伟，研究室主任、叶圣陶研究会副秘书长朱一多，海峡两岸民意交流基金会董事兼秘书长朱凤芝，天津市有关方面和天津大学的领导嘉宾参加开幕会。

据悉，2002 年民进中央和叶圣陶研究会共同创办了海峡两岸中华传统文化与现代化研讨会，目前已成为两岸学者开展文化交流、弘扬中华文化、增进彼此感情的一个重要平台。

叶圣陶研究会大事记(2022年)

叶圣陶研究会大事记（2022年）

★1月10日至1月12日叶圣陶研究会第六届理事会第二次会议以通讯形式召开，全体理事参加。会议审议了叶圣陶研究会2021年工作报告（草案）；审议了叶圣陶研究会2022年工作要点（草案）。全体理事同意所有审议事项内容。

★1月20日，民进中央主办“庆贺《中华人民共和国家庭教育促进法》的颁布与实施”座谈会，人民教育出版社编审、叶圣陶教育思想专业委员会主任刘立德，北京教育学院初等教育学院副教授、叶圣陶研究会理事李怀源出席会议，并在会上作交流发言。

★1月，在新春佳节来临之际向台港澳友人寄送电子贺卡、《叶圣陶研究年刊（2021卷）》并附问候卡片，进一步加强与台港澳人士的联络。

★4月1日，人民教育出版社接待了来自北京市育民小学、正泽学校、汇文第一小学的部分小读者、老师和家长组成的课外阅读小组，共同开展了主题为“缅怀叶老师德文风，走进人教品味书香”的实地研学活动。

★4月14日，北京大学中文系教授、博士生导师、叶圣陶研究会副会长商金林出席内蒙古大学文学与新闻传播学院第三次青年文艺论坛，为广大师生带来了题为“叶圣陶的奋进历程及其人格魅力”的专题讲座。

★4月，按照民政部、教育部的要求，顺利完成叶圣陶研究会年检工作，2021年度年检合格。

★4月，民进中央组织编选的“稻草人儿童文学丛书”第一批20本由开明出版社正式出版。

★4月，按照民政部和教育部关于开展全国性社会团体、国际性社会团体分支（代表）机构专项整治行动的通知要求进行自查，未发现问题，按要求向教育部社团办报送相关材料。

★5月26日，叶研会副秘书长、人民教育出版社党委委员刘立德受安徽师范大学教育科学学院的邀请，在由该院主办的学术讲座上作题为“叶圣陶先生的课程教学思想和教材观”的学术报告。

★5月27日，为纪念民进中央原主席叶圣陶从教110周年，叶圣陶语文教育思想实践活动暨民进石家庄市委会“同心大讲堂”在河北省石家庄市行知小学举办。本次活动采取线上线下相结合的方式进行，主题为“小学语文教育”。民进中央主席、叶圣陶研究会会长蔡达峰向活动发表书面致辞。民进中央副主席兼秘书长高友东，中共石家庄市委常委、宣传部部长、统战部部长郭建亭，叶圣陶先生亲属、叶圣陶研究会理事叶小沫出席活动开幕式并致辞。

★5 月 27 日，江苏省教育科学规划领导小组办公室联合江苏省叶圣陶研究会举办江苏省“十四五”重点课题《传承叶圣陶教育思想，项目化推进振兴乡村教育实验》开题研讨会。叶圣陶研究会副秘书长朱毅民，江苏省叶圣陶研究会会长刘锋出席会议。

★5 月 31 日，连云港市叶圣陶研究会、连云港市教育科学研究所合作共建研讨会召开。双方一致表示，2022 年将合作举办系列活动，包括组织中小学教师共同学习与分享叶圣陶教育思想，从“多才多艺的活泼少年”“德才兼备的育人良师”“关心时事的先进青年”“低调平实的谦谦君子”四个方面，努力体会叶圣陶先生所处的时代，感受叶圣陶先生的人生经历，体会叶老的教育思想。同时依托初中语文教师群体，举办“叶圣陶先生语文吟诵教育思想”“吟诵教学法”研讨会。

★6 月 11 日，由中国民主促进会中央委员会、叶圣陶研究会、四川大学共同主办的 2022 海峡两岸中华传统文化与现代化研讨会举行。本次研讨会采取现场出席和网络视频出席相结合的方式进行，设北京会场和成都会场。研讨会的主题是“丝路沿线的文明互鉴、遗产保护和文化传承”。全国人大常委会副委员长、民进中央主席、叶圣陶研究会会长蔡达峰出席开幕会并讲话。北京大学历史学系暨中国古代史研究中心教授朱玉麒作了题为“丝绸之路上的诗和远方——丝路考古工地与唐诗创作现场”的主旨报告。来自海峡两岸的 20 余位专家学者，围绕研讨会主题，进行了三场主题演讲交流，分享了成果，增进了友谊。

★8 月，《文心：别开生面的语文课》《七十二堂写作课：夏丏尊、叶圣陶教你写文章》入选了由国家新闻出版署组织制定的《2022 年农家书屋重点出版物推荐目录》。

★9 月 8 日，由江西省叶圣陶研究会、共青团江西省委、江西日报社、民进江西省委会、江西省教育学会、江西省教育厅教学教材研究室联合举办的“喜迎党的二十大——庆祝第 38 个教师节暨 2022 年江西省教育改革创新研讨会”在南昌隆重召开。

★9 月 14 日，商金林在宁夏师范学院举办的“全国高校中国现当代文学教学与学科建设研讨会暨文学院学术周”演讲，题为《叶圣陶的精神世界及完美的人格》。

★9 月 23 日，淮安市叶圣陶研究会联合民进基层组织赴淮安市翔宇北路实验小学举办叶圣陶教育思想公益讲座。江苏省叶圣陶研究会理事、淮安市叶圣陶研究会副会长王修忠以“会研究，才能成为好教师”为题，向与会人员授课。

★9 月 25 日，江西省叶圣陶研究会、共青团江西省委、江西日报社、江西省教育学会联合主办了 2022 年“喜迎‘党的二十大’”主题征稿活动，得到了全省各地大中小学生的广泛关注和积极参与。

★10 月 25 日，“纪念叶圣陶先生从教 110 周年学术研讨会”在人民教育出版社举行，来自民进中央、叶圣陶研究会、人教社、北京大学等机构的专家学者二十余人参加会议。民进中央主席、叶圣陶研究会会长蔡达峰以书信方式向会议召开表示热烈祝贺。叶圣陶研究会副会长、北京大学中文系教授商金林，叶圣陶研究会副会长、人教社研究员郭戈，叶圣陶研究会秘书长、民进中央副秘书长左延珠，叶圣陶研究会副秘书长兼叶圣陶教育思想专业委员会主任、人教社教育理论编辑室资深编辑刘立德出席会议。与会人员围绕叶圣陶的教育思想体系，结合自己的研究方向，以语文学科名称、作为教育家的叶圣陶、民主进步教育事业为主题进行了发言，研讨会内容丰富，气氛热烈，既回顾了叶圣陶先生从事教育事业的光辉历程和伟大成就，又深刻阐发了叶圣陶先生关于教育教学的远见卓识和对我国教育事业的重大影响。

★12 月 8 日，经中国当代文学研究会专题会议研究决定，2022 年度第 20 届叶圣陶杯全国中学生新作文大赛正式启动。本次比赛以弘扬叶圣陶教育思想，助力语文新课程改革；引领中学生健康写作，发现与培养文学新苗为宗旨，是一个以文学方式“以文化人、以文育人、以文培元”的公益品牌赛事。大赛顾问、叶圣陶先生的孙女、《中国少年报》原主编叶小沫用视频的方式，对第二十届大赛的启动寄予厚望与鼓励。

编后记

今年是叶圣陶先生从事编辑出版工作100周年。为了纪念叶圣陶在我国编辑出版事业方面做出的光辉业绩，学习和宣传圣陶先生深邃丰厚的编辑出版思想和扎实严谨的编辑作风，叶圣陶研究会联合各方共襄盛举，开展了一系列纪念活动，并发出了《像叶圣陶那样做编辑——致编辑工作者的倡议书》，恳请广大编辑出版工作者要像叶圣陶那样热爱编辑出版工作、重视出版物质量、竭诚为读者服务，为推进我国出版事业的高质量发展做出自己应有的贡献。

民进中央常务副主席朱永新在纪念活动启动仪式上的讲话中说："时代各有不同，但使命一脉相承，昌明教育、开启民智、服务大众、培育新人是老一辈出版大家毕生的信念和情怀，也应当成为新时代出版工作者的理想和追求。"为此，本年年刊特辟"纪念叶圣陶先生从事编辑出版工作100周年"专栏，收录了纪念活动的系列文章。既有民进中央主席蔡达峰，常务副主席朱永新、北京大学教授商金林和叶圣陶先生的孙女叶小沫等叶圣陶研究会代表的精彩发言；也有中国出版协会、中国编辑学会，北京印刷学院等行业协会和学界代表邬书林、郝振省、曹文军的学习体会；还有来自圣陶先生工作过的商务印书馆、人民教育出版社、开明出版社的李平、陈滨滨、沈伟、黄强、刘立德等出版人的缅怀和追思。重温圣陶先生编辑出版工作的思想和业绩，推动圣陶先生编辑思想在新时代发扬光大成了纪念的主旋律。

为了鼓励更多人参与圣陶先生的编辑出版思想研究，本期"编辑出版思想研究"刊出了商金林教授的《重视叶圣陶先生编辑出版工作成果的汇集和研究》。商教授在文中梳理了圣陶先生编辑出版生涯的各个时段，分享了他近年来搜寻圣陶先生所编著作品取得的收获，敦促大家都做研究圣陶先生有心人。郭戈的《叶圣陶与〈新华字典〉》一文，详细梳理了《新华字典》出版的来龙去脉，圣陶先生和编写团队在百忙之中反复打磨修改的编辑成果至今仍润泽着我们每一个人。李怀源则在《叶圣陶语文教材编写实践》中，选择从叶圣陶语文教育家和教材编写大家的双重身份着手，梳理总结了他的语文教材编写实践经验，为当下和未来的语文教育提供了诸多参考。

"教育思想研究"栏目，顾之川的《叶圣陶语文教育思想及其启示》，梳理了圣陶先生各个时期的语文教育实践，总结了他的语文教育思想，分析了这些对当今语文教育的启示和意义。

“教育思想实践研究”专栏刊载了《学科跨界整合：劳动教育再提质》一文，“生生农场”的校本课程，让我们看到了劳动教育的魅力和潜力。该栏还精选了各地基于圣陶先生教育思想的教育实践，相信能给广大教育工作者提供诸多办学的新思路。

至于“文学思想研究”专栏中学者的分析研究、“怀念叶圣陶”专栏中圣陶先生的书信以及“经典品读”专栏中诸位研究者的阅读感悟，是我们认识和了解圣陶先生的有效路径。圣陶先生是一座巍峨的丰碑，如何读解和欣赏圣陶先生是《叶圣陶研究年刊》的重要任务，期待各位有志之士的共同参与。

来稿请寄：《叶圣陶研究年刊》编辑部
地址：北京市海淀区西三环北路 25 号青政大厦 604 室
邮编：100089
电话：010-88818060　　电子邮箱：cbsl@ 263.net

《叶圣陶研究年刊》编辑部
2023 年 12 月

图书在版编目（CIP）数据

叶圣陶研究年刊. 2023 年/左延珠主编. --北京：开明出版社，2023.12
ISBN 978-7-5131-8088-7

Ⅰ. ①叶…　Ⅱ. ①左…　Ⅲ. ①叶圣陶（1894~1988）—人物研究—2023—年刊　Ⅳ. ①K825. 6-54

中国版本图书馆 CIP 数据核字（2023）第 213540 号

出 版 人：陈滨滨
责任编辑：卓　玥　张慧明

叶圣陶研究年刊（2023 年）
主　编：左延珠
出　版：开明出版社
（北京海淀区西三环北路 25 号　邮编 100089）
印　刷：保定市中画美凯印刷有限公司
开　本：710×1000　1/16
印　张：28.25
字　数：507 千字
版　次：2023 年 12 月第 1 版
印　次：2023 年 12 月第 1 次印刷
定　价：70.00 元